本书研究先后得到湖南省社会科学基金项目"20世纪上半期湖南社会问题及其治理"（项目编号：2014110801505）、湖南省社会科学评审委重点项目"湖南现代化研究——近现代熟人社会的分解与再构"（项目编号：2019110800602）资助

碧泉文库　总主编　张今杰
历史与社会系列　主　编　郑　鹏

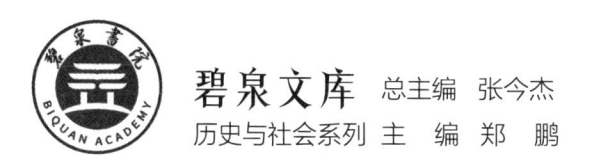

湖南人口社会史研究
（明清—民国）

彭先国　著

A Study on Population
and Social History in Hunan Province

From Ming and Qing Dynasties
to the Republic of China

中国社会科学出版社

图书在版编目（CIP）数据

湖南人口社会史研究：明清—民国 / 彭先国著． —北京：中国社会科学出版社，2023.6
（碧泉文库）
ISBN 978-7-5227-1285-7

Ⅰ.①湖… Ⅱ.①彭… Ⅲ.①人口—历史—研究—湖南—明清时代—民国 Ⅳ.①C924.256.4

中国国家版本馆 CIP 数据核字（2023）第 021158 号

出版人	赵剑英
责任编辑	宋燕鹏　史丽清
责任校对	李　硕
责任印制	李寡寡

出　版	中国社会科学出版社
社　址	北京鼓楼西大街甲 158 号
邮　编	100720
网　址	http://www.csspw.cn
发行部	010-84083685
门市部	010-84029450
经　销	新华书店及其他书店
印　刷	北京明恒达印务有限公司
装　订	廊坊市广阳区广增装订厂
版　次	2023 年 6 月第 1 版
印　次	2023 年 6 月第 1 次印刷
开　本	710×1000　1/16
印　张	27
插　页	2
字　数	398 千字
定　价	148.00 元

凡购买中国社会科学出版社图书，如有质量问题请与本社营销中心联系调换
电话：010-84083683
版权所有　侵权必究

碧泉文库

总主编：张今杰

编　委：陈代湘　陈　明　陈晓华　方红姣
　　　　　蒋　波　黄海林　李　斯　林明华
　　　　　罗伯中　毛小平　杨曾辉　周　骅
　　　　　郑　鹏　张今杰　张恩迅

历史与社会系列

主　编：郑　鹏

编　委：陆自荣　毛小平　谭必友　郑　鹏
　　　　　张恩迅

序

  人口是指生活在一定社会制度、一定区域内的人的总和。人口包含它的数量、质量、构成、分布、迁移和发展等多种要素。社会的发展必然以人口的存在为前提。有人口的地方就有社会，关于人口的历史实际上就是关于人的社会史。湖南自明清以来的数百年人口史就是湖南数百年的社会史。近几百年湖南历史灿烂于世，耀世人物层出不穷。这一切灿烂与耀世的原因都应该从湖南数百年人口的演变这个最基本最原始的元素中去寻找最基本最原始的答案。"三藩之乱"后，湖南相对稳定了两百多年。这种稳定具有它的特殊意义：首先是经过了战乱的洗礼，一切反清的旧有社会关系与结构在这场战争中被瓦解和被解构。其次，在此之前，湖南的经济发展水平一直远逊于江浙，虽然有过"湖广熟，天下足"的现象，但那只是因为江浙的经济生产模式转型而被湖广替代的缘故。湖南经济发展的整体水平实际上并不高，总体水平仍逊于江浙。与之相对应的是湖南的熟人社会体制与关系也不如江浙成熟，在战争的洗礼下，就更加虚脱。因此，战后新的人口结构与生产关系的构建便是湖南社会重建和发展的新问题。用现代的话讲，这就是一种机遇，也是一种挑战，到处都充满着机遇，但到处都存在着挑战。这种机遇与挑战发生在几百年间人口转换后的全部社会领域。

  在传统社会，人口社会领域的竞争是看不见的不流血的战争，其激烈的程度一点也不亚于战场上的兵戎交锋。在湖南，明清两朝政府鼓励移民与垦荒、垦殖。因此，这种社会人口竞争就更加激烈、无序与残酷。碰巧的是，这一时期，湖南有广袤的土地可供开发，大片的湖区、丘陵、山地等比比皆是。只要移民是勤劳的，就可以在湖南找到立身之地。境外移民，是这一时期湖南人口增长的主要途径。

湖南近几百年社会中人口增长的另一个途径是本土自然增长。通过土著与土著、土著与移民、移民与移民之间的婚姻形式得以完成。这种礼俗婚姻的最大的特点是追求传宗接代，多子多福与光宗耀祖。因此，在这种婚姻形式中，妇女只是充当了生儿育女的工具，妇女的地位会因生育男孩而得到提升。所谓母以子贵，反之则会下降。如果不能生育，就会被歧视，"不孝有三，无后为大"。

应该说，这种婚姻制度是与中国传统的文化与经济基础紧密相连的。孔子在两千多年前就说过，唯小人与女子难养。女人要遵守三从四德，这种千年魔咒从明清到民国并没有得到一丝的改变。在地方史志中，她们可以上烈女榜、贞女坊，除此便一无是处。因此之故，在湖南，溺女婴便相习成俗。每一个家庭都在追求自身的门第鼎盛，以此表明家庭与家族的旺盛香火。只要我们翻一翻湖南地方史志就能够看到，十几个人、几十人、上百人甚至几百人的家族都可以不一而足，三代同堂，四世同堂，甚至五世同堂的家庭与家族也不胜枚举。这样的家庭与家族有着他们自己的祠堂与共敬的祖宗，有着他们自己的族产与族谱。这样的家庭与家族就是一个小社会，分工明确，责任到人，等级森严。这样的家庭与家族既是一个生产单位，又是一个战斗集体。生产单位是相对稳定的，战斗单位则可根据宗族需要而产生变化。

家庭与家族又是一个学习的单位。在明清两朝时的湖南，一般的情况是一姓一村或两姓一村。也就是说，由一个或两个姓氏组成一个村落，例如李家冲、易家湾等等。这种村落一般有一到两个私立的学校。在这种学校里，较开明的家庭与家族会让女孩享有接受启蒙教育的权利，之后便把她们请出了课堂。而保守的家庭与家族则不会让女孩踏入学习的门槛，所以学习便成为湖南男性从儿童到少年的主要任务。书声琅琅，耳不闻外，学读圣贤之书，盼做圣贤之人。学而优则仕就是他们心中的大梦，这种梦许多人做了一辈子也无法实现，反倒变成四体不勤、五谷不分之人。有些人虽然饱读诗书，满腹经纶，但他们却并没有赶上一个好时代。因为有清一代，政府对湖南这块地方的士人特别的不满、厌恶。所以，湖南士人追求功名的道路就特别的艰难。这种状况一直到曾国藩统领湘军之前并没有得到大的改变。

当然，以上所讲到的求学与致仕只是湖南人中极少部分人能够做到的事情。对于广大的处于社会底层的百姓来讲，如何谋生与活命则是他们毕生的使命。匮乏的经济状况使他们无法享有接受教育的机会与权利。他们的生活模式就是租种或佃租别人的田地，做长工、短工；转徙他乡另谋生计。平心而论，这几种底层生活方式不论哪一种都非常不容易，都是血、泪、汗的三维统一。百姓往往以极高的成本收获极小的回报。

因此，近几百年湖南人口虽然增长较快，但人口的质量与过去相比并没有大的改变。湖南民众受教育的程度依旧不高，明清时代的湖南社会仍然是一个差序社会、游民社会、功名社会和科层社会。有数据表明，1912 年，湖南小学数目为4001 所，中学29 所，小学生人数与中学生人数占总人口比重的比率分别为 0.073% 与 0.015%。1949 年两者略有发展，但也只达到 32684 所与 321 所，4.8% 与 0.387%。能够受教育的人并不多，湖南人口的文化素质依然严重偏低。"睁眼瞎"比比皆是。例如，1936 年新化县统计，全县全文盲人数为 37.5 万，占总人口的 55.19%，其中女性文盲又占文盲总数的 73%。

受教育程度是衡量人口素质的一项重要指标。尽管受教育人数不多、文盲多，但数百年间湖南人骨子里还是非常重视教育，只要有可能，就不会放弃任何机会。因此，即使是在移民迁徙最频繁的时期，琅琅读书声也不绝于乡野。伴随着这种读书声，湖南人口从明季的 200 万左右发展到民国的 3000 万，数百年多间增长了近 15 倍。我们看到，在这几百万乃至几千万人的努力下，湖南的经济发展到了可以与江浙比肩的地步，而与此相伴的文化的浸育与成长也与人口历史的增长同步。可以说，湖南人历经磨难以这几百年为甚，湖南人勤于创业以这几百年为奋，湖南人孜孜好学以这几百年为范，湖南人心忧天下者以这几百年为多，湖南人风骨骄天以这几百年为最。

明清时期的湖南人主要是移民的后裔，因而这种风骨傲天的伟业又是由移民后裔们完成的。他们既是湖南人又非湖南人，他们只是华夏子民湖南开花的结果。历史的发展使他们在这里得以成业、成势、成为驰骋宇内的人物，成就享誉世界的湖湘文化。他们构建了一个足以彪炳中华史册的湖南人口社会史。

一百多年前，三个湖南人面对西潮逼来的千年变局，应对认识早已脱离了取新卫旧的愿想。谭嗣同说，"今中国之人心风俗政治法度，无一可比数于夷狄"①。樊锥说："事至今日，欲中国之必不亡"，则须"一革从前，搜索无剩，唯泰西者是效"②。唐才常说："既不得有中外夷夏之疑，又乌有并为人类而无可通种之理"③。他们的这样一种论说，较之魏源的师夷技说，曾国藩的师夷智制船造炮借法自强说，王韬的练兵之法宜变说，乃至康有为的行立宪之政说已是大变而特变。这些移民后裔的卫旧情怀留给了他们的前辈。

由此带来的一个问题是，即使是在近代，湖南知识分子之间的悲欢情绪也并不相通。他们对熟人社会的原生人际关系产生的道德情感几乎是"本能"的，而对异质文化的情感却是抽象的，后天习得的。由"习"就产生了差异化。近代化在湖南人口社会产生了风情万种的"蝴蝶效应"。面对眼花缭乱的千年变局，变化愈快，差异就愈大，原有的边界瓦解速度就会更快。随着人际关系的非熟人化，熟人社会中的知识分子如何做出选择，是否应该更新旧有的伦理框架，发展出跨越边界的共情能力，这也许是湖南知识分子在人口社会需要面对的又一个历史难题。

美国学者裴士锋在他撰写的《湖南人与现代中国》一书中写道："怪哉，湖南人在近代中国的事迹中从未被当作整体来看待"④。"我们对中国近代史的认识，建立在一种普获认可但其实有待商榷的看法上：中国的现代性和随之而来的所有政治与社会改革、民族主义、全球文化

---

① 转引自杨国强《晚清的士人与世相》"自序"，生活·读书·新知三联书店2008年版，第2页。
② 转引自杨国强《晚清的士人与世相》"自序"，生活·读书·新知三联书店2008年版，第2页。
③ 转引自杨国强《晚清的士人与世相》"自序"，生活·读书·新知三联书店2008年版，第2页。
④ [美]裴士锋：《湖南人与现代中国》"自序"，社会科学文献出版社2014年版，第1页。

交流，完全是沿海通商口岸的产物"①。但湖南"其实是不为传统所拘的文化中心，是现代中国发展过程中一个自成一体的节点"②。在他看来，湖南人是一个自我一格的群体，有共同的先祖独特的历史，湖南人的民族主义时强时弱，民族主义之所以方兴未艾，在于对湖南学者王夫之的重新发掘。王夫之的生平和著作成为建构新湖南认同和历史方向感的核心材料。王夫之是湖南人性格的原型。以湖南为个案研究的意义就在于湖南历史既与中国近代历史不可分割，也在于能从这个不可分割之中阐明那些不同于其他诸省的独有的"元素"。

笔者认为，湖南人口社会虽不是中国社会的全部缩影，但它对我们认识中国近代民族国家的产生却具有重要意义。湖南人口社会史的意义又何尝不是这样呢？

彭先国

二〇二二年六月三日于湘潭大学

---

① ［美］裴士锋：《湖南人与现代中国》"自序"，社会科学文献出版社2014年版，第2页。
② ［美］裴士锋：《湖南人与现代中国》"自序"，社会科学文献出版社2014年版，第3页。

目 录

第一章　明清时期湖南人口的迁徙问题 …………………………（ 1 ）
　第一节　学术前沿及本书叙事方法 …………………………（ 1 ）
　第二节　以"江西填湖广"为主的人口迁入 …………………（ 4 ）
　第三节　以"湖广填四川"为主要流向的向外迁徙 …………（ 44 ）
　第四节　湖南向其他省份的人口迁徙 ………………………（ 55 ）
　第五节　湖南人口迁徙规律 …………………………………（ 63 ）

第二章　清代湖南人口与环境 …………………………………（ 67 ）
　第一节　导语 …………………………………………………（ 67 ）
　第二节　清代湖南人地关系 …………………………………（ 71 ）
　第三节　清代湖南人口与经济增长 …………………………（ 87 ）
　第四节　清代人口与社会分层 ………………………………（103）
　第五节　清代湖南人口与自然生态 …………………………（125）

第三章　清代湖南人口结构研究 ………………………………（143）
　第一节　人口数量 ……………………………………………（143）
　第二节　人口的空间分布及性别结构 ………………………（153）
　第三节　家庭结构及婚姻状况 ………………………………（163）
　第四节　民族结构及空间分布 ………………………………（178）

第四章　近代湖南熟人社会的分解与再构 ……………………（183）
　第一节　近代湖南地区熟人社会 ……………………………（183）

第二节	太平天国对近代湖南"熟人社会"的分解	(201)
第三节	湘军对近代湖南熟人社会的再构	(223)
第四节	会党社会	(263)

第五章　民国湖南人口中的流民、娼妓社会问题 (291)

　　第一节　民国湖南人口 (292)

　　第二节　民国湖南人口与社会问题 (314)

第六章　人口与民国湖南土匪问题 (325)

　　第一节　民国湖南土匪的承前与再发育 (325)

　　第二节　湖南土匪内部系统 (343)

　　第三节　土匪反社会行为分析 (357)

　　第四节　民国政府对土匪的"围剿" (383)

主要征引文献 (402)

第一章 明清时期湖南人口的迁徙问题

第一节 学术前沿及本书叙事方法

一 问题的提出以及研究现状

湖南人是怎样来的呢？谭其骧先生早在九十年前就开始注意并研究了这一问题，《湖南人由来考》成为研究这一问题的开山扛鼎力作。①谭先生依据五种地方志和一些氏族志资料，通过对湖南七个州县，其中又以宝庆地区为主的人口结构变迁做了一个框架性的统计分析，得出了以下结论：

一，湖南人来自天下，江、浙、皖、闽、赣东方之人居其什九；江西一省又居东方之什九；而庐陵一道、南昌一府，又居江西之什九。

二，湖南人来自历古，五代至明居其什九；元明又居此诸代之什九；而元末明初六七十年间，又居元明之什九。

此后进行人口研究的曹树基先生依据现代统计学的原理，结合运用了近20种氏族资料，进一步统计分析了明清时期湖南人口的结构状况。②

---

① 谭其骧：《湖南人由来考》，载氏著《长水集》（上），人民出版社1987年版，第300—360页。
② 曹树基：《湖南人由来新考》，《历史地理》第9辑，上海人民出版社1990年版，第114—129页。

张国雄先生出版《明清时期的两湖移民》，对两湖地区移民的原因、过程、类型、迁移路线，以及移民对经济与社会环境的影响都做了更加明晰与深入的论述。①

人口与社会、经济、文化等各方面都息息相关。上述人口史研究对我们了解湖南人口社会是有帮助的。但为了更好地了解并把握湖南人口社会历史，湖南的历史人口问题就不仅仅是移民问题，还有其他很多可值得重视研究的领域。例如，湖南人口之由来、构成、变迁、成分、质量、数量、空间布局、人地关系等等。即使只从湖南人口的迁徙方面来研究，也还应包括它的迁出方面。因此，在相关社会背景之下研究湖南历史人口的意义就显而易见了。为了全方位地剖析明清时期湖南人口、结构、成分、变迁等诸多问题，就有必要从头探源，从宏观上认识"江西填湖广，湖广填四川"这样一种历史大背景、大格局、大历史。探讨湖南人口对湖南经济、文化及环境等的综合影响。由于这些大历史主要发生在明清时期，因此本书的选题就由此确定下来。

二 研究对象及叙事方法

本书的研究对象之一是明清时期湖南人口迁徙。那么，什么是人口迁徙呢？对于这一概念，《中国大百科全书》认为："广义而言，人类的迁移是指个人或一群人穿越相当的距离而作的永久性移动。"人口迁徙是"人们离开原居住地，超过一定行政界限到另一个地方居住的移动"②。请注意"永久性移民"这一概念，因为人口移动的原因、目的以及移动的时间长短各不相同，所以有的可以称为"移民"，有的则只能称为"流动人口"。流动人口以临时性的旅游、经商、仕宦及其他内容为导因，这种人口的移动只是暂时性的，与"永久性移民"有着显著的不同。他们可能在离开原居住地一段时间以后，又会重新返回原地。而移民则恰恰不同，它表现为在一定时期内持续不断地从原居住地

---

① 张国雄：《明清时期的两湖移民》，陕西人民教育出版社1995年版。
② 胡乔木主编：《中国大百科全书·社会学》，中国大百科全书出版社1991年版，第240页。

迁往目的地，有一定的规模和方向，属性上完全不同。

对移民这一概念，葛剑雄先生给出的界定是："具有一定数量、一定距离，在迁入地居留了一段时间的迁移人口。"

笔者对这两种定义都持认可态度，并在此基础上研究湖南人口社会史。

本书在研究过程中利用了以下几个方面的资料：族谱、地方志、官方典籍、正史实录、碑刻、墓志铭、传说及生活习俗资料。关于族谱，顾颉刚先生曾指出："我国历史资料浩如烟海，但尚有二个金矿未曾开发，一为方志，一为族谱。"但是，谭其骧先生却说："谱牒之不可靠者，官阶也，爵秩也，帝皇作之祖，名人作之宗也。"这就是说，族谱都有一个光宗耀祖抬高本族声望的毛病，因而不能真实反映某个地区一定时期内移民的基本特征，史料可信度不够。笔者认为族谱的史料价值还是很特别的。笔者在研究湖南地区人口问题时，正史和地方志有所涉及的相对较少，氏族族谱便成为研究移民人口必不可少的资料。总的来说，族谱是一个家族为了族人的传衍而谱，它对于始迁祖姓名、迁出地、迁移时间和迁入地等的情况记录较为真实，因此从这一点上讲较为可靠，它弥补了正史和地方志关于人口迁徙相关情况的残缺与严重不足。

在明清湖南的人口历史中，人口迁徙结构、变迁等对于推动湖南近现代化社会的转型，对于整个湖湘社会心理的形成，对于湖湘文化发展都有不可或缺的影响。人口的大量迁徙，对于本地人口结构本身来讲也是一个大的改造。明清时期大量外省迁入人口对湖南土地及其他资源的开发，对湖南经济的发展都起到了举足轻重的作用，直接促成了"湖广熟、天下足"这一局面的形成。湖南由此从一个蛮夷之地转化为封建国家粮食的重要输出地。因此，人口结构与人口社会便是理解明清以来湖南历史大变化的钥匙。更重要的是，近代湖湘文化的孕育与成长，本身也是由于湖南在人口迁徙完成后才得以实现的。与湖南本地蛮夷混居的迁入人口，不仅带来了生产作物、技术、器物等，也在不断的融合过程中形成了从原生文化到新湖湘文化的文化转变。总之，明清以来的湖南社会史与人口迁徙密切相关。明清以来的湖南新社会史，就是湖人口社会史。

第二节 以"江西填湖广"为主的人口迁入

人口的迁徙方向具有可选择性,"江西填湖广"自然也不例外。这种选择决定于流出地和流入地的社会条件。

"江西填湖广"的民谚最早见载于魏源《湖广水利论》:"当明之季世,张贼屠蜀,民殆之;楚次之,而江西少受其害。事定之后,江西人入楚,楚人入蜀。故当时有'江西填湖广,湖广填四川'之谣。"这个民谚在当时实际是专指清前期的湖南移民活动,强调的是这种移民过程的相继性。实际上早在元明之际,江西就开始向江汉—洞庭平原大量移民了。

一 明清时期湖南人口的数量与地理分布

据考古发掘,湖南已发现一千多处新石器时代居民遗址,分布在澧水中下游和洞庭湖区,湘水、资水中游和湘中区,澧水中上游和湘西区,以及湘东、湘南等几大区域。

从新石器时代到西周,湘境活动的主要是蛮人、濮人、越人。

楚人入湘,使湖南经济与人口有大幅发展,人口进入高速增长期。王勇估计,"战国中期湖南人口可能在60万左右"[①]。由于战乱秦汉人口不多,汉初人口更是少于秦朝。"秦汉之际的人口损失估计为50%,应该说是相当保守的。"[②] 王勇估计,秦代湖南人口为50万左右,汉初大概只有30万人。[③] 西汉湖南地区人口增幅大,但仍是全国人口密度较低的地区。马王堆出土的《马王堆图》描绘长沙南部约850平方千米的土地,图上标明的居民才700多户。王勇认为这时湖南的人口只有

---

① 王勇:《湖南人口变迁史》,湖南人民出版社2009年版,第142页。
② 葛剑雄:《中国人口史》(第一卷),复旦大学出版社2002年版,第304页。
③ 王勇:《湖南人口变迁史》,湖南人民出版社2009年版,第146页。

568878 人。① 东汉社会长期安定，湖南人口飞速增长，在东汉永和五年（140）已达到 230 万以上。② 人口一多，就出现了移民现象。王子今认为，移民是当时湖南人口增长的主要因素之一。③ 汉末三国湖南人口陷入低谷，而且学者们普遍认为三国时期的户口数存在很大问题。孙吴控制湖南，租税徭役繁重，人口发展面临制度困境。王勇估计，这一时期的人口在 100 万左右徘徊。西晋湖南人口先升后降。289 年，湖南实际人口当有 110 万左右。东晋南朝湖南人口在低谷中徘徊，隋代湖南人口呈有限式增长。王勇估计刘宋大明八年（464）湖南的实际人口只有 85 万。④ 唐前期，湖南人口又快速增长，天宝元年（742），人口达到 116 万左右。⑤ 唐后期人口增长趋于停滞。北宋是湖南人口第二次飞跃发展时期，崇宁元年（1102）人口达到 122 万左右。两宋之际，湖南人口锐减。南宋湖南人口继续增长。元前期，湖南人口平稳增长，但元末则骤降。

钱基博先生说，湖南"北阻大江，南薄五岭，西接黔蜀，群苗所萃，盖四塞之国，其地水少而山多"⑥。湖南因此自成一个相对封闭的区域经济地理环境。湖南古代又为苗瑶之地，人们畏其多瘴，不敢前来定居，更由于交通不便，生态环境原始，湖南同中原文明的交流存在着诸多困难。所以在先秦时期，当中原地区步入封建制社会时，湖南大部分地区还处于比较原始的阶段，人口稀少。以与中原关系较为密切的长沙而言，汉王莽时，尚称"填蛮郡"。⑦ 处于"半蛮夷"状态，这就说明西汉时长沙尚未得到中原文明的泽惠。⑧ 自隋唐始，湖南与中原的交通虽有所增进，但从总体而言，仍"殊鲜进步，故不为蛮夷所嫉视"⑨。

---

① 王勇：《湖南人口变迁史》，湖南人民出版社 2009 年版，第 149 页。
② 王勇：《湖南人口变迁史》，湖南人民出版社 2009 年版，第 152 页。
③ 王子今：《秦汉气候变迁的历史与考察》，《历史研究》1995 年第 2 期。
④ 王勇：《湖南人口变迁史》，湖南人民出版社 2009 年版，第 174 页。
⑤ 王勇：《湖南人口变迁史》，湖南人民出版社 2009 年版，第 177 页。
⑥ 钱基博：《近百年湖南学风》"导言"，中国人民大学出版社 2004 年版。
⑦ 参阅《汉书》卷二八《地理志》，中华书局 1975 年版，第 1639 页。
⑧ 参阅张朋园《中国现代化的区域研究·湖南省》，"中央"研究院近代史研究所 1983 年版，第 7 页。
⑨ 谭其骧：《湖南人由来考》，氏著《长水集》（上），人民出版社 1987 年版，第 304 页。

地理偏僻，食货两难，苗蛮所萃，人文少及，故宋代以前湖南一直成为流囚、遣客栖息之所。湖南人物罕见史传。"三国时如蒋琬者，只一二人，唐开科300年，长沙刘蜕始举进士，时谓之破天荒。"①

以上这些都是古代时期湖南人口社会的简要情形。请见表1-1。

表1-1　　　　　　　　湖南历代人口简表

公元纪年	朝代年号	户数（户）	人口数（人）
2	西汉平帝元年	126858	717449
140	东汉永和五年	649839	2813266
280	西晋太康元年	148000	972360
420—479	南北朝宋	48261	334086
609	隋炀帝大业五年	54250	280473
627—649	唐太宗贞观年间	65436	312630
740	唐玄宗开元二十八年	223256	1238504
1080	宋神宗元丰三年	1400359	3040130
1102	宋徽宗崇宁元年	1194577	2612383
1290	元至元二十七年	19190145	5719064
1578	明神宗万历六年	276081	1917052
1816	清嘉庆二十一年	3210863	18754295
1840	清道光二十年		19890000
1911	清宣统三年	4349371	23402992
1912	民国元年	5767467	27616708
1947	民国三十六年	4621058	25557926

资料来源：《湖南资料手册1919—1989》，中国文史出版社1990年版。

湖南人口最早见于文献记载的是《汉书·地理志》。据载，公元2年长沙国零陵、桂阳、武陵3郡，共有人口717449人，由于小部分辖境在今湖南之外，人口实只508352人，②可谓人烟罕至。从汉朝至明初

---

① 皮锡瑞：《师伏堂未刊日记》，光绪二十四年闰三月十九日，载《湖南历史资料》1995年第1期，第105页。
② 毛况生：《中国人口·湖南分册》，中国财政经济出版社1987年版，第38页。

的千余年间,湖南仍是地广人稀,传统的农业没有完全开发,生育不良。①故《史记·食殖列传》称"楚越之地,地广人稀"。对此,湖南方志中亦多有记载。如据万历年间的《广志绎》载,湖南西部山区的保靖、永顺等府,"其俗……居常则渔猫腥笋饘,刀耕火种为食,不识文字,刻木为契",辰州"俗亦近之"。由此可见,直到明后期,湖南的西部山区还是相当落后,原始的耕作方式普遍存在。正史也提到,在洪武三十年(1397),常德、武陵等十县还是"土旷人稀,耕种者少,荒芜者多"②。到1578年(明万历六年),湖南人口为1917162人,在这1500余年中,湖南人口增加约1408810人。到清康熙二十四年(1685),又减少到121万余人。③但至乾隆十一年(1746),又剧增至1354万人。60年间,增加了10倍有余。至1840年鸦片战争前,湖南人口更增到1989万人。与明代人口数相比,300年间,人口增加了10倍强,与过去历代人口增长缓慢、绝对数字低微形成鲜明对照。

应当指出,清初官方统计人口与实际人口的差额应该是存在的。例如,清前期湖南人口大爆炸,人口增长远远超过以往历代,人口绝对数量急剧增长。这就与全国人口总量剧增中内含的"摊丁入亩"政策实施前隐瞒人口的部分因素有一定关系。但"摊丁入亩"政策颁布后的几十年,乃至上百年后,人口仍像从前一样大幅度增长,这就不是政策问题了。在这里,官方数据统计就有可能出现了问题。统计人口与实际差额就应相应变小。如1771年,全省人口为9082046人,1780年骤增至15423842人,到1816年进一步剧升为18754259人。④这个数字就可能有问题。由此可见,清代前期的湖南人口爆炸并非全是"摊丁入亩"政策而致。这些人口的增加除自然增长外,也应该有不少是净机械式增长。机械式增长中就包含有相当分量的移民因素。谭其骧先生《湖南人由来考》一文就强调了这个问题:湖南人来自天下,江、浙、皖、

---

① 参阅谭其骧《中国内地移民史——湖南篇》,《史学年报》第1卷第4期,1933年。
② 《明太祖实录》卷二五〇,上海书店出版社2020年版,第3619页。
③ 《清文献通考》卷一一《户口》,中华书局1986年版,第114页。
④ 《清文献通考》卷一一《户口》,中华书局1986年版,第114页。

闽、赣东方之人居其什九；江西一省又居东方之什九；而庐陵一道、南昌一府，又居江西之什九。

对于湖南人口社会中移民迁入的时间问题，曹树基在广泛收集家族资料的基础上，确立了湖南不同类型移民区中族与人口的数学模型，对湖南人口的由来作出了更为准确的统计和判断，他认为，"湖南全省人口中，56%左右是元以前移民后裔，35%左右是元代及明初移民之后裔，9%左右是明初以后移民之后裔"①。根据这些研究成果，我们可以判定，明清以降，湖南省实际上已经是一个移民省份。

湖南省地处长江中下游洞庭湖水系，境内有平原、也有山区丘陵，面积约216000平方千米。简要来说，清代湖南移民多集中于长沙府、衡州府、岳州府、永州府和宝庆府。大体而言，湖南移民多分布在洞庭湖平原及湘江流域。西部及南部山区人口较稀疏，人口密度由平原向丘陵、山区依次递减，但分布并不悬殊。以洞庭湖十一州县而言，面积41146平方千米，占全省的13.4%，1916年人口占全省12.3%，这是湖南最富庶的区域。"人口并不集中，人口呈平局分布的现象是农业社会的特色"②，光绪版《衡山县志》云："衡民自城市而外，聚处者少，一区不过数家，一家一苑，不成村落。"又说："衡农居平原沃壤者十之四，居水涯者十之三，居山间者亦十之三。"③巴陵县"土人居室如巢，水田束山腰，如环，如梯级；鸡犬农桑虽一致，而村落则多散少聚，烟火不为比邻"④。巴陵与衡山两县，一个在洞庭湖区，一个在湘江中游，都是湖南的富裕地区，人口尚且少而不集中，湖南山区地区人口就会更加稀少。

上述情况说明，人口迁徙导致了湖南社会人口空间的分布与再分布的变化。一部人口大历史由此拉开了序幕。

---

① 曹树基：《湖南人由来新考》，《历史地理》第9辑，上海人民出版社1990年版，第129页。
② 张朋园：《中国现代化的区域研究——湖南省（1860—1916）》，"中央"研究院近代史研究所1983年版，第21、22页。
③ 光绪《衡山县志》卷二〇，江苏古籍出版社2002年版，第253页。
④ 同治《巴陵县志》卷三九，同治十一年刻本、旧刊本，学识斋出版社1868年版，第45、46页。

二 江西人口向外迁徙的原因

人口迁徙理论认为，由于自然环境和社会经济发展水平的差异，在移民迁出地和迁入地之间存在着对移民的推力和拉力。这种推拉力形成了迁移的基本动力，产生这一动力的实质是人的经济理性和趋利行为，迁徙行为的发生也往往会受到这一系列经济因素的影响。江西的移民就是这种推力作用的结果。

（一）人口过剩

一般来说，趋利避害是人口自发流动、迁徙的基本逻辑，是利是害乃是原居地和迁入地各种条件相较的结果。社会人口从谋生条件恶劣的地区流向谋生条件相对较优越的地区，其间起主要作用的不外乎经济的、社会的、政治的、人口本身的等诸方面因素。在人口迁出地这就表现为"推力"。从性质来说，移民都是为了谋求更好生存与发展环境而进行迁徙的。

元、明以前，江西是全国经济、文化最为发达的地区之一。北宋时期，江西人口曾冠居各省之首，经济开发在南方也属于先进地区。及至明代，虽然江西人口较浙江稍逊一筹，位居全国十三布政司的第二位，但每年所纳粮有时甚至超过浙江。在很长的一段历史时期里，江西地区的人口与经济发展都走在了湖广地区之前。明朝时，湖南地区人口与经济状况比之于江西，差距就更加显著。据《明史·地理志》载，洪武二十六年（1393）、弘治四年（1491）、万历六年（1578）江西人口数分别为8982481人、6549800人、5859026人。这些数字虽然与当时实际的人口数不一定完全符合，但仍然可以反映出当时江西与湖南人口数量的不同。

以洪武二十六年为例，江西全省面积为153900平方千米，只占全国面积3298462平方千米的4.67%，而其人口占全国总人口60545812的14.84%，人口密度为58.37人/平方千米，是全国人口密度18.36人/平方千米的3.2倍。湖广土地面积为362232平方千米，占全国总面积的10.98%，而人口却是占全国总人口的7.77%，人口密度还没有达到全国平均水平，仅12.98人/平方千米。作为湖广行省部分的湖南人口密度也大致如此。江西的人口密度是湖南的4.5倍。① 明代学者在谈到当时人口分布大势时曾指出："以江北言之，两河、山东其适中者也，而最稀者陕西，最密者山西。以江南言之，闽广、扬淮其适中者也，而最稀者湖广，最密者江浙。"②

由于江西人口相对过剩，外迁者甚多。湖南由于地域近赣，湘赣境地相接，中无巨山大川之隔，所以在江西人眼中，到湖广谋生犹如"跨过门庭"，非常便捷。到弘治年间，"荆湖之地，田多而人少。江右之地，田少而人多，江右之人大半侨寓于荆湖，盖江右之地力所出，不足以供其人，必资荆湘之粟，以为养也"③。

（二）土地兼并导致人口流动迁徙

据相关资料计算，尽管清代人均耕地面积，湖南人均要比江西高几倍，但是江西人大量外流的主要原因却并不是因为田少人多。清代江西平均每人有耕地六亩余，已不算太少。这种情况不至于会导致农民大量外徙。江西人口迁徙的主要原因还是因为巨室豪族的兼并。土地兼并导致人口相对过剩，导致人地关系出现紧张矛盾的局面。进入明朝以后，江西人口基数已经明显增大，人口迅速发展呈一种超常现象，人口密度已经远远高于全国平均水平，而同期江西的土地兼并并没有停止而是加剧。受自然、社会经济技术条件的影响，一定地区在一定时期可开垦的土地是有一定限度的。在土地兼并的状态下，人口增多，人均耕地占有量就会随之减少。如果人口的增加超过土地的承载力，就会造成人口过剩，就会导致人口压迫生产力。

正是在人口压力下，明清时期江西耕地承载力已严重超限。清人洪亮吉认为，"以十人而居屋十间，食田一顷（100市亩），吾知其居仅仅足，食亦仅仅足也"。根据当时江南平均亩产一石的生产力水平，一人

---

① 张步天：《中国历史地理》下册"明代各省人口数字"表，湖南大学出版社1988年版，第408页。
② 于慎行：《谷山笔尘·形势》卷二〇，中华书局1994年版，第56页。
③ 陈子龙：《明经世文编》卷七二，《江右民迁荆湖议》，中华书局1962年版。

每日食米一升是最低生活标准。洪氏又推算："一岁一人之食约得四亩，十口之家，即须四十亩。"① 这就是说，要维持起码生活水准，人均耕地至少需有四亩。洪武年间，江西人均耕地 3.99 亩，基本达到了人均 4 亩的水平，但地区之间极不平衡。例如，建昌府仅 2.19 亩，九江府最高，达到了 8.8 亩。② 海瑞也曾提到："吉安、南昌等府之民，肩摩袂接，地不能尽之使农，贸易不能尽之使商，比比游食他乡。"③ 明中叶以后，豪族的土地兼并，使本已紧张的人地矛盾更加尖锐。江西多豪右之家，互相争夺，"浸渔成风"，广占用土。例如，嘉靖时，原籍江西的阁臣严嵩在老家广布良田。其中袁州一府田地"七在严嵩，三在民，在严嵩者皆膏腴，在民者皆瘠薄"④。当时就有人指出"江西有等巨室，平时置买田产，遇造册时贿行里甲，有飞洒见在人户者，名为活洒。有暗藏逃绝户内者，名为死寄。有花分子户……有留在卖户……，有暗袭京官方面，进士、举人脚色……（以致）县之虚，以数千万计，递年派粮编差无所归者，俱令小户赔偿，小户逃绝。令里长，里长逃绝。令粮长，粮长负累既久，亦皆归于逃且绝而已。由是流移载道，死之相枕，户口耗矣；……大抵此弊惟江西为甚，临江次之"⑤。

官僚、地主、豪绅、恶霸疯狂兼并土地，恶意转嫁田粮差役，迫使大批江西农民破产逃亡。大批的逃亡者，或投入势族，为家奴仆佃，或藏进深山，砍山耕活，或逃亡他省，以避赋役。所谓"官有平日不到，法度有所不加"。更多的江西农民则逃往外省，"吉、抚、昌、广之民，虽亦佃田南赣者十之一，游食他省者十之九"⑥。

在兼并土地、剥削农民的角逐中，江西僧道两家之贪婪，亦不逊于

---

① 洪亮吉：《洪北江诗文集》第一册《生计篇》《治平篇》，商务印书馆 1935 年版。
② 从翰香：《论明代江南地区的人口密集及对经济发展的影响》，《中国史研究》1984 年第 3 期。
③ 陈子龙：《明经世文编》卷三〇九，《海忠介公文集》，中华书局 1962 年版。
④ 陈子龙：《明经世文编》卷三二九，《中逆罪正其刑以彰天讨疏》，中华书局 1962 年版。
⑤ 陈子庄：《明代经济言》卷三，转引自谢国桢《明代社会经济史料选编》，福建人民出版社 1980 年版。
⑥ 《兴国县志》卷三六《赋役志》，三秦出版社 2009 年版。

世俗官僚地主。宣德、景泰年间，有官员在奏报中写道："今广东、浙江、江西等处，寺观田地，多在邻近州县，顷亩动以千计，谓之寄庄。"而"所在贫民无田可耕，且多差徭，而僧道丰衣，安坐而食"[1]。俗僧联手贪婪，促使江西人口社会中的贫者更加无处安生。对此，我们做了一个明代江西和湖广人口耕地的对照表来加以说明：

表1-2　　　　　　　　明代江西、湖广人口耕地对照

	洪武六年		弘治四年		万历六年		平均	
	人口密度（每平方千米）	耕地（亩）	人口密度（每平方千米）	耕地（亩）	人口密度（每平方千米）	耕地（亩）	人口密度（每平方千米）	耕地（亩）
江西	58.37	4.80	42.56	6.14	38.07	6.85	46.53	5.93
湖广	12.98	46.83	10.44	59.13	12.14	50.38	11.85	52.11

资料来源：梁方仲：《中国历代户口、田地、田赋统计》甲表72，乙表32，中华书局2008年版。

严酷的现实、求生的本能，迫使相当一部分江西农民另谋出路。众多的富康之民，甚至中小地主，亦被迫离开自己的家乡。

（三）赋税沉重

明中后期，整个江南包括江西在内，是全国赋税徭役最多最重的地区。而当时湖南赋役较江西为轻，甚至可以逃避赋役。这也是引发江西人向湖南迁徙的又一重要原因[2]。

明成化年间，袁杰在《处置流民疏》中指出，包括江西籍在内的几十万名流民外逃的原因之一，就是"因原籍粮差浩繁"[3]。明朝江西人"不苦赋而苦役"，"赋有常则，役无定款，行之弊者，至嘉靖而极"[4]。以里甲为例，洪武初，里甲"本以督办贡赋，追摄公事"，后来

---

[1] 余继登：《典故纪闻》卷一〇，书目文献出版社1995年版，第551页。
[2] 参阅张国雄、梅莉《明清时期江汉—洞庭平原的人口变化与农业经济的发展》，载《中国历史地理论丛》1989年第1辑。
[3] 陈子龙：《明经世文编》卷九三，中华书局1962年版，第1795页。
[4] 卢松等纂：乾隆《吉安府志》卷三三《赋役志》，乾隆四十一年刊本，中华书局2016年版。

因"贵以供应",有名的役目达28种之多,"无名杂用旁见迭出"①。江西泰和县"困以重征,故其时地瘠民贫,户赋丁口递至于减"②。新干县人民的处境是,"物粮大差,百端催迫,至不能存,而窜徙于他乡,或商贩于别省,或投入势要为家奴佃仆,民之逃亡,此其故也"③。南安、赣州也因"赋役日增,民多逃窜"。江西赋役的繁重加剧了人浮于地的矛盾。而相比之下,湖南的赋役负担就要轻得多。"江右之人群于荆湖,既不供江右公家之役,而荆湖之官府亦不得役之。"④ 这种反差对江西等老经济区的民众来说不可能不产生吸引力。远去湖南,不仅原籍差务可逃,有机会的话,新落籍地并不苛重的赋役也可躲掉,两相权衡,故江西人"比比游食他省",尤重游食湖南。

三 湖南内迁的条件

前文分析了"江西填湖广"的推动因素即所谓的江西"推力"。现在我们看来自湖南的"拉力"。从经济学的角度看,移民的迁徙行为是一种投资,只有当收益大于成本时才会做出迁徙的决定。在有关移民拉力的说法中,有一种观点认为移民迁入的新居地的条件比迁出地优越是产生拉力的动因与变量。但是实际上,我们认为,湖南作为迁入地的地理条件往往是相对的,湖南多数是尚未开发的地区。移民垦殖需要克服许多困难。因此,所谓拉力的主要体现就应该是有较多的谋生和发展机会而不仅仅是地理的因素。明清湖南移民中的大多数是生存性移民,吸引他们前去湖南的客观条件大致有:

(一) 较为"原始"的自然生态环境

人口迁徙是一种复杂的社会现象,会受一系列社会和自然因素的影响,其中自然环境和经济条件对人口迁徙的影响十分重要。在一般情况

---

① 卢松等纂:乾隆《吉安府志》卷三三《赋役志》,乾隆四十一年刊本,中华书局2016年版。
② 宋琪等纂:光绪《泰和县志》卷六《赋役志》,光绪四年刊本,方志出版社2008年版。
③ 宋琪等纂:光绪《泰和县志》卷六《赋役志》,光绪四年刊本,方志出版社2008年版。
④ 陈子龙:《明经世文编》卷二三六,钱琪:《东畲先生集·建县三条》,中华书局1962年版。

下，人口迁徙总是由自然条件不良或贫穷落后的地区迁往环境优越、自然资源比较丰富的地区。

江西与湖南气候、地理和水文条件相似，但由于江西人口压力及土地兼并，破产农民被迫大量流亡。湖南"原始"的生态环境，成为吸纳以江西为主的流民的重要因素。湖南有洞庭湖平原，平原上河流纵横交错，湖泊星罗棋布，水土资源丰富，交通便利。湖区有着面积广大、肥沃的淤积滩地，土质松软，易于耕种。从气候条件来看，湖南位于亚热带季风气候区，四季分明，雨量充沛，有利于谷物的生长。此外，最重要的一点是，湖南湖区周围的山区开发较晚，有着大片尚未利用的平原丘陵与山林草地，域内物品丰富，各种土特产品种类多、产量大。因此，在农业之外，渔猎山伐各有所宜，食物易取易足，这就为人口谋生提供了良好的物质环境。即便是湖南的湘西山区，也因其山大林深，开发较晚，而拥有丰富的野生资源和山林草地，也能够为人口提供大量的生存生活资源。所以，这些自然优势对江西移民而言都会有相当的吸引力。

（二）人口相对稀少

湖广之所以能被"填"，可以想象，那是因为荆楚大地人口太过空虚。湖南宋元以前，开发程度就较低，人口密度呈偏低状态。南宋时，荆湖地区仍然是"旷土尚多"①，"不患无田之可耕，常患耕民之不足"②。

元初，"湖湘之间，千里为虚，驿驰十余日，荆棘没人，漫不见行迹"③。据文献记载："元明之际，湘潭土著仅余数户，后之人多来自于豫章，醴（陵）与潭接壤，古老相传，土著仅存十八户，余皆无复存者。洪武之初，招集流亡，皆来自他省，而豫章人尤众。"④ 所谓"仅余数户""仅存十八户"未免夸张，但是人口耗损的剧烈程度却是可以

---

① 《宋史》卷一七三《食货志》，中华书局1977年版，第845页。
② 《宋会要辑稿》第一二一册，《食货二》，中华书局1957年版，总第4802页。
③ 余阙：《青阳先生文集·青阳县尹功铭并序》，国家图书馆出版社2010年版。
④ 同治《醴陵县志》卷六，湖南图书馆藏。

想象。虽然明初大力招徕,各地流移纷纷落居,但直至明中叶,这里的人口密度依然不高,与人口稀少相对应的则是闲田旷土的大量存在。明人包汝楫曾在其《南中纪闻》中发过如下感慨:"襄江道中,沿堤上下,芦荡不知几千顷,土色青黄相错,地形亦不洼,此吾乡腴田也。不知何故,弃不树艺,竟作樵渔汤沐邑。海内旷土总不如湖广多,湖广真广哉!"人口本来就少,明末清初的动乱又使湖南人口生产走向低谷。"自崇祯十六年(1643)至顺治十一年(1654),人民备历刀兵、饥荒、病役诸劫,死亡过半,业荒无主。"① 许多地方人口减耗之剧,达到令人难以想象的程度。湖广道上"弥望千里,绝无人烟"②。

桃源、安陆诸地方志中也皆有关于"元末兵燹,土著几尽"③ 的记录,"各族姓之来源,多属江西,又有元末明初两个时期易代之际,兵祸最裂,乱兵巨匪,屠戮最惨,土著死亡,客民迁入,土旷人稀,各插标为记,定其土界"。地权纠纷既不存在,移民自然就能很轻易地成为新的土地主人,户籍问题也就会迎刃而解。

湖南人胡尔恺在《直陈湖南利弊疏》中言道:"自明季兵贼蹂躏残毁,瓦砾荆榛,千里如一青燐,白骨所在皆然。"④ 总之,明代以后湖南战事频繁。其中最为激烈者有三:一是崇祯十六年(1643)张献忠攻打湖南,历时约一年。"十六年献贼犯长沙,……南走岳阳,……进陷衡州,喋血千里,割人手鼻如丘……杀掠得绅士富民则炮烙会锉,索其资,焚庐舍殆尽。"⑤ 二是顺治二年(1645)至五年(1648)李自成残余力量搅乱湖南,此时湖南尚存明朝残余军事力量。明军、清军及农民起义军三股力量绞合在一起,局势混乱,破坏力很大。明军兵溃,"收山杀人,刀火之声彻于野者二旬"⑥。顺治初年,永州府一州七县

---

① 同治《醴陵县志》卷六。
② 贺长龄、魏源等纂:《皇朝经世文编》卷三四,刘余谟:《垦荒兴屯疏》,旧刊本,台湾大学出版社1989年版。
③ 光绪《德安府志》卷三,湖北人民出版社2015年版。
④ 同治《长沙县志》卷一九《政绩一》,岳麓书社2010年版。
⑤ 同治《长沙县志》卷三三《兵难》,岳麓书社2010年版。
⑥ 同治《长沙县志》卷三三《兵难》,岳麓书社2010年版。

"户不过二万，口不过十万"①。紧接着在顺治五年十月，李自成部牛万才、马进忠部攻入湖南，一支攻长沙，一支趋湘潭掠舟水陆并进。湖南几乎被攻陷，所谓"诸军皆陷，独长沙尚能艰守"②。三是康熙十二年（1673）吴三桂攻湖南，沅州府、衡州府、永州府和长沙府均被陷落。"设官征饷，羽檄飞催，民苦蹈汤火，徙逃无算。"③ 战乱历时六年，战争使人非死即逃，千里无人烟便不足为奇了。

湖南自平定三藩之乱到咸丰元年（1851），两百多年间无大的战争，承平日久，人口增长进入快车道。一方面，随着太平天国战起，湖南人口生产再度陷入停滞。太平军虽起自广西，湖南却是太平军与清军相互较量最激烈、最残酷的战场。咸丰二年（1852）太平军进入湖南，全省会党纷纷响应，新宁洪大全率天地会众加入，称天德王，并一度进入太平军领导集团主持军事。宜章、桂阳、衡州、郴州、浏阳、湘潭、澧州等许多地方都发生了呼应性会党起事。江忠源说："太平军进入永州境，土匪之迎降，会匪之入党，日以千计。"④ 在湖南会党的响应下，太平军声威大震，先后在长沙、湘潭、靖港、岳州、宝庆等地与清军发生激烈战争。另一方面，湖南地主士绅则纷纷组织武装，对抗太平军，从而使湖南成为清政府镇压太平军的重要军事基地。江忠源首先在新宁募勇组团，于蓑衣渡设伏，使太平军受到严重损失。曾国藩在清廷和湖南地主阶级的支持下，创立湘军。无论在省内还是省外，湘军都是太平军最主要的敌手。咸丰九年（1859），太平军石达开部太平军从江西进入湘南，连陷桂阳、宜章、兴宁、郴州等州县。在宝庆府地与官军大战，失败后活动于湘西南等地。直到同治四年（1865），湖南境内的太平军战事才告结束。

持续十四年的太平天国战争导致湖南几百万人口的直接损失。岳州府人口损失最为惨重，约为82.3万。宝庆府人口损失4.7万。每一战事过程都极端惨烈。例如浏阳县志记载，咸丰四年（1854）："县民数

---

① 道光《永州府志》卷五上《食货志·户口》，岳麓书社2008年版。
② 《长沙县志》卷三三《兵难》，岳麓书社2010年版。
③ 《长沙县志》卷三三《兵难》，岳麓书社2010年版。
④ 江忠源：《江忠烈公遗集》卷三，清咸丰六年邵阳陈氏横舍刻本，岳麓书社2013年版。

百，西北各村男女死者颇多，并掠丁壮数百。"① 咸丰六年（1856），在醴陵县，"贼猝不及避，民间劫掠一空。二十日拔营走，沿途掳人无算，奸淫杀戮，惨不忍言"②。郴州"二月，陷郴州城，盘踞四出，杀戮之惨，莫此为甚，口掳去，居民少生还者。村落几成灰烬，几于十室九空"③。1851年，衡州人口为275.4万，1865年为222.5万，战争中人口损失52.9万。靖州损失人口约为15万，桂阳约为17万。"中遭咸丰、同治发逆、黔苗数次扰乱，两失县城，兵燹后人民非复旧观。"④

所有这些都反映了咸丰、同治年间湖南人口大量减少的事实。

太平天国战后湖南人口如果分别以户二万、口十万计算，并将这个数据类比计算明万历四十七年（1619）的户26566，口146370的统计数字，那么，咸同年间湖南人口则分别减少了23%和32%。⑤ 而且清代在这些户口统计之中，还存在"犹半属逃亡虚籍"⑥的情况。从这些战事中我们可以发现，这些战事主要发生在农业比较发达、人口耕地集中、土壤肥沃的湖河滩区和平原丘陵区，因而战事对湖南农业生产、人口和耕地的破坏就显得更为严重。战乱对生产力造成了巨大的破坏，损耗了大量的财力物力，更造成了人口的大量死亡和逃亡。田地荒芜，无法继续生产。

（三）政府政策鼓励移民垦殖

明清之际的人口迁徙，并不完全是一种自发的民间人口运动，政府在其间实际起着重要的调节作用。这一阶段的移民运动形式逻辑往往是政府招垦在前，自发性移民在后，政府再加以疏导。政府对各地区的人口迁徙的流向和规模都有一定的制约和影响。

针对元末战后洞庭湖"耕种者少，荒芜者多"、劳动力不足的状况，为着重建拓展湖区经济，洪武三十年（1397）三月，常德、武陵

---

① 同治《浏阳县志》卷一三《兵防》，岳麓书社2018年版。
② 同治《醴陵县志》卷六《武备·兵事》。
③ 光绪《郴州直隶州乡土志》卷上《兵事》，江苏古籍出版社2002年版。
④ 光绪《会同县志》卷三《户口》，江苏古籍出版社2002年版，第159页。
⑤ 道光《永州府志》卷七《食贷志·户口》，第466页。
⑥ 道光《永州府志》卷七《食贷志·户口》，第467页。

两县分别奏请朝廷从江西徙无田失业农民至武陵、常德等县落户，尽快使"农尽其力，地尽其利"。朝廷很快同意并实施了迁江西人到武陵等县拓荒立业的计划。1947年《孙氏族谱》卷首"始祖传"的记载也印证了当时政府鼓励迁江西狭乡民众到武陵等宽乡开垦的真实性和普遍性，"前朝定鼎，下诏抽迁江右士庶，以实兹土"。于是"由江右而播迁荆楚者，几如江出西陵，其奔流势大，南合湘沅，北会汉沔，其势益涨"①。今沅江县所见族谱中有27族即是在明初从江西等外省迁来。②永乐以后，自发性移民取代了政府有组织的迁徙，成为明清时期的主要迁徙方式。政府也因势利导，相应政策随时跟进出台。到明中后期，常德等地已是"土民日弊而客户日盛矣，客户江右为多"③。湖南各地人口慢慢多了起来。

清初，湖南大量人口又因躲避战乱而离乡背井，四处流徙。人口的大量流徙，又使清政府面临着"费数年兵力，数百万金钱"而"收空虚之城郭"的严重局面。因之，雍正七年（1729）四月戊子日，谕旨："国家承平日久，凡属闲旷未耕之地，皆宜及时开垦，以裕养万民之计，是以屡颁谕旨，劝民垦种。"④

据康熙《长沙府志》卷十五《浏阳孔氏圣裔公案》一文记载，"查得浏阳孔景进有祖孔了本十七代孔巢，父唐时为潭州刺史，阵亡，萌男孔焕仍授父任。五季兵阻未归，寓居平江。至五十五代祖孔安，因浏阳元兵歼灭，奉诏将邻县抽补。洪武六年携男孔德明分来浏阳东乡十三都九甲滩头家焉。州载官，丁三十三，秋粮五百九十三石零，随往平江对谱无异。"这家族谱告诉我们，孔氏家族迁浏原因，一是"奉诏"抽补，这说明孔氏家族迁徙是中央政府控制下的移民活动。二是"分来"浏阳，这又说明中央政府控制下的移民计划是有组织的，且其丁赋数，莫不悉载于官册。

---

① 《胡氏族谱》卷一《五分合修谱总序》，民国五年（1916）修，载《中华胡氏通谱》，作家出版社2007年版。
② 参见何业恒《沅江县人口演变的历史过程》，载《益阳师专学报》1984年第3期。
③ 《清朝世宗朝实录蒙古史史料抄》卷八〇，内蒙古大学出版社2009年版，第13页。
④ 嘉靖《常德府志》卷六《食货》，方志出版社2011年版。

第一章　明清时期湖南人口的迁徙问题

从康熙到乾隆中期，湖南人口问题又主要表现为因灾荒而造成流民离乡背井，四处觅食。这一时期，清政府安辑流民的目的是，"散处之以分其势，则不至聚而为奸"①。玄烨在康熙五十一年（1712）五月，对此讲得十分明确。他说："朕前谕各省督抚，……另有深意。……特欲剪除恶乱之辈耳，明代李自成，即其验也。不豫为之计可乎？"②这就挑明了，清政府宣称的所谓"爱养为心"是假，"抚绥"防乱是真。

清初将湘西改土归流，置永顺府及四直隶厅。这种设置也吸引了大量的移民来到湘西地区。《永顺府志》云：永顺县移民多来自附近的辰州府、沅州府，江西、闽广等省也有商人贸易于此。桑植县也"多客家寄籍"③，"外郡民人……倚亲托故，陆续前来，扬户入籍"④。以致以前治于土司之"土籍"，人口只占全县人口的十分之四，而自外地迁来的"客籍"人口竟占十分之六。乾隆二十五年（1760），全县20741户中，客户12547，占60.5%，土户8031，占38.7%，苗户163，占0.8%。⑤归流之后，移民在人口比例上已实现了反客为主。"需要指出，改土归流地区的这种人口增长主要发生在改土归流后的数十年中，主要是外来移民的机械增长。吸引大批移民的因素，则是这些地区的大量荒地和科赋的轻薄（当然也有人带着不可告人的目的而来）。"⑥乾隆十二年（1747）四月二十六日，湖广总督塞楞额奏称："湖南永顺府、龙山、保靖、桑植四县地方，均属苗疆最要之区，自雍正七年改土归流以后，因彼地粮轻产贱，兼可冒考，以致辰、沅、常、宝等处民人，始则贸易置产，继则挈眷偕居，且已经入籍置产之民，仍复贪心不足，希图多买苗田，即未经入籍之人，亦觊觎阳产，每每依亲托故，陆续前来"，由于移民原因发生变异，因请禁止汉民买苗地，并禁汉民无执照

---

① 《饥民垦荒议》，《皇朝经世文编》卷三四，台湾大学出版社1989年版。
② 《清圣祖实录》卷二〇五，中华书局1985年版。
③ 王锡祺：《小方壶斋舆地丛钞》第六帙，辽海出版社2005年版。
④ 乾隆十二年骆为香《禁汉人买地土洋》，见同治《桑植县志》卷二《赋役志》，海天出版社2000年版，第120页。
⑤ 同治《桑植县志》卷二《赋役志·户口》，海天出版社2000年版，第134页。
⑥ 《清代档案史料丛编》第14辑，中华书局1990年版，第176页。

进入苗地。① 但这个禁令并未生效。自此以后，湖南加快了改土归流地区的移民运动。

（四）湖湘习俗传统也有利于流徙客民落居谋生

湖广州、县志书中记载："楚俗慓轻，鲜思积聚，于是四方流民失业者多赴焉。"② "楚地百姓愚而且惰，自耕嫁之外并无商贾别业。"③ "渔米薪颇饶，民不习技艺而拙于封植"，"田务广而耕耨之功未逮也，习尚惰而生息之术犹狭也"④。这些史料告诉我们，无论从生产习俗或生活习俗来看，明代之前湘楚皆尚处于较为原始的低水平时期，这样的社会环境无疑有利于外来流移的立足生存。明后期湘楚地区普遍出现"客户变主""客浮主瘠"的现象，正是这种情况发展的必然结果。

与湖南注重传统农作不同，明朝时期的江西人则更多的从事农作以外的商业等活动。明人王士性在其所著《广志绎》中写到"江浙闽三处人稠地狭，总之不足以当中原之一省，故身不有技，则口不糊，足不出外，则技不售，惟江右为甚"。另据清初查慎行《西江志·风俗》记载：

南昌府：地狭人稠，多食物于四方，所居成市。（弘治《南昌府志》）

临江府：地当舟车四会之街，遂末者多。（邓元锡：《方域志》）

吉安府：土瘠民稠，所资身多业邻郡。（罗文恭《舆图志》）

抚州府：人稠多商，行旅达四裔，有弃妻子老死不归者。（邓元锡《方域志》）

九江府：山峻水沃，……民习经商，人事纺织。（《彭泽旧志》）

---

① 《清代档案史料丛编》第14辑，中华书局1990年版，第176页。
② 桂萼：《湖广图序》，载《明经世文编》卷一八二，中华书局1962年版。
③ 吴亮嗣：《论荆楚水灾疏》，载光绪《黄州府志》卷三六，武汉大学出版社2018年版。
④ 嘉靖《常德府志》卷六《食货·田赋》，方志出版社2011年版。

赣州府：瑞金山多田少，稼穑之外，间为商贾。(《瑞金县志》)①

总之，江西与湖南的地理接近，社会心理趋同，但本业与经济状况差异很大，这些变量都是江西人口大量向湖南迁徙的因素。

四 迁徙路线及迁徙结果

移民的来源和分布是最基本和最直观的移民变量。江西等省迁入湖南的移民来源也很集中。前文已述江西是湖南移民最主要的迁出地。根据张国雄先生整理的《移民档案》所提供的湖南190族资料中，我们可以再一次对这种定论有一个更清晰的认识。这190族中，世居湖南的有13族，约占总数的6.8%，余者有3族迁出地不明，另187族迁自以江西为主的十几个省份。据此推论，今存的湖南家族中有90%多为移民家族，其中江西籍就有149族，占移民家族的78%。所以，在这里，我们应该以"江西填湖南"为切入点，对以江西为主的移民再作一次讨论。重点讨论湖南的人口迁徙情况。

前文已经交代，湖南与江西两省地理位置相邻。湘东与赣西之间的幕阜山、连云山、九岭山、武功山、万洋山、诸广山等山脉呈北东向雁行错列，山地之间的长廊断陷谷地或向斜谷地构成了江西等地移民迁入湖南的天然通道。据同治《攸县志》卷七《户口》记载："迩来闽、粤之民，侨居吴、楚，自吉、袁至楚南，各郡县所在皆是。"民国《醴陵县志·氏族志》也有相同内容的重要记载："元明之际，土著存者仅十八户，湘赣接壤，故是时迁入者，以赣西、赣南一带之人为多。明末清初，重罹浩劫，土旷人稀，故是时迁入者，则什九为闽、粤两省汀江、东江流域之人。"此外，张国雄先生还考证出吉安—攸县、袁州—醴陵、南昌—平江这样三条江西移民迁入湖南的迁徙路线，笔者颇为赞同。由此，湖南的移民分布情况也呈现出由东向西的逐

---

① 查慎行：《西江志》卷二六《风俗》，转引自傅衣凌《明清社会经济史论文集》，人民出版社1922年版，第188、189页。

步展开态势。在迁徙之初，洞庭湖区是他们的首选。就近的江西人不会舍近求远地去寻找另外的生存空间，只有在洞庭湖平原开发程度加深，接纳移民的空间缩小之后，江西等外省移民才会转向其他地方寻求发展。

清代湖南移民分布由此产生出一个随着时间变化不断向西向南拓展的过程。由于历史和地域结构的不同，各地的移民迁移情况也各不相同。为此，我们选取湘北、湘东、湘南、湘西四个区域内的具有典型性的一些县来略加分析说明。

（一）湘北地区

由于湘北地区在元末、明末是两次社会大动荡的重要战场，人口流失严重，地广人稀。而这里却土地肥沃，交通便利，所以也就能够吸引大量的移民徙入此地。因而湘北地区也就能够首先成为移民首选的"理想"的创业之地。我们以湘北的湘阴县为例来说明该区域的移民情况。根据道光《湘阴县志·氏族志》，可知湘阴移民主要来源于江西南昌。请见表1-3。

表1-3　　　　湘阴县外省移民原籍及迁移族数　　　　单位：族户

省	江西	江苏	河南	福建	安徽	山东	四川	陕西	湖北	湖南	合计
迁民数	142	11	7	7	3	2	1	1	12	12	198

由表1-3，我们可以看出，湘阴移民"类皆发源于江右"。在湘阴移民的198族中，其中江西籍的139族，占移民户数的70.2%，湖南、湖北各12族，各占6%，江苏11族，占5.6%，其余24族，占12.12%，江西籍移民占有绝对比例，与所谓"客户江右为多"相吻合。而关于江西籍移民迁出地，我们又统计出表1-4。

由表1-4可以看出，这些移民氏族主要来自江西南昌府，南昌府中又主要来自南昌和丰城，次则来自赣中、吉安两地，两地之中又以吉水、吉安为最多。自南昌一府迁入之氏族占江西迁入氏族之53.5%、吉安府占30.9%。移民具有鲜明的抱团取暖特征。

第一章 明清时期湖南人口的迁徙问题

表1-4 湘阴县江西籍移民原籍情况

单位：族户

府县	南昌府					吉安				南安	临江		瑞州		袁州	九江	饶州		抚州	不明	合计
	南昌	新建	丰城	进贤	奉新	修水	庐陵	泰和	吉水	永丰	安福	大庾	清江	新干	高安	宜丰	宜春	德化	德安	余干	德兴	金溪		
迁民数	22	1	44	1	2	3	17	3	20	2	2	1	3	1	2	1	1	1	1	2	1	1	7	139

· 23 ·

（二）湘东地区

湘东地处湘赣边界，包括现在的浏阳、醴陵、茶陵、安仁、炎陵、攸县等地区。

湘东地区在移民之前，已有居民在此繁衍生息。据乾隆《醴陵县志·氏族志》载，"元明之际，土著存者仅十八户……今称老寨户"。民国《醴陵县志·政治志》也载，"自崇祯十六年至清顺治十一年，人民备历刀兵、饥荒、病疫诸劫，死亡过半，业荒无主。新来占籍者，准其自由管领，插标为界"。根据《醴陵县志·氏族志》我们总结出表1-5。

表1-5　　　　　　醴陵县外省移民原籍及迁移人数

原籍	江西	苏浙	闽粤	湖南	其他省份	合计
迁族（单位：户）	278	17	121	22	22	460
迁民人口数（单位：百人）	5653	238	1573	484	832	8780

在该县移民原籍中，江西移民氏族占60.4%，闽粤籍的占20.3%，苏浙占3.7%，移民的最大来源地是江西，江西则主要来自吉安、泰和等地及南昌地区。

安仁与茶陵的移民情况也基本相似。据1996年版的《安仁县志》记载，安仁居民多为汉族。1982年进行人口普查，城内合计有苗族、瑶族、回族、侗族等少数民族，合计才28人。1990年第四次人口普查时合计才55人。[①] "安仁人多为客籍迁入，时间最早在唐代，迁入最盛是宋代。"[②] 安仁置县前后，江西、广东、长沙、常宁、衡阳、茶陵等地人或经商或做工或游学或任职或寻亲或避难而落籍安仁者日渐增多。故境内姓氏繁杂。茶陵从元代到清代，境内人口迁徙频繁。元末明初，茶陵是朱元璋与陈友谅对峙争战的地区，人口锐减严重。与安仁一样，茶陵也是一个移民型汉族聚居县。湘东地区的浏阳一县则是以姓族聚居，为典型的族聚大县。请见表1-6。

[①] 《安仁县志》，中国社会出版社1996年版，第92页。
[②] 《安仁县志》，中国社会出版社1996年版，第92页。

表1-6　　　　　浏阳县姓氏简表①（以十大姓氏为例）

姓氏	入浏时间	原籍	入浏姓祖	聚居地
李	五代后梁开平时（907—911）	江西丰城	迓昌	淳口、高田
袁	五代后唐同光元年（923）	江西吉安	俊辅	周洛
瞿	宋靖康初年（1126）	江西泗洲	楚魏	龙伏、泰式段
孙	明永乐初	江西吉州	应道	浒渐塅
黄	清代初年	广东平远	天彩	
黄	明中叶	江西萍乡	大槐	井泉里
郑	康熙间	广东		
何	清代初年	江西	应清	太平桥社冲
陈	明中叶	江西丰城	再胜	梓江里
邓	明宣德时	江西丰城	金志	城关

（三）湘南地区

湘南区包括郴州、永州和衡州三府。

民国《宜章县志·氏族志》载："考其著籍之多在唐宋以后，唐前土著绝鲜。盖县境土民原本峒瑶，其后居民又多以兵燹转徙，或寝即式微也。"根据民国《汝城县志·氏族志》，我们总结出表1-7。

表1-7　　　　汝城县外省移民原籍及迁移人数

原籍	江西	广东	苏浙	湖南	其他省份	合计
迁入族数	47	52	10	16	10	135
人口数（单位：百人）	1015	144.8	288	155	96	1698.8

就该县移民原籍分析，汝城县人口中江西移民氏族占该县人口的60.4%，闽粤籍的占20.3%，苏浙占3.7%。移民的最大来源是江西。江西籍移民则主要来自吉安及南昌地区。

宜章县人口从唐代到清代，先后有江西、福建、河南、山东、江苏、安徽、贵州、湖北、四川等省和省内郴县、茶陵等19个县人口迁

---

① 据《浏阳县志·人口》，中国城市出版社1974年版，摘编。

入。请见表1-8。

表1-8　　　　　　宜章明清时代部分年人口数①

年份	总户数（以户为单位）	总人口（以人为单位）
明正统七年（1442）	1511	8676
弘治十五年（1502）	1472	7477
嘉靖二十一年（1542）	1994	8194
康熙十五年（1676）	2070	8798
嘉庆十九年（1814）	36138	146754
嘉庆二十一年（1816）	32000	110520

从表可推算出明清两代，该县人口差异巨大，土著所剩无几，外籍入迁者占去了绝大部分。

另据《衡山县志》记载，该县在明朝永乐十年（1412），人口只有30768，社会动荡。社会安定之后，"江西等地农民纷纷迁来定居"②。到了同治十一年（1872），人口增加到589645人。③

（四）湘西地区

湘西为苗、瑶等少数民族居住地，清雍正以前多属土司管辖，有"蛮不出境，汉不入峒"的禁令。自永顺府设立以后，在改土归流政策作用之下，以前零星的人口迁徙，也演变成为大规模的人口迁入。随着外省、外地移民的不断迁入以及汉儒文化潜移默化的影响，最终构成了汉苗杂处的别有一番地域风情的杂居之邦。对于这一区域的人口迁徙，我们以溆浦县为例加以说明。根据《溆浦县志·氏族》，我们整理出表1-9。

表1-9　　　　　　溆浦县外省移民原籍及迁徙族户数

原籍	江西	江苏	湖南	其他省份	合计
迁入族数	58	4	14	107	183

---

① 《宜章县志》卷三《人口》，黄山书社1995年版，第84—85页。
② 《衡山县志》，岳麓书社1994年版，第99页。
③ 《衡山县志》，岳麓书社1994年版，第99页。

第一章 明清时期湖南人口的迁徙问题

永顺改土归流完成后，政治关系理顺，人口较为密集的已然开发的湖南中部平原农业区，就可以向各种资源都较丰富的湘西山区输送人口了。在永顺县，"改土后客民四至，在他省则江西为多，而湖北次之，福建、浙江又次之。在本省则沅陵为多，而芷江次之，常德、宝庆又次之"①。与其相似的龙山县，也是"客民多长、衡、辰各府以及江西、贵州各省者"②。本省移入以本省东部和南部迁入的人口为主。

永顺府"江西、辰州、沅、泸等处外来之人甚多"，"客民多辰、沅民，江右、闽、广人亦贸易于此"③。这就说明来自本省区的客民在永顺多以务农为生，来自东部其他省份的移民多以商人的身份流入其中。辰州府"以常、长等府及江西移入者为多"④。乾隆中张天如在《永顺府志》云，永顺县移民多来自附近的辰州府、沅州府。江西、闽广等省也有商人贸易于此。桑植县也"多客家寄籍"⑤，"外郡民人……倚亲托故，陆续前来，构户入籍"⑥。以致以前治于土司之"土籍"，人口只占全县人口的2/5，而自外地迁来的"客籍"人口竟占3/5。乾隆二十五年（1760），全县20741户中，客户12547，占60.5%，土户8031，占38.7%，苗户163，占0.8%。⑦

在湘鄂交界的山区，"附近川黔两楚民人，或贪其土旷粮轻，携资置产。或藉以开山力作，搭丁垦荒，逐队成群，前后接踵"⑧。"由是荆州、湖南、江西等处流民竞集。""楚蜀游民在彼开山伐著，垦辟土地者日集日众。"⑨见表1-10。

---

① 民国《永顺县志》卷一六《风俗》，江苏古籍出版社2002年版。
② 同治《龙山县志》卷一一《风俗》，方志出版社2012年版。
③ 光绪《永顺府志》卷一〇《风俗》，岳麓书社2012年版。
④ 光绪《辰州府志》卷一五《风俗》，光绪三十三年纂抄本，江苏古籍出版社2002年版。
⑤ 《小方壶斋舆地丛钞》第六帙，辽海出版社2005年版。
⑥ 乾隆十二年骆为香《禁汉人买地土帖》，见同治《桑植县志》卷二《赋役志》，湖南人民出版社2017年版。
⑦ 同治《桑植县志》卷二《赋役志·户口》，湖南人民出版社2017年版。
⑧ 乾隆年十一月二十二日、十二月二日湖广总督永常奏折，载《宫中档乾隆朝奏折》四，同治《建始县志》卷四《户口》，江苏古籍出版社2001年版。
⑨ 乾隆年十一月二十二日、十二月二日湖广总督永常奏折，载《宫中档乾隆朝奏折》四，同治《固始县志》卷四《户口》，江苏古籍出版社2001年版。

表 1-10　　　　　　　　湘西移民氏族原籍情况

原籍	江西	苏浙	安徽	湖北	湖南	其他省份	合计
迁入族数	168	22	14	21	113	42	380

五　人口迁徙引起的湖南社会变迁

经历了漫长的"江西填湖广"的移民运动，江西人多地少的矛盾得到有效的缓解，湖南地广人稀的局面也得到改变。

湖南由于外省移民的大量迁入，不仅使湖南的人口出现了激增的趋势，而且也使湖南人口结构在族源、血源上产生了历史性的更换，形成了新兴的人口结构，产生了湖南地区新的族群社会习俗与观念。生活习惯、生产方式的重构使江西和湖南在明清时期形成了比以往更为相同或相近的文化交流板块和同质同向的生活方式。这主要体现在以下几个方面：

（一）直接促成了"湖广熟、天下足"和"湖南熟、天下足"的局面

明清湖南新移民中农业人口占大多数，这种新农业人口的到来，就使湖南农业人口结构的面目焕然一新，农业新人口带动了农业经济的发展。例如，农业新人口进入资水中上游和湘西地区，改变了那里的"刀耕火种"的原始耕作方式，为资水与湘西地区扩大了不少垦殖面积。湘南土地的垦殖在移民的努力下也同时达到了鼎盛。据《清朝通典·食货》载，湘南地区："下地不论顷田……听民开垦种植"，"斜坡深谷，大多辟为薯土或种植玉米"。至乾隆末年，仅衡州府的户口就比明末清初增加了42%，人口增加了45%，土地增加了36%，粮食总产量增加了41%。这一时期的郴州和永州地区同时也获得了很大的发展[①]；致使"长沙、衡、永数郡盛产米谷，连樯衔尾，浮苍梧直下羊城"。湘南地区也成为苎麻、茶叶、茶油、淡水鱼和杉木的重要生产基地，该地区农业开发的深度和广度都达到了历史上的最高水平。而在湖南东部一带培育靛苗的则都是闽人，"靛苗产于衡山、鄢县、茶攸、湘

---

① 据清修复《灵渠》陡河碑，旧刊本。

乡、湘潭，而种以闽人，鬻开湘浦"①。福建新移民也为湖南带去了先进的劳动生产技术，尤其是从事商业性农业的经验。

在这种背景下，经济发展最为显著的还是洞庭湖垸田的大批量兴筑。新移民使洞庭湖区人口的农业生产加速提质。北宋以前，洞庭湖还是"风帆满目八百里"，随着自然的变迁和人类经济活动的交织影响，大量泥沙涌进湖区，淤积湖盆，形成了若干区域性湖沼，湖沼发育成大小不等的洲渚，洲渚就为围筑垸提供了条件。在湖区，明朝时垸田的修筑就已取得初步的发展。清朝时期，为了稳定社会秩序，政府实行了鼓励垦荒、兴修水利、发展农业的政策，湖区垸田兴筑空前提速。湖区的淤滩十分肥美，一经围垦，便立刻可成为膏腴良田，因而吸引着无数移民前去劈波斩浪，竞相围垸。据道光《洞庭湖志》称："自康熙年间许民各就滩荒筑围垦田，数十年来，凡稍高之地，无不筑围成田，湖滨堤垸如鳞，弥望无际，已有与水争地之势。"长沙、岳州、常德、澧州四府"堤垸多者五、六十，少者三、四十，每垸大者六、七十里，小者亦二、三十里"②。

由于土地肥沃，雨水充足，而开发垸田的，又多是江西等地的移民，这些务农移民大都有着长期种植水稻的经验及较高的耕作技术，因此，他们这种开发就会产生正向作用，围湖成田便会带来更好的经济收益。例如：华容县垸田面积占全县农田的十之六七，但所产稻米却占全县的十之八九，故"闾阎殷厚，民出粟实塞下，佐县官费"，"垸农一岁之收，可抵山农数岁之收"③。

湖区的湘阴县从康熙年间开垦，到乾隆十一年（1746），西部地区移民竞相"夺湖为田"，"相继围境69处，外地来垸耕种者络绎不绝。至嘉庆二十三年（1817），人口增至149740户，637170人"④。洞庭湖所属的益阳地区，从清中叶开始，人口分布的重心，也向湖区转移。到

---

① 光绪《湖南通志》卷六〇，《食货六·物产》，湖南人民出版社2017年版。
② 陶澍：《洞庭湖志》，岳麓书社2002年版。
③ 乾隆《华容县志》卷三《水防》，中央文献出版社2011年版，第119页。
④ 《湘阴县志》，生活·读书·新知三联书店1995年版，第161页。

民国六年（1917），区境湖区人口为572296人，占当时总人口的27.37%，[①] 其中益阳县洿湖乡的人口密度每平方千米达到了1425人，而同一时期的湖区安化县将军乡，平均每平方千米只有45人。[②]

大大小小星罗棋布的垸田，成为洞庭湖平原的独特的景观。水乡变成了肥沃农田，垸田耕地面积大大增加。大量垸田耕地对洞庭湖平原的农业经济的发展产生了重大影响，耕地农作使湖南粮食生产发展迅速。出现了"湖广熟、天下足"的局面。粮食产量在全国所占比重逐步提高，米谷大量外销。在湖南，形成了岳阳、长沙、湘潭、衡阳四大粮食集散地，湖南经济地位也日益重要，"湖广熟、天下足"又逐步演变成为"湖南熟、天下足"。

明末吴敬盛在其《地图综要》里说到："中国之地，四通五达，莫楚若也。楚固泽国，耕稼甚饶，一岁再获，柴桑吴楚多仰给焉。谚曰：'湖广熟天下足'，其言土地广衍，而长江传输便易，非他省比。"[③] 雍正八年（1730）四月二十四日，鄂尔泰在一个奏折中称："湖广全省向为东南诸省所仰赖，谚所谓'湖广熟、天下足'者，诚以米既充裕，水又流通之故。"[④] 这里的湖广，实际只包括了今湖北、湖南两省。需要指出，在明代，楚北的经济要比楚南发达，但是到了康熙后期，特别是雍、乾两朝，湖南洞庭湖及湘南、湘西山区经济都有了迅速发展，特别是洞庭湖区，出现了围垦洲土的高潮，这种大开发使得湖南的农业经济地位迅速上升，最终超过湖北而成为全国最重要的产粮基地。湖南由此支撑着全国的米市。湖南米市后来发展到"止有本省之谷运出，从无别省之米运来"[⑤] 的"湖南熟、天下足"的新格局。这种局面说明至少从乾隆时起，湖南的粮食生产水平已赶上、最终超过了湖北。民间更是流传着"惟我楚南，号称米乡，吴越告籴，风帆相望"的民谣。[⑥] 此

---

① 《益阳地区志》，新华出版社1997年版，第139页。
② 《益阳地区志》，新华出版社1997年版，第143页。
③ 转引张建民《"湖广熟，天下足"述论》，《中国农史》1987年第4期。
④ 《宫中档雍正朝奏折》，台北故宫博物院1977年版，第578页。
⑤ 杨锡绂：《四知堂文集》卷一一，天津古籍出版社2003年版。
⑥ 乾隆《衡州府志》卷一五《仓储》，岳麓书社2008年版。

后，湖南在长江流域产粮省份中长时间保持着纯输出省的地位，绝对产量一直高于其他各省。

嘉庆《长沙县志》认为："南楚夙称产米之乡。谚云'湖广熟，天下足，湖南熟，湖北足'。"① 湖南常平仓谷，"不但备本省之荒欠，兼备临省之荒欠"②。在这里，"湖广熟、天下足"包含两方面的意思，一是两湖余米甚多。二是两湖水路四达。清代两湖大量稻米的剩余处置，主要通过漕粮本邑、仓廪积贮、外省采买、军粮供应和客商贩运等方面实现。正是通过这样一些流通渠道，构成了"天下足"的实质。在粮食流转时期，两湖每年外运的稻米总在400万石以上，而最高可达1000万石左右。不但如此，两湖"路通八省"，水运方便，所在沿江沿河之处又形成了若干的米粮贸易中心。如湖南的岳阳、常德、长沙、湘潭、衡阳等均成为闻名全国的米粮贸易中心。

总之，围垦活动的广泛兴起，使许多平衍沮洳的江湖区的地理面貌发生了转变，湖区农业发展提速，变化显著。这种垦殖变化就为稻作农业的发展开辟了广阔的领地，促进了新的农业经济区的形成和湖南地区农业经济的进一步繁盛。新农业为湖南城镇的兴起、商业的繁荣以及湖南在全国经济地位的进一步提高奠定了基础。

（二）促进了湖南商业的发展

农业的发展带动了手工业和商业的发展，其中江西新移民对湖南工商业的发展起了更加重要的推动作用：首先，增加了从事工商业的人口。人口本身也是一种生产。"豫章之为商者，言其适楚，犹门庭也。"③ 现存湖南洪江的万寿宫始建于明代，是江西商人为保护自己、发展商业组成的一个商帮组织。说明清代在湖南的江西商人已是一股不小的势力。到清朝时，湖南竟有"无江西人不成商场"之谚。在湖南人眼里，江西人到处都是，水旱码头江西人尤多。于是又有了"无江

---

① 嘉庆《长沙县志》卷三《积贮》，湖南人民出版社2016年版，第553页。
② 陈宏谋：《培远堂偶存稿》，清刊本。
③ 武占坤主编：《中华风土谚志》，中国经济出版社1997年版，第939页。

西人不成码头"①的谚语。其次，这些江西新移民的到来，又加快了湖南商业的发展步伐，一些城镇因之在沿江沿河兴起、繁荣。再次，江西商业人口的迁入，又加强了江西与湖南间的商品交流。例如，江西丰富的农产品和手工业品流入湖南市场，既利于生产又便于生活。据史料记载，江西商人"其货之大者摘叶为茗，伐楮为纸，坯土为器，自行就荆湖吴越间，为国家利"②。此外，糖、烟草、夏布等都是江西的名产，也是在清代湖南市场走俏的商品。我们根据民国《益阳县志·氏族志》统计出表1-11，来看一看商业带动下的湖南经济社会分层。

表1-11　　　　　　　　益阳县移民迁移原因及户数

迁移原因	力田开垦	官府招垦	移居	避乱	宦游	游学	行医	经商	从渔	从工	归隐	不详	合计
迁民数（户）	214	13	37	60	67	4	2	57	3	1	5	2	465

从表可知，益阳外来移民中从事工商业的户数不少，在益阳的社会职业分层中占有非常突出的地位。此外，江西商人还利用其财力兴修水利，以提高湖区抗御自然灾害的能力。史载，"客民……多濒河以堤以自固，家畜力强，则又增修之，民田税多徭重，丁口单寡，其堤坏者，多不能增修，虽垸必有长，以统丁夫，然法久必弊滋……客堤益高，主堤益卑。"③

康熙末年，湘潭的商品经济已是十分发达。"远往出卖，商贩交易，多集于此。"到雍正时更是"四方商贾辐辏，邮里市镇，堆积货物"④。除湘潭外，岳阳、常德、衡阳也都成为商业重镇。

（三）对近代湖湘文化的充分发育产生了积极影响

人口迁徙，在调整人口布局，改变人口密度以及居民人口构成上，具有其他社会功能所不能替代的作用。在一定条件下，它能够促进人口与自然的和谐发展，从而有助于人口再生产与物质资料再生产之间的同步协调。不同地域的人口相接触、不同地域的文化相联系，必然导致不

---

① 武占坤主编：《中华风土谚志》，中国经济出版社1997年版，第939页。
② 王泽洪等撰：康熙《饶州府志》卷四《舆地志》。江西人民出版社2014年版。
③ 顾炎武：《天下郡国利病书》卷七四《湖广三》，艺文印书馆1956年版。
④ 《雍正朱批谕旨》第六卷，第四册，北京图书馆出版社1980年版，第106页。

同文化融合,从而使得地域文化内涵更加丰富。明清人口迁徙不断改变着湖南的人口结构,所以,湖南人口文化素质实际上也就处在一个不断变迁、重组与优化的过程之中,并在这样一个过程中实现移民原生文化的新湖湘化。迁徙与流动使得各个地域的人口相互接触,其中,江西移民不仅数量大、迁徙持续时间长、范围广,而且其文化水准高、素质好。赣人入湘,不仅因血统的联姻改善了湘人的基因,而且还因为北宋以来赣文化风盛于湖南,从而将一种新的人文文化也带进了湖南。新湖湘文化在蛮越文化与楚文化融合的基础上又因融入了新的移民文化基因而进一步提升。湖湘文化原有的兼容性特征更加明显。明清新湖湘文化就在这样一种基础之上得到了更为充分地成长性发育。

现代史学家林增平先生在他的《近代湖湘文化试探》一文中说:"在古代史上,湖南开发较晚,又长期被人们称作瘴疠卑湿之地,故文教远逊中原和东南地区,不能不令人产生湖南人物罕见史传的浩叹。经历元末明初、明末清初两度大移民,湖南居民实行了历史性的全面更新,从而导致了湖南人口的重新组合,形成了清代前居民不同素质、不同性格的新居民。近代湖南赢得'功业之盛,举世无出其右'的盛誉,就主要是清初起进入湖南的移民,经数代的繁衍生息致使湖南的经济和文教都获得发展的结果。"①

移民不仅使湖南地区居民的结构发生了重大变化,还带来了吃苦耐劳、勇于开拓的优良品质。这种品质就为湖南的原生社会注入了新的活力。

例如,从农业品培育来说,清代的湖南黑茶已能远销甘、陕、蒙古和新疆,"陕、甘两省茶商领引采办官茶,每年不下数千百万斤"②。岳阳君山的毛尖,是朝廷贡品。此外,洞庭湖区的常德府,长沙府的湘潭、茶陵、醴陵,永州府的零陵、道州、宁远,衡州府的耒阳、衡阳,辰州府的溆浦等地都有大量种植茶叶的记载。

大规模移民的迁入,实际上是在给湖湘文化不断注入一种更为进

---

① 参见林增平主编《麓山论史萃编》,湖南人民出版社1988年版。
② 光绪《湖南通志》卷六〇《食货六·物产一》,湖南人民出版社2017年版。

取、开放的新基因。一般说来，如果某一地区的人口长期处于相对稳定的状态，便很容易造成居民的庸碌、懈怠、懒散、困倦等习性。相反，移民背井离乡，总是具有不同程度地开拓创新的意识和自强自立的精神。他们不太愿意也不能满足于现状、碌碌无为，而是比较乐意流离迁徙去追求更好的生活，因而可以说移民素质总体上是优于土著居民的。这种文化基因注入移民后代中那些有抱负、有作为的学子士人之中，便会生长为质朴、笃实、不尚浮靡、勇于任事、锐意进取、尚气任性的士气文风。

例如，由于移民的作用，醴陵县"语言不甚乖僻，但近萍者类萍，近浏者类浏，近衡湘者类衡湘。所谓路通八省，音混四方是也"[①]。常德"风气日开，则向文绩学，擢巍科、跻朊仕者，项背相望，而应贡纳例胥吏之流，亦皆争相效用。所谓少宦情绪，不患其不多也。第以群当孔道，人聚五方，气习日移"[②]。

这种移民带来的开拓与进取秉性，又是在不断吸收着本省原生民族强悍和刻苦耐劳品质的过程中完成的，这就使湖湘文化的生成机制呈现多向维度，在近代湖南便能渐次形成一种有别于他省的朴实勤奋、劲直勇悍、好胜尚气、不信邪甚至流于偏狭性的文风士习。这种文风士习渗透到近代湖南士人的心理，又会慢慢衍化为一种湖南士人所独具的质朴、笃实、勇于任事、锐意进取、刚劲尚气的性格。正是这种性格的作用，又使得近代湖南士人特别的不甘寂寞、勇于实践。在世变日亟、国家和民族需要经世豪杰的时候，湖南便能因时代的召唤而涌现出一大批具有深厚湖湘文化底蕴的济世风云人物。

可见，文化的更新和发展的重要条件之一，就是两种或两种以上异域文化相接触、碰撞交流和融合。这种融合在湖南，则主要是因为明清外省移民以新农文化的传入者而实现的。移民不仅能将原生的农耕文化传播到迁置地，也能在传入过程之中吸收迁置地的土著文化，并进行多

---

① 正德《常德府志》卷之六《食货志·户口》，方志出版社2011年版。
② 《古今图书集成·方舆汇编·职方典》卷一二一《长沙府部·风俗考》，中国戏剧出版社2008年版。

种文化的自我适应与提升。总之，这种文化的融合和调适是新移民带给湖南社会的一个公共产品，是移民落居成功的文化标签。

社会学家米尔斯说，人们"用一种可以在给定的历史社会中洞察这些制度性秩序的轮廓的方式，给每一个制度加以定义，然后问，它们每一个如何与其他相联系。简言之，它们如何被组织为一个社会结构"①。在这里，如果我们换成人口学的术语表达，即可解读为是移民改变了湖南人口的历史结构，给予了湖南社会一个新的秩序与文化的轮廓。

清代社会交通逐渐发达，随着洞庭水系的畅通，古代湖南"四塞之国"的格局已经被打破了。昔日偏远封闭的局面，一跃成为南来北往的走廊。流通一方面促进了地方经济贸易的繁荣，另一方面也使得湖南人与外界的交往日益频繁，新的文化、思想和观念也因此得以传入。新思想、新观念冲击着湖南古老的思想文化传统，更新了湖南人的传统观念，促使湖南人走出封闭，走出湖南。

（四）影响了湖南近代社会秩序

湖南土著"立本务农，鲜事商贾"，这就为外省移民从事工商、贸易制造了良好的社会条件。外省新移民中多有从事工商业而发财致富者，这又是日后湖南主穷客富的一个重要社会现象（当然，大多数的移民还只能凭借农力，依靠农业自然资源从事农业生产）。众多移民进入新地区而使当地人口结构产生转换。主客赋役不均，甚或客籍致富后盘剥、倾夺土著田产，这又造成了土著的大量流亡。移民历史就是在这样一种逻辑中循环，移民历史也就是在这种历史循环中不断转换。此所谓"以流寓而累土著，久之而土著转为流寓"②者也。笔者用长沙府的史料借以说明人口结构中主客之间的这种转换循环关系：

> 他方游民徒手张颐就食其间。居停之家一喜其强力足以任南亩，往往僮仆畜之，久而游民多智辨过其居停主人。其主人亦逊谢

---

① ［美］米尔斯：《社会学的想象力》，生活·读书·新知三联书店 2005 年版，第 47 页。
② 光绪《沔阳州志》卷四《食货志·户口》，江苏古籍出版社 2001 年版。

以为不及，因请诸赋役与共治。或就硗确荒芜田予之垦，而代缮租赋，不以实于官。及其久也，游民或起家能自稼穑。异时居停者或稍凌替，致相倾夺。间有田归游民业也，而赋役皆主者任之。故上户强则役客，客户强则累上，于狱兴而不可已者，其来渐也①。

这则史料很详尽地介绍了湖南新旧移民间这种主客之间的互相转换关系：主户先则藉客户以助己耕，这种情况多半发生在明初土地资源较丰富的时期。这一时期湖南大多是主强客弱，所以主户对客户"僮仆畜之"。但客户依靠自己的才智独立起家，慢慢地与主户分庭抗礼，脱离主户的控制，经过一段时间的情况就发生了变化。有的客籍户主甚至能反客为主，将主户田地侵夺。所谓"上户强则役客，客户强则累上"就是对这种主客关系转换最好的说明。

在湖南攸县土著也有类似的抱怨："迩来闽粤之民侨居吴楚，自吉、袁至楚南各郡县所在皆是，以为主户则本非土著，以为客户则已无他徙。而其人又皆居山而不居泽，凿冈伐岭，水心叶氏所云锄耨无穷，地力竭而不应，盖不免焉！然动损地气所关尚浅，惟是其性桀骜，其俗犷悍，若置之户口之外，视同狂獠，恐不免为土著之累。"②

这则史料告诉人们，攸县当地土著认为客户的生产造成了地方衰竭，损了地气，客户桀骜不驯的性格连累了土著，怨气很大。随着新移民的大量涌入，闲田旷土不断地被开垦，土地资源紧张的问题开始出现，土客的矛盾日显突出。

丘浚在其《江右民迁荆湖议》中指出："江右之人郡于荆湖，既不供江右公家之役，而荆湖之官府亦不得以役之焉，是并失也。"③

在常德所属各县，"土民日弊，而客户日盛。客户江右为多，膏腴之田，湖泽之利皆为彼所据。捆载以归，去往靡常。固有强壮盈室而不入版图，阡陌遍野而不出租粮者矣"④。

---

① 顾炎武：《天下郡国利病书》卷七二《湖广一》，艺文印书馆1956年版。
② 同治《攸县志》卷九《户口》，江苏古籍出版社2001年版。
③ 丘浚《江右民迁荆湖议》，《明经世文编》卷七二，中华书局1962年版。
④ 嘉靖《常德府志》卷六《食货志·户口》，方志出版社2011年版。

例如安乡县，明洪武年间，人口密度为每平方千米 13 人，乾隆十二年（1747），每平方千米为 11 人，嘉庆二十一年（1816），每平方千米上升为 130 人。① 清代安乡人口发展起伏很大，"低谷时不足万人，高峰时 15 万多人"②。而且该县还有一个特点：明代从军的人数特别多。明洪武二十四年（1391），从军人数占到全省总人口的 24.9%，同期，匠、医、僧道、杂役只占总人口的 7%。③ 临澧县的人口结构在古代经历了三次大的变换。临澧原为百濮活动区域，楚灭蔡国，蔡国的百姓被迁到沅、澧一带。东晋，北方民族南迁辗转入境。元末明初，从江西迁来的姓氏有几十姓，分别为杨、黎、赵、印、江、侯、吉、徐、辛、邓、蒋等。④

新客民在湖区定居的过程中，又会不断地和土著居民为争夺江边湖畔的低湿地而彼此竞争。在湖区，由于客户往往是资财丰厚，或人丁强壮，湖区所修堤坝往往比主户主堤坚实，所以每到洪水期，主堤又往往先受其害。难怪时人惊呼："客非惟侵利，且贻之害也。"⑤ 湖区土客矛盾因之有加重加速之势。而在清初，则不存在这种情况。

如前所述，在清代初期的顺治康熙年间，湖南人稀地广，存在着大量抛荒田地，以致将田地白送也往往无人收纳。如湘潭县，"康熙初土旷人稀……弱者已田契送豪家，忧惧其不纳"⑥。到乾隆初期这种情形就发生改变了。湖南巡抚杨锡绂在乾隆十三年（1748）指出："近日田之归于富，大约十之五六，旧时有田之人，今俱为佃耕之户。"⑦ 历史统计资料表明，在雍正、乾隆、嘉庆三朝的刑部案件中，有关湖南农业雇工和雇主之间斗争的案例呈逐渐增加之势。

随着土客矛盾的渐趋激烈，土著特别对于客户占据膏腴之用、湖泽之利，却藉口客民、不承担任何赋税的行为深恶痛绝。客处之民由此被

---

① 《安乡县志》，新华出版社 1994 年版，第 561 页。
② 《安乡县志》，新华出版社 1994 年版，第 562 页。
③ 《安乡县志》，新华出版社 1994 年版，第 572 页。
④ 参阅《临澧县志》，中国社会出版社 1992 年版，第 104 页。
⑤ 参阅《临澧县志》，中国社会出版社 1992 年版，第 104 页。
⑥ 光绪《湘潭县志》卷一一《赋役》，湘潭市地方编委 1986 年编，岳麓书社 2010 年版。
⑦ 《皇清名臣奏议汇编初集》卷四四《筹民食疏》，凤凰出版社 2018 年版。

当作泄愤对象。例如湘潭就发生了这样的案例。湘潭在嘉庆，是历史上最繁荣的时期，货物"云屯雾集"，"富商巨贾，竞争奢靡，酒馆娼寮，无滥里巷，笙歌达旦，车马塞途"①。"商贾至者有吉安、临州、抚州三大帮，余相牵引，不可胜数，牙侩担夫率多于土人，争利者颇仇之。"② 由此形成的矛盾难以调和时，就会发生流血冲突。如嘉庆二十四年（1819）夏五月："江西优人演戏火神祠，操土音，土人哗笑之，江西人以为大辱……江西商复设诱观者，闭门举械杀数十人，县人大愤……同夜寻斗江西客，滥死者亦无数，四境汹汹。"③ 攸县"攸东乡多山，重岩复岭，延袤百里，闽粤之民利其土壤，结庐山上，垦种几遍"，县令的意思是不开挖，赶走闽、越种山人，因为"种山人大半闽越气类迥分，一有争讼，交构难解"④。这个案例说明土著对客民之怨之恨已经达到了忍无可忍、刀棍相见的地步。这些情况在湖南省其他地方也普遍存在，只是表现的形式、双方矛盾激化的程度各不相同。乾嘉年间的苗民起义，实质上就是这种土著与移民矛盾所引起的。

此外，各地流徙之民，流徙他乡的原因不一，流徙的成分也很复杂。这种复杂也是湖南不再封闭的表现。历史记载中有"或因逃避粮差，或因畏当军匠，及因本处地方荒旱"⑤ 而流徙，因而成分复杂的移民集聚之处往往社会不安定因素随之增多，若有相应的地理环境条件和社会契机诱导，往往容易产生"绿林"团伙或"流而为寇"。湘南山区不少的"深山穷谷，幽菁丛林"就是这样成为"盗贼奸宄，神出鬼末，盘踞山险"，"皆比为招寇之薮"，以致屡剿复聚。洞庭湖区，"波涛浩渺，往往寇盗乘之，操舟啸聚，莫可诘御"。"洞庭据东南都会之上流，巨寇据以为乱，故今五岭三湘之间，皆大薮大泽，每乘之啸聚奔驰。"特别是近代，湖南自然灾害严重，丰稔之时甚属少见，土地兼并严重，加上社会不稳定，因而湖南也成为天地会、哥老会活动频繁的省份之

---

① 张朋园：《近代湖南人口与都市发展》，《历史学报》1997 年 4 月。
② 光绪《湘潭县志》卷一一《货殖》，湘潭市地方志编委 1986 年编，岳麓书社 2010 年版。
③ 光绪《湘潭县志》卷一一《食货》，湘潭市地方志编委 1986 年编，岳麓书社 2010 年版。
④ 同治《攸县志》卷五四《杂识》，江苏古籍出版社 2001 年版。
⑤ 马文升：《添风宪以抚流民疏》，《明经世文编》卷六二，中华书局 1962 年版。

一。其会众多为流民。他们遇灾逢荒便蜂拥而起。例如，1890年9月，澧州哥老会首领廖星阶等于17日起事，杀人放火，聚众增至四五百人，毙团总杜彩珍等。① 1897年8月，保靖县哥老会廖成才举义。诸如此类会党起义史不绝书，而会党与清廷进行的大大小小的斗争则破坏了当地的生产，威胁着普通百姓的生命财产安全，从而造成了更多的流民。

可见，清代湖南人口新的文化结构性是以人口的移入与定居为前提的。在移民性社会的社会控制体系中，礼俗社会的道德约束作用有限，政权是控制社会稳定的基本武器，一旦失去稳定便会处于失序状态。族群之内的社会联系一旦紧张，必然会导致矛盾不断，冲突不断。而清政府的地方治理又必须依托宗族才能进行，所以对待复杂化的移民社会中的宗族矛盾，对待土客矛盾便只能采取和稀泥的态度。"劝多民睦家庭，休思小忿结成毒，操戈一姓是何心。"② 因此，政府的这种调节作用达不到应有的效果。

既然大量人口多系被迫只身外出谋生，缺乏经济实力，那么来到一个陌生的地方后，自然会举步维艰。生活上糊口不易，孤寂无聊。在地域观念强烈的传统社会，作为外来人便会受到当地宗族势力的欺凌。若是处在佣工的处境，又会更加凄惨，甚而沦为法律上的罪人。这种生存状况就会逼迫他们造反，加剧社会无序。总之，在各种因素叠加下，移民文化的新可塑性便大大地增强了。

（五）影响湖南生态环境

外省移民在湖南的垦辟，一定时期之内确实起到了一种"嘉示垂颖，穰示丰收，人免转徙，家有余粮"的作用，直接促成了"湖广熟、天下足"的局面。但是，凡事物极必反，这种在生存压力下的垦殖扩张，势必带有"饥不择食"的功利倾向。急功近利、盲目扩张的现象在所难免。长时期的垦殖，使能够容易垦辟的土地减少，能够垦殖的空间范围缩小，垦殖难度愈益增加。与水争田、垦山为地、垦草为地等都

---

① 《湖南近150年史事日志》，中国文史出版社1993年版，第37页。
② 转引自彭先国《社会史视角下的近代湖湘文化》，岳麓书社2006年版，第119页。

不可避免地带有逞强、争夺的特征。最突出的例子是，湖区大面积围垦导致洞庭湖水面面积的逐年减少，很多湖沼逐渐变成了稻田，生态环境变坏变差。道光年间王柏心在《导江三议》中指出："今之洞庭，非昔之洞庭也，湖心淤积，滨湖之田皆筑为堤，夏秋盛涨，阔不过三、四百里耳。"魏源在《湖广水利论》中大声痛陈："向日受水之区，十去七、八矣。"王、魏两论充分反映了湖泊水面已因围垦而严重缩小的事实。湖南其他地方的生态破坏原因不一，但情况也大致类似。例如，湖南的平江、浏阳一带，至明万历时，已经是"人满地尽，更无可垦之土，其拼力攫种者，只律获于万一。故重梯作垄，不能一收……或防川堵套，川溃而套作深潭；或担土填沙，土去而沙成积岛……随垦随废"①。湘阴县"嘉庆中，名为废者十之二、三，……至道光辛卯以后，水患频仍"②。同治《龙山县志·物产》中载："尝以事经僻乡，见冈阜陧甍之处，丛荆垒石之间，尺寸隙土，无不垦辟。"时人已有"人满于土，异物莫不驱除，竭生殖工作之蕃，犹难为岁之赡，虽一或熙攘，几于堙泽涸矣"③的感慨。不少地方的垦殖收获代价都是产生严重的生态后果。移民增加带来的生存压力逐渐超过了环境的承载力。人口压力使农村农业农民的抗灾风险能力下降，成为阻碍社会经济发展的关键变量。湖南人口爆满，相对人口严重过剩，老移民区也逐渐失去了往日的吸引力，人口压力又最终导致了湖南人口的再一次向外迁徙。

我们知道，湖南境内的长江与洞庭湖数千年互相影响，它们既是湖南人民的母亲河、母亲湖，又是引发湖南自然灾害的渊薮。在人为的作用之下，又客观助长了自然灾害的频发。湖区农民自古就有在河洲上围垸垦种的传统。"围田者，四周筑长堤而护之，内外不相遇之谓也。江以南地卑多水，民间之田皆筑土为岸，环而不断，随地形势四面各筑大岸以障水。"④明朝中后期，出现了大面积围田热潮，垸多成患。例如，

---

① 民国三十六年《瞿氏族谱》卷首《民生垸碑记》，民间藏本。
② 光绪《湘阴县图志》卷二二《水利志》，江苏古籍出版社2002年版。
③ 乾隆《澧州志》卷七《积储》，湖南教育出版社1994年版。
④ 《钦定康济录》，文渊阁《四库全书》，上海古籍出版社1987年版，第663册，第397页。

华容在永乐十年（1412），因之决垸四十六①。统江围垸在万历年间发生溃废②。安乡围垸由于连年大水，在万历十四年至十六年（1586—1588）损移殆尽③。

移民对湖南森林植被的破坏在明清两代也触目惊心。"沅湘间多山、农民惟植粟，且多在岗从阜。每年播种时，则光伐林，纵火焚之。俟其成灰，群播种于其间……所谓刀耕火种也。"④ 龙山县"天寸隙土，无不垦辟"⑤。1409年，明朝为建北京宫殿，征集茶陵、炎陵县民伐木，三丁抽一，五丁抽二。民苦采木，外逃无数。

移民及其后裔对湖南自然环境的生存性改造，使部分原始林区、河谷、丘陵和芦荡湖沼变成了农田，居民点增多，城镇发育，与省外的联系加强，这是向好的一面。但另一方面，环境的恶化，对湖南人民的社会生活产生了长期的负面作用难以消弭。

由于丘陵山区大部分田地都开辟在山坡上，土地在失去植被保护后，受到雨水的强烈冲刷，泥沙大量流失，肥力随之渐减。所以这些田地的利用时间都不会很长，三到四年后便会被抛荒，人们又不得不转而开垦新的林中山地，待原垦地的地力恢复后，其他山地又被耕垦，如此形成不良循环。这种垦辟—抛荒—垦辟恶性循环的结果是：（1）扩大了丘陵山区的水土流失面积；（2）丘陵山区土壤的渗透性和吸水性也因失去森林防护而减弱。

（六）影响湖南社会风俗

民以杂处而习变。杂处必然会产生多种的社会行为习俗，尤其是土客杂处，长时期相处下来，姓氏与习俗的多样化、多变化是很自然的。例如：武冈县马姓，"系出嬴姓，战国时赵国大将军赵奢承部打败秦国军，被封为马眼君，其后遂以祖先的封号为姓"⑥。尹姓是以祖先的官

---

① 事见万历《华容县志》卷三《水坊》，湖南人民出版社1988年版。
② 事见《沅江县志》，中国文史出版社1991年版，第317页。
③ 事见《安乡县志》，新华出版社1994年版，第315页。
④ 《湖南方物志》，道光二年（1822）刻本，岳麓书社1985年版。
⑤ 同治《龙山县志·物产》，方志出版社2012年版。
⑥ 事见《武冈县志》，中华书局出版1997年版，第650页。

号为姓，由江西迁入，许姓是以国号为始，由江西太和县迁入，白姓是以转邑为姓，由河南迁入。道县是少数民族县，但人口的97%基本来自域外。该县有17个民族，172姓，其中何姓最多，有"何半州"之称，何氏始祖山东，元代由贸而迁至道县。蒋姓因镇抚南疆落籍道县。杨姓的始祖来自福建，冯姓始祖由广东迁入。① 武冈县的民俗因客籍的大量流入而产生了变化。

湖南外地移民来自不同的省区，南北东西皆有。除以江西人居多之外，"江浙豫晋川陕各省入籍者亦不乏"。人口的五方杂处，必然会引起生产、生活习俗、社会风气的交流、改造、融合。由最初的"五方杂寓，家自为俗"而嬗变。例如，岳州府"湖乡多北人，言语气质仍其本俗。其城陵逐末地，迩办有儒风"②。龙山县"巨族客籍为多，服食言动皆沿华风，至伏腊祭一切习尚或各守其祖籍之旧，往往大同小异"③。就连湘西这样的少数民族聚居的山区，也由于有不少外省流移之民的进入而"山谷瑶俗今不存矣"④。在人口流动与迁徙的作用下，民俗的变化和民族之间的同化程度可以想见。

又如，溆浦瑶族"与夏人杂居者则服食居处多与民同"⑤。永绥厅苗族婚礼也与当地人趋同。城步"苗瑶与里民异俗，近披王化渐摩，已染华风"，从而"士彬雅，农竞业，与汉民无大异"⑥。

常宁瑶族于"乾隆二十一年（1756）改为新籍，……初业种植，继习诗书，风俗好尚，皆与民同，盖声教所渐縻者久也"⑦。炎陵县平地瑶"饮食衣服与汉民同，其佃种力作营生置产皆然，惟与徭人言则徭语，与汉人言则汉语"。自康熙间奉例与考，"谓之新籍，故近亦多

---

① 事见《道县志》，中国社会出版社1994年版，第117—119页。
② 隆庆《岳州府志》卷七《职方考》，上海古籍书店2017年版。
③ 民国《溆浦县志》卷一四《族姓》，江苏古籍出版社2002年版。
④ 同治《沅陵县志》卷一〇《风俗》，江苏古籍出版社2002年版。
⑤ 同治《溆浦县志》卷八《风俗》，江苏古籍出版社2002年版。
⑥ 同治《城步县志》卷一〇《风俗》，影印古籍本，民国十九年重刊本，江苏古籍出版社2002年版。
⑦ 同治《常宁县志·新纪》，右文书局1870年版。

习《诗》、《书》"①。

此外，移民还导致了语言的变化。例如，醴陵县离江西越近的地方受江西客赣方言的影响大，湘南地区各县受客赣方言的影响就少。

现代湖南方言中，分布在邻赣地带为赣客语系，地理范围包括醴陵、攸县、安仁、茶陵等。醴陵"僻处湘东，毗连江右，居民祖籍，半属豫章，故其语言习惯，与颇西各县大相类似。……要以邑之中部乃纯为土语，凡由闽粤迁来之人，经一两代后，其语言即完全同化"②。

茶陵"音声之异，州东类永新，西类安仁，南北与城中多汉语"③。永新属江西，毗邻的安仁现在也是赣语。

衡山"兴乐江以北语言近湘乡、湘潭，岳以南近衡阳，湘以东近茶、攸，语言差谬不可悉志"④。这段话至少可以说明几个问题，其一，茶陵与攸县的方言是相近的；其二，茶、攸属赣语，则这一带的赣语区可以湘江为界；其三，湘乡属老湘语，湘潭属新湘语，表明衡山为赣、老湘、新湘语的过渡地区。

醴陵北面的浏阳，"语言四乡不同，东乡客籍多广东人，尤嗷呀莫辨"⑤，说明其东乡有客家方言。

关于湘东赣语区的形成，周振鹤认为是江西移民大量迁入的结果，此言诚是。江西移民湖南，始于唐末、五代，明代大盛，而赣语区在宋代似乎尚未形成。刘克庄从江西萍乡进入醴陵后有云："市上俚音多楚语"⑥，说明醴陵与萍乡二地的方言差别比较明显，否则作为福建人的他难以感觉出来。醴陵一带为湘赣交通便利之处，这里既未流行赣语，则其他邻赣县份亦应如此。至晚在明代，赣语区的格局当已初具规模，上述茶陵的资料最早见于嘉靖《茶陵州志》中，但其形成应当在清初的大移民以后。

---

① 同治《酃县志·谣俗》，上海古籍出版社2008年版。
② 民国《醴陵县志·方言志》，湖南人民出版社2009年版。
③ 同治《茶陵州志·方言志》，湖南人民出版社2015年版。
④ 道光《衡山县志》卷一八《风俗》，影印古籍本，成文出版社1968年版。
⑤ 《湖南各县文化调查笔记·浏阳县》，未刊稿。
⑥ 《后村先生大全集》卷三《醴陵客店》，商务印书馆1912年版。

移民影响社会风俗已由上述各例可以窥见一斑。

第三节 以"湖广填四川"为主要流向的向外迁徙

移民进入湖南，给湖南人口社会带来了蓬勃生机，人口增长迅速。与此同时，人口压力也日趋严重，出现了人浮于地的情况。湖南于是开始向外移民。在移民中产生的土客冲突，又导致了新旧土著的再次向外迁徙。这种状况是这一时期移民的一个新特点。

乾隆前期，湖南人口压力已初露端倪，但由于人口增长的"惯性作用"，至嘉庆年间即便遭受了数年的白莲教起义，人口仍然能维持较高的增长速度。其后人口压力便是日甚一日，整个社会经济环境也每况愈下。请见表1-12、表1-13。

表1-12　　　　　清代乾隆时期湖南人口简表①

年代	公元	人口（万）	平均每年增加（万）	年平均增长率（%）	人口密度（人/平方千米）
乾隆四十一年	1776	1498.9	43.8	38.3	
乾隆五十一年	1786	1606.8	10.8	7.0	
乾隆五十五年	1790	1645.0	10.2	6.2	

表1-13　　　　　湖南嘉庆各府人口分布密度

府州名	口数	面积（平方千米）	密度（人/平方千米）
长沙府	4348883	40850	106.46
常德府	1249996	10992	113.72
宝庆府	1677205	20595	81.19
岳州府	1782918	12964	137.53

乾隆初年湖南巡抚陈宏谋指出，湖南已是"生齿日繁，生计同蹙"，"纵尽水滨山涯皆为民业，犹恐有限之地不足以养滋生之民"②。

---

① 据王勇《湖南人口变迁史》湖南人民出版社2009年版，表1-16、表3-10摘编整理。
② 陈宏谋：《培养堂手札节存》卷上《寄周人骥书》并《寄托庸书》，浙江古籍出版社1990年版。

杨锡绂也说湖南"虽数十年以来垦土未尝不加垦辟,然自今无可垦之荒者多矣"①。

当然,这里所指的人口压力,也是相对的。人口压力主要是指人口移入带来的压力。"土民日敝而客户日盛矣,客户江右为多,膏腴之田,湖泽之利皆为彼所据。"例如岳州"客浮主瘠"。嘉靖《茶陵县志》、《天下郡国利病书》等对客民致富而后盘剥、倾夺土著的过程都有详尽的记述,指客籍移民有"指大如臂,遂起夺心"的共同表现。由于客户经济实力压倒主户,反客为主,这样就使主客之间的地位与处境发生改变,必然会引起相当部分新旧土著的贫困与再次流徙。

一 湖南人口向四川迁徙的内外条件

(一)明清时期四川人口状况

四川的人口密度在宋代以前居全国中等地位。有学者统计,北宋崇宁元年(1102)四川人口5034174,占全国人口比重11%,人口密度每平方千米8.8人,在各省中排名第13位。② 而到明英宗天顺五年(1461),四川有人口946861,占全国人口比重2.1%,人口密度每平方千米1.69人,在各省中排名第17位。③

由于从元代到明初四川户口总量很低,所以在明代初年,便出现了大规模的移民入川活动。明朝平定全国后,多次组织省际移民入川,尤其是在明太祖时,迁川人口最多。民国《汉源县志》记载:"元代重成骄将,摧残地方。明代之初,秦楚填蜀……一时编户齐民,秦楚者八九焉。"明末清初,四川境内长期延续的大规模战乱,造成了清初四川境内户口总量的大幅度下降。可以说,四川之所以要填,就是因为人口太过"空虚"。明末清初的三十多年里,四川一直被烽火硝烟所笼罩,大规模的战争接踵而生。首先是李自成、张献忠的军队先后在川陕交界地区与明军鏖战,使四川人口损失惨重。"四川经

---

① 《皇清名臣奏议汇编初集》卷四四《筹民食疏》,凤凰出版社2018年版。
② 袁祖亮:《中国古代人口史专题研究》,中州古籍出版社1994年版,第313—315页。
③ 袁祖亮:《中国古代人口史专题研究》,中州古籍出版社1994年版,第313—315页。

明季流贼之乱，杀戮惨酷，居人死亡殆尽。川东各属尤空旷，草蓬蓬然植立，弥山满谷，往往横亘数十里无人烟。"① 民间更是有张献忠屠蜀的传说。清军在对张献忠农民起义军的反复剿杀的过程中，也对无辜平民进行了肆意滥杀。两军互屠，造成四川"孑遗者百无一二"，"民无遗类，地尽抛荒"的惨局。②

经过明末清初各方的杀戮和自然灾害的蹂躏，四川已是破败不堪。百姓不是死于战祸，就是逃亡他乡。昔日的"天府之国"竟"白骨露于野，千里无鸡鸣"。不少地方出现了人口真空。如温江县本为人烟繁盛的热土，战乱之后，仅存范氏、陈氏、卫氏、蒋氏、鄢氏、胡氏数姓而已。乐至县杂草丛生，野兽出没，直到1694年（康熙三十三年）也才只有27户人家。成都及其周围地区遭遇了空前的浩劫，昔日的天府之国一片残败。

根据《明史·地理志》记载，洪武十年（1377），四川有70%的州被降级，37%的县被撤并，这些都是因为人口少才会有的举措。

（二）政府移民政策的鼓励

四川不仅原本就是"天府之国"，而且还有着"扬一益二"的独特历史。明前，四川为财赋所出之地，地处西南边陲，是中央政府与西南少数民族"沟通"的桥梁。到清初，四川地尽抛荒，地广人稀，经济衰退，到处是灌莽废墟。向称丰稔的成都平原农业生产也完全瘫痪。清建立之初，四川已出现"官虽设而无民可治，有地无赋可征、有土无人"的尴尬局面。由于人口损失惨重，以致清初四川出现"国初定赋，人户荒凉，原定之额不能符数，土著百姓以纳课为难"③的

---

① 《云阳涂氏族谱》卷一九《功亮公传》，民国十九年修，第153页。
② 这些说法不一定符实际情况，近代学者胡昭曦先生和李四平先生考证，"民无遗类""百无一二"属于夸大。当代学者们也基本否定了不少四川县志中笼统说是"靡有孑遗"即一个都不剩的说法，认为四川境内长期的战乱，人口锐减是实，但并不是民无遗类、百无一二。如四川各种地方武装与张献忠部之间的厮杀，明军对各种反政府军的剿杀，清军与明军的对垒，以及吴三桂的反叛等都有夸张的成分。再人口锐减加上天灾肆虐，如万历二十六年（1598）四川出现全省性大疫，三十七年又全省性大旱，顺治四年（1647）出现全省性饥荒。这些因素加起来，致使四川田土荒芜，凋残不堪，人口大量减少。学者以此推算出清初的康熙二十年（1681），全川人口约50万人，这是四川人口史上的最低谷。
③ 严如煜：《三省边防备览》卷一二《策略》，西安交通大学出版社2018年版。

荒凉场景。有鉴于此，清政府不得不因势利导，推行从湖广移民四川的政策，着手重建四川的人口封建统治秩序。招徕流民，垦辟荒地，增加财政收入成为清初中央政府和四川地方政府的当务之急。于是，清政府专设"湖广四川总督府"，任命祖泽远为总督，办理"广招开垦"。随着有清一代政局的稳定，清廷便开始从政策上大力鼓励向四川移民。

顺治十年（1653），清政府宣布四川无主荒地听凭百姓垦种，永占为业，并减免田赋五年，本省逃亡在外者，准予回籍；外省移居四川者，准予入籍。以后又以种种相似措施跟进鼓励。

顺治六年（1649），清廷下达《垦荒令》，规定对各处无主荒地，允许人民垦种。康熙二十二年（1683），清政府为移民入川做出了新规定："凡地有数年无人耕种完粮者，即系抛荒，以后如已经垦熟，不许原主复问。"① 这样一来，新规就解决了新垦土地的所有权问题，避免了土地原主与垦荒者的纠纷，消除了新移民的顾虑。几年后，清政府又制定了《入籍四川例》，规定，"流寓之人，情愿在川居住垦荒者，将地亩永给为业"②。这就更加明确了入川移民对土地插占垦殖的所有权。此外，政府还颁布了其他一系列的优惠政策，如移民垦荒五年之内免交赋税，官府发给移民耕牛、种子，以及对有技术的老农提供衣食等。这些政策和措施的效果十分显著，政策实施以后入川的移民络绎不绝，大大促进了移民浪潮的迅速到来。

此外，政府还以强有力的行政手段保持政策的连续性，"于各属郡邑逐一挨查，凡有蜀民在彼，尽将姓名、家口造册咨送过臣。如资斧自具者，给与引照，促令起程，若贫乏缺资，注明册内，俟臣捐措口粮，另发舟车差官搬取"③。清政府明文规定，四川现在文武官员，如招徕流民700名（后降为300名）以上者不论俸满与否即可升迁。

（三）湖南自然灾害的影响

湖南是一个自然灾害频繁发生的省份，明清时期更不例外。

---

① 辽宁《清史简编》编写组：《清史简编》，辽宁人民出版社1980年版，第142页。
② 《大清会典·事例》卷一六六《田赋开垦一》，中华书局1991年版。
③ 康熙《四川总志》卷一〇《贡赋》，中国书店1992年版。

崇祯九年（1636），浏阳、辰州大水，益阳、安化旱，沅江大旱，安化蝗、大雨雹，斗米银一钱七分；通道饥大疫；靖州"米贵"，每斗银价一两。秋，禾死，大疫。①

崇祯十六年（1643），湖南大旱。赤地干旱，饥疫死者甚重。安乡"民饥攘夺"，辰州米价腾贵，葛根采食殆尽，争掘土中白泥，名曰"佛粉"，食者多以哽塞病死。会同"大旱无收，民皆远出逃生，夫妻母子流离不堪"②。龙阳"自四月不雨，抵秋九月，烈暑如炽，岁大旱，是年疫遍行"③。请见表1-14。

表1-14　　　　清朝前期湖南各地受水灾年次统计④

地区	年次	地区	年次
华容	21	益阳	18
龙阳	21	新化	16
安乡	21	安化	16
沅江	20	临湘	15
长沙	19	新化	15
武陵	19	沅陵	14

据李文海等在《近代中国灾荒纪年》中的研究表明：1840—1867年，湖南发生的水灾就达16次，宁乡县自1841—1990年的150年间发生较大水灾53次，前50年10次，为5年一遇；中50年20次，为2.5年一遇，后50年23次，为2年一遇。⑤

洞庭湖周边地区的水灾尤其触目惊心。由于河网纵横，大小湖泊，堤垸分布各地，长沙、常德等地区一旦发洪，便产生连锁反应，连片成灾。出现饿殍载道，横尸江上，流离失所的悲惨历史画面。1849年，临澧县"淫雨，斗米钱八百，民食草木，饿莩载道"。光绪三十二年（1906）湖南"积水横决，泛滥四府，沿岸纵横上下，居民生命财产付

---

① 光绪《靖州直隶州志》卷一二《事纪·灾异》，岳麓书社2012年版。
② 光绪《会同县志》卷一四《外纪传·灾异》，江苏古籍出版社2002年版。
③ 光绪《龙阳县志》卷一一《灾详》，江苏古籍出版社2002年版。
④ 摘引自杨鹏程《湖南灾荒史》，中国文史出版社2007年版，第127页。
⑤ 《宁乡县志》，中国大百科全书出版社1995年版，第78—82页。

之一洗,数百里汪洋一片,死者三四万人"①。

1606年,长江中下游"洪水横流,沿江各省区,皆罹巨灾,而尤以湖南为甚"。对灾民来讲,由于生活难以为继,便迫不得已走上了流亡的道路。

洪涝为害湖南,明后期以后更是愈演愈烈,由此导致的人口流徙随之严重。"水患无岁无之","洪水泛滥岁以为常","民穷年艰,筑无修,复不免于漂溺,流移者十之六七"。滨湖地区多为水灾,一旦被水,原来富庶的地区如长沙等地几成泽国。随之而来的瘟疫更是导致大量的人口死亡,加上地震、水旱、虫、瘟疫诸灾交互肆虐,往往一连数年不止,丰稔之时,甚属少见。灾民无所归依,只得流亡他乡。这样的案例俯首即拾:

乾隆四十四年(1779),安化"大饥,草木皆尽","道有死者"。乾隆末年,竟"连年歉收",戊戌之年大旱,冬,谷骤贵。② 名宦陶澍家亦"数日断炊","采藜藿以佐食"③。嘉庆十二年(1807)湘阴大旱,左宗棠家只能以"屑糠为饼食之"④。嘉庆十九年(1814),"澧州、慈利、桃源、安化及宝水所属,皆不免花旱歉收,而辰沅两府为甚。辰州所属之沅陵、泸溪、沅州府属之麻阳为尤甚。百姓以草水及神仙土充食,斗米价钱五、六百文不等"⑤。

从1702—1707年、1715—1718年等年份中,湖南都发生过面积较大的水灾、旱灾、蝗灾和瘟疫,灾荒引起了普遍性的饥荒,死者甚众。在严重的自然灾害的打击下,政府和地方豪绅不仅不加体恤,反而乘机加征租税粮饷,征赋外之赋,施役外之役,民众苦不堪言,不得已大批向外省逃荒。

(四) 湖南战乱的影响

明末湖南虽然没有爆发像李自成、张献忠领导的那样大规模的农民

---

① 《临澧县志》第二编第五章《自然灾害》,中国社会出版社1992年版。
② 陶必铨:《二子名字说》,岳麓书社2017年版。
③ 陶澍:《黄江府君行述》,岳麓书社1998年版,第96页。
④ 《左文襄公全集·诗集》,《二十九岁自题诗》,文海出版社1963年版。
⑤ 陶澍:《陈奏湖南山田旱歉情形折》,《陶澍集》,岳麓书社1998年版,第66页。

起义，但小型的农民起义仍时有发生。如崇祯年间，桂阳州连续干旱，田地失收，灾民流离，饿殍遍野，而官吏反以"三饷"加派，民不堪命。矿工刘新宇、郭子奴等在矿区组织帮会，发动起义。

崇祯十年（1637）年八月，湘乡人江才子、李大用、李高峰等聚众数千起义，十二月十日攻入安化县城，开仓放粮，释放犯人。次年三月，江、李等2700余人遭官兵杀害，余部溃散。

清初，吴三桂、耿精忠等发动了"三藩之乱"。乾隆六十年至嘉庆二年（1785—1791），在湘黔边的苗族地区发生了石柳邓、石三保领导的大规模的苗民武装反抗的"乾嘉起义"。此外，湖南还是镇压太平天国运动的主要战场之一。咸丰二年（1852）太平军进入湖南，在湖南会党的响应下，太平军声威大震，先后在长沙、湘潭、靖港、岳州、宝庆等地发生激烈战争。太平军"二月，陷郴州城，盘踞四出，杀戮之惨，莫此为甚。掳去居民少生还者，村落几成灰烬，几于十室九空"①。会同县"中遭咸丰、同治发逆，黔苗数次扰乱，两失县城，兵燹后人民非复旧观"②。从这些战乱中我们可以清楚地知道，战乱使农用地荒芜，无法继续生产，对社会造成了巨大的破坏，造成了人口的大量死亡和逃亡。

此外，湖南也是天地会、哥老会活动比较频繁的省份之一。会党与清廷进行的无数的大大小小的战斗也破坏了湖南的人口秩序。如道光十六年（1836），新宁"斋匪胡有禄入境调码攻城。……遂于二十六日卯刻集北城外，……意在攻其不备，入城劫掠"③。哥老会"平日结党连众，游行无定，小则绺窃丢包，大则劫财伤人，诈财伤人，奸占妇女，习以为常"④。会匪接踵而起，民间大为惊扰，使原本脆弱的社会更加不堪重压。"人心惶惑，几有不可安居之势。"⑤再加上外省移民来后土客矛盾的日趋激化，所有这些破坏性因素都迫使湖南失意、失败的千万

---

① 光绪《郴州直隶州·乡土志》卷上《兵事》，凤凰出版社2010年版。
② 光绪《会同县志》卷三《户口》，江苏古籍出版社2002年版。
③ 同治《桂阳县志》卷四《事纪》，江苏古籍出版社2002年版。
④ 朱寿朋：《光绪朝东华录》光绪十三年九月，中华书局1958年版。
⑤ 朱寿朋：《光绪朝东华录》光绪八年正月，中华书局1958年版。

百姓走上了流徙他乡之路。

二 迁徙过程及结果分析

明代以前，湖南就有人口往外迁出。三国时期，由于孙吴与蜀汉往返争夺，今湖南地区人口流动较大。一部分人追随刘备来到四川。例如历史人物蒋琬、廖立、刘巴、张南、文进等都是湖南人。唐宋时期史料见载迁出的湖南人不多。南宋钟相、杨幺起事时，起义军曾控制几十万户人丁，其中相当部分从军对抗政府。另外也有相当部分被岳飞籍而为兵，这批人后来离开湖南北上抗金也离开了湖南。但湖南大规模的外迁徙居则是从明末清初开始。李四平指出："清代初年各省大规模的移民入川，独以湖广移民在数量上占绝对优势。"[①]《清实录》对此有明确的记载。《清圣祖实录》卷二五〇记载："湖广民往四川垦地者甚多。伊等去时将原籍房产地亩悉行变卖，往四川垦地。至满五年起征时，复回湖广，将原卖房产地亩争告者甚多。""湖广入川之人，每每与四川人争讼，所以四川人深怨湖广之人。"

四川"有可耕之田，而无可耕之民"，且"天府之国，海内羡为乐土"。良好的自然生态对湖南原居民当然有着无穷吸引力。这种环境条件，加上政府激励政策的推波助澜，便使湖南向四川移民浪潮前呼后拥，蔚成大观。"湖南衡、永、宝三府百姓，数年来携男挈女，日不下数百名口，纷纷尽赴四川垦荒。"[②] 据民国十九年《云阳涂氏族谱》卷十九《功亮公传》记载："四川经明季流贼之乱，杀戮惨酷，居人死亡殆尽。川东各属尤空旷，草蓬然然植立，弥山满谷，往往横亘数十里无人烟。康熙中，地方既敉平，大吏乃招两湖商农实之。荆楚间人前往懋迁及占籍者，所在多有。"同书卷首序又称："清雍、乾年间，湖南人率溯江西上，徙家受田不数传，蔚为大姓巨室者，所在皆有。"

据云贵总督张允随在给朝廷的奏疏中称，从1743年到1747年5月中，广东、湖南二省由贵州转赴四川就食的流民就达到了243000余口。

[①] 李四平：《四川人口史》，四川大学出版社1987年版，第137页。
[②] 《康熙朝汉文朱批奏折汇编》第一册，档案出版社1984年版，第923页。

1727年湖南"歉收米贵,相率而迁移四川者不下数万人"①。李光复在《楚民寓蜀疏》中称:"近有楚省宝庆、武冈、沅阳等处人民,……携家入蜀者,不下数十万。"②

在四川广安州,据光绪《广安州新志》提供的数据表明,该州人口湖北黄麻人占26.64%,湖南永、零籍占33.3%,江西籍占13.32%,浙闽籍占6.66%,山东、山西、河南占6.66%,广东占6.66%,本省占6.66%,湖南湖北两省合计约占60%。四川泸州地区也"十之六七为湖广籍"。总上等等,这就是人们盛称的"湖广填四川"了。有诗曰:"湘南逃租户,泛宅齐入川。……竞言蜀土满,海陆皆可填。……"③

民国《汉源县志·风俗》称:"明代之初,秦楚平蜀……时编户齐民,秦楚籍者十九焉。"特别是四川东部、南部地区,移民多来自湖广。

云阳县:"康熙、雍正间,外来寄籍者,亦唯湖南、北人较多。"④

广安县:"惟湘鄂籍特多。"⑤

仪陇县:"湖南、北人最多,江西、广东次之。"⑥

总之,湖南向四川的移民,始于元代,大致结束于晚清咸丰年间。向川省移民是湖南向外省移民运动迁出部分的主体,向四川、陕西、贵州等省的移民又构成了湖南省际间移民的主流。其中迁往四川的时间最早最长,移民规模最大。

湖南籍移民在四川迁徙,有一个由东往西拓展的过程:

(一) 川东地区

乾隆时期,川东及成都平原已人口众多,但湖南人仍乐此不疲地迁往该地区。

从军迁出是湖南人口迁川的方式之一。1852年,太平军入湘,江

---

① 王纲:《"湖广填四川"问题探讨》,载《社会科学研究》1979年第3期。
② 道光《南部县志》卷二八《艺文志》,李光复《楚民寓蜀疏》,四川人民出版社1994年版。
③ 《清诗铎》下册,中华书局1960年版,第554页。
④ 咸丰《云阳县志》卷二《户口》,四川人民出版社1999年版。
⑤ 民国《广安州新志》卷一〇《户口》,方志出版社2011年版。
⑥ 民国《兴文县志》卷二二《氏族》,四川人民出版社1998年版。

忠源称："会匪之入党日以千计"，"凡入天地会者，大半附之而去"，"各处土匪响应者，较粤西为多"①。太平军先后攻占过永州、郴州、益阳、岳阳，沿途都有大批的湖南人加入太平军。王勇在《湖南人口变迁史》中说，太平军"由入湘时的六千人发展到出湘时的15万人，可见有不少湖南人随太平军迁出了湖南"②。为镇压太平军，曾国藩、左宗棠等，又率数十万湖南弟子冲出了省门，很多湘军士兵在战后就留在了该地。"南至交趾，北及承德，东循潮、汀及渡海开台湾，西极天山、玉门、大理、永昌，遂渡乌孙水属长江五千里，击柝闻于海。"③

新宁（今开江）："商贾……其列肆贸贩者，半系楚籍"，"邑多楚人"④。

大宁（今巫溪）："宁邑为蜀边陲，接壤荆楚，客籍多两湖人。"⑤

大竹："竹民向分五馆。五馆者，盖白楚、湘、粤、赣、闽五省迁竹者，各自醵金建会馆为其乡馆。"⑥

（二）川中地区

内江："中川字有名迄今籍兹土者，荆湘人士实繁。"⑦

仪陇："邑中湖南北人最多，江西、广东次之。率皆康熙、雍正间入籍。"⑧

广安："稽其世系，有土著焉，有蜀籍焉，有闽、粤、齐、晋之籍焉，有江、浙、豫章之籍焉，为湘鄂特多。"⑨

所以说，川中湖南籍移民的分布是从四川北部到南部逐渐增多。

（三）川西地区

成都："拥挤于衢市者，百什秦、晋、楚、豫中土著仅一二人焉。"

---

① 江忠源：《江忠烈公遗集》卷三，岳麓书社2012年版。
② 王勇：《湖南人口变迁史》，湖南人民出版社2009年版，第343页。
③ 王定安：《湖南防守篇第一》，《湘军志》，岳麓书社1983年版，第1页。
④ 同治《新宁县志》卷一《六省会馆》，中国文史出版社2015年版。
⑤ 光绪《大宁县志》卷一《风俗》，成文出版社1986年版。
⑥ 民国《续修大竹县志》卷三《祠祀志》，中国文史出版社2012年版。
⑦ 光绪《内江县志》卷一三《艺文志》，湖南图书馆2010年版。
⑧ 同治《仪陇县志》卷三《食货志》，成文出版社1986年版。
⑨ 民国《广安州新志》卷一〇《户口》，方志出版社2011年版。

"多粤东、湖广两省之人。"①

犍为："有由湘、鄂、赣、闽、粤诸省来占籍者，其中尤以湘鄂人居多数。"②

湖南籍移民主要分布在四川盆地，川西高山、高原地区则少见。在盆地的分布则表现出由东向西逐渐减少的规律，籍贯家族的比例随之降低。其次，湖南在四川建有一定数量会馆。会馆是移民的标志，可"知人民之盛衰"③，湘人不仅在府、州、县建有会馆，而且在乡镇也建有不少，这些都能表明湖南籍移民在四川的分布之广之多。

为使我们对湖南移民四川的状况有个更直观地了解，现列表如下（1-15）

表1-15　　　　　　湖南移民在四川的分布　　　　　　单位：户

迁入地\原籍	湖南	宝庆	永州	常德	长沙	衡阳	岳州	澧州	辰州	沅州	郴州	靖州	桂阳	合计
云阳	2	4	9	7	7	4	4	2	1	1				41
绵竹		1												1
井研		9	4	1					1	2			4	21
广安	1			1									1	3
安岳	2	1	2						1					6
南溪		5	1		1					1				8
简阳	3	23	19		17	2				1				65
合川	2	16	25		2	3			3	4		7	1	63
合计	10	59	60	9	27	9	4	2	5	8	2	7	6	208
会馆	1	4	8	8		7		1		2	4			34

（引自张国雄《明清时期的两湖移民》，陕西人民教育出版社1995年版，表3-6两湖迁出地，第68页）

---

① 康熙《成都府志》序，同治《重修成都县志》卷二《风俗》，时代出版社2008年版。
② 民国《犍为县志》卷三《居民志》，四川科学技术出版社2004年版。
③ 光绪《威远县志》卷一《六省会馆》，广陵书社2020年版。

三 湖南人口向四川迁徙的影响

湖南移民的大量迁入，首先给四川人口社会增加了大量人口。大量移入人口与土地资源的生产性结合，又恢复了四川社会的农业生产力，耕地面积迅速恢复并扩大。以重庆地区为例，康熙十年（1671）该地区仅有12.4万亩耕地。到康熙六十一年（1722）已有584.39万亩。[①]都江堰水利工程得到扩建，到1730年已能灌溉成都平原9县76万多亩土地，大大超过了历史上的最高水平。四川很快成为全国重要的粮仓，成为湖南后的又一粮食生产大省。与湖南、湖北形成了"三分天下有其一"的局面。

农业的发展导致手工业及商业的发展。"四方之商贸，俗尚不同，惰性各异"，这就正好取长补短，互通有无。在互通互商中促进地区间不同文化的交流，提高川人的素质。多省移民的"五方杂处"，使语言、饮食、风俗等逐渐融合。移民身上艰苦创业的开拓精神也影响着四川文化。由于大量人口的迁入，使"深山穷谷之中，鹿柴猿径，皆有人迹"[②]。四川人口密度大大提高，社会生产获得充足的劳动力。这又为四川开创"老林辟、百业兴"的局面奠定了人口的基础。

第四节 湖南向其他省份的人口迁徙

一 迁往陕西

"元末汹汹，湖广正当南北冲，蹂躏特甚。其存留老户只残余逃匿之万一耳。地广民稀。前明定鼎，下诏抽迁江右士庶以实兹土。"[③]张

[①] 康熙《四川总志》卷一〇《郡县志》，中国书店1992年版。
[②] 光绪《沔阳县志》卷一三《艺文》，江苏古籍出版2001年版。
[③] 《孙氏宗谱》《始祖传》，民国三十六年刻本，民间藏本。

国雄认为，湖南移民无论迁入、迁出，都可分为强制性与自愿性移民两大类。在前明之时，更多的是一种经济移民，是在"外力"施压下启动的，带有一定的组织性。户众丁多为抽迁对象，在迁移过程中也会发生回流现象。但在明代，移民回流的很少。原因就在于移民可自由择居，明政府在法律的服务也能及时跟进。"立草为标，土地湖河纳贡者，永为世业。"① 自愿性移民是自主决定的，因此，迁徙的心理准备与对困难的估计充分，具备了迁徙需要的进取的心理素质。栉风沐雨，斩棘披荆，无所畏惧。他们来自农村，获取土地，提高生存质量是他们的共同需求。因此，这类移民多"亲戚曲党，因缘接踵，聚族于斯"②。

据张国雄先生考证：湖南籍移民主要分布在秦岭以南的汉中、兴安二府和商州。汉江和丹江是他们主要迁移通道。迁移的起始时间是从康熙延续到嘉庆，乾隆年间迁入最多。

兴安（今安康地区），"自乾隆三十七、八年以后，因川楚间有歉收处所，穷民就食前来……络绎不绝"③。汉中府"土著几无"，新民两湖最多，"川陕边徼，土著之民十无一二，湖广客籍约有五分，广东、安徽、江西各省约有三、四分，五方杂处"④。

迁陕之后，先期到达陕西的湖南籍移民大都分布在山区较为偏僻的山村，大多以家族或原籍户为纽带联系聚在一起。例如，在安康与旬阳两县接壤的赵湾区枫树乡南坪村，一条山沟内全部居住着湖南人。汉阴县蒲溪区田禾、龙门、庵梁、清明寨等乡聚居者有大批长沙、湘潭、宁乡等地移民。诸如平利八仙、石泉池河大坝、安康大河、双溪、沈坝等地都是湖南移民的居住地。湖南移民在秦岭巴山的山间平原地带分布极广。尽管随着岁月的流逝，他们的后裔也有陆续迁往川道和市镇富庶之地的，但浓重的湘音却给他们打下了深深的湖南烙印。例如石泉县池乡村冯家湾就是一个以湖南移民湘乡冯氏为主要居民的自然村落，其房屋

---

① 《胡氏支谱》，民国二十六年刻本，民间藏本。
② 同治《竹溪县志》卷一四《风俗》，长江出版社2017年版。
③ 嘉庆《安康县志》卷二〇《艺文志》，载于毕沅《兴安兴府疏》，陕西人民教育出版社1989年版。
④ 严如煜：《三省边防备览》卷一一《策略》，沈阳出版社1998年版。

建筑、宅院布局、田园种植等均呈典型的湖南风格。

在咸丰十年（1860）编修的善化县的《星沙善邑冷木冲吴氏族谱》中有这样一段对其迁陕始祖吴质美的记载。乾隆年间，"当是时，南省饥民相属走蜀，而陕西兴安府与蜀毗连，承明例禁流民毋得入山"。吴越、五岭、闽及楚南北过者，以土沃多留不去，租以种栅木以居，土人相目曰"棚民"。

陈良学先生在《湖广移民与陕南开发》统计到，在陕西省石泉县有湘乡冯氏、宁乡王氏，兴安州有善化吴氏、衡阳洪氏、汉阴县有湘乡彭氏、曾氏，长沙龙氏、杨氏，衡南王氏及新化康氏。安康县有宁乡陈氏、彭氏，浏阳罗氏，安化李氏、赵氏及新化康氏。紫阳县有平江李氏、安化梁氏、芷江龙氏、零陵伍氏，在安康与汉阳接壤的北部山区，还有长沙石氏、湘潭李氏，西乡县有沅陵何氏，城固县有零陵龚氏等。

据王勇的研究，湖南籍移民迁往陕西的地方也很广，特别是游氏移民迁出的很多。"陕南的兴安州东关欢喜地上坟地一段卧龙同尾地一段，皆湖南客民置。"[①] 为便于联系，湖南客民还在汉阴县建有湖南会馆。汉中地区湖南籍的人口也很多。在西乡县，"楚民来西者数千家，自是田地开辟"[②]。山阳县四境皆山，平原甚少，"山内皆系川、楚客民，开垦地亩"。商州"山地为川，楚客民开垦殆尽，年岁丰收，可以足食"[③]。

陕南的吸引力在于赋税较低，土地易得。清初，"国初定赋人户荒凉，原定之额不能符数，土著百姓以纳保为难，募人令各地承赋，其承纳之国课不过几钱几分，领地辄广数里"[④]。

二 迁往贵州

贵州是继川、陕之后接受湖南移民最多的省份。据民国《平坝县

---

① 嘉庆《汉阴厅志》卷三《义地》，转引自王勇《湖南人口变迁史》，湖南人民出版社 2009 年版。
② 道光《西乡县志》卷二《联官》，陕西人民出版社 1991 年版。
③ 卢坤：《秦疆治略》，成文出版社 1970 年版。
④ 严如煜：《三省边防备览》卷一一《策略》，西安交通大学出版社 2018 年版。

志民生志》称，明洪武年间平坝县就有湖南长沙一带人口迁入，他们是以卫所屯军身份迁移的，有五千四百余户，共五十屯，分隶五所。"自此以后，友朋亲戚，招致援引。"

清改土归流后，湖南移民络绎迁黔。松桃厅，"城市乡场，蜀、楚、江西商民居多"①。施秉县商民中"湖南客半之"②。湖南籍移民还深入黔西南。"贵州兴义等府一带苗疆，俱有流民混迹。此种流民，闻系湖广土著。"

湖南向贵州移民以黔北为多。

在中国西南，从15世纪起，云南、贵州、广西等省最行的治理方式就是皇帝授权当地土司维护治下平安。朝廷对策一般是先军事后民事，逐渐在当地建立起相应机构，以取代半独立的土司，历史上称之为改土归流。但这一举措实施之初容易引发社会冲突，因为中央机构与土司在互动中会逐渐偏离朝廷理想中的主道。在这种模式中，朝廷与土司各有利益诉求，存在着明显的不可调和的分层区隔。这种区隔每每使双方的紧张关系达到临界点，加上云贵地区的官风一向低劣，又恶化了朝廷与地方土司原本的紧张关系，土司不断受制挤压。所以，这种客观状况就使汉民大规模借势移入云贵的过程险象环生。大体而言，为保险起见，明代主要以军户移民为主，清代以民户定居为主。如仕官忭职、军事镇守、谪迁流放、自发流徙等。有学者研究认为，有明一代，在贵州设立了27卫，各卫驻扎之兵，均超过5600人。编制最多的普安卫达到30093人。③ 这些军士，绝大部分来自湖广、江西、四川等地。"如按一军一户四口之家计算，当时贵州境内移民就达六七十万。"④ 清代省会贵阳，"五方杂处，江右，楚南人为多"。"城市乡场，蜀、楚、江西商民居多，年久便为土著。"⑤ 咸丰同治年间，"官府从四川、湖南两省迁

---

① 乾隆《黔南识略》卷二〇，成文出版社1970年版，第138页。
② 乾隆《镇远府志》卷九《风俗》，中州古籍出版社1996年版。
③ 古永继：《元明清贵州地区的外来移民》，《贵州民族研究》2003年第1期。
④ 古永继：《元明清贵州地区的外来移民》，《贵州民族研究》2003年第1期。
⑤ 民国《贵州通志·前事志》，贵州人民出版社2001年版。

来新户 5104 户计 47144 口"①。

三 迁往云南

云南本无汉人。汉武帝时，首批汉人移入，明代始汉人移民提速。但谢国先认为，移入的人口究竟有多少，也难有准确答案。② 明代在云南设有 21 卫、21 千户所，③ 军移是主要的形式之一。另外，云南也有为数不少的驿递机构，责任重大，由民户轮流值守，一年一换。这些人也多为外籍客民。有史料称，洪武二十二年（1389），沐英入朝，"英还镇，携江南江西人民二百五十多万入滇……又奏请移湖广江南居民八十万实滇"④。

明初平定云南后，朱元璋留"江西、浙江、湖南、河南四司兵守之"⑤，其中湖南籍约有 20000 人。洪武年间，朝廷令湖南靖州及辰、沅等卫新军精锐 45000 人驻云南，又诏湖南常德、辰州二府民，三丁以上者出一丁屯云南。⑥

明清之际，云南人口再度大减，清廷又大量招徕外省移民，于是又有大批湖南人迁入云南。同时，还有大批湖南等地的官员、军人、商贾以及数十万矿工进入云南。滇东宣威的族姓"其原籍三江两湖为多"⑦。民国《昭通县志》卷六《氏族志》记载："乾隆中，东马厂大旺，湖广人相率而来，不知凡几。"⑧ 滇东南的开化、广南二府嘉、道之间有湖广、四川、贵州苗疆一带流民每日成千百结群前来租垦山地。⑨ 滇南之临安府在嘉庆年间，"内地民人贸易往来，纷如棱织，而楚、粤、黔各

---

① 古永继：《元明清贵州地区的外来移民》，《贵州民族研究》2003 年第 1 期。
② 参阅谢国先《明代云南的汉族移民》，《云南民族学院学报》1996 年第 2 期。
③ 参阅谢国先《明代云南的汉族移民》，《云南民族学院学报》1996 年第 2 期。
④ 解炳昆：《明代云南屯田战略》，《云南民族学院学报》1995 年增刊。
⑤ 《明太祖实录》卷一四三，线装书局 2005 年版。
⑥ 江应梁：《明代外地移民进入云南考》，《中国移民史略》，知识出版社 1986 年版，第 65 页。
⑦ 民国《宣威县志稿》卷八《民族志》，云南人民出版社 2016 年版。
⑧ 民国《昭通县志》卷六《氏族志》，民国间刊本，昭通新民书店 1938 年版。
⑨ 《道咸同光四朝奏议》卷一，尹佩棻：《条陈滇省事宜四条疏》，商务印书馆 1970 年版。

省携眷世居其地，租垦营生者十之三四"①。滇西也不乏两湖之移民，蒙化（今巍山）汉族"其籍以吴、楚、豫章为最"②。

四 迁往广西

明清两代，湖南成为广西移民的主要来源地。湖南向广西移民规模庞大，分布广泛，对广西的人口社会与文化变迁产生了深远的影响。广西省会桂林与靠近湖南的全州、灌阳、兴安等县接受湖南移民最多，而桂南与桂西及桂东南则相对分布较少。明代是湖南移民进入广西的第一个高峰期，清后期是第二个高峰，民国时期为第三个高峰。在明朝，由于在广西有大量的卫所，所以，移民方式主要是以卫所长驻戍守的形式。明代卫所制度有军户者一人为军全家随行的惯例。卫所的设立造就了大量的移民。杨景平定广西时所率的"武昌诸军"就是以武昌、荆州、益阳、常德、潭州、岳州、衡州等地人口为主体的。当时桂林府城内就设有"湖广营"。桂东北甘霞村的庾姓，双木井和拉背等地何姓、张家湾张姓、李家村李姓、竹第村周姓等都是明代迁自湖南③。这些移民大多以卫所官军身份或以卫所为依托迁徙入桂。从清代开始，湖南人多以"降附"的身份迁入。清代广西动荡，少数民族起事频繁，大量湖南籍士卒又多以班军身份进入广西，随之散居广西各处。雍正年间，清政府又在广西设局招民垦荒，于是又使湖南人来垦者络绎，这种情况一直连续到道光年间。④ 例如，太常寺少卿张星，祖籍湖南桃源，落籍桂林。兴安的戍卒多来自湖南的永州。邵东火厂坪人多以打铁为生，徙居柳州后，以习工艺及星卜等技谋生。⑤

清政府对广西长期实行招民垦荒政策。在优厚的条件吸引下，大量

---

① 江浚源：《介亭文集》卷六《条陈稽盘所属夷地事宜》，德宏民族出版社 1996 年版。
② 民国《蒙化志》卷一六《人类志》，民国九年云南崇文书馆铅印本。
③ 参阅民国《全州志》卷八八《舆地志》，成文出版社 1976 年版。
④ 参阅范玉春《明清时期湖南移民徙居广西及其地理特征》，《广西师范大学学报》2014 年第 6 期。
⑤ 参阅范玉春《明清时期湖南移民徙居广西及其地理特征》，《广西师范大学学报》2014 年第 6 期。

无地少地的湖南人口也来到桂东北。"裸集于山谷高原、水泉阻绝处",从事垦荒,种植玉米、红薯等杂粮。据道光七年(1827)御史周炳绪奏称,广西各地"时有广东、湖广处游民在彼租山种地"。桂西的容县"闽、楚、江、浙人多有侨寄此者"①。南部浔州府的贵县"县属民族,来自粤、闽、鲁、赣、湘、鄂者为多"②。西部思恩府东南的宾州(今宾阳)"县民以来自山东省最多,其次则广东、福建、湘、浙"③。上林县渌茅等村"仍操伊等祖籍湖广乡言"④。连广西西南角太平府的龙州厅也都有不少湖南籍移民定居。⑤

五 迁往苏、皖地区

太平天国战后的江南地区,土地荒芜,人口凋零。湖南"下江南"移民潮时间长达半个多世纪。由于该地区人口大半死亡,田亩无主,室庐被焚,清廷遂于同治五年(1866)谕令江南各省拓垦荒田。江南各省州县先后设立"劝农局""招垦局""开垦局"等,大力引招外省农民前来垦招。"下江南"移民潮随之兴起。在湖南籍移民中,除了农民、商人、手工业者外,还有一类特殊的移民:被裁撤的散勇。这些人口比老籍多,蕃衍之盛,亘古未有。⑥据民国年间调查,乌镇、归安县、归安西乡一带,河南、湖南、河北等地移民约占总人口的百分之二十,"苏南七县报往跂来,枝栖鹤寄者,皆两湖及河南各省之人,耕凿优闲,良萎不一"⑦。

太平天国战争期间,长江中下游地区的"江、浙、皖三省被贼蹂躏之地,几百里无人烟,其中大半人民死亡,室庐焚毁,田亩无主,荒齐不耕"⑧。人口出现大量的死亡和流徙,使得江南地区从战前的人满

---

① 嘉庆《广西通志》卷八八《舆地志》,广西人民出版社2016年版。
② 民国《贵县志》卷二《民族》,贵县志编纂委员会2016年版,第122页。
③ 民国《宾阳县志》第二编,《社会·甲·人口》,广西人民出版社1987年版。
④ 民国《上林县志》卷六《社交部·方言》,广西人民出版社1989年版,第388页。
⑤ 民国《龙津县志》第四编,《社会·姓氏调查表》,广西壮族自治区档案馆1960年版。
⑥ 参阅葛庆华《近代江南地区的河南移民》,《史学月刊》2003年第1期。
⑦ 《益闻录》光绪十九年七月五日,第一千二百九十四号。
⑧ 王韬:《弢园文录外编》卷七《平贼议》,上海书店出版社2002年版,第157页。

为患、耕地不足之地，一变而成为人烟稀少、土地荒芜之区。许多地方甚至出现了人口"真空""半真空"状态，这就为外地移民的迁入预留了空间。

湘军、淮军是清朝镇压太平天国的主力，但是他们都不是政府编制的正规军，所以在战事结束后，必须卸甲归田。但在同治三年（1864），清朝实行的政策是"有业可归，有田可耕，有亲戚有依者，派员递送回籍；无可依赖之人，则就地安插垦荒"①。这样，在政策许可之下以湘人组成的湘军就有不少士兵滞留在了江南。揆诸史实，战后湖南被遣撤的兵勇就多达数十万人。逮至回籍，"则已无田可耕，无业可执，遂致生计日蹙，游手日多"②。许多散勇成为战后这些地区移民人口的重要组成部分。湖南许多被撤之兵因生计无着，不得已徙往这些地方就食。

例如，苏南乌程、归安县（今湖州市）战后裁撤的湘军营勇纷来两县垦荒，此辈多湖南人，类为遣撤之勇。他们迁居后，其家乡的亲族与乡党遂攀缘而至。洪杨乱后，湖南人随湘军来此垦荒者甚多。

皖南建平县（今郎溪县）被裁撤的湖南散勇也纷纷来此垦荒。据《上海新报》同治十年（1871）报道："曾中堂于克复金陵时，特遣湖南勇丁五千名赴建平县安插，并令开垦自食其力。湖南勇丁自到建平，于田之荒者辟之，屋之倾者整之，数年来安居乐业，几忘其为湖南人矣。"据《申报》光绪七年（1881）四月十九日报道："遣撤之勇流落不归者，亦改而务农。"

此外，湖南也有不少为生计而迁徙的农业性移民。

皖南旌德县："楚南寄籍该处之人，谓其办理不公，殊非为善从同之意，因于初九同夜结聚同党千余名，持械捌入县署"③，一次就聚集了千余人，可见其人数之多。

广德州：湖南移民（来自长沙、岳阳、益阳、湘潭、湘乡等地）

---

① 《清穆宗实录》卷一○四，同治三年五月，华文书局1970年版。
② 《光绪朝朱批奏折》第31辑，《内政》，中华书局1995年版。
③ 《客民滋事》，《益闻录》第367号，光绪十年五月二十五日。

分布在清溪乡的新屋及北乡的丘村。

苏北:"下江一带,曾侯奏请招徕,设劝农局,给牛力、籽种,(湘人)从者如市。"① 苏南在光绪初年开始接受两湖移民,光绪四年(1879),宜兴、荆溪两县两湖移民丛集。② 据清末调查,苏南地区移民,"以两湖人为多"③。

第五节　湖南人口迁徙规律

中国历史上的大规模移民与家族迁徙都发生在动荡岁月。对湖南来说,明清两朝是人口社会变迁最大最长的时期。

一　移民迁徙动机

移民迁徙主要受经济利益的驱使。人口社会发展的区域不平衡性,是影响湖南人口迁徙的根本原因。

湖南的开发自唐宋以来就落后于江浙一带,人少地多,因而才能吸引狭乡少地的民众前来落户定居。如邱浚在《江右民迁荆湖议》一文中所说的那样:"荆湖之地,田多而人少,江右之地,田少而人多,江右之人大半侨寓于荆湖。盖江右地力所出,不足以给其人,必资荆湖之粟以为养也。"④"狭乡"到"宽乡",老经济区剩余人口前往新开发区垦荒,是湖南明清人口迁徙的一大特点,加上政府的组织引导,自然会形成一股巨大的移民潮。

如迁入四川的湖广、江西等省的移民。"大约因川省旷土本宽,米多价贱,而无知之民平日既怀趋利之见,又有传说者谓川省之米三钱可买一石。"⑤ 可见,谋求经济相对富足是促使移民入川,"弃旧乡而迁乐

---

① 邓文滨:《迁徙防乱后瘟》,《睡醒录》卷三,广文书局1970年版。
② 《宜兴荆溪县新志》卷八《人物·补录》,凤凰出版社2011年版,第317页。
③ 《苏报·客民编》,《中国近代史资料丛刊·辛亥革命》(一),神州国光社1953年版,第369页。
④ 邱浚:《江右民迁荆湖议》,《皇朝经世文编》,中华书局1962年版。
⑤ 葛剑雄、曹树基等主编:《中国移民史》,福建人民出版社1997年版,第157页。

土"的重要原因。

据嘉庆《四川通志》记载，仅雍正五年（1727），湖广、广东、江西等省人民因本地歉收米贵，相率而迁移四川者即不下数百万①。

所以，避乱逃荒，人口社会中发展的区域不平衡性带来的这类后果是明清湖南人口迁徙最持久最主要的原因和动力。人口迁徙历来是湖南熟人社会的常态现象。被迫离乡背井的人们所进行的不同时段与地点的迁徙活动产生了一个共同的宏观效果——推动当地社会的人口结构与文化的提质变迁的同时也带来了先进的生产技术。

二 多向性与持续性

迁徙有政府鼓励和移民个人信息相结合的特点。迁徙时间长，迁徙地域广，反复迁徙。

在官方传递移民信息的同时，民间移民信息（即由个人口头传给一人或数人）也在充分发挥着作用。正是在官方、民间移民信息的共同作用下，湖南的移民运动才得以持续数世纪之久。移民初到异地，在生产、生活诸多方面都需要帮助。佃种他人的土地，也需要有熟识之人作保。"其异籍农民认垦荒田，须令阳邻地保出具互保，俾知根底。"②熟人作保对移民选择迁入地影响大，后来者一般会首先选择信息传递者的定居地。可见，民间移民信息也能影响移民的分布，使迁出区或迁入区形成一个个熟人型的移民信息区。

需要指出，民间信息受血缘地缘的影响很大。地缘关系是同乡关系、邻里关系、故土观念与乡亲观念的反映，往往与血缘关系相互渗透。自然村落是最基本的地缘组织。有学者认为，它可分为同族的血缘村落和异族混杂的地缘村落。两种村落都具有封闭、排外与统一的特点。以乡土观念为背景的移民在异地建构起来的依然是封闭性很强的熟人社会组织，依然是切割分明的自然村落。由于远徙他乡，乡土观念反

---

① 葛剑雄、曹树基等主编：《中国移民史》，福建人民出版社1997年版，第151页。
② 李宗羲：《招垦荒田酌缓升科章程详文》，《开县李尚书政书》卷四，辽宁大学出版社1990年版。

而会进一步加强。而官方信息虽然具有共享特征,但它一般具有强制与暴力特点。例如,明代为砍材修皇宫而对炎陵、茶陵两县的农民实行三丁抽一、五丁抽二的移徙迁居,为充实贵州、云南、广西卫所实行的家属随军政策以及太平天国时期湘军的大规模征募兵等等,都是很典型的暴力的强制性的行为。而这种行为反而能在客观上有利于切割原有的乡土观念,在一定程度上打破原有村落组织的封闭与排外状态。散处在全国各地的湖南会馆、公所、会社、行帮等业缘组织的出现,应该与这一政策的长时期的实施有某种历史联系。

此外,人口迁徙还受到其他一些因素的影响:如,(1)迁徙路线的影响。在湖南传统社会中,人们受安土重迁观念的影响,对远徙他乡存有畏惧心理,故能够在距离家乡较近的地方找到适宜的定居点,一般不会舍近求远,以保持和家乡最短的距离,减少迁移成本。这种对路线的选择原则,对移民的分布影响甚大。(2)社会宗族因素的影响。在一个地方,如果宗族势力强大,外来移民很难插足,即使"他姓有迁入者,则受其欺侮排斥",移民的分布因而受到影响。例如湖南岳阳的张谷英村,地处岳阳、平江、汨罗三县交汇处,一姓一村至今已有500余年。(3)迁徙时间的影响。在信息不发达的社会里,各地获得移民信息的时间有先有后,故迁徙时间有早有晚,从而影响到移民的分布。

虽然湖南移民的因素可以主要从政治、经济与社会结构中去寻找,移民路线的选择也可以从乡土观念与国家意志去梳理,但在实际过程中,由于国家意志大于乡土观念,因此,湖南的移民迁徙路线本质上体现了一种国家意志。湖南大移民实际上是一种国家权力支配下的移民。国家权力因素在凌乱的移民迁居过程中仍然随处可见。皇权与庸政一方面导致了社会经济的全面溃败,又在重建人口社会与宗族组织的过程中起着不可替代的调配作用。所以,湖南移民在向云、贵、桂的移民过程中,就更多地被体现为这样一种国家意志。它是国家对湘、云、贵等省人口的再分配。在湖广填四川的移民过程中,由于乡土观念的作用上升,国家不必需要用太强的国家意志便可达到移民、限民、制民的目的,因而,湖南向四川的民间移民行动就显得十分自由活跃。

综上,明清时期湖南人口迁徙沿袭了其他地区人口迁徙的特点,移民在改变了湖南省人口社会格局的同时，也给湖南政治、经济、文化等各方面产生了持久的影响。

明清时期，湖南在全省的范围内接受了主要来自长江流域如江西、福建、浙江等地为主的大量移民。外省新移民在湖南各地族群中已经占到了绝对的优势地位，这就彻底解构了湖南原生的社会构架。移民以江西人为多，江西移民中又以南昌和吉安两地为多，这种地域特色就会不断产生分层区隔的地域情怀与乡土意识，所以"江西填湖南"给清代湖南民风及民俗所造成的分层区隔影响就清晰可见。江西等地迁移人口从事农业、商业等活动，他们的辛勤劳作与不畏艰险对湖南土地及其他资源的开发，对湖南经济的发展起到了举足轻重的作用，直接促成了"湖广熟、天下足"这一局面的形成，又进一步发展到"湖南熟、天下足"，湖南又成为封建国家与社会粮食供应的主要输出地。大量的人口迁徙同时又给湖南的人口环境带来了一些负面的影响，移民为生存而进行的土地开垦与在社会生活中的攘夺，不仅造成了严重的生态环境问题，也加剧了土客之间的冲突，使得人口社会中的各种日常关系日趋紧张，致使清后期的湖南熟人社会始终呈现出一种亚稳定的形态。

一个不容忽视的事实是，所有这些移民行为都是在无序状态下进行的。移民不仅仅是农民安土重迁价值观的改变，也是人口压迫生产力产生的直接结果，所以移民的又一个直接后果就是导致了流民的大量出现。传统移民人口中总有大量的人口社会中的失败者。有人惊呼："士工商之外，无末业可治……每省不下二十余万人。"[①] 在贵州，巡抚庞鸿书叹息："黔地贫瘠，流民极多。"[②] 1930 年代，湖南农村的离村率是 10.8%。[③] 这些人除了在农村横向流动之外，主要向城市流动。这就给近代城市带来新的问题。移民的生活最为不定，移民走向社会，就会加剧社会的动荡不安，越轨犯禁，民变迭起，势所难免。

这也是清代湖南移民过程中的另类历史常态。

[①] 《皇朝经世文续编》卷三四，国风出版社 1963 年版。
[②] 《清续文献通考》卷二八四《实业》，上海古籍出版社 2000 年版。
[③] 参阅池子华《中国流民史》（近代卷），安徽人民出版社 2001 年版，第 13 页。

第二章　清代湖南人口与环境

第一节　导语

一　本章问题的学术意义

人口生产总是处于一种与生态和社会环境双向交流的过程之中。土地、人口、政事，构成一个社会运行系统。有土地，然后有人口。有人口，然后有社会。

（一）从理论层面上看，人口与环境之间的关系十分重要，必须认真研究

环境有自然环境和社会环境之分，自然环境是人类赖以生存的物质基础，人类是自然界发展到一定阶段的产物。从这个意义上讲，人类必然是自然环境的一部分。自然环境概念的提出不是要建立一种模式，而是因为它可以使我们看到历史的变迁过程，可以看到与分析这个过程的内部结构。

所谓人口，就是指生活在特定社会制度、地域、具有一定数量和质量的人的总称。它既是组成社会的基本条件，又是社会生产力的构成要素和体现生产关系的生命实体。人类社会只要存在，就必然离不开一定的地理环境。人们的生产和生活无时不在逐级追逐着相对优越的社会环境和丰富的自然资源。人口和社会的发展离不开环境和资源，人口和环境之间总是在相互作用、相互制约中发展。

清代湖南人口极大地改变了湖南的自然环境。影响清代湖南环境的变量就是人口活动本身。在这个人口变迁过程中我们梳理出了这样一些重要关系：清代湖南人口与土地关系；移民活动对清代湖南地理环境变迁；自然灾害对湖南熟人社会危害程度；地理环境、移民人口与社会发展；环境变迁与湖南熟人社会历史；地理环境与湖湘文化，如此等等。而这些变量的变化都与明清湖南人口的自身状况相关。

（二）实践层面上看，人口与环境之间的关系是一个古老而又常新的问题

环境是客观存在的，环境作为人类的相对面存在。因为有人存在，环境作为人类的共同体的存在才具有意义，人类的历史从某种意义上说就是人与环境变化的历史。

要考察特定时代的人口，同样必须考察这种人口所处的社会环境和自然环境。因为人是现实的、自然的，必然有着某一时代的烙印（包括自然的）。历史上湖南社会的变动，如湘江流域变迁、洞庭湖变化、历史动植物变迁、湘西开发、历史气候变迁等，都是通过人口、环境的变化而表现出来的。历史是环境结构的历史、整体环境的历史。历史人物与历史事件往往只是冰山一角，他们的环境背影才是决定历史人物与事件的历史基因。

（三）清代湖南人口与环境研究，对湖南人口社会史而言，具有重要价值

区域社会史研究是现阶段史学研究的重点，国内外研究两湖的区域史的著作很多。而对湖南的经济、人口与自然环境的关系史研究却很少，有限的成果又被包裹在两湖经济和社会史的研究之中。这种研究的客观效果，就是会把湖南人口社会史的特殊性冲淡、掩盖。

湖南在明清以前名不见经传，在历代统治者眼中是"蛮夷之地"，但在明清两代取得了很大发展。与同时代的湖北相比，更是可圈可点。

湖南一跃而成为清朝的粮仓,湖湘文化更是满天星灿。钱基博先生赞曰:"人杰地灵,大儒迭起,前不见古人,后不见来者。"① 这个时代,湖南出现了一批又一批驰骋宇内的济时经世人物,如魏源、汤鹏、贺长龄、曾国藩、左宗棠、胡林翼、黄兴、宋教仁、陈天华、蔡锷、章士钊、刘揆一、毛泽东、刘少奇、彭德怀等。这些人物对近代与后世都产生广泛而又深远的影响。要解读这种现象,其中重要一点就是要研究他们所处的客观环境,要研究好近几百年的湖南人口社会史。因为任何一种新的文化,新的士人风气,新的格局的形成的因素是多方面的。必须从它的背后——社会历史环境和自然环境中去考察,即从人口与环境等社会大众日常关系探讨,揭示人口与环境相互关系,才能全面而深刻地揭示社会历史运动的必然规律和基本趋向。

二　提出本问题的学术背景

(一) 作为两湖地区中的湖南地方史研究

国内学者通常把两湖地区作为一个地理单元加以研究,而又总是把湖北作为重点研究对象,这样一些研究成果常散见于一些报刊上。例如从论文角度看,有张健民《"湖广熟,天下足"论述》(《中国农史》1987年第4期);张国雄《明清时期两湖开发与环境变迁初议》(《中国历史地理论丛》1994年第2期)、《"湖广熟天下足"的内外条件分析》(《中国农史》1994年第3期)、《"湖广熟天下足"的经济地理特征》(《湖北大学学报》1993年第4期)、《"湖广熟天下足"补证》(《中国历史地理论丛》1996年第1期);张家炎《明清长江三角洲地区与两湖平原农村经济结构演变探异——从"苏湖熟,天下足"到"湖广熟天下足"》(《中国农史》1996年第3期);龚胜生《论"湖广熟天下足"》(《农业考古》1995年第1期);谭天星《清前期两湖地区农业发展的原因及影响》(《中国农史》1988年第4期)、《清前期两湖

---

① 钱基博:《近百年湖南学风》,中国人民大学出版社2004年版,"导言",第1页。

粮食产量问题探讨》(《中国农史》1987年第3期)、《清前期两湖地区农业生产技术水平试探》(《农业研究》1990年第9辑)、《清前期两湖农村的租佃关系与民风》(《中国农史》1992年第3期)等等。这些学者常常从两湖农业成因和地位的角度阐述,湖南的特殊性被淹没在了两湖的"整体"之中。

(二) 整体湖南作为研究对象的地方史研究

王继平著《晚清湖南史》,作者从晚清湖南政治、经济、军事、文化等方面考察晚清湖南社会的变迁和学术的发展,突出湖南历史特色。刘泱泱著《近代湖南社会变迁》,该书着重梳理研究近代湖南经济社会发展各个方面的变迁,从建置、人口民族、外来势力、商品经济、近代工业、阶级、家庭衣食住行、风俗礼仪、宗教信仰等10项描述了近代湖南社会变迁的全貌。作者着眼于变迁,源流兼顾,重在探源,并简略概述其以后发展。张朋园著《中国现代化的区域研究——湖南省(1860—1916)》,作者从政治、经济、社会等方面着手,探讨湖南的早期现代化状况,作者认为湖南现代化已有了初步的发展,但是这些变迁大多尚在萌芽初期,相距现代化的理想尚远。周秋光著《湖南社会史》,杨鹏程著《洞庭湖灾荒史》,彭先国著《社会史视角下的近代湖湘文化》。这些专著立足于从近代湖南宏观方面探讨湖南整个社会的变迁,而对于湖南某些重要历史现象尚未作深入探究。

(三) 湖南局部与分层作为研究对象的地方史研究

梅莉撰《洞庭湖区垸田的兴盛与湖南粮食的输出》(《中国农史》1991年第2期);王国斌撰《18世纪湖南的粮食市场与粮食供给》(《求索》1990年第3期);方行撰《清代前期湖南农民卖粮所得释例》(《中国经济史研究》1989年第4期);《清代前期湖南、四川的小农经济》(《中国史研究》1991年第2期);李华撰《清代湖南农村的稻谷生产及其商品化》(《中国历史博物馆馆刊》1989年第13、14期合刊);蒋建平、柳思维撰《清代湖南形成米谷贸易货源地问题的浅探》(《求索》1983年第4期）等等。这些论文对湖南进行了局部与分层研究。这些研究能够加深对以上相关领域的认识，但很少探讨湖南人口与环境在其中发挥的作用。

社会学家布劳认为，人口在多维空间中的社会位置构成了一种社会的特性。这个社会结构可以通过说明这些特性的各种参数而被描述。社会人口会根据参数的不同可划分为不同界限的亚群体。例如依据性别、种族、宗教、职业、居住地等类别参数区分人群，依据教育、收入、声望、权力、年龄参数区分人群。而各种区分都在表达一种社会分层形式，都会体现社会的异质性和不平等。由此，布劳推出一个基本的公理：由人口的成分组成和分布状态产生的结构性限制和结构性机会对人们的社会关系起着决定性的作用。本章的讨论便离不开这一理论支点。

第二节　清代湖南人地关系

人口和耕地是农业经济的两项重要指标，彼此的关系协调与否，直接影响着社会经济发展与地理环境。人地关系是一个很宽泛的概念，指的是人类与其所生存的地理环境的关系。但是，历史农业地理中的人地关系，主要是指人口和耕地之间的关系。

湖南境内湘、资、沅、澧四水覆盖全域。东西南为山地，北为洞庭湖平原，南枕五岭与广西、广东邻界，西接云贵，西北邻界重庆，东以武功、幕阜岭邻界江西。自然生态环境差异巨大。

从自然环境来看，湖南可分为洞庭湖区，这是指现在的湘阴、益阳、临湘、华容、武陵、桃源、汉寿、沅江、安乡、津市、临澧诸县。湘中丘陵区，指现在的长沙、湘潭、宁乡、永兴、衡阳、清泉、衡山、耒阳、安仁、祁阳、邵阳、新化。湘东湘南山区，指现在的浏阳、醴陵、攸县、茶陵、炎陵、常宁、宜章、兴宁、祁阳、祁东、临武、嘉禾、蓝山、东安、道县、宁远、永明、江华、新田。湘西山地山区，指现在的石门、慈利、永顺、龙山、保靖、桑植、古丈、沅陵、泸溪、溆浦、芷江、麻阳、会同、通道、绥宁、新宁、城步、武冈、安化、辰溪等县。

从气候环境看,明清时期为寒冷期,又称小冰期。第一阶段从清初到康熙末年,第二阶段从嘉庆到清末。两个阶段都寒冷异常。例如,康熙九年(1670)入冬后,衡山、攸县、湘乡、衡阳等地大雪,江水冰合,舟楫不行,奇寒乏食,六畜冻死,行人僵化,道路者众。请见表2-1:

表2-1　　　　　　　康熙九年湖南气候简况

攸县	冬大雪,结冰可渡马,行人多冻死	资料来源:乾隆《长沙府志》卷三七
湘潭县	冬大雨雪,凝冰积素,填咽郊野	资料来源:光绪《湘潭县志》卷九《五行》
宁乡县	冬积雪数天,河水可渡	资料来源:民国《宁乡县志》《故事编·第一·县年记》
湘乡县	积雪四、五天,饥鸟群群啄牛背疮为食,行者僵于途	资料来源:同治《湘乡县志》卷五《兵防志》
衡山县	冬大雪积数天,六畜冻死,江水冰合	资料来源:光绪《衡山县志》卷四十四《族产》
兴宁县	六月八面山又雪,至九年闰一月	资料来源:光绪《兴宁县志》卷十八《事记》

记载显示,除了康熙九年外,康熙二十四年(1685)、咸丰十年(1860)、咸丰十一年(1861)、同治三年(1864)的天气都十分冷酷,寒冷范围遍布全省,人冻死于路者不计其数。除此之外,县志中也有樟林、竹林、植林等尽被冻死的记载。森林冻坏后短期内无法恢复,而且危及森林中的兽禽生存。水土流失严重,对清代的山区开发又是一个打击。

而更严重的问题在于各种自然灾害危害程度持续加大。洪水、大旱、山移、动物异常等现象出现的频率增大。例如,同治九年(1870)长江特大洪水,十二年大冰,洪水反复冲刷荆江沿岸,松滋溃口,荆江四口之水流入洞庭，河道断面改道，洞庭湖水灾加剧，泥水在洞庭湖淤积成陆，统一的洞庭湖被解体为东、南、西三片湖面，江湖水系发生了根本性的变化。

这种背景下进行的耕地开发难度可想而知。但经过康雍两朝的开发，湖南的土地还是得到了大面积的开发，其中，湖区垸田与湖南山区山地的开发尤为明显。因此，这个时期的人地关系实质是百姓在经济活动中的一个求存求活行为。在这种经济活动之下，湖南的人均耕地大为提高。康熙二十四年（1685），湖南人均耕地4.48亩，到雍正时已增至9.38亩①。

前面已提到，清初，由于人口稀少，洞庭湖实际上成了一个移民人口密集的汇聚区域。所辖岳州、澧州、常德、长沙府诸县，土地肥沃，开发均以垸田的方式进行，垸田经济发育成熟。"堤垸多者五六十，少者三四十，每垸大者六七十里，小者亦二三十里。"② 环洞庭湖的垸田区不计其数，垸田基本分为垸堤旱地、垸内稻田、基河湖田、湖底水田等四种类型。

山区人口在清初也与平原地区情况类似，人口稀少。在湖区开垦饱和的状况下，为了缓和人口压力，清政府采取各种措施鼓励民众向山区迁徙。乾隆七年（1742）七月，清政府议准湖南开垦荒地，促进了对山区山地的开垦。于是，同一时期，在永顺、龙山、保靖、桑植等县大量出现汉民与土著争地的现象。"凡山头地角稍有可垦者，无不开辟。"③

移民活动使湖南人口增长空前提速。人口增加，要求粮食也要相应增加。与水争田、向山要地，扩大耕地面积以增加粮食产量便是湖南人口客观的生存需要。正是在这种背景下，湖南的土地耕地化提速。如在

---

① 张国雄：《明清时期两湖外运粮食之过程、结构、地位之考察》，《中国农史》1993年第3期。
② 乾隆《长沙府志》，转引自汪家伦《明清长江中下游垸田及其防汛工程技术》，《中国农史》1991年第2期。
③ 道光《永州府志》卷五上《风俗》，岳麓书社2008年版。

潭州，山田竞垦。沅江县，"昔者山乡，种田之外，栽树植竹，今则开垦为土"①。攸县山地被广东、福建来的移民耕种，"闽粤之民利其土美，给庐山上垦种几遍"②。在郴州，山多田少，"人半恃耕山，遍种杂粮……今生齿日繁，谋生者众，几使野无旷土，人无游民，地利尽而民亦困矣"③。请见表2-2，以资说明。

表2-2　　　　　　　　清前期滨湖各县围垸统计④　　　　　　单位：堤

县份	官围	民围	私围	留存围
长沙		51	2	19
湘阴	16	53	25	
益阳	14	35	1	12
巴陵	4	4		
华容	33	20	12	4
武陵	15	8	5	4
龙阳	41	24	11	12
沅江	7	81	12	4

一　清代湖南人口数量与分布

湖南自古为"化外"之邦、苗瑶之地。汉民畏其多瘴，不敢前来定居。从汉朝到明末千余年间，湖南仍是地广人稀，中原传统农业尚未在这里完全开发。经过历朝战争的浩劫，湖南社会生产一直萎缩不振。为了恢复社会统治基础，清政府做出了一定让步，以缓和社会矛盾。湖南从"三藩之乱"后得以迎来较长时期和平安定的社会环境，人口社会因而得到全面的发展，一跃成为当时全国人口大省。社会发展，相应带动湖南人口的增长。湖南人口的增长又因地域差异表现出不同特点。

---

① 嘉庆《沅江县志》卷一八，岳麓书社2012年版。
② 同治《攸县志》卷五四《杂况》，江苏古籍出版社2002年版。
③ 嘉庆《柳州县志》卷二一，学生书局2018年版。
④ 引自杨鹏程《湖南灾荒史》，中国文史出版社2000年版，第162页。

（一）清代湖南人口数量变化特点

一般认为，乾隆四十一年（1776）至道光三十年（1850）间的史籍是可信的。乾隆四十一年以前，由于战乱影响，人口数据可信度不高，只能是估计。以下是笔者整理统计的清代湖南人口数据：（单位：口）

表2-3　　　　　　　　　清代湖南人口数据　　　　　　（单位：口）

康熙二十四年	（1685）	1064824
康熙五十年	（1711）	1550595
乾隆七年	（1742）	8445179
乾隆四十一年	（1776）	14989777
乾隆五十六年	（1791）	16556000
嘉庆十七年	（1812）	18652507
嘉庆二十五年	（1820）	18929000
道光十年	（1830）	19535000
道光二十年	（1840）	19891000
道光三十年	（1850）	20614000
咸丰八年	（1858）	20841000
同治九年	（1870）	20998000
光绪六年	（1880）	21002000
光绪十六年	（1890）	21008000
光绪二十四年	（1898）	23403000

史料可参见：顺治十八年、康熙二十四、五十年数据采用雍正《大清会典》和嘉庆《大清一统志》。资料所载乾隆七年丁数见罗振玉《清初史料丛编》下册，乾隆四十一年丁数参见《皇朝文献通考》；其余数据参见全汉升《清代的人口变动》一文之附录和严中平《中国近代经济史统计资料选辑》。

1. 人口负增长期（1572—1685）

湖南人口从明隆庆六年（1572）190多万下降到康熙二十四年（1685）的100多万人，为负增长，平均每年递减7.53‰。人口为什么递减呢？可能的原因是这时清朝政权还没有完全控制湖南，统治的中心问题就是控制与稳定统治，而对人口等民生问题暂时无暇顾及，因而地方政府上报朝廷人口数字肯定存在虚报的情况，这是一方面。另一方面，战争是这一时期主题，大批人口因在战争中死亡或迁徙而无法统计。明末清初，湖南烽火连绵数载，以致"残毁瓦砾，荆榛千里，如一青嶙，白骨所在皆然"①。湖南当时有"弥望千里，绝无人烟"之说。② 长沙县亦有"旷土漫街，人星寥落"这样的记述，其他地方志中记载犹多，不可胜举。人口不足，是当时湖南共象。

2. 湖南人口增长最快时期（1685—1776）

到康熙五十年（1711），湖南人口恢复到明隆庆六年的水平，传统农业也开始得以恢复。从康熙五十年至乾隆七年（1742），湖南人口增长速度最快，年均增长率达到56.2‰。从1742年到1776年，人口增长速度放缓，但年均增长率仍高达17.02‰。如此高的增长率，显然有大量外地移民迁入的因素。张国雄在对两湖人口构成进行研究后认为，大量人口迁入后，两湖氏族中江西籍占60‰—70‰。而在两湖中，湖南自古地广人稀，移入湖南人口要比移入湖北多③。尤其是清初湖北汉口大堤溃决，垸民纷纷南奔湖南。为安置这些流民，湖南政府准许他们在洞庭湖滨开垦垸田。这样一来，不仅湖北南来垦民日众，就连福建、两广、江西等地贫民也不远千里而来。这股移民浪潮一直持续到雍正后期。大量外省人口的移入，无疑加速了湖南人口的增长。④ 例如，湘赣边境的攸县等地，也成了一批又一批移民的落脚点。湖南人口于是在外来移民和本地人口自然增长的两股力量的推动下，快速增长。这种人口的快速增长，经历了约一个世纪。

3. 人口增长较快时期（1776—1812）

这一时期，湖南人口年增长率维持在5.69‰—6.65‰之间。人口增长势头明显放缓。湖南内地平原和河谷洼地在人口承载量上已达到饱

---

① 嘉庆《善化县志》卷一九《祥灾》，成文出版社1968年版。
② 嘉庆《长沙县志》卷一七《祥灾》，湖南人民出版社2016年版，第69页。
③ 张国雄：《明清时期两湖移民研究》，《文献》1994年第1期。
④ 龚胜生：《清代两湖农业地理》，华中师范大学出版社1996年版，第18页。

和，人口压力逐渐发生作用，连带引发一些社会问题。平原、丘陵地区人口开始向边远山区挺进。这似乎在说明，经历两个世纪后，湖南的省内移民运动接近尾声。

4. 人口增长缓慢时期（1812—1858）

这一时期，湖南人口长期增长之势处在"强弩"之末点，年增长率约为2.37‰。湖南几乎没有增加客籍耕地，人口压力效应表现极为明显。湖南腹地大量剩余人口不断流向边缘山区。玉米、红薯等丘陵平原旱地作物在人口作用下亦迅速被引进，湖南山区开发进入黄金时期。但由于粗暴和无序的垦殖，生态环境破坏加速，山区土地效益下降，这又导致湖南人口新一轮外徙，故而省内人口增长率偏低。

5. 人口增长停滞时期（1858—1898）

这一时期发生震惊中外的太平天国运动。太平军在湖南停留时间不长，但对湖南人口破坏大；湘军的兴起，又使得湖南由原先清朝粮库变为清朝兵库，湘军转战大半个中国，其中部分湘军落籍外省，人口外流。安徽和江浙一带是主要战场，人口损失大，不得不接受大批外省（包括湖南）移民。所有这些因素综合起来就使得湖南人口的增长在这一阶段处于停滞。

6. 人口增长较快时期（1898—1910）

这一时期湖南人口增长率达8.38‰，原因之一可能是因为接受大批省外移民的缘故。[①]

（二）湖南人口的空间分布特点

湖南省东南西三面环山向北敞开呈马鞍形状，山区、丘陵占全省70%。清代湖南人口主要聚集于长沙府、衡州府、宝庆府、岳州府、常德府、永州府。现将清代湖南各府州人口密度表（人/平方千米）列出，以供参考。

---

① 龚胜生：《清代两湖农业地理》，华中师范大学出版社1996年版，第16页。

表2-4　　　　　　　清代湖南各府州人口密度　　　　　单位：人/平方千米

年代 府州	康熙 五十年 1711①	乾隆 四十九年 1784②	嘉庆 二十五年 1820③	光绪 三十四年 1908	人口平均递增率（‰）		
					1572— 1711	1711— 1784	1784— 1820
长沙府	21.7	210.5	429.0		-4.85	31.60	19.97
宝庆府	22.3	69.7	162.4		0.04	15.75	23.80
岳州府	5.0	62.3	177.8		-8.05	35.08	29.55
常德府	13.4	73.3	122.0		-0.52	23.50	14.27
衡州府	41.8	108.5	232.1		4.88	13.15	21.34
永州府	13.6	90.9	163.0		-0.32	26.41	16.36
辰州府	6.3	46.1	103.5		-4.42	27.61	22.70
沅州府	2.7	25.6	59.5		-2.42	31.32	23.64
永顺府	—	20.2	64.3		—	—	21.26
澧州	4.6	63.9	103.4		-7.35	36.63	13.44
郴州	6.6	57.8	99.7		-2.58	30.20	15.26
靖州	6.2	33.0	60.8		-2.56	23.13	17.17
桂阳州	10.1	48.0	77.3		0.53	21.51	13.35
湖南省	155	910	1855		-1.52	24.63	19.98

资料来源：乾隆、嘉庆《大清一统志》。转引自龚胜生《清代两湖农业地理》，华中师范大学出版社1996年版

表2-5　　　地方县志中的近代湖南人口统计（以十县市为例）

县份	时间	人口数（单位：人）	资料来源
道县	1921	301411	《道县志》，中国社会出版社1994年版
武冈	1921	724238	《武冈县志》，中华书局1997年版

---

① 嘉庆《大清一统志》所载各府的"原额人丁数"乘以隆庆六年相应府州的口丁比，所涉数据来自嘉庆《大清一统志》，上海古籍出版社2008年版。

② 数据系乾隆《大清一统志》所载各府州"原额人丁"和"滋生人丁"之和。户部清册载湖南乾隆四十八年人口为15676488，比《一统志》四十九年数多出657.8万，所涉数据来自嘉庆《大清一统志》，上海古籍出版社2008年版。

③ 系嘉庆《大清一统志》所载各府的"滋生人丁"数，实为总人口数，政区与乾隆四十九年不同者作相同处理。如凤凰、乾州、永绥三厅并入辰州府内，所涉数据来自嘉庆《大清一统志》，上海古籍出版社2008年版。

续表

县份	时间	人口数（单位：人）	资料来源
南县	1929	254182	《南县志》，湖南人民出版社1988年版
江永县	1929	112923	《江永县志》，方志出版社1995年版
宜章县	1921	194377	《宜章县志》，黄山书社1995年版
宁远县	1928	329322	《宁远县志》，社会科学文献出版社1993年版
衡山县	1928	128512	《衡山县志》，中国社会出版社1995年版
娄底市	1949	109358	《娄底市志》，中国社会出版社1997年版
吉首市	1949	92500	《吉首市志》，湖南出版社1996年版
辰溪县	1949	194000	《辰溪县志》，生活·读书·新知三联书店1994年版

湖南人口在1711年为155万，1784年为910万，1820年为1855万，同时期以上六府人口之和分别占全省总人口数的76%、57.1%、69.3%。1711年人口密度最高的是衡州府（约为每平方千米25.01人）最低为沅州府（约每平方千米2.8人）。随着垸田的开发，外地人口的迁移，人口有所变化。需要说明的是，1820年人口密度最高为岳州府（约每平方千米158.4人），最低为永顺府（约每平方千米46.7人）。由于湖南各地自然条件和历史条件不同，其人口发展速度和分布密度表现很大差异。现选取三个地区加以说明。

1. 长沙腹地地区

长沙府很早就得到开发，是清代重要的产粮区。在明末清初的战争中破坏极大，康熙五十年的人口数几乎仅是明末隆庆六年的一半。史载长沙府"无岁不被焚杀，无地不为战场"，又遭灾荒，以致"白骨盈道，蓬蒿满城，村不见一庐舍，路不见一行人"①。战争结束后，长沙才慢慢走上正常发展轨道。由于自然条件优越性，长沙府人口发展极快。康熙五十年到乾隆四十九年，人口几乎翻了十倍。人口平均增率约达31.6‰，增加速度惊人，一直到嘉庆二十五年（1820），递增率仍约为19.97‰。其原因大致是大规模开发垸田，引起大量大口迁入。此

---

① 《顺治四年八月湖广巡按张懋揭贴》，台北"中研院"历史语言研究所编：《明清史料》，中华书局1985年版，第166页。

后，该地区人口压力在乾隆期间发生效应。过度围湖造田，造成水旱频繁，土地报酬规律递减，过剩人口开始流向本省山区和外省，人口增长速度明显放缓。

2. 辰州边陲山区

辰州府位于湖南西部地区，在明末清初的战争中，人口损失较大。"叠遭蹂躏，农业久废，四野荆蒿。"① 明末隆庆六年，该地区的人口数约为11.7万人，到康熙五十年（1711），人口为6.3万余人。此后，辰州地区人口迅速增长。康熙五十年到乾隆四十九年（1794），人口平均年递增率约达27.61‰，乾隆四十九年到嘉庆二十五年（1820）人口平均年递增率约达22.7‰。由于人口发展，在乾隆时辰州府的南部地区分设沅州府，嘉庆年间又将辰州府所属的凤凰、乾州、永绥三厅升为直隶厅。这些新政区的设立，说明辰州府在乾隆年间已经成为湖南腹地人口减压区。

3. 永顺改土归流地区

湘西永顺府人口主要增长是在改土归流后的乾嘉时期。该府人口主要是外来移民机械增长的结果，而吸引移民的原因则主要是该地区大量荒地和科赋的轻薄。该地区在改土归流后，"各处游民十百为群，扶老携幼，络绎不绝至永顺各县"开垦田地。② 乾隆四十九年永顺府人口约为20.2万人，到嘉庆二十五年人口激增到64.3万人。这些增加人口大部分是外来移民。桑植县"土籍"人口只占全县人口的40%，而来自外地的"客籍"人口竟占60%。③

总之，清代湖南人口多分布在洞庭湖平原及湘中丘陵区域，西部及南部山区人口较少。人口密度有平原向丘陵、山地依次递减的态势。但密度分布并不悬殊。洞庭湖平原是湖南最富庶的区域，人口最为集中。人口呈平均分布是平原、丘陵地区农业人口社会的特色。《衡山县志》载："衡民自城市而外，聚处者少，一区不过数家，一家一苑，不成村

---

① 《顺治八年七月一日沈永忠题本》，见《清代档案史料丛编》第六辑，中华书局1983年版。
② 《雍正朝汉文朱批奏折汇编》，第11册，第189折；第17册，第726折，江苏古籍出版社1989年版。
③ 同治《桑植县志》卷二《赋役志》，湖南人民出版社2017年版。

落。""按衡农居平原沃壤者十之四,居水涯者十之三,居山间者亦十之三。"① 巴陵县"土人居室如巢,水田束山腰,如环,如梯级;鸡犬农桑虽一致,而村落则多聚少散,烟火不为比邻"②。衡山和巴陵本是清代湖南农业最发达地区,两县尚且如此,其他县便可想而知。

二 人口压力下的土地开发

湖南人口从清初一百多万增加到清末两千多万,人口增速与人口绝对数是十分惊人的。人口增长速度的快慢,反映着农业经济的发展水平高低。在人口社会,农业的发展主要依靠土地,土地无疑成为人们最重要的财产。湖南在平定"三藩之乱"后,进入一个相对和平安定的时期。经过康雍两朝的开发,清初被抛荒耕地已得到基本开发。康熙二十四年(1685),湖南人均耕地4.48亩,至雍正二年(1724)则激增至9.38亩。③ 此后随着人口的继续增加,传统滨湖地区已经再无开垦之地,剩余人口只得不断向山区挺进。湖南的土地垦殖便在空间上呈现为由平原而盆地而丘陵而山地的拓展过程。出现"与水争田"和"与林争地"。

(一) 与水争田

湖南的垸田主要分布在洞庭湖周边地区,这类土地经过年年淤积,土壤肥沃,极易开垦。垸田地区主要包括岳州、澧州、常德、长沙府的部分州县。其中华容、安乡两县最早出现。华容、安乡在明代就已有较多的垸田,湖区其他州县垸田则相对较少,大部分荒滩都是"历代多弃置不问"④,直到康熙二十八年(1689)清查地亩时,仍然是"一望芦荻飘飘,概曰洞庭积水之汊"。康熙平定"三藩之乱"之后,清王朝采取了一系列有利于垸田发展的措施,使湖区垸田开发进入了一个新的历史阶段。垸田当年开发就能回收成本并受益,因而吸引了大量的人口

---

① 光绪《衡阳县志》卷二〇《风俗》,黄山书社1994年版,第4页。
② 同治《巴陵县志》卷三九《风俗》,岳麓书社2008年版。
③ 张国雄:《明清时期两湖外运粮食之过程、结构、地位之考察》,《中国农史》1993年第3期。
④ 梅莉:《洞庭湖区垸田的兴盛与湖南粮食的输出》,《中国农史》1993年第3期。

移入。洞庭湖区首先成为清初接受剩余人口减轻其他地区人口压力的缓冲地带。乾隆间湖区的开发又掀起高潮，垸田数量和规模远远超过了明代。据道光《洞庭湖志》记载："自康熙年间许民各就滩荒筑围垦田，数十年来，凡稍高至低，无不筑成田。湖滨堤完如鳞，弥望无际，已有与水争地之势。"① 湖区经过康、雍、乾三朝的持续围垦，垸田已在湖区纵横交错、星罗棋布。环绕洞庭湖周围的垸田多达五百余区。至清末，洞庭湖平原垸田数量达一千余区，面积五百余万亩。②

垸田又分官垸、民垸和私垸三种。官垸、民垸是合法合理开发的。私垸则系违法乱垦，主要沿江滨湖河地区的未垦洲滩进行。有趣的是，清代私垸不仅没有被取缔，反而成为湖河滩区土地开发的主要形式。③

清初垸田既不多，筑堤也不甚高，水口很宽，漫水入湖之地很广。每值五川骤涨，由陆入湖，势不能阻。土人谓之："漫水不过三日，少不过一二日。"而水退甚速，不惟网庐幸保无伤，河身亦得借水刷沙，不致淤浅；而淤泥栖陆，反得积淤成腴。但自南县、湘阴一带自康熙五十五年（1716）修筑"阳由""孟姜"等九大官垸起，情形就发生变化。"官垸堤身比民垸堤身要高，民垸堤身亦不得不高，而无垸者不得不筑"，这就大大刺激了垸田改造。不到几年工夫，湖区凡高阜可成田亩之处都已先后垦成垸网。官垸、民垸绵亘相望，"往昔同受水之区多为筑垸之地"④。这些垸网原为受水之区，筑围成堤后，受水之区缩小，抗洪能力骤减，水患随之频繁发生。湖南官员虽屡次禁止增筑新垸，但利益所在，自难杜绝修筑。

垸田开发并非毫无代价，筑垸使洞庭湖呈现"新旧堤堰参差错综，拭目邀望，如星罗，如棋布，如蝌蚪蜿蜒，如碧蜿团圆"的景观，这

---

① 道光《洞庭湖志》卷四，转自汪家伦《明清长江中下游圩田及其防汛工程技术》，《中国农史》1991年第2期。
② 湖南水电局：《认识洞庭湖，改造洞庭湖》，未刊稿。
③ 谭作刚：《清代湖广垸田的滥行围垦及清政府的对策》，《中国农史》1985年第4期。
④ 乾隆《湖南通志》卷一二《堤堰》转引《澧州水道图说》，齐鲁书社1996年版。

就使得湖区泄洪能力大为减弱。"乐岁则谷米如冈岭,凶岁则田庐成泽国。"①

因此,争田争地的客观效果带来的是湖南地理环境的劣化。

湖区的垸就是堤防。垸堤与垸田是一个不可分割的整体,有的地方称垸为堤,有的称围,有的叫垞,还有的叫坪,名号不同但都是堤垸。一个堤垸的安全与否,关系到湖区的财产与民生。明中期以后,开围者渐多。明清战乱之际,垸田受损严重。之后,清政府采取鼓励垦荒、兴修水利的经济政策促使垸田发展迅速。随着经济的恢复与发展,人口也开始猛增。乾隆初,中国人口突破1亿大关,乾隆末年达到三亿,地少人多,人口过剩开始成为社会一大负担。为了求存,人们的垦殖欲望更加强烈,在洞庭湖区就表现为私垸的大量扩张。"筑围垦田曾动官项修筑者为官围,民间报垦入册凡修者为民围,虽经报垦未准筑堤及未经报垦私砌土硬挖种者为私围。"② 而私垸大多建在水陆交通要道,阻碍水道畅通,危害水利。"滨江滨湖淤涨沙洲,每有附近豪强挽筑私垸。"③ "诸湖受水之区,其洲渚亦多被民间侵占,以至水无所容。"④ 洞庭湖因之"实无可以再行筑堤垦田之处"⑤。五百处垸中,私垸便有一百五十多处,占总报的十分之三。⑥ 河垸的扩张反过来加剧了水患,二者互为因果。洞庭湖区的开垦成为一个解不开的死结,不断地恶性循环。从乾隆开始,清政府就调整了垦殖政策,开始控制垦荒,冻结既有垸田数量。"除现在各属已圈堤垸外,其系沿湖荒地,未经围筑者即行严禁,如有土豪地棍和垦等弊,照例治罪。"⑦ 为了以儆效尤,清朝曾惩处私垸业主肖姓一家,许多地方官也因姑息而受到重罚,但都收效甚微。⑧ 请参阅表2-6。

---

① 光绪《湘阴县志》卷七《风俗》,江苏古籍出版社2002年版。
② 乾隆《洞庭湖志》卷四,转引谭作刚《清代湖广垸田的滥行围垦及清政府的对策》。
③ 光绪《荆州万域堤志》卷八《私堤上》,湖北教育出版社2017年版。
④ 光绪《荆州万域堤志》卷八《私堤上》,湖北教育出版社2017年版。
⑤ 乾隆《洞庭湖志》卷四,广陵古籍刻印社1989年版。
⑥ 乾隆《洞庭湖志》卷四,广陵古籍刻印社1989年版。
⑦ 徐国彬:《万域堤防辑要》勘测全案,民国复印本,湖北人民出版社1999年版。
⑧ 事见《清续文献通考》卷一《田赋》,上海古籍出版社2000年版。

表2-6　　　　　　　清前期湘阴县围垸筑堤统计①

年份	围垸数（单位：个）	筑垸长度（单位：丈）
康熙二十八年（1689）	1	3971
康熙三十年（1691）	3	3660
康熙三十二年（1693）	2	2899
康熙三十三年（1694）	5	15137
康熙五十三年（1714）	1	4000
雍正十二年（1734）	2	200
雍正十三年（1735）	1	2180
乾隆元年（1736）	1	
乾隆四年（1739）	16	21914

（二）与林争地

湖南山区山势较高，土层较薄，肥力容易流失，以旱地为主。其耕作方式多为刀耕火种。山区地广人稀，开发寖晚。湖区因垦殖饱和而逐渐成为人口压力区后，大量湖区剩余人口便涌向山区，开始与林争地的土地垦殖活动。乾隆七年（1742）七月，清政府下诏湖南开垦山区荒地，水田在一亩以下，旱地在两亩以下者免科。这些条例除对平原、河滩等传统耕作区进一步开垦利用零星土地起了一定作用外，还促进了山区土地开垦。与清前各代相比，清代湖南山区的开发，无论从广度和深度来说，都达到了历史上前所未有的程度。乾隆以后湖南不仅开垦了河谷盆地、丘陵土地，许多深山密箐、陡坡崎岖被禁之地亦被开垦。如衡州一带的黄墨岭"极高峻，回返半日方度"，尽管如此，岭上却已被垦殖成网。随着清代大规模垦山，湘中地区也出现了"凡山头地角稍有开垦者无可辟"，"迩来山谷日辟"，"山顶皆田"的现象。② 湘东山地更高，但亦多被伐木砍荆开垦种植。如众多闽、粤等省棚民就在攸县开垦，"结庐山上，垦种几遍"③。开发伴随人口滋生，洞庭湖区等人口压

---

① 转引杨鹏程《湖南灾荒史》，中国文史出版社2000年版，第163页。
② 同治《祁阳县志》卷二二《风俗》，湖南人民出版社1999年版。
③ 同治《攸县志》卷五四《艺文》，江苏古籍出版社2002年版。

力区的百姓便向山区纵深谋生。乾隆《桂东县志》卷二称：桂东"四面皆山，除耕陇谷外，即高山斩木芟荆植豆菽，播包粟，粱穄以补其不逮。举目四望者翁荫而蒙茸者，今则濯之而章秃矣"。

湘西雍正年间永顺等地改土归流，废除了"蛮不出境，汉不入峒"的陈规，大量汉人进入该地区，永顺等山区与外界的联系加强了。乾隆年间湘西山区开发由此全面展开，开山辟地也掀起了高潮。乾隆期间，在湘西永顺、龙山、保靖、桑植等县普遍出现汉民侵占苗民地现象，尽管政府多有禁地令，但侵苗案却仍然不断发生。随着后期移民的不断涌入，苗民土地不断被侵占，以致苗民占有土地越来越少，汉苗矛盾加剧，最终导致了乾隆六十年（1795）的苗民起义。苗地被侵占，虽然对苗民是不公平的，但客观上无疑促进了当地生产方式与生产水平的提升。因为历史上，湘西少数民族田地多，一般采用刀耕火种的生产方式，汉民的涌入，对提高土地利用率和生产水平起了促进作用。移民涌入，又使得大量的林地、荒地被开垦为种植农作物的耕地。耕地扩大使反客为主的现象也越来越普遍。乾隆三十年（1765）湘西山区已是"生齿繁盛，居民稠密，地植多倍于十年前"①。湘西北部的安化县，嘉庆年间"生齿日繁，食多不足，凡包谷、荞麦、粟之类可资人者，无不勤于耕种，邑中真无旷土"了。② 随着山区开发的提速，许多州府厅县的新设也就成为必然。雍乾时期是湖南设立山区州县最多时期，分别增设了永顺、桑植、龙山、保靖、永绥、永定、安福、清泉等县。

随着农业性移民向山区的挺进，大片禁山的树林亦多被砍伐，水土流失和土壤瘠化加速。这种状况在湘西表现地更加突出。湘西山区农业一般都采取粗放式耕作，很少精耕细作。龙山"冬日视荒弧可垦处，薙草斩木，纵火燎之，谓之烧畲"③。辰州府、武冈州也大体如此。烧荒对树木破坏最大，不仅那些高大粗壮的乔木被烧，而且那些低矮的灌木也劫运难逃。这种短视行为虽然能使土地表层保有温度和肥力，但一

---

① 乾隆《辰州府志》卷一八《风俗》，岳麓书社2010年版。
② 嘉庆《安化县志》卷一〇《风俗》，成文出版社1968年版。
③ 同治《龙山县志》卷一一《风俗》，成文出版社1968年版。

至二年后土壤便会被山雨冲走,地力尽失,"水痕条条只存石骨"。水土流失从面蚀发展到沟蚀,山区土地变得硗薄,山民无法谋生,只得转而寻找与开垦新的山地、林地。待原被弃之土地恢复地力,其他新寻土地大多又被开垦,尔后又再弃再垦,边垦边弃。如此循环的开垦又加大了水土流失,使得山区旱地、水田生产能力不断下降。"山地之凝者,以草树蒙密,宿根蟠绕,则土坚固。伐山畬种,山渐为章,一经霖雨,浮石冲动。水源缩小,土人竭力堤防,工为竣水又至,熟田半没于河洲,而膏腴之壤竟为石田,地种尽而农事伤矣。"①

清代移民对湖南山区的这种低质低效的循环开垦可以说是前仆后继,不遗余力。"人满地尽,更无可垦之土,其拼力攫种者,只能获于万一。故重梯作坞,不能一收;半岭凿塘,不藏勺水。"② "客籍占据,遍于穷谷,伐山畬种。"③ "山多田少,俱种杂粮于山坡,如芝麻、粟米、麦豆、穇子、薏苡、高粱、荞麦、包谷等。"④ 在湘西,改土后客民四至,土司乡官任山民垦种,其鱼塘、茶园、竹木、树林、崖蜡等物任民索用,一无禁厉。⑤ 乾州、凤凰、麻阳、泸溪等地"自苗平以后气候稍异,前此四山树木阴森,故烟岚雾瘴最长。今则砍伐无存,天空野阔,转觉熇阳逼人"⑥。

总之,山地垦殖扩大了耕地,增加了粮食产量,一定程度上缓解了人口压力,许多山区也因地制宜种植经济作物而繁荣,但因为垦殖多半是在低质盲目中进行,毁林开荒,多为掠夺性垦殖,所以不可避免地产生了水土流失等诸多环境大问题。"举目四望皆之蓊荫而蒙茸者,今则濯濯而秃矣。"⑦ 老林开空,遍山漫谷皆农物,山尽垦松,遇雨水无可蓄,沙随水下,殃及下游生民。

---

① 道光《永明县志》卷三《风土志》,江永县政府《永明县志》工作组整理校点,2018年。
② 民国《湖南地理志·地势概况》《城步县》,武昌亚新地学社1933年版。
③ 光绪《永明县志》卷八《农事》,成文出版社1968年版。
④ 光绪《武冈乡土志》卷下,成文出版社1968年版。
⑤ 民国《永顺县志》卷六,方志出版社2017年版。
⑥ 同治《乾州厅志》卷五,光绪三年增修本,上海书店出版社2006年版。
⑦ 乾隆《桂东县志》卷二《风俗》,成文出版社1968年版。

第三节 清代湖南人口与经济增长

人是社会生活的主体。从其内涵看，人口与社会、经济的发展有着密切的联系。一定数量的人口是区域经济恢复和发展的基础，关系着区域经济的规模大小。人口过少，则人力资源不足，难以从事开发；人口过多，人满为患，则人多地少。人口贫穷，亦无力从事经济建设。可见，只有适度的人口数量才能促进社会经济的协调发展。

一 "湖南熟、天下足"

粮食是国民经济的基础。在传统的农业社会中，粮食生产在农民的整个生产体系中，占据最为重要的地位。粮食产量也常常能反映一个国家的经济实力。

由于远离历代王朝的政治、文化和经济中心，在明清以前各朝统治者眼里，湖南都是"火耕水耨""地广人稀"的化外蛮邦。但晚明以来，随着农业开发，特别是稻米生产的增长，情况就发生了重大改变，湖南引起了朝野瞩目。

（一）清代湖南粮食产量

清代湖南的粮食作物主要是水稻生产。湖南大约有85%的耕地用来种植水稻。[1] 可见，水稻在清代湖南的社会经济生活中具有极其重要的地位。农民种植水稻，既为了自给口粮，也是为了取得货币，以备家庭他需。如醴陵县"农户八口之家，耕地不过二三人，田不过数十亩，收不过数石，完官租，应公役，又私自戚里往来，庆吊相仍。一家男女长幼衣食娶嫁皆出其中。其俭者析薪数米，尚足以自给"[2]。湖南的"米仓"在平原，而不在山区。湖南稻米的产量是逐渐增加的。以洞庭湖四周和湘水流域为例，清初产量每亩仅1—2石，如康熙二十四年

---

[1] 龚胜生：《清代两湖农业地理》，华中师范大学出版社1996年版，第60—68页。
[2] 同治《桂阳直隶州志》卷五《风土》，岳麓书社2011年版。

（1685），醴陵县每亩1.82石；湘潭县每亩1.62石；益阳县每亩1.2石。到乾隆十一年（1746），长沙县、善化县、浏阳县每亩1.97石。①随着耕作水平提高，谷物田产量提高得很快。同治年间，湘阴县地方志载："上田每亩可产4至5石，中田3至4石，下田2至3石。"② 左宗棠文集记载，湖南省湘潭县的每亩产量为4石，湘阴县是3石6斗左右。③ 光绪《湘潭县志》记载，中田亩产为5石。④

在水稻种植面积扩大和每亩产量提高的基础上，湖南米谷总产量也不断增加。清前期湖南米谷总产量5491石，清后期则为8782石。除了这些枯燥的数字之外，对清代湖南粮食生产总量我们还可以从清代湖南仓储中窥见一斑。清代湖南仓储有常平与社仓，前者为政府所建，后者为民间所修。其功能一为放谷，二为救济。湖南仓贮在雍正年间定贮量为702133石，至乾隆十三年（1748）时储存高达1256414石，溢出50余万石。其中已出借之49306石，出粜谷218680石，存银118925两，皆未计算在内。平均州县的贮量多在12万石，就是在最差的永绥、乾州二厅，粮食储量均不下数千石。江浙缺粮，向湖南告籴，湖南曾拨30万石救济。乾隆二十三年（1758）清政府调湖南谷30万石，补充广东各地仓储。⑤ 湖南巡抚陈宏谋曾对湖南的官仓作了这样的论述："湖南官仓，不但备全省之荒欠，兼备邻省之荒欠。所云邻省，上如粤东、粤西，下如湖北、江浙、江南、江西，尚有荒欠，皆取资于湖南所贮之额。"⑥

清代湖南在自给之余，稻米外销，丰收年份则外销更多，由此奠定了湖南作为清代最大的米谷生产基地的地位。

---

① 数据转引张朋园《湖南现代化的早期进展》，岳麓书社2002年版，第29页。
② ［韩］田炯权：《清末民国时期湖广（湖南，湖北）地区的农业生产力及生产关系》，《庆南史学》1995年第12期。
③ 转引［韩］田炯权《清末民国时期湖广（湖南，湖北）地区的农业生产力及生产关系》，《庆南史学》1995年第12期。
④ 光绪《湘潭县志》卷一一《货殖》，岳麓书社2010年版。
⑤ 以上数据请参阅光绪《湖南通志》卷五五、一〇五，湖南人民出版社2017年版。
⑥ 陈宏谋：《培远堂偶存稿》卷三八，广西师范大学出版社2015年版。

（二）湖南米谷外销量

湖南粮食在清代的粮食市场中有着举足轻重的地位。湘米主要从洞庭湖进入长江，由汉口东下江南。湖广粮运堪称清代规模最大、数量最多、持续时间最长的国内长途商品贩运。其年运输量少则数百万石，多则上千万石，几乎年年如此。清朝向外埠输送的粮食大部分来源于湖南。在湖广的粮运系统中，湖南米谷从清代中叶就独领风骚。"湖广熟、天下足"最终在乾隆年间让渡于"湖南熟、天下足"。

江南成为湖南米谷主要外销地。明朝中叶以后，江浙地区的经济结构开始转型，大量土地被用于种植棉花、桑树等经济作物。江浙人口稠密，工商业发达，城市居民多，粮食需求严重不足，需要从外地输入大量米谷。① 显然，要到市场上购买粮食就必须有足够的粮食进入流通领域作为前提条件，此时两湖等后开发地区的粮食恰巧充当了这一角色。湖南交通方便，米谷贸易非常发达，清中叶后素有"湖南之米，听商贩卖，盈余累万，殆无虚日"之状。② 韩国学者田炯权在对清末民初的米谷市场研究后得出：18世纪，湖南往长江中下游地区输出800万石粮食，清末民初时期湖南的输出能力是500万石左右的谷。康熙年间，湖南所产之米"远下江浙者居多"。因"江浙买米商贩多在汉口购买，而直抵湖南者无几，是湖北转运江浙之米，即系湖南运下汉口之米"③。雍正年间（1723）监察御史许容奏称："江浙各群，地狭民稠，系少盖藏，即当大有之年，本省之米就不足供本省之用，大半仰给于江楚商贩，此江浙历来之情形也。"④ 湖南谷米销行长江中下游市场。

另外，福建、广东、贵州也经常靠湖南米谷救济。

福建主要通过江浙转运湖南米谷。"福建之米，原不足以供福建之

---

① 李伯重：《明清江南与外地经济联系的加强及其对江南经济的影响》，《中国经济史研究》1980年第2期。
② ［韩］田炯权：《清末民国时期湖南米谷市场和商品流通》，《清史研究》2002年第1期。
③ 赵申乔：《自治官书》卷六，折奏《湖南运米买卖人姓名数目稿》，引自蒋建平《清代前期米谷贸易研究》，北京大学出版社1992年版，第54页。
④ 《宫中档雍正朝奏折》第1辑，台北故宫博物院1979年版，第880页。

食,虽丰年多取资于江浙,亦犹江浙之米,原不足以供江浙之食,虽丰年必仰给于湖广。数十年来,大多湖广之米辏集于苏郡之枫桥。而枫桥之米,间由上海乍浦以往福建,故岁虽频而米价不腾。"① 湖南大米南下广东,主要由湘江经灵渠进入珠江水系,然后抵达广东。《修复灵渠陡河碑》说:"长沙、衡、永数郡盛产谷米,连樯衔尾,浮苍梧,直下羊城。"② 陈春声认为,湖南是18世纪仅次于广西向广东输入粮食的省份。③

贵州也是湖南米谷的输入地。雍正年间贵州提督赵坤上奏:"查黔省山高土瘠,苗多民烧,地之所出不敷所需,凡官吏之俸工,兵马之饷干,皆仰他省之协济。"④ 雍正八年(1730),鄂尔泰上奏请求把湖南沅洲划拨给贵州,方便湖南米谷接济贵州。⑤ 其他像湖北、江西、安徽等输粮地区,倘遇灾害,也要依靠湖南米谷救济。

"湖南熟、天下足",不仅反映了湖南米谷输出地区广,外省需求多,而且也反映了湖南米谷输出数量大、贡献大。单是官仓拨运和官员采买的数量就相当惊人。据湖南巡抚开泰奏称:"乾隆三年拨运福建,四年拨运江苏。三年至八年,各省府赴湖南采买,通计五百七十万石有余。"⑥ 当时盛况是"各商贾来楚籴粮,风帆相望,几无虚日"⑦,单是江浙地区,冯桂芬就说"实数不下三四千万石"⑧。在这里楚米包括四川、安徽、江西等地米谷,但绝大部分为湖广米谷(主要是湖南米谷)。

---

① 蔡业远:《与浙江黄抚军清开米禁书》,《清经世文稿》卷四四,学苑出版社2010年版。
② 转引自湖南师范学院地理系编《湖南农业地理》,湖南科学技术出版社1992年版,第38页。
③ 陈春声:《市场机制与社会变迁——18世纪广东米价分析》,中山大学出版社1981年版,第38页。
④ 《宫中档雍正朝奏折》雍正三年二月二十三日,贵州提督赵坤折,台北故宫博物院1973年版。
⑤ 鄂尔泰奏折,《宫中档雍正朝奏折》,雍正八年十一月二十七日,台北故宫博物院1973年版。
⑥ 光绪《湖南通志》卷一〇五《名宦·开泰》,湖南人民出版社2017年版。
⑦ 乾隆《湖南通志》卷三九《积贮》,乾隆二十二年刻本,齐鲁书社1996年版。
⑧ 冯桂芬:《校邠庐抗议》,中州古籍出版社1998年版,第245页。

第二章　清代湖南人口与环境

湖南输入江南地区米粮多寡，能直接影响江南地区的米价状态。康熙五十一年（1712）后，苏州李煦奏陈："苏州、扬州因湖广客米到得甚多，所以米价仍贱。"① 相反，如果输入不足，江浙米价就会上涨。康熙三十八年（1699）上谕："朕南巡江浙，询问地方米贵之由，百姓皆谓数年来湖广米不至，以致价格腾贵。"② 可以说，清康乾时期，只要湖南不发生大的灾荒，就能充分供应江南地区的米粮，保证江南地区粮价的稳定。"江浙楚省，地处江南，灾情流行，亦所时有，米价不至腾涌，贫民不至失所，彼固恃有巨商大贾，通行舟楫，千艘万舳，装载发贩，挹彼注兹，同流无滞，故得价值平坦，不惟兴利，兼可救荒。"③

随着全国人口的增长，以及江南工商业的发展，对米谷的需求日益增大，湖南的稻谷优势更日显重要。出售米谷是农民收入的主要甚至是唯一来源，米价的上涨会使农民获得更多收入，便利他们上缴赋税，购买农业生产资料，更好地从事农业生产。清代湖南农民因此穷尽人力，从事水稻生产。为了增加收入，农民通常采取两种办法来提高粮食商品率。一是通过提高粮食亩产量，从而提高粮食总产量来提高粮食商品率；二是通过调整自给性生产与商品性生产的比例，扩大商品性生产来提高粮食商品率。许多农民为增加货币收入而出售价值更高的米谷，预留杂粮自食，以此提高粮食商品率。例如，湘乡县，红薯"山土种之极多，收早稻后，又种迟薯。山农以此充食，岁居大半"④。据同治《桂阳直隶州志》载：该"州居山谷间，民倚山为粮，不恃稻谷"。其所属蓝山县，"多稻田，州率一岁三月食麦薯苞旅，入谷卖钱，不以田为食"⑤。许多农民因此而致富。宁远县和新田县"其民皆由乱定后招徕而至，垦辟荒土，久而富饶"。道光《永州府志·风俗》卷五称，攸县"向来服畴者自食其力，恒产固多不匮，即佃户良者亦时成大族"。

---

① 《康熙朝汉文朱批奏折汇编》，第4册，康熙五十一年八月八日，李煦折，中国第一历史档案馆1984年影印，第379页。
② 《康熙朝汉文朱批奏折汇编》，第7册，康熙五十五年九月十六日，李煦折，中国第一历史档案馆1984年影印，第436页。
③ 郑昌淦：《明清农村商品经济》，中国人民大学出版社1989年版，第590页。
④ 嘉庆《湘乡县志》卷一八《物产》，湖南人民出版社1993年版。
⑤ 黄彭年：《陶楼文钞》卷二，齐鲁书社2015年版。

同治《攸县志·风俗》卷十八，洞庭湖农民因种"稻田之稻，一岁再种，一熟则湖南足，再熟则湖南有余粟"的缘故，他们的生活水平同时也相应地提升。有人描述道："垸农一岁之收，可抵山农数岁之收。垸民至厌粱肉，山民恒苦菜食。"①

二 清代湖南的多种经营

如何安置人口与过剩人口问题，一直成为清代湖南几乎所有社会问题的出发点。乾隆七年（1742）下谕："不独以农事为先务，而兼修田圃、虞蘅、薮牧之政，故因地之利任圃以树事，任牧以畜事，任蘅以山事，任虞以泽事。使山林川泽丘陵之民得享山林川泽丘陵之利。"为了维持生存，移民在湖南总是想尽办法做到人尽其力，地尽其利。

（一）收入渠道多样化

低山丘陵的移民，利用有限水田生产稻谷自给，棉花、茶、烟草、纻麻等经济作物也成为他们获取收入的重要来源。在清代，湖南耒阳是手工业发达的地区，从事手工业生产的农户"勤纺绩，摇车辛苦，惟北乡为最。其布通行郴、粤西间，为利甚博，足以济半年食用"。湖南衡州府耒阳布行销郴、桂、粤西地区。在攸县，农民所产棉布，"通行潭澧及江右吉袁。贫者耕不足恃，恒赖此半支半载食用"。这些都说明从事商品经济作物生产和从事其他行业的家庭，所获得的货币足以支持家庭的日常所需，从而为生活所需的土地也就更相应减少。

清同治年间，湖南"浏阳、湘乡、攸县、茶陵、醴陵皆麻乡，往时道州、武陵、郴州皆贡练苎，今则并浏阳上供亦载。夏有苎市，捆载以售"②。同时，湖南也是清代茶叶主要产区。衡阳是清代著名的烟草集散和加工的专业性城镇，衡烟来自省内各县。据乾隆《清泉县志》

---

① 光绪《华容县志》卷三《风俗》，江苏古籍出版社2002年版。
② 吴其睿：《植物名实图考》卷一〇，商务印书馆1957年版。

载:"祁阳、邵阳、茶陵、攸县所产烟叶,皆售于衡郡,列为京包广包鬻之各省,俱称衡烟。"

此外,农民还以家庭副业作为拓展收入途径。湖南农民都有饲养家禽家畜的习俗。饲养家禽能为农业生产提供畜力,可以提供肥料、食物或出售赢利等。在湖南辰州,就有水牛、黄牛两种。据乾隆《辰州府志·物产》载:"土民藉以耕田,苗民无田可耕,畜而货之以供馔。"湖南龙山成为四川、贵州等牛畜交易的集散地。嘉庆《龙山县风俗》云:"邑惟桐油为大王,其次则牛。牛厂设在县治北六七里,川、贵、两湖牛只聚集,自辰、常以及长沙大半从此而去,有来自桃源此间贩运者。"湖南养猪最为盛行。嘉庆长沙府《宁乡县志·物产志》:"猪多黑色,家家畜之,饲以秕糠米计,较他地方者更肥美。"类似的记载在其他地方志中也屡见不鲜。另外,高产的玉米在丘陵山地的广泛推广,也大大促进了这些地区养猪业的发展。湖南辰州有"豕",辰郡豢者,"啖以包谷杂粮及树叶野菜,故价廉于他处"①。辰州玉米价廉原因在玉米丰收后,不宜久贮,因而玉米多半饲猪,所以在这样一些山区许多农民就用苞谷喂猪谋利。

湖南山区开发之后,山区的农民,种粮自给,又以种植经济作物和经济林木换取货币,以备家庭他需。这种山区模式在永顺表现的比较明显。湖南永顺府的"山地皆种杂粮,岗岭间则植桐树,收子为油,商贾趋之,民赖其利以完租毕婚嫁"②。贩运林木成为湖南山区、丘陵农民收入的主要来源。嘉庆《祁阳县志·风俗》载:祁阳县杉木种植业是当地农民的重要经济来源之一,"每年可得数万金","县境自归阳以上,各乡杉木,一望青葱"。

湖南是清代产桐油较多的省份,油桐种植在湘西、湘南相当普遍。如《凤凰厅志·物产》有:"贫富特以资生桐油、包谷为最,麻次之。"嘉庆《道州志·土产》亦云:"州中茶油、桐油最多……此二种装运下河,其利最多。"此外麻阳、攸县、晃州厅等地农民也都广植桐油,并

---

① 乾隆《辰州府志》卷一八《物产志》,岳麓书社2010年版。
② 乾隆《永顺府志》卷一四《物产志》,江苏古籍出版社2002年版。

榨油出售。

由上观之，清代湖南农民这种自给性与半商品性相结合的生产模式适应于当时的生产力水平，因而具有很大的发展优势。在人口压力越来越严重时，农民可以根据自身在耕地、资金和劳动力的状况，结合各自的生产条件，灵活地配制自给性生产与商品性生产的比例，以解决家庭的温饱问题。当然，温饱问题是一个历史范畴，由于粮食水平的提高，清代湖南农民的温饱问题在这一时期是向着好的方向发展的。乾隆《湖南通志》载："'湖湘间宾客云集，供鱼清羹则众皆退'，皆数十年前事，士大夫燕客珍错交罗，而婚葬两者尤甚。"[①] 嘉庆《衡阳县志》载："衡邑素称鱼米之乡，年岁又值丰穰之余，家有余仓，人皆安饱，久享盛宁之富，遂渐开奢糜之风。饭食必有酒肉，衣服半用绮罗，婚嫁竟夸妆首饰，丧葬多集宾客、僧道。男妇好朝山烧香，市镇常打醮唱戏，赌博则散荡于狐朋狗友，好讼又浪费于鼠牙雀角，一事而用数人之食，尽是卖谷卖丝，一日而伤终岁之计，致成米珠薪桂。"[②] 据统计，1873年湖南有耕地面积6600万亩，如每亩生产2.7石，年产量便可达1亿7千8百万石，每人平均生产7.42石，除去每人每年消费2.57石，尚余4.85石，全部节余全省约1亿1千6百万石。如果估计没有太大的错误，康乾时期的湖南的农村可谓相当富庶。[③]

（二）清代湖南商贸

随着清代湖南农业经济全面发展，特别是湖南米谷大量外运带来的巨大财富，使得湖南金融市场"钱币不匮"，社会购买力增强，商贸十分活跃。清代，活跃在湖南市场的主要是外省籍商人，如陕西商人、广东商人、江浙商人、江西商人、徽州商人等。《善化县志》载："乡无积场墟场，货物多取给于城市，安土重迁，除装运米谷之外，鲜商贸于远邑者，至各省商于邑中者，北客西陕，南客苏杭，以及江西闽广，货

---

① 乾隆《湖南通志》卷四九《风俗》，齐鲁书社1996年版。
② 嘉庆《衡阳县志》卷一一《风俗》，黄山书社1994年版。
③ 张明园：《湖南现代化的早期进展》，岳麓书社2002年版，第523页。

客几便城村。"① 商贸把湖南农副产品和手工产品贩运全国各地，同时又把外省商品输入湖南，这在一定程度上促进了当时湖南商品市场的繁荣。

晋陕商人在湖南主要从事长距离茶叶贩运。湖南茶叶自古有名，史载湖南安化茶叶在宋代就因品质甲于诸州邑。明清醴陵茶叶作为商品化农产品，"上供课税，下系民生"。清代湖南著名产茶区是安化、岳阳等地。晋陕商人把湖南茶叶运往西北地区及俄罗斯。"国初，茶同兴，贩夫贩妇，逐其利日常八九。远商日至，曰引庄，皆西北商人也。"② 粤商则从广东运来盐、糖和洋货，把湖南米谷、茶运往广东。容闳的《西学东渐记》载："凡外国遥来货物，至广东上岸后，必先集于湘潭，由湘潭分运内地。""中国丝茶之运往外国者，必先在湘潭装箱，然后再运广东放洋。"这一景象导致"湘潭及广州间，商务异常繁盛"。江浙商人把盐、丝棉纺织品运往湖南，再把湖南米谷贩往江南。湖南长沙、善化有许多江浙商人。乾隆时，长沙"南客苏杭，其货绫罗古玩之属"③。湖南宝庆府邵阳县，"杭绸宁缎，今市肆所售者，皆江苏、浙江产也"④。徽州商人主要经营盐、木材、大米，他们从扬州运来食盐，从湖南运走木材、大米。

江西商人不同于晋陕商人，主要采取坐店经营方式。地理位置显要的长沙、衡阳商贾云集，"江西人尤多"⑤。湘潭更是江西人的天下，据《湘潭县志》卷十一《货殖》载：清初三藩之乱后，湘潭城内土著无几，而"豫章之商"竟占"十之八九"。

与外省商人相比，清代湖南土著侧身商贾贸易的并不多，大多仅为小肆而已。如新化"商外来者少，故百货不能尽萃，其贩杉贩菜者出外贸易，本地通末惟小盐铺店，绸缎杂货店，至乡村去城地远则多列小

---

① 光绪《善化县志》卷一六《风俗》，岳麓书社 2011 年版。
② 同治《安化县志》卷三三《时事纪》，岳麓书社 2011 年版。
③ 乾隆《长沙县志》卷一四《风俗》，岳麓书社 2008 年版。
④ 郑昌淦：《明清农村商品经济》，中国人民大学出版社 1989 年版，第 164 页。
⑤ 乾隆《长沙县志》卷一七《货殖》，岳麓书社 2008 年版。

肆以备同用"①。武冈"数处列肆，多者八九百家，少者数十家"，但"所集之货多盐米布帛，唯便日用"。湖南商人一般只在地方小市场和区域市场内经营。同治《长沙府志》载："贩运米谷，往来衡，湘，下洞庭，多攸土著之人。"湘阴县"俗安土重迁，商贾者殊少，邑民居市里之业，间有挟资负贩者，取给南北郡城，终不敌外省之多"②。此外，湖南人赴外省从事贩运和开号设店经商的也不多，商贸大部分是以两广、云贵、四川为活动区域。

随着湖南农业产品不断商品化，商业获得了发展，也促进了市镇的发展。湘潭县"明代流冠迄三藩之乱，县当兵冲，逃死殆尽，及复业，城总土著无几"，由于"地宜泊舟，秋冬之交，米谷腠至"，"湖南米谷，自衡州而下，多聚卖于湘潭"，湘潭县成为米谷重要的集散地，商业非常发达。"衡、永、郴、桂、茶、攸二十余州县之食货皆于此取给。""凡粮食、绸缎、布匹、棉花、鱼盐、药材、纸张、京广杂货、铸模排筏，皆集于此，为湖南一大马头。"其他城市如衡阳，康熙末年（1722）已成为商业码头。常德为湘西重要门户，水运方便，是湘西北的物资集散枢纽。嘉庆《常德府志》卷十三《风俗考》载："大江石城，船帆樯，时相上下，商贾所聚，百货集，人语欢声，辄喧彻午夜。旧称鱼米之乡，良有以也。境内产鱼米，油茶为最，黔、蜀、闽、广、陕、江、浙、豫之商必集，茶商通于安化，木贩集于河，盐木则回峰德山。"乾隆十六年（1751），常德商人按籍贯或同业关系，组织公所和会馆达16处之多。③ 清代湖南的长沙、衡阳、湘潭、郴州、津市等城镇也分别成为境内区域商业中心。

商业的发展，为那些无地或少地的农民提供了谋生的新途径。很多农民活跃在市镇。他们一靠体力，主要从事车夫、船夫及临时小工为生；二靠技术，以木匠、瓦匠人数为最多。19世纪，巴陵县就有数千人到鄂南各县从事农活、染布、泥工、酿酒等工作。请参阅表2-7。

---

① 乾隆《新化县志》卷一四《风俗》，上海古籍出版社2000年版。
② 嘉庆《湘阴县志》卷五《风俗》，江苏古籍出版社2002年版。
③ 陈曦：《从湖南的地方志看清代前期湖南商业》，《中国地方志》2002年第5期。

表2-7　　　　　　　　　清代湖南的人地关系　　　　　　　单位：口/亩

年代	载籍人口	载籍耕地	载籍人拥田亩数	估计人均田亩数	估计人均田亩数
康熙二年（1685）	303812	154303	143193	5	4.64
雍正二年（1724）	341200	315461	373481	2.73	2.37
嘉庆二十五年（1784）		314522		1.66	
道光十年（1820）		490078	425388	2.51	2.20
光绪十三年（1887）	21006000	3162811		1.51	
光绪二十八年（1902）	23600000	583678		2.47	2.15

资料来源：龚胜生《清代两湖地理》，第75页。

从表2-7可知，人均耕地逐步减少使农民不得不进行精细耕作，务农之外其他非农谋生途径也在谋生范围之内。谋生途径与手段增多。农民的非农谋生途径增多增加了商业发展活力。精细耕作提高了农品产量，农品产量增加又带动繁荣了商品市场。现有资料表明，浏阳县在明朝时每亩产粮1.1石，到乾隆末年，每亩一般都可产3—4石。① 湘潭县雍正年间亩产在2石左右，光绪年间最高能达到5石。② 东安县乾隆中期亩产达到3.7石左右。③ 湘西山区在农业生产活动中使用了石灰，从而使山区的粮食亩产量大幅提高。湘西地区的慈利县"田一亩产量五石，入石灰一石，亩可增谷一石或一石五"。④

---

① 冯祖望：《八难七苦详》，嘉庆《浏阳县志》卷三六，中国城市出版社1994年版。
② 光绪《湘潭县志》卷八《货殖》，岳麓书社2010年版。
③ 嘉庆《湖南省志》卷三二《仓库》《挪移出借》，湖南教育出版社1995年版。
④ 民国《慈利县志》卷六《实业》，海南出版社2008年版。

表2-8　　　　　　　　　清代湖南水稻亩产量　　　　　　　单位：石

地区＼时期	1644—1700	1701—1750	1751—1880	1801—1850	1850—1911
长沙府					5
茶陵州	2.0	4.02			
浏阳		1.75	3.5	3.2	
湘乡		5.0	4	5.4	
湘潭	1.6	2.0		4	5
醴陵					
炎陵县			4.25		
衡州府	2.33				
衡山	1.4				
岳州		2.0			

谷米是湖南人的主要粮食，有多种用途。可当作口粮、禽畜用粮、酿造用粮等。有学者推测计算，康熙二年（1663），湖南年均总产量为谷23007375石，本地消费17486850石，外运3520525石。雍正二年（1724），年均总产量为谷7713996石，本地消费谷57501578石，年均外运谷20212418石。乾隆四十九年（1784），年均总产量为118094692石，本地消费总量为89449030石，年均上外运为谷28645662石。道光十年（1830），年均总产量为134771872石，本地消费总量为谷110625128石，年均外运量为谷24081538石。道光二十八年（1848），本年均总产量为156488492石，本地消费总量为133727040石，年均外运量为谷22761452石。①

米粮的大量输出促进了湖南商品市场的转型与升级。湘东的醴陵是湖南的产茶中心，春夏间茶市即开，男妇云集，昼夜行人不绝，其繁盛程度几不减通商大埠。② 海关贸易直线上升，1900年，岳州贸易总额14万两，1904年，长沙关贸易总额20万两，1905年西关贸易总额上升到

---

① 数据见邓永飞《清代湖南谷外运量考察》，《古今农业》2006年第2期。
② 宣统三年辜天佑《湖南乡土地理教科书》一册，湖南教育出版社2009年版，第37页。

640万两。① 1905年到1908年，厘金收入维持在130万两左右。② 邵阳县的金融性钱庄达到十余家，醴陵县达到二十余家。③ 湖南的商品市场到清末已经细分为省内市场、长江流域市场、国内市场与国际市场四种类型。农村集市特别发达，农副产品与工业日用品交易十分活跃。例如慈利县的集市就有38个。④ 长沙成为全国性米市，茶、植物油、烟叶、土纸、夏布等在省内外的交易也十分旺盛。

总之，康熙时期湖南就形成了以外省商人为主、本地商人为辅的商贾队伍。他们的经商活动活跃了湖南经济，有力地促进了湖南地区农产品与非农产品的商品化。他们从事远距离的大宗商品的贩运活动，推动了湖南与其他地区之间的商贸互流。他们在湖南从事的铺户经商活动，满足了百姓日常生活的需要，也在一定程度上提高了百姓的生活质量。

三 湖南开发带来的影响

虽然，湖南米谷贸易和水稻生产的发展，促进了清代湖南的农业经济的发展，提升了湖南在清代政治经济版图中的分量，但由于农业人口基数大，粮食生产的自给性在全部农业生产中仍然占据主导位置。而农民的商品性生产，只是为了满足生计的温饱需求，湖南市场的最大容量只是以农民的"藉资生计"的温饱需求为边界。因此，这种状况必定限制农业经济的进一步发展。

在清代的熟人社会里，粮食产量的增加，主要不是靠生产技术，而是依靠土地和劳动力。在既定生产技术下，土地资源的数量是极其有限的。人口的增加导致人均土地边际生产效率递减。农民耕地规模的上限是全家力量所能耕种的土地，下限就是养活全家所需要的土地。乾隆以后，随着人口急剧增加，湖南人均耕地规模不断减少，在有限土地上，湖南农民为了多生产粮食，出卖更多米谷，不得不"与水争地"，"与

---

① 数据引自陈西平《清末湖南商品市场走向》，《长沙水电师院》1995年第1期。
② 数据引自陈西平《清末湖南商品市场走向》，《长沙水电师院》1995年第1期。
③ 数据引自陈西平《清末湖南商品市场走向》，《长沙水电师院》1995年第1期。
④ 数据引自陈西平《清末湖南商品市场走向》，《长沙水电师院学报》1995年第1期。

林争地"。所以，清朝中叶后，湖南人口社会就已经存在着巨大人口压力。人口压力使农地开发过度，开发过度又使土壤流失，土壤流失又成为湖南稻米生产区的产量的主要威胁。这样一个恶性循环就会慢慢引发诸多社会问题。如山地中的梯田生产就是以牺牲生态环境来换取生存环境的掠夺性生产，而这种方式却在山区非常流行。"山地土疏而种植十倍，然大雨时行，溪流湮灭，十余年后，沃土无存，地力亦竭。"水土流失、江河堵塞，一旦洪峰袭击，很容易生成洪灾。因此，这种山区农耕方式也不断恶化着湖南的生态环境。李国栋在《两湖水利条陈》也说："中国痼疾，湘鄂为最焉，长江洪波横流，洞庭巨浸弥天地，滨江湖者，每年亩庐漂没，减收谷担以数千万计，各堤垸灾黎亦以数百万计，不急图补救，非特数千万湖垸大地将付诸东流，即此数百万灾黎亦将殆为隐忧。"① 请见表 2 – 9。

表 2 – 9　　　　　　清前期湖南各地受水灾年次统计②

地区	年次	地区	年次	地区	年次
华容	21	湘乡	10	永兴	5
龙阳	21	桂阳	10	常宁	5
安乡	21	武冈	9	祁阳	5
长沙	19	永明	9	宁乡	5
武陵	19	平江	9	道州	5
益阳	18	邵阳	9	零陵	5
善化	16	醴陵	9	耒阳	4
安化	16	湘潭	8	茶陵	4
临湘	15	巴陵	8	清泉	4
新化	15	溆浦	8	麻阳	4
沅陵	14	辰溪	8	绥宁	4

反复无常的自然灾害破坏了农业生产力。水稻扩大再生产艰难，产量越来越不稳定。由于出售米谷是农民的主要经济来源，而米谷市场极

---

① 李国栋：《两湖水利条陈》，载康熙《全椒县志》，黄山书社 1988 年版。
② 转引自杨鹏程《湖南灾荒史》，中国文史出版社 2000 年版，第 127 页。

易受市场与自然生态左右，这就使得湖南农民的生活水平受其摆布。当市场需求低迷时，谷价下跌，湖南农业经济就会受到重挫。这种情况在嘉道年间时有发生。嘉道时期谷贱，民变事件不时发生。当外省贩运过多时，谷价上涨。"非以米贵，实因民穷。""近年实业不振，佣值低廉，民贫益甚"，湘商无法与外地争购。① 到清代后期，湖南"因输出太多，储藏少，市价腾贵，民食维艰，四乡痞徒，因之煽惑愚氓，倡吃排饭"，不断引起社会骚乱。② 湖南农业以水稻生产和米谷输出为主的生产方式到清代后期终显其疲态。

熟人社会人口的增减，最直接的因素是粮食问题。粮食又只能直接从土地上获得，因而在熟人社会里农户的最主要财产无疑是土地。只要进行封建经济生产，封建社会的经济规律就会起作用，土地兼并就会愈演愈烈。土地单向集中越高，佃农处境就越艰难。湖南巡抚杨锡绂说："由田归富户者，国初地于人则地价贱，承平既久，人于地则地价贵。向日每亩一二两，今至七八两，向日七八两，今至二十两。贫而后卖，既卖无力复买。富而后买，已买不复卖。近日田之归于富户者大约十之五六。旧时有田之人，今俱为佃耕之户。"③ 康熙年间，衡阳刘重伟买下一座山林，"坐守税利，为万金之家"，至嘉庆，其子孙"田至万亩，其余诸出异木名材犹不可胜用"④。这种无限制的土地兼并形成了土地对人的畸形排斥，从而形成新一轮更大规模的社会财富不均衡的流动，造成大量自耕农破产，佃农人数急剧扩大。例如，巴陵县"十分其农，而佃种居其六"⑤。善化县"乡民佃耕多于自耕"⑥。据1917年农商部统计，湖南各地佃农占农民的比例平均为80%，为全国各省之冠。⑦

---

① 《东方杂志》第7卷第4期。
② 赵滨彦：《湘藩案牍钞存》第3册，《议覆江南缺米筹款购粮平粜现值湘省阻禁碍难照准》，文海出版社2010年版。
③ 杨锡绂：《四知堂文集》卷一〇，商务印书馆1958年版，第6页。
④ 同治《衡阳县志》卷一五《货殖》，江苏古籍出版社2002年版。
⑤ 同治《巴陵县志》卷四《赋税》，岳麓书社2008年版。
⑥ 光绪《善化县志》卷一六《赋税》，岳麓书社2017年版。
⑦ 张朋园：《中国现代化的区域研究——湖南省（1860—1916）》，"中央"研究院近代史研究所1983年版，第82页。

清代湖南主要以水稻生产和米谷输出为主，粮价上升会带动地租价格上升，地价上升，土地兼并就会更加严重，这就激化着本已紧张的地主与佃农的矛盾。为了获得土地，争佃现象非常普遍，佃农不得不缴纳高昂押金以获得耕地。争佃循环又使得佃农的社会处境更是每况愈下，他们当中有很多人终年辛劳却无力供养家庭。"楚南俗例，凡招佃耕种必须进庄银两，少则十余金，多则四五十金。虽宗族戚友未有无徇银而能承耕者。"① 在清代后期，一般佃农"竭力耕稼仅足一家之用，一遇水时辄至艰食"②。为了缓和地主与佃农之间关系，有些地主提出了所谓的两全之策，主张"有产之家用多不能自种，招佃代耕，按亩起租，上办国课，下为产息，此普天之例在佃户籍业主之产以赡家，自应竭力输纳，而产主藉佃户之力以生息，尤其当加意抚循"③。但这种方法毕竟不能解决土地兼并带来社会矛盾紧张的根本性问题。

安土重迁，不习商贾，是湖南的社会习俗。许多地方志记载湖南人不善经商。如桂阳县载"桂民多不善贾，事力农"。临武县是"民多稼穑而不事商贾"。1874 年的《南阳县志》载："土著之人，重农轻末，安土重迁；间有巨商，亦不轻为远贾。"再如宁乡是靠近长沙府、处于交通要冲的大县，但该县"俗安土重迁，男子耕力，妇人蚕桑，不知商贾之业"。

出现这种状况的原因是多方面的。其中一点与移民本土化后的湖湘文化有极大关系。湖湘文化的特点是经世致用、安邦兴国。重农是安邦兴国的立足点。士是四民之首，具有很大的社会影响力和号召力，湖南士绅骨子里重义轻利。在士人长期的浸育下，湖南人不重商贾便是很自然的。

所以，从清康乾时期开始，湖南农业经济获得长足发展，这个发展是在清代商品经济比较充分发展，货币地租成为主流的前提下实现的。湖南农业发展期间，农民可以把价值含量高的稻、麦等粮食换取货币，

---

① 《湖南省例成案》卷九《刑律》，社会科学文献出版社 2014 年版。
② 《桂阳直隶州志》卷一五《礼志》，岳麓书社 2011 年版。
③ 光绪《善化县志》卷一六《风俗》，岳麓书社 2011 年版。

用于他需。无地或少地的农民,则用其他方式换取自己的生产和生活资料。这种商品性生产的发展,处在一种较低层次的范围之内。百姓只是为了藉资生计,解决温饱需求。他们只是或多或少地出售一些农产品和手工业品。但在清代湖南面临巨大人口压力的情况下,湖南农民通过市场谋生可求,通过这种市场谋富则可望而不可即。

第四节 清代人口与社会分层

社会分层是指按照一定的标准将人口分为高低不同的序列。它是社会制度渗透人类生活最基本的反映。每一个人都必然属于某一社会阶层。在清代湖南人口结构大转换之后,我们重新观察它的人口分层特点便能解读出一些新意义。从湖南人口社会史视角看,这一时期的社会分层与同时期的移民性人口增长是一个同向增长的过程。人口增长意味着社会阶层扩大,阶层间的流动与重构的几率也在加大。

湖湘人口历史虽然源远流长,但经过清代人口转换以后的文化区隔,显然与之前还是有很大的分野。钱基博论赞曰:"人杰地灵,大儒迭起,前不见古人,后不见来者。"[①] 细阅近代历史,满眼尽是湖湘人物。而他们无一例外地都有一个移民背景的身份。请见表2-10。

表2-10 清代湖南历史名人祖籍简表

姓名	出生地	祖籍地	姓名	出生地	祖籍地
王夫之	衡阳	江苏高邮	毛泽东	湘潭	江西吉水
陶澍	安化	江西	刘少奇	宁乡	江西
魏源	邵阳	江西太和	彭德怀	湘潭	江西
曾国藩	双峰	江西庐陵	彭玉麟	安庆	衡阳
左宗棠	湘阴	江西	刘坤一	新宁	江西
郭嵩焘	湘阴	江西	沈从文	凤凰	江西
胡林翼	益阳	江西	周立波	益阳	江西

① 钱基博:《湖南近百年学风》,"序言",中国人民大学出版社2004年版。

续表

姓名	出生地	祖籍地	姓名	出生地	祖籍地
谭嗣同	浏阳	福建	丁玲	临澧	江西
唐才常	浏阳	江西	汤鹏	益阳	江西
黄兴	长沙	河南光州	王闿运	长沙	江西
宋教仁	桃源	江西	章士钊	长沙	江西
蒋翊武	临澧	江西	王先谦	长沙	江西
蔡锷	邵阳	江西	贺长龄	湘阴	浙江会稽
曾纪泽	双峰	江西庐陵	周谷城	益阳	江西

经济和政治是决定社会分层的两个主要因素。人除了过经济生活，还必然过文化生活和政治生活。人天然是一个社会和政治动物。人口与人文环境是密不可分的。湖南自古为"蛮夷之地"，但自宋代以后，湖南的人口在血缘、族缘上实现了前所未有的转换。湖湘士人在主体上的传承已不再是"三苗"文化，而是无数个土著原生文化湖湘化后的汉儒文化。同时，湖南新移民又使儒文化和"三苗"文化再次融合，再次形成本土化后的新湖湘文化。随着人口结构的不断调整与改变，这种新湖湘文化又始终处在这样一个动态发育过程之中。因而，清代湖南的人口就始终处在这样一种文化的影响范围之内，湖南的社会分层也始终处于这样一种不断的发育与解构的状态。

一 人口与清代湖南士绅

从表2-10可知，湖南清代历史名人基本上是移民的后代。虽然历史上屈原、贾谊、柳宗元、苏辙、寇准、王昌龄、刘禹锡、褚遂良、秦观等曾在不同时期被流放至湖南，他们在湖南的文化社会活动，也极大地推动与促进了湖南本土文化的换血更新，但湖南近代士人的先祖不是他们，也不是明清之前的本地土著。明代以前，上史传的湖南人物唐代只有52人，宋代长沙府151人，衡州府38人，永州府63人，宝庆府20人，岳州府37人，常德府15人，辰州府4人，永州府1人，湘州府3人，郴州府16人，靖州3人，澧州10人，桂阳州6人，总计宋代及宋之前湘籍上传人物为370人左右。① 之前已经讲明，湖南近代士人形成是明清移民推进的，为此让我们看一看移民推进背景下明代湖南的士人状况。有明一代，湖南贡生数达到5593人。请见表2-11。

表2-11　　　　　　　明朝湖南贡生任职情况②

州县	贡生人数（人）	任职人数（人）	百分比率%
宝庆府	249	201	75
巴陵县	62	59	95
武冈州	211	13	60
邵阳县	128	79	67
常德府	246	137	52
桃源县	167	64	40
沅州	219	121	51
安乡	135	110	82
澧州	219	8	315
郴州	186	130	70
临武县	147	90	61

清代则比明代有大幅度的减少。请见表2-12。

表2-12　　　　　　　清代湖南贡生任职情况简表

地区	贡生人数（单位：人）	任职人数（单位：人）	百分比率%
世河新学	187	22	18
长沙县学	155	36	20
湘中县学	132	36	23
湘乡县学	156	27	19
衡州新学	124	6	5
清泉县学	63	0	0

---

① 转引自彭先国《社会史视角下的近代湖湘文化》，岳麓书社2006年版，第33页。
② 转引自彭先国《社会史视角下的近代湖湘文化》，岳麓书社2006年版，第33页。

续表

地区	贡生人数（单位：人）	任职人数（单位：人）	百分比率%
衡山县学	168	12	7
茶陵州学	138	21	17
郴州州学	92	1	1
宜章县学	86	5	6
会同县学	107	9	8.8

清代湖南每个府州县都设学堂，有贡生3696人①，在清政府中任职人数为643人，任职比率为18%。与明代相比，总人数要少于明代，任职比率也明显低于明代，科班贡生地位可以说是一落千丈。在明代，湖南士人的出路大致为从政、平乱与归隐。清代湖南士人的仕途，咸丰前是在省内担任一些无足轻重的低微官职，咸丰后是因获得军功荐举而开始成为清政府的核心要员，成为国家机器运转中不可或缺的显要人物。

许多学者对湖南人口史有不同视角的研究。比较相似的观点是，湖南人口以两宋为分水岭，宋以前为"苗夷"人，宋以后多为汉人。但笔者认为，湖南人口产生真正结构性的变换是明清两朝，这期间湖南的居民主要从东边而来，即所谓"江西填湖广，湖广填四川"。从明清时起，湖南就是一个移民省。② 移民引进了不同的地域文化，又带来新的人种血缘基因。多元异质文化的交汇融合，无疑会促进人口社会向多元方向发展。

我们知道，人口历史背景下的湖湘文化的浸润与发育从屈原开始。从那时起，湖南士人就开始上下求索，求经世报国。两宋时期大儒巡湘，开坛讲学，士风为之一振，人才辈出，承馨显著者甚众，湖湘学遂独步天下。它上承孔孟，下启河洛。新的士群崇礼励志，蔚然成风。明清后入宦仕官者渐多。他们以忠君惠民为志，湖南文风、学风、官风为

---

① 彭先国：《社会史视角下的近代湖湘文化》，岳麓书社2006年版，第37页。
② 彭先国：《社会史视角下的近代湖湘文化》，岳麓书社2006年版，第3—9页。

之一振，耳目一新。湖南"士风纯古，恬于世利而好修，俗多慷慨，尚节俭而耻为不义，学者勤于礼、耕者勤于力"①。"士子读书明理，为庶民坊表。"②

（一）移民对士人的影响

从清后期开始，湖南在持续经济开发背景下所引发的社会矛盾日益显露：其一，土客矛盾十分尖锐。清初，湖南呈现"残毁瓦砾荆榛，十里如一，青烟白骨，所在皆然"③。因此，为了培育新的强宗大族，清政府采取了一定的让步措施，以便重新创建社会统治基础。光绪《善化县志》云："上垂念湖南百死一生之民，命将十七年以前被贼追纳之钱粮，尽行蠲免。"④ 康熙年间，诏曰"湖南自用兵以来，供应烦苦，二十四年所支漕粮著免三分之一"，又说"小民拮据开荒，物力艰难，恐催科期迫，反至失业，以后各省垦荒者著加宽限，通计十年方行起科"⑤。广阔的土地和清政府奖励政策在一定程度上激发着移民垦荒的热情。移民在垦殖的过程中，也不断地完成由移民到定居再到土著的转变。这种转变实际上是对原有封建秩序的再构，新的熟人社会秩序的再塑。

我们知道，人口的重构是一个漫长的过程。每一个移民家庭都要经历从移民——定居——土著这样的一个过程，每一个过程都需要付出巨大的劳动和牺牲。因而一旦有机遇在某地落叶生根，除了自身要付出加倍的努力之外，还会被许多自然环境、社会环境制约。这样，由各种不同地域、身份和动机的人组成了新的群落，就会在移入地形成一个新的利益相关与冲突群体。这个群体不仅内部之间互动与互相挤压，也不断冲击着原来比较稳定的社会结构和生活方式，并使当地社会生存环境受到深刻影响，因而容易引起人心不稳和社会不安。当土客之间经常为了经济的、政治的、社会习俗等诸多方面利益而发生矛盾冲突时，这种矛

---

① 乾隆《宁乡县志》卷首，中国大百科全书出版社1995年版。
② 乾隆《宁乡县志》卷首，中国大百科全书出版社1995年版。
③ 嘉庆《善化县志》卷一九《祥灾》，岳麓书社2011年版。
④ 光绪《善化县志》卷一七《赋税》，岳麓书社2011年版。
⑤ 光绪《龙阳县志》卷九《赋税》，江苏古籍出版社2002年版。

盾往往都是不可调和的。一旦矛盾冲突不可调和，就会发生大规模暴力对抗。嘉庆年间，湘潭土客之间就发生了这种长达二十几年的流血械斗。"江西优人演戏火神祠，操土音，土人哗笑之，江西人以为大辱……江西商贾设剧诱观者，闭门举械杀数十人，县人大愤……日夜寻斗，江西客滥死者亦无数，四境汹汹，……十五年军兴，乃始和睦。"① 攸县就因为广东棚民在深山垦种，不断生事，引起当地人不满。② "这种情况在全省其他地方也普遍存在，只是表现双方矛盾的激化程度等各不相同。"③ 上述案例说明土客矛盾在清代湖南乡俗社会通过自身是无法调节的，而这种现实会给土客百姓造成直接的威胁和心灵痛苦。这种移民与宗族互怼情绪弥散在广阔的乡土农村，就具有持久的离心作用，也会影响到湖南士群。

其二，人多地少的矛盾加剧。"今则田少人多，负贩货殖学习技艺者浸浸日盛。若遇凶年，莫不携男挈妇，登山锄蕨千掘万炼沟澄浆粉以自给。"④

其三，民族矛盾比较激烈。移民不断深入少数民族居住地，蚕食山地，会激起少数民族不断反抗。"湖南红苗自明朝以来负固不服，今仍劫房我民人牲畜，生事多端。"⑤

显然，湖南士人依存于这样一个社会氛围之中，要理顺关系就需要他们能起到一种官府不可替代的作用。"地方介在边远之境，闻向来官吏税习相近，无艺私征，种种不一，百姓穷蹙不支，至多流离转徙。"⑥ 流民"扶老携幼，肩挑背负者，不绝于道"。土著区、生苗区、汉民区错综复杂处，新辟之地无不与苗疆之域交错。社会关系与社会矛盾错综复杂。在这种社会环境中，湖南士子必须要处理好读圣贤书和社会助人两门功课。因此，艰苦自然环境造就了湖南士人百折不挠、一往向前的

---

① 光绪《湘潭县志》卷一一《货殖》，岳麓书社2011年版。
② 光绪《攸县志》卷二四《风俗》，中国文史出版社1990年版。
③ 彭先国：《社会史视角下的近代湖湘变化》，岳麓书社2006年版，第77页。
④ 乾隆《直隶靖州志》卷一三《艺文》，岳麓书社2012年版。
⑤ 光绪《重修湖南通志》卷首之二，岳麓书社2009年版。
⑥ 乾隆《直隶靖州志》卷一三《艺文》，岳麓书社2012年版。

性格。复杂的社会人文环境练就了他们处理各种复杂社会问题的能力。这种能力一旦在政府任职施展就会表现出来。如陶澍在主持地方政务时,就特别注重地方人才的培养。对于治水漕运,农耕等关于乎民生国计的事情均认真办理,"一切民风、吏治、河务、兵防,均须整饬"①。

士风是一种文化积淀,是民风的一种提炼。移民文化与士风的性质总是与具体历史背景相联系,移民的扩张与迁徙,实际上是汉儒文化在空间上的一个不断扩展过程。这个扩张在湖湘文化与湖湘士人中又得到了更为充分的发育。

这种文化发育的广度与深度又总是与移民文化在历史人口与历史文化结构中的比例有一定的关系,与明清的湖南熟人社会和文化相联系。"从某种程度来说,移民在湖南人口结构比例中不断增长的过程,也就是汉儒文化在湖湘文化结构比例中不断发展的迁移"②,明清湖南士人就是在这种时势中实现了真正的转变。

(二)移民人口在湖南新宗族体系形成中的作用

湖南经过明末清初战争的浩劫,原生熟人社会遭到重创,新的礼俗秩序急需重建,这就需要新人口来进行重建。"田无永业,居无恒受,丧乱流离转徙相仍。世家大族,无传至数百年者。"③ 有清一代,由于移民,湖南人口社会结构不断变动而始终处在亚稳定状态,湖南宗族体系也在不断变动中不断重建。家族是熟人社会的基本单位,宗族是由许多家族构成的。清代湖南乡俗社会的特点是聚族而居。陈宏谋曾言:"直省惟江西、湖南皆聚族而居,族皆有祠。"④ 在湘北、湘中、湘东及衡阳等地,宗族的势力特别强大,"重族好儒,居皆聚族,有事则相助,亲睦笃至。然颇恃族系凌弱姓"⑤。家族以宗族为依托,方能显示本族的社会存在。宗族在湖南乡俗社会里的作用举足轻重,控制着全部人口的社会生活。例如,醴陵历多兵灾,兵灾使居民"田无永业,居

---

① 《陶澍集》,岳麓书社1998年版,第136页。
② 彭先国:《社会史视角下的近代湖湘文化》,岳麓书社2006年版,第45—48页。
③ 光绪《湘阴县图志》卷二一《氏族》,江苏古籍出版社2002年版。
④ 陈宏谋:《寄杨朴园景素书》,见《皇朝经世文编》卷五八,国风出版社1963年版。
⑤ 嘉庆《善化县志》卷一八《风俗》,岳麓书社2011年版。

无恒守，流离丧乱，转徙相仍"①。为了保护族人的生命利益，防止族众的外流，醴陵几十个宗族在明末大起义之中，建置了五百多个宗祠的大族产以稳定本族人口。湖南新宗族经历有清一代发展，聚族而居的各族发展迅速。至清中叶，新宗族体系在人口作用之下已形成，宗族已至鼎盛时期。② 如1876年攸县官方统计共有97族。龙山县"客民多长、衡、常、辰各府及江西、贵州各省者，子弟以次并列序ма，故县属巨族客籍为多，服食言动皆沿华风，至伏腊婚祭一切习尚或各守祖籍之旧，往往大同小异"③。民国《溆浦县志》卷十四《姓族》载该县共录有大约300个比较大的姓族。

湖南由于是一个移民大省，又是一个人口大省，因此清代湖南人口重组的过程，也是湖南新的宗族体系的重建再构过程。

例如道县，我们从民间搜集的宗谱中了解到该县唐至明迁入的有12姓，迁徙路线大致有三条：一条是江西吉安府太和县到靖州入通道；二是从广西梧州来；三是从沅州到靖州入通道。该县双江乡芋头村保存的《家谱》，记载了迁徙历史。谱载民谚说："罗姓罗万夫，住进罗大腰；曹家曹代保，搬到曹家冲洞杨寨；石家石再立，住进罗平溪；陆家陆玉中，蛇口小江寨；张家张正培，地连西应寨；邱家邱席盘，迁入张王下寨，李家李中庆，上金鸡下宜干。"④ 请见表2-13。

表2-13　　　　　　　　道县移民家族分布地域简表

乡镇名称	家庭姓氏分布
江口乡	杨、吴、石、刘、郑
县溪镇	杨、吴、莫、徐、石、关、胥、戈、贺、伍、郭、邓
锅冲乡	潘、吴
地阳坪乡	李、朱、杨、栗、孙、丁、贺
播阳镇	吴、杨、黄、曲、胡、冯、李、梁、崔、周、王、闻、赵

---

① 民国《醴陵县志》卷二一《氏族志》，湖南人民出版社2009年版。
② 民国《醴陵县志》卷二一《氏族志》，湖南人民出版社2009年版。
③ 民国《溆浦县志》卷一四《姓族》，江苏古籍出版社2002年版。
④ 《道县志》，民族出版社1999年版，第134页。

续表

乡镇名称	家庭姓氏分布
大高坪乡	吴、王、梁、潘
独坡乡	杨、粟、吴、李、黄、覃、胡、龙、石、林、尹
团头乡	栗、玉、张、吴、陈、杨
牙王堡乡	栗、李、吴、裴、孙、颜
菁芜州乡	杨、李、曹、陆、蒙、吴、蒋、高、戈

资料来源：《道县志》，民族出版社1999年版，第133—134页。

又如，城步县的人口结构，从明弘治十五年（1502）实行"改土归流"后发生渐变，有相当一部分苗民"化为汉民"。清乾隆六年（1741），这一政策又进一步得到强化，不少土著归从了汉族，到民国时期，汉族人口比例上升到第一位，经过二百多年，改变了明朝前"民居十之三，苗居十之七"的格局。武冈与娄底的情况亦是，请见表2-14、表2-15。

表2-14　　　　　　　　武冈县部分姓氏源流简表

姓氏	迁入时间	迁出地	姓氏	迁入时间	迁出地
万	明崇祯年间（1628—1644）	江西南昌府	刘	明洪武年间	江西太和县
马	明初	江西	李	元宋明初	江西抚州
尹	宋宁宗（1193—1224）	由江西迁龙隆川，由隆川迁武冈	吴	明洪武年间	江西太和县
毛	明洪武年间	江西	严	唐代	华容至武冈
方	明成祖年间	江苏南京	易	明洪武年间	江苏高邮
邓	明永东二年（1404）	由南阳迁入长沙，由长沙迁入武冈	杨	明初	江西太和县
任	明末	江西太和县	林	元末	江西
许	明初	江西太和县	陆	明永乐年间	江西太和县
白	明末	由黔阳迁入武冈	张	明洪武	江西太和县

资料来源：《武冈县志》，中华书局1997年版，第651—652页。

表 2-15　　　　　　　　娄底市部分姓氏源流简表

姓氏	迁入时间	迁出地	姓氏	迁入时间	迁出地
曾	洪武年间	江西太和县	周	明万历年间	江西安福
当	北宋初年	江西太和县	邵	洪武年间	江西吉安
彭	宋太祖年间	由善化至湘乡至娄底	谢	宋太宗年间	吉安至湘乡至娄底
易	南宋高宗年间	江西太和县	喻	唐高祖年间	萍乡至宁乡至娄底
聂	唐元宗年间	江西	傅	北宋绍光年间	河北至宁乡至娄底
刘	宋太祖	广西桂林	朱	唐玄宗年间	江西至湘潭至湘乡至娄底
胡	南宋孝宗年间	江西饶州	黄		江西庐陵
成	宋末元初	官至娄底	杨	元末	江西
李	洪武年间	江西	蒋	东汉	江西九江
毅	南宋末	江西太和至湘乡至娄底	童	宋建隆元年（960）	江西庐陵

资料来源：《娄底县志》，中国社会出版社 1997 年版，第 117—118 页。

封建政府在管理社会过程中，非常重视宗族在维持地方社会秩序所起到的作用。当封建政权处于上升、社会经济趋于稳定时期，宗族就能起到抑制族群离散的作用；在封建政府吏治腐败、权威衰微时期，宗族的重要功能就是团结族众，与其他宗族抗衡，维护宗族社会治安，使自身利益不受侵害。

（三）人口结构下士绅与乡民的关系互动

士绅一般在宗族里拥有很高的声望和地位。他们是当地的精英，控制着宗族的一切世俗权力。士绅通常是宗族的维护者。他们的一个重要特点，就是一个唯一有能力合法地代表当地社群与官吏共商地方事务、参与地方治理的人物。

士绅与乡民基于对同一共同体的归属感，都希望族内社会稳定有序。社会中的任何变乱，自然要威胁到宗族的利益。因而，维护宗族的利益会成为所有家族成员首要的目标。而族内社会安定对士绅更重要。因为他们的安全与特权依赖于宗族，社会如有风吹草动、动荡会首先威胁到他们的利益。例如，攸县在同治前新迁移民1278户，入籍者281

户,其中大多数是闽、粤流民。这些流民在山上垦荒便遭到攸县地方宗族所有人的反对,认为"侵害"了他们的利益。攸县县令在地方家族压力下明文禁止流民闯入,"本地人民,非亲即友,偶有雀角,可以理解,种山人大半闽粤,气类迥分,一有争讼,交构难解"。对此,需"宛转向种山者说合收赎,或于种山出顶他人时,即从顶售,或临时酌量,另思良策,总以不开挖为上"①。在平时,士绅最主要关心的是他们的利益,宗族利益对士绅行为拥有更决定性的诱导作用。这种利益又常常与族外利益发生矛盾。如恶性的土地兼并,就使得宗族对宗族属下许多家庭的利益"保护"变得一文不值,宗族的阶级利益就使得这种族内互动本质原形毕露。当那些被宗族抛离的弱势家庭作为个体存在时,没有了强宗"保护",他们便会处处受到排斥、控制、压迫,投诉无门,从而倍感孤独无助。一旦这些弱势家庭联合而形成群体,他们便敢于和地方强宗抗争。"动辄千百成群,暗藏器杖,骑坐驴马,经过州县,散马乡村,非理骚扰。所至之处,任从作践,鸡犬为之一空。甚至检括财帛,毁坏屋宇,斗殴杀伤,紊乱官府。"② 这种地方危机一旦迫近,阶层间的地方共同利益才会渐显。

士绅以知识权威与"和善"的面孔在与普通老百姓的日常互动与自我呈现中,赢得了尊敬和追从。作为乡俗社会的首领,人们一般会希望通过士绅为他们申冤昭雪,在灾荒时给予救助,并在族内事务中扮演利群利族的积极角色。这种不成文的公权授予就会使士绅自然而然地获得了对乡俗社会的管治权。士绅通过参与族内与地方事务的管理,如公共工程和公共福利、教育活动、保甲制管理、地方民团等活动,想努力表达的一个诱导主题是:士绅与本地本族百姓是休戚与共的。③ 另外,在移民与人口变换的作用下,由于乡民群体也会重新改组,人际关系也会产生各种变化与纠纷。所有这些日常事务又都必须依靠士绅出面,方能调停。这样,士绅俨然成为"全能战士"。士绅就这样把百姓控制在

---

① 同治《攸县志》卷二〇《风俗》,中国文史出版社1990年版。
② 池子华:《中国近代流民》,浙江人民出版社1996年版,第214页。
③ 参阅费孝通《农民与绅士》,《社会学与中国社会》,社会科学文献出版社2008年版,第8页。

手里，进而管治乡俗社会。

士为四民之首，他们的言行也会对民间社会产生非常重要影响。士人以品行文章教育乡人。"士子者，百姓所观瞻，士习不端，则民法则民风何由得厚。""士尚义，居山野者力耕桑，近水滨者业织网，俗尚淳朴，不事华靡。"① 具体到湖南来说，湖南"士有善于乡，有善于天下，气相取、量相摄的传统"②。清代，湖南士人众多，仕途不畅主要是在民间社会发挥作用。湖南士人在朝廷任职的比率要大大低于明朝。清统治者把发生在湖南的明朝残余势力的抵抗和"三藩之乱"归罪于湖南士人，认为他们不识世务，处处与朝廷为敌，因而在仕途上屡屡设阻。政治的这种压迫让湖南士人更加专注现实和对移民后代的教育。"士崇礼仪而专嗜经籍，民力耕桑而少商贾，风气渐开而人文渐著。"③ 这种人文士风从乡俗社会中训练培育出了一批又一批饱学、节高之人。在这种士风影响之下，湖南礼俗基本遵循数千年来不变的文化传统。俗尚农桑，民知教化，"比户弦诵，咸知科名为重矣"④。在士人的潜移默化引导下，湖南学校教育、书院教育十分发达。乡野充满朗朗书声。如武冈州，"每科应试者，不下三四千人"⑤。人才培育需要环境，环境形成需要漫长过程。湖南自明至清的士民关系与文化培育就是这样发育和生长着。

二 人口转换后湘吏为官的政治品德

人群存在方式有多样性，或以国家的形式，或以城市的形式，又或以部落和游牧群体的形式。人群结构又有它的自然与社会属性。每一个社会群体都有一定的政治道德与品性。政治在我们的生活中是如此的普遍，以至于它是作为一种文化习俗而存在着，而习俗使我们变得有道德感。政治是人类进化中的自然与社会因素共同作用的结果。考察一下明

---

① 嘉庆《岳州职方考》，上海古籍书店1963年版。
② 乾隆《湘乡县志》卷一四《风俗》，江苏古籍出版社2002年版。
③ 乾隆《新化县志》卷一〇《风俗志》，江苏古籍出版社2002年版。
④ 乾隆《嘉禾县志》卷一三《风土志》，江苏古籍出版社2002年版。
⑤ 乾隆《武冈州志》卷一《风俗》，江苏古籍出版社2002年版。

清时期的湖南士绅的政治道德品性，我们会发现，在湖南移民社会的逐渐构建与形成之中，这样一种道德感已经在一定程度上被"内化"，它通过士绅与乡民互动得到加强，在湖南仕官的个人修为中体现了出来。

在传统社会，君主与百姓的联系，一定程度上是通过官民互动关系体现的。清前期（康乾时期）的官民关系则主要通过褒廉惩贪、注重声名等措施实现。官僚"生事"一般都是扰民、害民的同义语。官风好坏决定统治安稳。因为"国家得意，惟在有司实意奉行，始无屯膏之弊"①。历史上，因政治腐败、贪官横行而引起社会动荡的事例随处可见。科举制产生了一个功名社会，由此产生不同于编户齐民的官与绅。由考试得来的功名是一种与人间生业隔得非常遥远的东西，但它们都是朝廷的名器。出仕是一条拥挤的狭梯，但爬梯是成千上万求名者的必修课。

清代以薄俸养官，但又常常喜欢用"扣俸""折捐"来给补国库的不足。地方官为公私两顾，"侵渔争利"便在所难免。因此，亏空与赔累便是吏治中的病像，是清代官场的常态，贪官便成为世间熟见的东西。贪官敛剥公行，又与经久不息的民间怨愤缠结在一起。嘉庆十八年（1813），两广总督蒋攸铦陈言："臣观近日道、府、州、县，贪酷者少而萎靡者多。"② 我们考察一下清代湖南吏治，发现这种描述定义并不特别适合于清前朝的湖南官场，这多少令后世史家感到有些许的意外。

（一）湖南地方官员的政治修养

清初，统治者对明末改朝换代记忆犹新，他们都将清廉吏治视为稳定社会秩序的首要前提。"民生不遂，由于吏治不清，长吏贤，则百姓自安。崇上清廉乃国家为治之要务，为官者皆清则百姓自然得遂其生。"③ 因而在清初，统治者很重视高级官僚，尤其是封疆大吏的德政素养。选拔，优待清官。上行下效蔚然成风，众心安定。这个时期出现了大批清官，湖南犹甚。以致湖南名士王闿运尝谓，这一时期，湘中政

---

① 《康熙御制文集》卷三〇《杂著·古文评议论》，学生书局1966年版。
② 《清史稿》，中华书局1977年版，第11350页。
③ 《清初史料丛编》，《康熙起居注》，第一册，中华书局2009年版，第84—85页。

治之好为他省所不及。

关于这一点,我们从清代湖南的地方官员的出身和任职也可窥见一斑。礼俗伦理认为功名愈高,为政就会愈有良好的表现。光绪《湖南通志》记载了这样的湖南名宦有859人,他们的从政逻辑基本遵循礼俗传统。我们通过归纳他们的出身,得出各级官吏的出身,以正途为主,异途为辅。主要以科第功名出身者入仕,科第又分进士、举人、贡生、生员等级别。进士最高,举人次之,贡生、生员又次之。湖南省级官吏以进士、举人身份任职的比例超过50%,尤以巡抚为甚,达到65%。湖南地方知府、知县中以进士、举人身份任职的比例也超过54%[①]。

同时,任职的长短与能否实现仁政理想又息息相关。任期过短,理想难以完成;任期过长,则容易产生腐败。根据张朋园对湖南清代官员的任期考证,得出道员平均任期高达3.69年。知府、知州、知县三类地方官员任期平均在4年左右。这样就为许多有抱负的中下级地方官员提供了实现理想的机会。[②] 朝廷政策能否贯彻执行,关键取决于督抚与地方官僚。时人云:"文案纷沉,生出许多事端,而害总归于民,倒不如且听其自然。"[③] 湖南地方官员不仅能做到忠君与惠民的统一,而且在湖湘士人中这种施政理念能得到比较稳定的传承。他们任职一县,便能做到使一县之民受惠,任职一省,便使一省之民沾惠。

例如,安化人陶澍(1779—1839),是清代道光朝具代表性的重要经世派人物,曾先后任山西、四川、福建、安徽等省的布政使和巡抚。任两江总督时督办海运,剔除盐政积弊,兴修水利,设义仓救荒年,政声大著,办除盐政积弊裁漕费以轻成本,慎出纳以重库款,禁粮私船私以清纲消,革王霸十杠以清淮北,对不法盐商打击极大。在执政过程中能顶住压力。这种政治品性正如他幼年作词所说的那样,"炸响如雷,惊动满天星斗;油光似月,照亮万里乾坤"。陶澍以济人利物为志,具有强烈的经世精神和浓厚的实践色彩。他认为谈史论政都是为了经世,

---

① 光绪《湖南通志》卷一〇四,湖南人民出版社2017年版。
② 张朋园:《中国现代化的区域研究——湖南省(1860—1916)》,"中央"研究院近代史研究所1983年版,第62—64页。
③ 《榕村语录·治道一》卷二七,中华书局1995年版。

为此先后结交了一大批具有相同政治品性的才学之士，如魏源、龚自珍、林则徐、梁章钜、钱仪吉、谢阶树、李彦章等。后人评价说，陶澍强调立志植品，为政利民利国，终道光一朝，地方督抚中独此一人。

湘阴人郭嵩焘是第一个出使西方的中国人。他打破华夷界限，提出开放包容的外交思想，强调要了解世界大势。认为天下势而已矣，势是不可抗拒的潮流，要顺势而为。这种思想和邵阳人魏源提出的筹夷事必知夷情，知夷情必知夷势，双峰人曾国藩强调的驭夷之道，贵识夷情的主张是一脉相通的。曾纪泽还把他的以诚待人、以德服人的政治品性带入他的外交实践中，认为百年以来清朝闭关自守，上不通下，安于粉饰。外来的侵略足以唤醒封建中国的安乐好梦。再如湘阴人左宗棠，晚清军政重臣。历任闽浙总督、陕甘总督、两江总督。左氏家族，南宋时从江西迁到湘阴，世居湘阴东乡左家塅。左宗棠少时喜读经世之书，不拘泥科举八股之书，曾任江苏布政使的贺长龄对他影响最大，两人成了忘年之交。"与林则徐曾在长沙舟中相见，抚谈今昔江风吹浪，柁楼竟有声，与船窗人语互相响答。曙鼓欲严，始各别去。"① 咸丰八年（1858），皇帝召见郭嵩焘，亲自询问了左宗棠的情况。皇上问左宗棠才干怎样？郭回答才干极大，人品尤极端正。有史家评说："晚清巨人中，能将'屈伴'二字付诸实践并取得巨大成功的，唯左宗棠一人"② 而已。

出生于1811年的曾国藩是中国历史上最有影响的人物之一，是千年变局中产生的难得一见的历史人物。终其一生，其立功、立言、立德实践与思想，对后世影响极大极深，成为湖湘人物政治品德与完美人格的典范。"国藩事功本于学问，善以礼运。公诚之心，尤足格众。其治军行政，务求蹈实。凡规画天下之事，久无不验，皆称之，至谓汉之诸葛亮，唐之裴度、明之王守仁，殆无以过，何其盛欤！"③ 总之，湖南士人能不用守旧传统的观点看待西人西学，不会因风俗的不同而视外邦

---

① 《左文襄公全集》第一卷书牍，上海书店1986年版，第53页。
② 参阅李扬帆《走出晚清——涉外人物及中国的世界观念之研究》第五章《海防与塞防并重：左宗棠的对外活动与主张》，北京大学出版社2005年版。
③ 《清史稿》卷四〇五《曾国藩传》，中华书局1977年版，第11918页。

为野蛮之国。只要有理，在政治实践中湖南仕官就会百折不回，不会为外力所屈，相较于清代崇厚之流，已是天壤之别。

士风影响着官风，好的士风是对官风的一种净化。从某种意义上讲，士风决定仕风，也影响着官风。官风是一个王朝政治好坏的晴雨表，士绅通常是官僚集团的实际或候补成员。湖南绅士长期成长于移民后儒学湖湘化后的湖湘文化。因此，他们一旦在一方任职，就会把他们理念运用到具体实践。

湖湘士绅与文化就这样逐渐从边缘社会走向了主流社会，与当时耀眼的岭南文化、江浙文化鼎足而立。

（二）人口结构转换之后湘吏的从政实践

清廉官吏是官僚队伍的精英，勤政是其共同特色。清官对整治官风、处理政务、安民、富民起着十分重要的表率作用。湖南籍地方官员在具体政策执行中亦表现出了"安民、富民"的勤政理念。

1. 劝民农桑，励精图治

农事为国家首务。清政府督劝各省设立农官，清朝皇帝不厌其烦地训导地方官员督导农事，务必使人尽其力，地尽其利。康熙皇帝还亲自关注江南地区的双季稻，并派在江南地区有种植双季稻经验的李英贵带着"御稻"稻种，前往江南试种。[①] 雍正年间政府对小麦在南方省份推广非常关心。乾隆以农事课督牧令，要求地方全面关心"百姓稼穑"，并训令州县长官亲行办理，巡历乡村。

清代劝农政策的提出，主要是基于18世纪前面临的人口压力。耕地有限，一切考虑经济发展问题都以务农为出发点。乾隆初年，湖南巡抚蒋溥以湖南为产米之乡，并陈一岁两收，请准在江南试行推广。《湖南省例教案》中记载了湖南推广双季稻的过程。乾隆十一年（1746）湖南巡抚杨锡绂多次告谕湖南各地"劝种两熟稻谷"，对此湖南各地反应不同。道州知州汝霖在道州分别试种了连作、间作几种水稻，并获得成功，认为湖南宜种植双季稻，而零陵、新田等县却认为不宜发展双季

---

① 陈志一：《江苏双季稻历史初探》，《中国农史》1983年第1期。

稻，因为除自然条件不适宜，时节还难以安排。因此湘南提出了稻麦两熟栽种方式。① 此外，平江知县谢仲玩、宁远知县陈丹心以及同治年间城步知县盛鉴源都力劝民间广泛种植稻麦两熟。

雍正年间湖广总督迈柱劝导湖南种植小麦，洞庭湖地区小麦种植比例遂有所扩大。湖南巡抚胡宝瑔、布政使陈用敷等力劝农民种植小麦。《岳州志》载："夫土不日增，口则日众，故为今策，唯有广种杂粮。杂粮则资人力，以补地利之穷。"嘉庆《长沙县志·政绩志》载，长沙知县劝百姓"近水者载禾，远水者或种各色豆麦，或植各种药材"，浏阳知县力劝百姓种杂粮，城步知县盛鉴源在《为开导晓谕以期必行事》中指出城步现在人口增加，粮食为艰。劝导百姓"筹之于杂粮"，规定水田收获后，必须播种五成以上的杂粮，执行中央政策不打折扣。

明朝前期湖南吏治比较清明。讼简赋均，民安盗息。"廉介有为，郡无废书。"② 地方官吏"才长干济，一意爱民"③。地方官吏常常能够做到为民请命以减轻百姓负担。例如洪武年间临湘知县马杰，奏请免除"荒田绝粮之累民者，共二万五千有奇，民德之"。洪武中陈宪知华容县，奏免"浮税"三万余石。④ 地方其他各级官吏纷纷效尤劝导农桑，修学兴教。洪武中，高从训通判衡州，"定章程，建郡治，兴学校，课农桑，恩信久而愈孚"。程斗南洪武初年知宝庆府，"经营百务，民被实惠"⑤。

同时，也必须指出，清前期湖南的反清情绪与反清力量都是实实在在的客观存在。王夫之中年曾投入反清工作，败后隐居船山，终老林泉。吴三桂叛据湖南影响到清政府对湖南士群的政治判断。从康熙到乾隆，清大兴文字冤狱。湖南曾静一案，震动全国，祸及邵阳车氏兄弟，株连甚酷，严重影响到了湖南士绅群体的仕途发展，这种政治变迁格局是否对早期从政者有影响也值得研究。

---

① 谭天星：《乾隆时期湖南关于推广双季稻的一场大论战》，《中国农史》1986年第4期。
② 伍新福主编：《湖南通史》（古代卷），湖南出版社1994年版，第539页。
③ 伍新福主编：《湖南通史》（古代卷），湖南出版社1994年版，第539页。
④ 光绪《湖南通志》卷九七《名官六》，岳麓书社2009年版。
⑤ 伍新福主编：《湖南通史》（古代卷），湖南出版社1994年版，第546页。

清朝中后期以后，欺蒙庇护，推诿与旷职逐渐成为官场病态。全国上下法律废弛，班房林立，非刑泛滥，吏治出现全面危机。在湖南也发生武陵知县董如冈侵蚀民借堤工麦种银案和湘潭县前后知县陆豫、周宁远侵亏仓库钱粮案。① 两个大案，反映出湖南吏治也同全国其他省区一样，逐渐腐败，也到了令人触目惊心的地步。

2. 公共福利的施行

顺治十二年（1655），湖南的仓储建设提速。"自理赎缓，春夏积银，秋冬积谷，悉入常平仓备赈"②，如武冈进行常平仓扩建，能储谷一万石左右③。除常平仓外，湖南还有社仓、义仓、水次仓、漕仓、采买仓、加贮仓等，类型多样。如湘乡县的漕备仓、岳州的水次漕仓、采买仓等在这一时期都有大幅的扩建。④ 请见表2-16。

表2-16　　　　　清前期长沙、善化两县的仓储情况简表⑤

府	州县	设置地点	数量（单位：座）	建仓时间	储粮数（单位：石）		资料来源
	长沙县	常平仓	7座	雍正六年	41108（乾隆）	7488（嘉庆）	同治《长沙县志》卷十
			3座	乾隆五年			
			40间	雍正与乾隆			
		社仓	12座	乾隆十年	31169（乾隆）		光绪《湖南通志》卷五十九
		义仓	4座	明朝建			
	善化县	常平仓	40间	雍正五年	31170		光绪《善化县志》卷九
		社仓	57间	雍正与乾隆年间			光绪《湖南通志》卷五十五
		储备仓					
		义仓	10间	道光十五年	7735		

---

① 参阅赵亮《清代嘉庆地方吏治初探》，《辽宁大学学报》2008年第5期。
② 光绪《湖南通志》卷五五，岳麓书社2009年版。
③ 道光《宝庆府志》，成文出版社1975年版，第1318页。
④ 事见《中国地方志集成·湖南府县志辑》，江苏古籍出版社2002年版，第278页。
⑤ 光绪《善化县志》卷九《积储》，岳麓书社2011年版。

清代设置社仓始于康熙十八年（1679），"乡村立社仓，镇店立义仓，捐输积储，公举本乡重善良之人，管理出陈入新。春月借贷，秋收偿还"①。

公共福利包括仓储、灾荒救灾、育婴等事务，它们对人口的影响也是明显的。如何施政检验湖南官员整体的赈灾意识和素质。先看一下清代仓储的基本情况，见表2-17。

表2-17　　　光绪《湖南通志》所载湖南社仓储量之分布②

府州	社仓（单位：石）	名次	府州	社仓（单位：石）	名次
长沙府	211751.1574	1	常德府	22746.88	9
宝庆府	115566.2677	2	岳州府	12192.865	10
永州府	106215.773	3	辰州府	7820.749	11
衡阳州	82209.038	4	永州府	5483.202	12
澧州直隶州	40162.855	5	晃州府	2119.104	13
郴州直隶州	34588.814	6	凤凰直隶州	无社仓	14
靖州直隶州	30340.736	7	乾州直隶州	无社仓	15
沅州府	26191.378	8	永绥直隶州	无社仓	16

清政府为了对付自然灾害，将人口在灾害过程中的损失降到最少，要求在全国各地先后完善仓储制度。仓储的主要形式是常平仓、社义仓。顺治十七年（1660）清政府规定："常平仓谷春夏出粜，秋冬籴还，平价出息，务期便民。如遇凶荒，即按数给散灾贫民。"③ 雍正时，政府还规定发放必先确定时期，让附近村庄居民"赴厂籴米"。各州县官要，"新行监粜，毋使穷民有远涉守候之苦"。清前期，湖南地方官响应朝廷的号召，积极筹谷。清初湖南仓储制度普遍恢复并有所发展，从而加强和巩固了民间社会的抗灾备荒能力。康熙中期，孙鼎调任分巡辰沅道，驻凤凰厅。时凤凰不产谷，岁歉则饥。孙鼎请借库银3千两，

---

① 光绪《善化县志》卷九《积储》，岳麓书社2011年版。
② 参阅黄均霞、苏寒莎《论清代湖南社仓的地理分布》，《湖南工业大学学报》2013年第4期。
③ 光绪《大清会典事例·户部》卷二七五，中国藏学出版社2006年版。

买谷万石平粜。① 乾隆朝，湖南巡抚陈宏谋疏请将"乾州永绥二厅、华容、永顺、保靖、永定等县常平仓谷各拨借数百万石，贮社仓作本，出借俟本息渐充仍归还常平，部议从之"②。社仓赈灾达到了它所应有的效果。

同时，仕官还注重对仓廪的修缮。如康熙年间，桂阳知州王秉忠倡导修葺义仓，仓库充足。③ 康熙年间郴州知州陈邦器捐银又建5间常平仓。雍正五年（1727），知州佟国元又添置7间常平仓，乾隆时知州陈嘉谷又添3间。此后，郴州地区的地方官不断修建各种赈济仓。④ 从总的情况来看，这些仓储积谷于米荒之时，散粮于灾成之日，目的是减轻百姓的生活压力。一旦遇到天灾，开仓济民便成为地方官府救灾的主要手段。而救灾的米谷大部分来源于常平仓。我们知道，清代湖南境内重大旱灾水灾频频发生，仓储对于湖南灾民的救助起到了良好的作用。请见表2-18。

表2-18　　　　　　清前期湖南自然灾害朝赈简表⑤

年份	灾种	受赈地区	赠济措施
顺治十年（1653）	旱	全省	豁免通赋
康熙十八年（1679）	旱	湘阴等26县	蠲赋55998两
康熙三十年（1691）	水	沅江、黔阳、麻阳	蠲免额赋有差
雍正四年（1726）	水	零陵、临湘等8县	蠲赋13306两 赈谷38904石
乾隆四年（1739）	水	澧州、石门	蠲免
乾隆四年（1739）	旱	石门	蠲免亲饷49639两
乾隆七年（1742）	水	茶陵、攸县等8州县及湘阴等9县	借赈缓征
乾隆十一年（1746）	旱	湘阴、武陵、桃源、龙阳、沅江	蠲免、缓延

---

① 《湖南通志》，商务印书馆1934年版，第2294页。
② 《湖南通志》，商务印书馆1934年版，第2296页。
③ 《湖南通志》，商务印书馆1934年版，第2270页。
④ 《郴州地方志》，中国城市出版社1998年版，第301页。
⑤ 杨鹏程：《湖南灾荒史》，中国文史出版社2007年版，第209—212页，本表有改动。

续表

年份	灾种	受赈地区	赈济措施
嘉庆十二年（1807）	旱	巴陵、临湘、华容	蠲免、缓延
	水	湘阴、武陵、龙阳	
道光三年（1823）	水	武陵、龙阳、沅江、澧州、安乡	蠲免、缓延、急赈
道光十六年（1836）	水旱	华容、安乡等十州县卫	蠲免、豁免
道光十八年（1839）	水	武陵、龙阳等9州县卫	蠲免、豁免、赈粮

在清代湖南，灾情发生后，完备的行政管理系统会确保有专人负责。实施的赈济措施也大致与历朝历代相似，主要有振赈、平粜、蠲缓、赈货、工赈等措施。这些措施有些是带有公益性质的，如发米、发粮、发药物、收养孤贫无依人等。有的是高利贷性质的，如赈货和赈粜，有的则是工役性的，这主要是指工赈。除此之外，根据灾情的不同，每次发生灾情时也会临时采取一些其他防灾措施，如筑堤防洪，掘井引水等。杨鹏程总结了湖南赈济有四个特点：一是以出灾赈济为主；二是朝赈的措施以豁除、豁免、减征赋税为主；三是朝赈形式比较单一；四是也会屡屡发生地方官为民请命的情况。①

清代，湖南发生的自然灾害从时间上来说，非常频繁。从空间上来看，极其广泛。避免人口在灾害面前遭受重大损失是政府要解决好的一个非常重大的课题。清前期湖南吏治清明，赈灾手段和效果及时到位。根据地方志记载，湖南自康熙三十年至宣统二年（1691—1910）共发生水旱灾63次，累计受灾州县559个，累计受灾年数63年，年均受灾州县约为8个。② 一有灾荒，地方官员便要到受灾之地堪查受灾损失，然后上报朝廷。

湘吏的仁政还体现在高度重视溺婴问题。湖南向有溺婴的社会陋气，历史悠久。湖南地方志对此俗多有记载。如《长沙县志》称"此邦风俗，向有溺女陋习，至今相沿，牢不可破，溺死如营，全不顾

---

① 参见杨鹏程《湖南灾荒史》，中国文史出版社2007年版，第212—213页。
② 李文治：《中国近代农业史资料·长江流域历年灾荒年表》，生活·读书·新知三联书店1957年版。

恤"①。《蓝山县志》载："俗贵男而贱女，贫家尤患此，甫生而多溺，伤人道也。"②《祁阳县志》云"楚南溺女之风，所在皆然，锢守相沿，牢不可破，其为伤于地之积，孰甚焉？"③《永州志》称"东邑俗多溺女，恬不为怪，甚至溺男"④。此类记载，举不胜举。

卞宝第曰："湖南各州县多有溺女恶习，推原其故，一由家道之分，一由风俗之奢华，陪奁多费，不知孩提费几何，媳嫁有无，惟家是称。"⑤厚嫁使人养不起闺女，"民间生女，或因抚养维艰，或因风俗浮靡，难于遣嫁，往往有溺毙情事"⑥。

清律对溺婴是严刑禁止的。湖南地方官员在力所能及的范围之内也能按律行政，除此之外，还试图从舆论与社会心理扭转当时的这种社会陋习。例如城步县刊行了《戒溺女歌》。安化士绅刊发了《育婴谱》。与此同时，全省各种育婴组织也得到发展。康乾时期，武冈建立了第一所育婴堂。康熙时期，湖南共建有 5 所育婴堂。雍正十三年（1735），一年就新建育婴堂 11 所之多，遍布湖南的大部分州县。⑦此后在嘉庆、道光、咸丰、同治、光绪乃至宣统年间，育婴堂都有不同程度的扩建、改建或者新建。至清末（1910），湖南共建育婴堂达 80 个，育婴乡局、育婴新局也散落在城乡之间，由此，带动了湖南社会救济事业的进步。

在传统农业社会里，生存无保障是人们面临的最大危机。生产力水平低、生活成本高、自然灾害频繁是造成溺婴问题的主要原因。清政府运用社会力量来对各种生活困难人口实施救济，也是缓和社会矛盾稳定其统治的有效手段。其直接效果就是一定程度上有效减少了人口的死亡，从而为封建国家保存了一定数量的生产人口。

总之，从康熙至雍正到乾隆，湖南地方官吏为养民、教民，在多

---

① 同治《长沙县志》卷九《保定》，岳麓书社 2010 年版。
② 《蓝山县志》卷一，中国社会出版社 1995 年版，第 34—35 页。
③ 光绪《永州志》卷四《建置》，湖南人民出版社 2011 年版。
④ 光绪《衡阳县志》卷三《建置》，黄山书社 1994 年版。
⑤ 《滇江育婴小识》卷八《建置》，光绪十三年本，成文出版社 1968 年版。
⑥ 《上谕救婴新法》，光绪十年本《救婴疗法·费折》（三），厦门大学出版社 2016 年版。
⑦ 参阅谭志云、刘曼娜《清代湖南溺婴之俗与社会救济》，《船山学刊》2005 年第 1 期。

方面做了不少事情。将养民、教民、劝农等提升为督抚牧令的重要职责内容。历届抚吏在行政中也要求地方官员巡历乡村，了解地方情况，推行教民之政。因而清前期，湖南社会就能做到政治清明，社会安定。仁政促进了湖南人口生长。可以看出，所有这些行政举措都是在湖南人口结构大变化后实现的。至此，基本上可以认为，至清，在湘人口基本上都是移民之后的新湖南人。他们对湖南这块新垦之地充满了期待，投入了相当的情感。因而这种情感在以后的人口的繁衍中，在新湖湘文化的发育中，在湘吏的新政、仁政之中，更在百姓的勤劳之中，都发生着巨大的换代变化，"唯楚有材、于斯为盛"，浸浸发育、滋长。

第五节 清代湖南人口与自然生态

在农耕社会，经济开发与生态维护始终是一个无法解决的问题。特别是在人口压力之下，如何在农业生产中对自然生态进行切实有效地养护就更是难上加难。在原生意义上，人口问题的实质就是需求问题。人类要生存，就必须从自然生态系统中摄取物质和能量，就存在着一个人口与动植物资源之间的如何平衡的问题。平衡如果被破坏，就容易使人口生态与自然环境产生逆向式的连锁变化，最终影响人类生存本身。

一 人口压力的表现及其对策

春秋时期的管仲在《管子·霸王篇》中说，"地大而不为，命曰土满。人众而不治，命曰人满"，主张人口与土地必须在数量上相适应。土满和人满都不是理想状态。

（一）人口压力与自然生态

自从"三藩之乱"被平定之后，湖南出现了长期安定的社会环境，这就为耕地与人口的增长提供了客观的社会基础。请见表2-19。

表 2-19　　　　　　　　　清代湖南人均耕地①

年代	人口（单位：千人）	耕地（单位：万顷）	人均（单位：亩/人）
顺治十八年（1661）	3233	58.7	18.2
康熙二十四年（1685）	3324	62.7	18.9
雍正二年（1724）	4356	80.0	18.4
乾隆十八年（1753）	4356	80	3.9
乾隆四十九年（1784）	32832	83.1	3.9
道光六年（1826）	47992	95.0	2.0
同治十二年（1873）	53560	103.2	1.9

如表 2-19，人口多，人均耕地就少，而土地兼并就会起到推波作用。在雍正、乾隆、嘉庆三朝，湖南农村雇主与雇工之间的经济纠纷案呈逐年上升之势，从乾隆年间的六十年一次增加到嘉庆年间的八年一次。人口过剩从乾隆年间开始已是不争的事实。"纵尽水滨山涯皆为民业，犹恐有限之地不足以养滋生之民。"②

由于人口的压力渐显，乾隆初年，湖南米价高涨，抢米之风渐起，食粮者日众，米价也随之水涨船高。乾隆七、八年间（1742—1743），湖南的芷江、巴陵、衡山、攸县等地就陆续发生抢米阻粜事件。龚胜生将这种生存压力从地理上划分为人口压力发生区和人口压力缓冲区。据此，他认为湖南人口的压力区主要指长沙、衡州、永州、宝庆、桂阳州、岳州、常德、澧州。③ 其余为缓冲区。为了缓解人口带来的社会治理压力，清政府的主要措施就是扩大垦殖，其办法一是移徙湖南人口到省外，其二是向荒山荒地要耕地。开荒就需要移民，移民就会与水争地，与林争地，与山争地。人与地争，生态就会发生变化。

与水争地的结果是水患频繁发生。历史资料显示，清代湖南几乎达到了无年不有水患的地步。例如 1787 年，武陵县大水，被淹 27 村，田

---

① 转引龚胜生《清代两湖地区人口压力下的生态环境恶化及其对策》，《中国历史地理论丛》1993 年第 1 期。

② 转引龚胜生《清代两湖地区人口压力下的生态环境恶化及其对策》，《中国历史地理论丛》1993 年第 1 期。

③ 《培远堂手札节存》卷上《寄周人马襄书》并《寄托庸书》，江苏书局 1872 年版。

地719500亩。水灾更直接淹毙人命，灾后的垸堤重建劳民伤财，如此恶性循环，民众苦不堪言。

与林争地以大批的森林消失为代价，而森林的破坏又远远快于森林的更新换代。野生动物赖以生存的环境由此恶化，这又引起森林动物生态环境的异化与急速蜕化，猛禽出林吃人伤人事件不断发生。同时，森林破坏又加速下游河道的淤积，山区水土流失殃及下游流域百姓。让我们来还原与梳理下这一人口压力演化的历史逻辑。

湖南人口的快速增长自康熙二十四年（1685）开始至乾隆五十六年（1791）基本结束，历时一个世纪有余。由于人口的增长快于土地开垦的增长，湖南一些地区人口压力在康熙年间就有显现。康熙四十七年（1708）湖广总督俞益漠指出，湖南中部地区的衡州、永州府人民，"数年来携男挈女，日不下数百名口，纷纷尽外赴四川垦荒，盖以本省人稠无可耕之地"①。五十二年（1713），巡抚潘宗治奏报湖南垦荒五百余顷。康熙帝怀疑："今天下户口甚繁，地无弃土，湖南安得有如许未垦之田？"② 这种情况表明，此时湖南的人口压力只是在经济基础厚实的地区有所反映，问题虽然没有蔓延全省，但人口压力问题已经存在了。

乾隆以后，人口压力成为清代湖南耕地无序开发的关键因素和强大推力。康熙年间长沙县农民耕田"大率三十亩"，在雍正二年（1724）至乾隆十八年（1753）间，湖南人口增加4倍，耕地增加却不到4个百分点。人均耕地从15余亩下降到不足5亩。此后人均耕地持续下降。嘉庆以后，人均耕地不足2亩。③ 乾隆正是湖南人口急剧增长、人口压力显著增长的历史时期，而空余土地已经非常有限。湖南到这时才真正地感受到了强大的人口压力带来的忧患。人口过剩成为治理新课题。乾隆年间，湖南巡抚陈宏谋说："生齿日繁，生计日蹙，纵尽水滨山谷皆为民业，犹恐有限之地不足以养滋生之民。"④

---

① 《皇朝文献通考》卷二《田赋考》，上海鸿宝石书局1912年版。
② 龚胜生：《清代两湖农业地理》，华中师范大学出版社1996年版，第232页。
③ 《培远堂手本（节存）》卷上《寄周人骥书》并《寄托庸书》，江苏书局1872年版。
④ 《皇清名臣奏议汇编初集·筹民食疏》卷四四，凤凰出版社2018年版。

人口压力形成的后果是人口增长过快，人均耕地下降，同时人口压力又进一步加深了土地兼并，使一部分人失去耕地而成为流民。如此循环，从而又加速了人口的相对过剩。顺治、康熙年间，湖南还是地广人稀。例如湘潭县："康熙初土旷人稀，弱者以田契送豪家，犹惧其不纳"，但是到乾隆初期情况就大不相同了，湖南巡抚杨锡绂就说："近日田之归于富户，大约十之五六，旧时有田之人，今俱为佃耕之户。"①土地兼并与人口增长又使这一时期湖南米价呈长期上涨态势。雍正五年湖南巡抚布尔泰称："湖南为产米之乡，米价贱于他省，从前每石不过六七钱，贵至八九钱而止，康熙四十二年内始卖至一两有零，又康熙四十六年每石卖至一两三四钱。总之，湖广数十年以来，绥养生息，户口日繁，食米者众。"食米日众导致米价的逐渐上涨。乾隆年间湖南巡抚杨锡绂也说："康熙年间稻谷登场只每石不过二三钱，雍正年间则需四五千，无复二三钱之价，今则必须五六钱，无复三四钱之价。盖户口多则需谷亦多。则户口繁滋，是以致米价之贵，逐渐加增，势必然也。"②米价反映供需关系，米价上涨反映了需求大于供给，米价长期上涨，表明了人均耕地也在持续下降。需求大于供给就会发生社会动荡风险，抢米风潮发生就是这种状况的反映。例如洞庭湖区饥民每每"撑驾小舟，数十只为群往来水面"抢劫粮食。乾隆年间，湖南芷江、醴陵、巴陵、兴宁、衡山、衡阳、祁县诸县都发生过抢米阻粜的事件。③乾隆朝名臣朱伦翰说："湖广素称沃壤，故有'湖广熟，天下足'之谚，以今日言之，殊不尽然。今日楚省，非复昔日之楚省。"以上资料说明清代湖南人地关系在乾隆年间已经出现了重大拐点。人口社会问题中的人地关系矛盾已十分严重，并极大地影响到了社会生态。

（二）人口压力下政府保护自然生态的对策

除了农业生产对自然生态的造成严重破坏之外，社会生活的日渐奢靡也对生态环境影响很大。明清时期，为了营建宫殿，清政府对湖南的

---

① 转引自龚胜生《18世纪两湖粮价时空特征研究》，《中国农史》1995年第1期。
② 《皇清名臣奏议汇编初集·筹民食琉》卷四四，凤凰出版社2018年版。
③ 《皇清名臣奏议汇编初集·筹民食琉》卷四四，凤凰出版社2018年版。

森林大肆滥伐，许多商人见利妄为，纷纷到湖南采购砍伐。湖南的竹木业，因此而兴旺，但代价是童山成批成批地出现。如蓝山县大桥镇"多竹木"，富民墟"多竹木、布匹"。① 植被破坏严重。辰溪县"虽山岭水崖，亦皆垦芸无旷土矣"②。兴宁县"山多田少，铁矿间有，然每矿所出无多，稍采辄尽，于是树木成长之处，则商人就而烧铁，及木尽矿竭，则有迁徙他邑之故不能长久"③。

人地关系紧张产生了人口压力。要解决这个问题，就必须从控制人口数量和增加土地开垦两方面着手。历朝封建统治者都把人口和耕地作为封建财政的主要收入来源，鼓励人口增加和扩大耕地。一旦面临人口压力，惟有垦荒最为见效与最为便捷，这也是历代王朝屡试不爽的有效方法。有清一朝也不例外。雍正元年，谕旨说："国家承平日久，生齿殷繁，地土所出，仅可赡给，偶遇荒歉，民食维艰，将来户口日滋，何以为业？惟开垦一事，于百姓最有裨益。"④ 力劝百姓弃商务农。

在这种政策背景下，清代湖南人口压力的缓解主要就是通过人口迁徙和开垦新地实现。人口迁徙在这个时期主要是向外省输出人口。从清代中后期开始，湖南就有大批人口迁往四川。"查楚南入川百姓，自康熙三十六年起迄今日，即就零陵一县而论，已不下十余万众。"⑤ 除四川外，云南、贵州、广西、陕西、甘肃等地方都有湖南人的移民活动。这种活动虽然不全是人口压力所致，但对湖南所面临的人口压力则起到了极大的缓解作用。

当然，人口减压主要还是要在省内解决。这种解决方式在清代湖南就表现为省内移民活动中本省移民从平原→盆地→丘陵→山地的拓展活动。康熙年间，湖南腹地的剩余人口主要还是向洞庭湖滨滩地移动，从事"与水争地"的垸田开发，而从乾隆初年开始，剩余人口则主要流向湖南山区，从事"与林争地"的山地开发。

---

① 民国《蓝山县志》，江苏古籍出版社2002年版，第311页。
② 道光《辰溪县志》，江苏古籍出版社2002年版，第345页。
③ 嘉庆《郴州总志》，江苏古籍出版社2002年版，第585页。
④ 《康雍乾时期城乡人民反抗斗争资料》（上册），中华书局1979年版，第38页。
⑤ 中国第一历史档案馆编：《康熙朝汉文朱批奏折汇编》，档案出版社1984年版，第5页。

另外，为减轻人口压力，湖南地方政府还采取了其他一些措施。这些措施大致有：第一，提高土地利用率。乾隆七年（1742）七月，议准湖南开垦荒地，水田一亩以上，旱地在二亩以上者开科，水田在一亩以下旱地在二亩以下者免科。"其余峰岭湖泽之隙，不成丘段者，听民栽树种蔬，并免开科。"① 这些条文不仅对平原丘陵土地开垦起到推动作用，而且还刺激了山地新一轮的开发；第二，兴修水利，扩大旱地水田化。水田产量较旱地高，通过兴修水利，变旱地为水田也是一种缓解人口压力的好办法。湖南巡抚杨锡绂说"今同养民之政尤当专意讲求，莫如水利"②；第三，多熟复种制度的推广，以提高粮食的余粮率；第四，废水塘为田。湖南是水稻产区，水利尤其重要，因而湖南陂塘灌溉很发达。但是在人口压力下，许多水塘被移作水田。对此，湖南巡抚杨锡绂描述说："不独大江大湖之滨及数理数顷之湖荡日渐筑垦，尽失旧迹，即自己输粮管业数亩之塘亦培土改田，一湾之涧亦已截流种稻。"③ 我们说，改塘为田是一种短视行为，地方官员虽多次下令禁止，但迫于人口压力禁而不止。嘉庆年间湖南巡抚马慧裕上奏报呈此事，"见在各属讼案纠纷，大半由此"；第五，寻求各种副业。如攸县农民所产棉布，"通行潭澧及江右吉袁。贫者耕不足恃，恒赖此半支半载食用"。湖南巡抚陈宝箴奏称，"湖南山多田少，物产不丰……小民之因无田可耕者，每赖此以谋衣食"④。

总之，乾隆年间湖南农业人口相对过剩已是非常明显，转移人口过剩的出路有内外两种途径。外部消化主要通过更多地移民活动；内部消化方式则是由平原向丘陵山区迁徙，靠扩展耕地面积，靠增加耕地复种指数、提高单位面积产量与增加副业收入等农业内卷式方法来实现消融日益增长的人口压力。这种传统的解决方式，在某一具体时段与地区当耕地扩展告急而无重大技术突破的情况下可能会一时有效，但毕竟社会容量有限，其最大容量一旦受到限制，就会显得极其无力。当人口增长

---

① 《高宗实录》卷一六七，沈阳出版社1998年版，第11页。
② 《皇清名臣奏议汇编初集·筹民食疏》卷四四，凤凰出版社2018年版。
③ 乾隆《长沙府志》卷二二《政绩志》，岳麓书社2008年版。
④ 《清代文献续考·征榷》卷四四，上海古籍出版社2000年版。

到社会无力承受的临界点之后，人口就自然会给社会带来相应的隐患。

二 人口压力下自然生态环境的变化

湖南地势南高北低，东、南、西三面环山，中部的丘陵地区，盆地起伏，北部平原湖泊交错，生物资源种类多，森木含蓄量大，种子植物、木本植物、野生植物，丰富多样。

清代湖南农业的开发，使山清水秀的自然景观被成片农田和梯田、村镇密集的人文景观所切割、代替，农业生态环境向着坏方向发展的问题比较突出。

（一）森林资源减少

森林资源的大幅减少与大量移民的迁入有直接关系。在湘西山区，自唐元以后就有移民陆续迁入，明清时期移入提速。辰州府"以常、长等府及江西移入者为多"①。移民的经济意识较浓，能够充分认识到山区各种资源的经济价值，也有一定的生产与经营经验。改土归流后，湖南的陆路交通建设又有一定发展，驿站与驿路布满城乡。例如龙山县的王村，上可通川黔，下可达辰常，这就为互通有无、交通转运创造了条件。而且，湖南有湘、资、沅、澧四大水系，都是非常重要的交通水道。在清代，沅江水系已经能全系通航。同时，清代统治者经略西南的战略意识增强，政策鼓励外地人口向山区垦荒等等。这些条件都是促成森林植被大量砍伐与减少的客观原因。伐木成了山区农民的主要衣食之源。一般来说，木材采伐后主要通过山运与水运到达初级市场。在明清至民国，沅江流域的初级本材市场有通县县城、靖县县城、溆浦县城、桥江、大江口、辰溪县城、江口、永顺王村城、城江渡、羊石田、大洲、桃源的窑河、陬溪、会同的洪江、酿口、渡头口、黔阳的县城、托口、芷江的县城、榆树湾、泸溪的县城、津市、乾城、绥宁的长铺子、界溪口、麻塘、沅陵的县城、洞庭溪。② 在湘江流域，同级的市场24

---

① 光绪《辰州府志》卷二四，江苏古籍出版社2002年版。
② 参阅郭钦《论民国时期湖南林木市场》，《企业家天地》2010年第8期。

个,资水流域有 10 个,澧水流域有 4 个,总共全省有近 60 个专门用来进行木材林交易的初级市场,而每年的伐木量也不少,兹以民国为例加以说明。请见表 2-20。

表 2-20　　　　　　　　洪江历年木材输出量①

年份	输出量(单位:两码)	年份	输出量(单位:两码)
1921	16000	1927	285000
1922	42000	1928	410000
1923	35000	1929	460000
1924	180000	1930	240000
1925	55000	1931	132000
1926	55000	1932	65000

森林木材是商贸盈利的大宗产品,每年从湖南采伐的木材上百万立方米,如此年复一年的砍伐,森林资源自然会逐年减少。

清代湖南山地开垦是以牺牲山中森林为代价的。嘉庆《善化县志》说:"今乡间柴炭,其价数倍于昔。固由居稠密,厨材日增。然亦非尽尔也。宫室奢侈,乔木美材,尽充梁栋。土民开挖营生,则根株尽铲。牛山濯濯,所由来也。"《桂阳县志》载,"桂邑田少山多,林麓蔓延,材木之利颇广,明时招商砍伐,以致当道累累",到清朝,"牟利者结蓬其中,崇冈绝岭砍伐殆遍,今四顾尽彰"。湘南的衡山在宋代陈田夫《南岳总胜集》有所反映,卷云:"法轮禅寺,在(南)岳之西南七十里,隶衡阳岣嵝峰下,环寺松杉数万。每致风激林响,声若洪涛",而到明朝,南岳"遥望林峦之间,众木森列。而往来之途,荆芜荒秽。夹道之木,百无二三"②。该文集反映破坏的情况还是比较严重。到清朝时,南岳"道中旧多古松,日影不到地。兵余剪伐殆尽,仅存数十株。其补植者,亦自楚楚可爱"③。湘东南的攸县森林在清嘉庆年间,破坏也比较严重。同治《攸县志·杂议》"攸东乡多山,重岩复岭,延

---

① 参阅郭钦《论民国时期湖南林木市场》,《企业家天地》2010 年第 8 期。
② 同治《衡山县志·艺文类》,新华出版社 2012 年版。
③ 潘屺:《游南岳记》,旧刊本,上海古籍出版社 2016 年版。

袤百余里。闽粤之民，利其土美，结庐山上，垦种几遍"。以致嘉庆时知县裘行恕提出："已开垦者不复禁止，为开者即多种树木，断不可再令开垦。如此渐次挽救，设法护卫，庶几合县之山，尚可十留二三。"①

湘西北慈利一带，嘉庆、道光年间因山民开山烧炭，山地日渐破坏。②湘西南邵阳一带，"从前山木繁盛，各乡造宅，不俟远求"。到了光绪年间，反要依靠木商从外地运进建筑木料了。因而邵阳地方官提出"山林之禁宜修之策"③。湘南永州"府境，昔时草木榛芜，山径险阻"。道光年间则"辟壤夷荒，天宇开豁"④。江华县同治年间，"老林已尽"⑤。郴州的桂阳县在明时"弥望皆叠嶂崇山，翳林邃谷"，到清朝同治年间则是"岭尽童山"了。⑥位于湘中南部的祁阳县，嘉庆年间已是"柴木日稀"。以前人们采薪只"伐其柯干，迩来愚民多拔其根柢"，造成"柴木同尽，柴价视昔而贵的局面"⑦。衡阳则在道光以前"异木名林，犹不可胜用"，但"自道光以来，百里之境，四望童山"。

森林的减少，一方面是毁林垦荒的结果，另一方面也是市场的需要所致。清代江南作为全国经济发展水平最高地区，不仅丝棉纺织独树一帜，而且造船业、造纸业、刻书及木器家具等也堪称一流。同时，由市镇的大量兴起而带动的建筑行业的大规模发展、海塘修筑等等市场需求，形成了一个庞大的木材需求市场，而江南地区内部所产木材远远不敷其用，每年都须从福建、贵州、长江中下游地区输入大量木材。⑧

湖南木材主产于湘西地区。明清时期，在湖南贩运木材的，以徽州木商的人数最多，经营资本最为丰厚。徽州木商有在湖南贩木的很多记载，如婺源商人毕兴，"业木楚吴，备尝辛苦"。汪任祖"初家贫，嗣

---

① 同治《攸县志·附裘令告示》，中国文史出版社1990年版。
② 民国《慈利县志》卷六《实业》，湖南人民出版社2009年版。
③ 光绪《邵阳县乡土志》卷四《物产》，上海书店出版社2001年版。
④ 道光《永州府志》卷七《食货志》，岳麓书社2008年版。
⑤ 同治《江华县志》卷一〇《风土志》，凤凰出版社2010年版。
⑥ 同治《桂阳县志》卷五《文艺志》，江苏古籍出版社2002年版。
⑦ 嘉庆《祁阳县志》卷四《山川》，凤凰出版社2010年版。
⑧ 李伯重：《明清时期江南的木材问题》，《中国社会经济史研究》1996年第1期。

业木吴楚间,渐有余蓄"①。婺县商人黄伐"贩木湖南"。又如光绪《婺源县志》记载:"朱昌孝,幼读书,以父年迈弃硕就商,设钱肆于湖南德山。婺源木商往来必经其地,排夫不下数千人,有客死者,赁地藁葬,甚且委诸草莽。"

(二) 野生动物面临"末日审判"

历史上,在湖南生活的野生动物主要有华南虎、金钱豹、豺狼、獐、野猪、穿山甲、白鳞豚、苏门羚、白鹇等②。

野生动物的变迁,是环境变迁的反映。环境变化了,野生动物赖以生活的环境、食物来源等便会发生相应的变化。湖南山林面积逐渐蜕化,不仅造成老林和名贵树种减少,而且因生存环境改变,虎、豹等动物赖以生存的生活与环境资源也随之减少。《桂东县志》载:"虎、豹、鹿兕、獭、狸之皮,则崇虚名曰'土产',然其价倍于他邑。旧时,山深林茂,此物所薮。近者人众食寡,刀耕火耨,山林濯濯然也。此物无隐身之地,何从而捕之。故得之甚鲜,而价反昂于不产之乡。"

猿猴历来以野果、野菜等为食,多栖息于山林地带。嘉靖《衡州志·土产》记载有猿、猴。王船山《莲峰志》云:"猿,山果熟时,自毗卢各洞来者,动以千计。山中人颇厌其扰,然颉黠不能致,抄枝危壁,其腾益速,拂面不畏人。食果尽,乃去之。"这就说明明末清初,衡山一带还是有很多猿猴的。而到道光年间"猿,今稀见之"③。长沙、湘潭一带的野生动物,嘉靖《湘潭县志》,康熙《长沙府志·物产》都有猿猴类记载,但乾隆时期《湘潭县志》和《醴陵县志》都没有提到,想必已经趋于灭绝。

山牛,是森林中另一种野生动物。康熙《长沙府志·物产》有山牛记载。乾隆《衡州府志·物产》亦云:"山牛,出衡山。"湖南地区从汉代到北宋都有野生犀牛活动。《神农本草》载犀牛角"出南郡,上价八千,中价三千,下价一千"。另外,《淮南子》《本草经集注》等中

---

① 光绪《婺源县志》卷三〇《孝友》,凤凰出版社2009年版。
② 详情请参阅邓学建《湖南动物志》,湖南科技出版社2013年版。
③ 道光《衡州府志》卷一一《物产志》,岳麓书社2008年版。

也有记载长沙、湘南、湘西一带在唐以前有野生犀牛活动。到了清初则再也不见有关记载。①

湘南永州府，旧时"虎、豹、豺、狼所在多有。近垦辟夷荒，天宇开豁。深山中间有猎获而市骨者，而人遭猛兽之患，则未始有闻"。道光嘉庆以前的安化县"深山林茂"，尚有虎、豹、鹿等出没，到嘉庆年间，由于"小民谋产耕地，山陬水湄开垦净尽，物无减身之所"而减了。②据康熙《长沙府志·物产》和乾隆《衡州府志》记载，两地区都有野鹿分布。康熙《衡岳志·物产》则曰鹿，"今甚稀"。民国《醴陵县志·食货志》记载"乾隆县志所引物产，有鹿，有锦鸡，迨后，人稠地辟，渐乏丰林茂草，以供潜藏，猎取不时，存者渐罕"。

环境遭到破坏，生存受到威胁后，野生动物就会不断对人类进行侵扰。《直隶澧州志》有云："道光五年西北山野兽成群，不知名，形似驴，色灰，嘴长，善走。食猪羊，并噬婴孩，行者戒备。"湘鄂西在嘉道以来就有"崇冈峻岭之地，忽有野猪数十成群，大者三百斤，小者亦百余斤，昼匿夜出食田禾，农家苦之"的记载。湘南和湘西有虎、豹不断闯入深山居民家庭伤害人畜。乾隆《兴宁县志》载："顺治十年，虎入城市，伤人以百计。民间尽同闭户，途绝，始十七年乃息。"乾隆《石门县志》载："五年丙寅，虎、豹见。有豹出于双溪桥、黄家棚，马头，狗身，口角甚锐，噬民畜，岁捕不获。"

（三）河湖生态改变

"与水争地"的结果，是众多湖泊消失，河流形状改变。垸田的修筑，是以大规模围垦湖面以及滨江临湖汛期蜕变沙滩为条件。与水争地造成湖泊数量减少和湖泊容量下降，洞庭湖就是显著例子。在先秦时洞庭湖被称为"九江"。所谓"九江"就是多江汇集之意。当时湖泊面积达到6000平方千米以上。历史上湖区几次人口迁移使湖面缩小，湖泊水位抬高。东汉末湖区西北面的澧水及荆江分洪的虎渡等河流遭到堵塞，澧水从巴陵县以北入江。魏晋时洞庭湖水道再次变迁。从南北朝到

---

① 蓝勇：《历史时期中国野生犀象分布再探索》，《历史地理》第12辑。
② 嘉庆《安化县志》卷四《物产志》，凤凰出版社2010年版。

唐朝，洞庭湖始终保持"湖高江低，江不入湖"的格局。宋代湖泊面积比五代（3300平方千米）更少。清初，荆江仅有调玄、虎度二口分洪入湖。有清一代，洞庭湖变化最大。乾隆年间出现"往时受水之区，多为今日围之所。湖港淤地，筑垦殆遍，奔流变为细流，洲渚悉加堵截"①。湖南巡抚杨锡绂也指出："大江大湖之滨及数顷数里日渐筑垦，尽失旧迹。"益阳县更是"滨湖堤垸，人满地辟"。昔日八百里洞庭湖被分割成目平、南洞庭、东洞庭三个水道相连的湖泊。

"与水争地"结果有二，其一是水质由清变浊。如湘江就是这种状况。古代湘江由于天然森林、竹林广布于两岸，不仅山青，而且水秀。《水经注》卷十五《湘水注》就有"湘川清照五六丈，下见底石，如樗蒲矢，五色鲜明，白沙若霜雪，赤崖若朝霞"。唐诗人刘禹锡文集中就有描述湘江的美景的诗句："潇湘间无土山，无浊水，民乘是气，往往清慧而文，长沙人浩初既固地而清矣。"另外，唐诗人张九龄、杜甫等都对湘江秀水赞叹不已。可见唐朝时湘江水质还是不错的，湘江沿岸的植被完好。清代康乾以后，湘江下游人口激增，山丘开发加剧。特别是玉米、高粱在山区普遍种植以后，更加速这种变化。湘江已"泥沙石块，渐冲渐多。润溪淤塞，水无来源，田多苦旱"。"各处小河流既经淤塞，势将砂石冲入大和。节节成滩，处处成阻。"②

其二是水土流失加大，河湖泥沙淤积严重。随着农业性移民向山区的挺进，大片禁山的树林被移民砍伐，随之而来是水土流失。湖南山区的开发方式是无序和粗劣的，很少精耕细作。如芷江县，从康熙四十六年（1707）到五十二年（1713），共垦田亩400多顷，而芷江基本上是山地，其破坏程度可想而知。攸县棚民在山上垦种，"樵径人和密，连延岭上关。圣朝无旷土，生事遍深山"。辰州府、武冈州大体如此。此外，烧荒对树木破坏最大，不仅那些高大粗壮的乔木被烧，而且那些低矮的灌木也劫火难逃。这种短视行为虽然能使土地表层保有温度和肥力，但一至二年后土地便被山雨冲走，"水痕条条只存石骨"，水土流

---

① 乾隆《长沙县志》卷二三《艺文志》，岳麓书社2008年版。
② 同治《攸县志》卷五四《杂识》，江苏古籍出版社2002年版。

失从面蚀发展到沟蚀，土地变得硗薄，山民无法谋生，只得转而开垦新的林地。"山地之凝者，以草树蒙密，宿根蟠绕，则土坚固。伐山畲种，山渐为童。一经霖雨，浮石冲动。水源缩小，土人竭力堤防，工为竣水又至，熟田半没于河洲，而膏腴之壤竟为石田，地种尽而农事伤矣。"①

三 清代自然灾害对湖南人口社会的回应性伤害

清代中期后，湖南面临相当的人口压力。为了生计，土客居民"与水争田"，"与林争田"，无视自然规律，最终遭到大自然的报复。清代湖南自然灾害更加频繁发生，水、旱、虫、冰雹、霜等灾害交错进行，其中尤以水灾为甚。自然灾害给湖南带来的社会性灾难是极其严重的。

（一）清代湖南灾害因素

湖南属于丘陵地区，岩层复杂，土地母质和土壤极易发生水土流失。

如湘江下游及其支流，流经江边岩系及红土地区，容易受到山洪冲刷。"在植被缺乏的小区域土壤冲刷的情况尤为严重。大雨之后，地面径流呈红色，河水浑浊。流自花岗岩地区支流，则携带大量花岗岩风化物，使河道淤浅，河床冲淤不定。"②

湖南地形是一个三面环山向北开敞的马鞍形状，地面坡度面积在25°以上占全省总面积的53%，20°、25°占14%，0°、5°占16%③。坡面越陡，河水下泄的流量越大越急，就容易发生洪水泛滥的可能。湖南山地以坡陡谷深、坡长为特征，大小河流穿行其间，如暴雨骤降，四水将会一齐向湘北涌去，湖区流域成灾概率极大。另外，湖南处于我国东部亚热带季风湿润的地区，雨水多而且集中，这也是自然灾害多发的地理因素。

---

① 道光《永明县志》卷三《风土志》，凤凰出版社2018年版。
② 《湖南省志·地理志》，湖南人民出版社1961年版，第818—827页。
③ 王克英：《洞庭湖治理与开发》，湖南人民出版社1998年版，第26页。

发生灾害更主要因素是移民对大自然无序的掠夺。清朝后期，全国各省都存在人口过剩，湖南也不例外。为了缓解人口压力，只有不断地开垦土地。在湖南，表现为"与水争地"，"与林争地"。与水争地的结果是，河道变窄，泄洪能力下降，一旦湖南四水骤涨，河道流水就会不畅，湖泊容量有限，势必造成水灾。与林争地的结果是深山密林变成童山，地表植被遭到毁灭性的破坏，一旦骤雨，泥沙与水俱下，土壤肥力流失，导致河流泥沙堆积，江河堵塞，酿成大灾。

（二）灾害对湖南社会的危害

"民之所在，衣与食也。食之所生，水与土也。"在传统社会中，土地是一切财富的来源，土地开垦对经济与人口的发展起了十分积极的作用。但是，清代湖南土地过度开垦所造成的恶果，报复在人类身上，所产生的灾难性后果是非常严重的。有清一代，湖南（1644—1820）共发生灾害92次，其中水灾60次。湖南全省共有76—78州县，累计受灾州县（1644—1910）377个，累计受灾年数34，年均受灾州县11.1，受灾范围15%，受灾频度52%。湖南灾害频率增多和灾害强度增大，在19世纪发生的灾荒名列全国第四。[①]

灾害对湖南社会的伤害是沉重的。

第一，灾害对湖南人民最大的伤害，就是对人生命的剥夺。公元1746年临乡、临武大水，"居民溺毙无数"；1806年龙阳大水，地方志谓："居民溺毙甚多"；道光十二年（1832）"是岁饥，大疫，死者无算"。当时有诗《悯疫吟》写道："市镇死人乱如麻，十室九空鬼大哗。"道光二十四年（1844）"全省大疫，止明年以上，死者无数，夜行不以烛者，多触街死人，以致倾跌。盖其时饥者元气已尽，又加以疫，人人自认必死，尝见有扶杖提筐咨具于道，忽焉掷筐倒地而死者；有方解遗蹲而死者；有叩门呼乞无声而死者。人命如此，天惨地愁矣"。光绪十二年湖南"积水横决，泛滥四府，沿岸纵横上下，居民生命财产付之一洗，数百里汪洋一片，死者三四万人"[②]。

[①] 邓拓：《中国救荒史》，北京出版社1998年版，第166页。
[②] 光绪《湖南通志》，湖南人民出版社2017年版，第498页。

第二，灾害导致直接财产损失。财产损失包括农作物的减产和绝收，房屋倒塌，公私财物的损坏等等。古丈在道光三十年（1850）水灾，"文武衙署俱烬"①。临澧县在道光二十九年（1849）连遭暴雨肆虐，民食草根，饿莩载道。同治年间该县又遭暴雨肆虐"圮邑桥梁横塌，庐舍多塌"。1906年临澧又遭爆雨洗掠，"积水横决，泛滥四府"②。道光二十八年（1848）湖南入秋后，"大雨不止，滨湖围堤多溃，各地新谷登场，尽生芽蘖，有谷芽长至三寸许者。谷价昂贵，省城斗米千钱，客民就食于长沙者达数十万人"③。"水势至秋不退，饥民达数十万。""常德城冲毁，屋宇倒塌。"④

第三，淹没田地。乾隆五十二年（1787），湖南常德发生水灾，被淹27村，田地719500亩。同治九年（1870），长江之水倒灌洞庭湖，同时湖南又连日大雨，洞庭湖湖水暴涨数尺。湘阴、龙阳堤垸数十围大部稻田被淹，临湘、武陵等二十余县被水。洞庭湖周边县区地势地平，河网密布，四大水系汇聚洞庭，加之又受荆江的重托，因此各水系一旦发洪，这一地区便会连襟遭殃。"田畴阡陌，一片糊涂，或以砂石堆积，高起为陵，或则泥土俱无，深陷为谷。"⑤

第四，经济水平下降，社会问题增多。清代湖南水灾频繁发生，不仅给湖南社会带来人、财、物巨大损失，使湖南经济受到重创，而且常常因此带来社会混乱。清代湖南以水稻为主的经济模式极其容易受自然灾害掣肘。一旦发生灾害，农业生产能力就会受到打击，粮食产量减少，农民生活水平下降。"湖南地方，素称产谷之区，自光绪二十一年以后，水旱频仍，恒虞乏食，加之财力耗竭，民气日益浮躁，偶值粮价昂贵即辄讹言流布，盗贼繁兴，情形极为可虑。"⑥ 水旱频繁，使得湖南"天下粮仓"从19世纪后半叶开始变得名不副实，即使在丰年也只

---

① 《古丈县历年自然灾害表》（1825—1992），未刊稿。
② 《临澧县志·自然灾害》，未刊稿。
③ 参阅《湖南自然灾害年表》，湖南人民出版社1961年版。
④ 《常德历代洪水灾害年表》，第36页，未刊稿。
⑤ 《湘乡百年自然灾害汇编》（1428—1980），湘乡县档案馆编，未刊稿。
⑥ 《湘藩案牍钞存》第3册，文海出版社2010年版，第24页。

有少量的余粮，在荒年还要部分依靠其他地区供应稻谷。灾害使人们的道德观念严重异化。不法商人见利忘义，乘机囤积居奇。1909年，沅水、澧水涨水，地主和投机商人涨价，每石米由2000文涨至8000文以上。灾害使灾民生活无以为继，灾民不满、反抗活动经常发生。例如，1849年"乙酉大荒"，宁乡"饥民相率闯入富室，伐廪山谷，谓之'排饭'"，1910年长沙抢米风潮也是如此。

四 清代湘吏对环境的认识与应对措施

有清一代，频繁的灾害给湖南带来的损害是深远的。在频繁的灾害面前，湖南官员也在不断关注环境，并提出解决办法。

（一）对山区生态环境的认识

我国很早就认识到山林与气候有密切关系，认识是相当深刻的。

有清一代，湖南许多士绅已经认识到丘陵山地生态环境的破坏是由于垦殖过度，而垦殖过度又是因为人口过剩。例如，嘉庆《祁阳县志》卷四《山川》谈到旱灾原因时，就说："此前，山中林木稠密，落叶积地，滋润存水，渐渍入溪，故溪流不涸。今山木日稀，无积叶可以存水，雨雾数同，溪流易涸，致堰田无水可注。"因此该县提出在水源区封山育林，以保证溪流不断，农田旱涝得收。

在灾害面前，清政府开始反思"劝农垦殖"政策。雍正、乾隆多次提出要发展副业，以解决人多地少矛盾。其核心思想就是因地制宜发展农业。在不易发展种植业的高山深壑可以植树，以返林取财，不至于山区水土流失，山区环境破坏。

环境问题是清朝湖南经济发展的关键点。湖南地方政府政策的主导思想，就是全面发展农业生产。例如湘西土家族地区"土质易于种植桐"，各县官于是下令"遍种桐油"，沿山种之，自上而下行列井然，星罗棋布。在湘南山区，道光《永州府志·农事》也谓："山农田少，多植桐、茶、松、杉以资食用。"

（二）治湖、治水

对水的治理，主要表现在对洞庭湖的治理上。

洞庭湖有湘、资、沅、澧四水注入，"湖水广圆数百里，日月出没其中"，地理上洞庭的出口在南岸，受北岸荆江的影响很大，唐宋时曾号称八百里洞庭，19世纪中期后日趋萎缩，上游荆江数度决口，泥沙下沉至洞庭，湖盆内先后涌现出了南县、白蚌、草尾、北大市等诸多湖中高洲。移民蜂至之后，与水争地，滨湖地区垸垸相连，湖面越来越小。道光五年（1825），洞庭湖面积为6300平方千米，至此，平均每年缩小十多平方千米，湖被分成东、南、西三部分。湖中出现许多小湖，如七里湖、太白湖、日平湖、半边湖、万子湖、大通湖、横岭湖等。从14世纪中叶到19世纪末的几百年间，变化巨大，萎缩加剧。为活湖，湖南设立治水之责的机构，但洞庭水患并没有因此得到有效治理。其灾害严重的表现有多方面：一是伤害人畜，二是损毁房屋、桥梁、市镇，三是农田庄稼，林木毁于一旦，四是决堤垮垸，惨状不忍直视。而对自然生态来说，影响也是巨大的，江湖关系不断处在修正变化之中，流域形状不断发生改变，洪水流向不定，致使水系紊乱，堤垸涝渍，修葺年复一年，成本巨大。顺治时期，诏令湖南巡抚"悉讲求，疏通水道，修筑堤防，以时畜积，举水旱无虞，民安乐利"[①]。为什么要疏通塞口呢？彭懋园在《对于水利之我见》一文中说的很清楚："洞庭湖水灾之源？不在于湖田之困垦，而在于泥沙之倾积。"[②] 康熙四十六年（1707），皇帝就江南水利问题发长谕指示："经久之计，无如兴水利，建闸座，蓄水灌田之为善也。"[③] 并谕令，"各州县河渠宜建闸蓄水之处，并应建若干座，通行确查"[④]，加速修建。雍正时，谕令湖广总督李成龙就治理之策认真研究，"应否作何修筑防护之处，悉心妥议具类"[⑤]。乾隆时就如何治理在朝中发生极大争议，御史张汉主张分洪泄水，大学士鄂尔泰则主张维护和扩建现有水利设施防洪泄水。[⑥] 而乾隆

---

① 《清史稿》卷一二九《河渠志四》，中华书局1977年版，第3823页。
② 郭其述、周新宁：《洞庭湖的演变及其综合治理》，湖南省科技情报研究所报告1981年版，第11页。
③ 《清圣祖实录》卷二三一，康熙四十六年十一月己亥，中华书局1985年版。
④ 《清世宗实录》卷四六，雍正四年七月庚戌，中华书局1985年版。
⑤ 《清高宗圣训》卷一三一，中国华侨出版社1995年版。
⑥ 转见叶显恩主编《清代区域社会经济研究》，机械工业出版社1996年版，第116页。

皇帝本人对治湖治水还是相当重视的。他说："洞庭一湖为川黔粤楚众水之总汇，出使湖面广阔，方足以容纳百川，永无溃溢。乃滨湖居民狃于目前之利，圈筑圩田，侵占湖地，而地方官又往往意存姑息，不行禁止，若湖地渐就埋郁，则复积水发之时，势必漫衍冲决，为泽园田庐之患，倘或跨州连邑所在淹漫，即所有和围筑围内亦安能保无冲没，利小害大。"① 在这种情况下，湖南的治水重点开始移向湖区。据有关县志统计，武陵是在康熙年间建障垸 16 处，长沙县建 13 处，汉寿县建 37 处，华容县建 48 处，湘阴县建 12 处，益阳县建 1 处。1852 年，湖南又设水患善后局，肩负治水之责。1898 年，经陈宝箴批准，士绅梁肇荣筹办湖南水利公司，集股购置排水机器。1904 年，湖南又设立水文站。1909 年又设立雨量站。应该说，湖南地方当局在治理洞庭湖水患中开展了多方面的工作。

---

① 《清高宗圣训》卷一三一，中国华侨出版社 1995 年版。

第三章　清代湖南人口结构研究

第一节　人口数量

一　建省前湖南人口

康熙三年（1664），湖南建省。有关建省以前的历代人口统计数据，我们通过查阅历史资料可窥见大概。其时，湖南人口数量有三个明显的特点：一是人口绝对数少。秦时在这块土地上生息的人不足50万，时过1800年，至明万历六年（1578），仍只190余万；二是增减起伏变化大。1800年间经历了三个高峰期（东汉、唐中叶、南宋）和两个低谷期（隋末唐初，元末明初）。高峰期的增加和低谷期的减少，幅度都是惊人的。如西汉元始年间70余万，东汉永和年间奇增至280余万，唐贞观年间骤减为30余万，开元年间增为120余万，南宋时发展更快，达720余万，而至明则剧减为190余万。增减的幅度均高达好几倍；三是总体上增长速度缓慢。从秦统一中国至明末，1800余年间，只增加人口140余万①。兹将建省以前湖南历代人口统计数列表3-1：

---

① 《汉书·地理志》长沙国和零陵、桂阳、武陵3郡，共有人口717449人，由于小部分辖境在今湖南之外，实只508352人。以上数据来自毛况生主编《中国人口·湖南分册》，中国财政经济出版社1987年版，第38页。

表3-1　　　　　　　明末以前历代湖南人口统计

时间	人口数（单位：人）
前221年（秦始皇二十六年）	约500000
2年（西汉元始二年）	508352
140年（东汉永和五年）	2813266
280年（西晋太康元年）	972360
420—470年（南朝·宋）	344086
609年（隋大业五年）	280473
639年（唐贞观十三年）	312630
740年（唐开元二十八年）	1238504
1080年（北宋元丰三年）	约2400000
1102年（北宋崇宁元年）	2612383
1223年（南宋嘉定十六年）	约7200000
1290年（元至元二十七年）	5719064
1393年（明洪武二十六年）	约2000000①
1578年（明神宗万历六年）	1917052

注：此表综合新编《湖南省志·地理志》、严中平《中国近代经济史统计资料选辑》及《中国人口·湖南省》等编制。

二　清代前、中期，湖南人口快速增长

湖南建省后，人口呈"爆炸"式增长。从乾隆中叶后，人口增长的速度仍然很快。明万历六年（1578年），湖南人口史书记载为191万余人，由于战乱与灾荒，清康熙二十四年（1685）曾减少为121万余②，但至乾隆十一年（1746），即剧增为1354万人。与康熙二十四年比，60年间，增加10倍有余。至1840年（道光二十年）鸦片战争前，更增为1989万余人。与明代人口数相比，300年间，增率至10倍强。

---

① 洪武二十六年，湖广地区（包括今湖北、湖南两省）人口4702660人，万历六年，为4398785人。已知万历六年湖南人口为191万余人，可推知洪武二十六年湖南人口约200万。
② 据《清文献通考·户口》，湖南布政使所辖人丁为303812个。毛汉生主编《中国人口·湖南省》按每丁带4口换算（实际只带3口），全省人口共有1213368人，今姑按此。赵文林等《中国人口史》核定当时（康熙二十四年）全国丁口比例1∶4.93，加上大量的隐匿户口，则实际人数大大超过此数。

第三章 清代湖南人口结构研究

这种情况，与过去历代人口的缓慢发展，绝对数字低微，恰呈鲜明对照。为了便于分析，兹列表于下：

表3-2　　　　　　　清代前、中期湖南人口增长

时间	人口数（单位：人）
1578年（明万历六年）	1917052
1685年（清康熙二十四年）	1213368
1746年（乾隆十一年）	13540461
1753年（乾隆十八年）	13018510
1757年（乾隆二十二年）	13681743
1759年（乾隆二十四年）	14025925
1764年（乾隆二十九年）	14394412
1771年（乾隆三十六年）	14620589
1776年（乾隆四十一年）	14989777
1780年（乾隆四十五年）	15423842
1786年（乾隆五十一年）	16068000
1787年（乾隆五十二年）	16165000
1788年（乾隆五十三年）	16262000
1789年（乾隆五十四年）	16348000
1790年（乾隆五十五年）	16450000
1791年（乾隆五十六年）	16556000
1816年（嘉庆二十一年）	18754259
1819年（嘉庆二十四年）	18892000
1820年（嘉庆二十五年）	18929000
1830年（道光十年）	19523000
1831年（道光十一年）	19535000
1832年（道光十二年）	19547000
1833年（道光十三年）	19565000
1834年（道光十四年）	19601000
1835年（道光十五年）	19634000
1836年（道光十六年）	19686000
1837年（道光十七年）	19727000

续表

时间	人口数（单位：人）
1838 年（道光十八年）	19777000
1839 年（道光十九年）	19822000
1840 年（道光二十年）	19891000

注：此表系综合光绪《湖南通志》、严中平《中国近代经济史统计资料选辑》、张朋园《中国现代化的区域研究·湖南省》提供的数据制定。

从表3-2我们可看出，1578年（明万历六年）人口为1917052人，而1685年（清康熙二十四年）人口为1213368人，历时100余年，人口数不但没增加，反而减少693684人，但1746年（乾隆十一年）人口为13540461人，比1685年（康熙二十四年）的1213368人增加10余倍，1840年的19891000人比1685年的人口增加18677632人，平均每年增长120501人。就整个清代前、中期湖南人口的发展变化来看，特点是呈快速增长态势，但就明末清初湖南人口的变异来说，先是急剧减少，尔后又是"爆炸"式地激增。减少的原因是很清楚的，主要是由于战乱和自然灾害，特别是战乱。继李自成、张献忠农民起义及清兵相继入湘后，康熙十二年（1673），又发生了吴三桂反清事件。吴反清以湖南为主要战场，两军交锋，人口大量丧亡，不少地方竟是"百里无人烟"①。"残毁瓦砾荆榛，千里如一，青磷白骨，所在皆然。"② 如此历年兵祸，任何社会都承受不起。嘉庆《长沙县志》谓："旷土漫衍，人星寥落"③，乃至于有"弥望千里，绝无人烟"之说④。战后人口增加的原因是多方面的。首先，生产力的恢复。战后生产力的恢复性发展进入了一个新的时期。"铁制农具得到了广泛运用。土地被更广泛地开垦，达到了野无旷土"⑤，这也是生产力发展的一个重要标志。人口的增长，促使人们去寻找和开辟更多的荒地。可耕地的扩大，粮食产量的增加，反过来又促使人口的增长。其次，清初统治者对赋税政策的调整

---

① 光绪《永定县乡土志·兵事》，湖南人民出版社2017年版。
② 嘉庆《善化县志》卷一九，凤凰出版社2010年版。
③ 嘉庆《长沙县志》卷一七，凤凰出版社2010年版。
④ 刘余谟：《垦荒兴屯疏》，《皇期经世文编》卷四三，上海焕文书局1902年版。
⑤ 路遇、滕泽之：《中国人口通史》下册，山东人民出版社1999年版，第782页。

及安定的社会环境。雍正五年（1727）又进一步采取"地丁合一""摊丁入亩"（即将丁赋分摊到土地税）办法，乾隆时期继续推行之。这样丁税既除，长期以来隐匿户口的现象势必大大减少。自清顺治中期后，全国多数地区已渐趋安定，于康熙十二年（1673）爆发的"三藩之乱"先后被平息。"康乾盛世"使人民安居乐业，人口自然增长加快。再次，"招民开垦"政策导致邻省人口大量移入湖南，其中主要来自江西。魏源在《湖广水利论》中曾引述当时民谣，有"江西填湖广"之说。① 谭其骧的《中国内地移民史——湖南篇》，充分利用地方志中的氏族志，考出"湖南明清两代的移民，三分之二来自于江西省，湖南北部多南昌府人，南部多吉安府人"②；第三，长期以来，人们误把清初以前的户口数当成实际人口数，这就造成过去人口统计数字中，历代（直至清初）人口绝对数量偏少，与清乾隆年间开始的实际人口统计数字形成了惊人差距。著名人口史学家葛剑雄教授对此做出了比较合理的解释，他认为："在18世纪以前的户口调查和统计数都是为了征集赋税徭役，直到清朝实行'永不加赋'和'摊丁入亩'，此后才转变为人口调查。明朝初期以后，户口调查的重点已转向承担赋役的对象，并且折算成为与钱谷等值的'丁额'，导致'口'数在300年间基本不变，还略有下降。清乾隆初年以前的统计数都是'丁'，其性质与明代的'丁额'相同，在改为统计全部人口后，总数才会一下子增加几倍。"③ 又据人口史专家赵文林等人研究，清康熙二十四年（1685），全国丁与口的比例为1∶4.93，明万历六年（1578），全国户与口的比例为1∶5.71。④ 考虑有些户可能不止一丁，而湖南的户与口，丁与口的比例也不一定符合全国的平均数，因此，我们选择1∶5的概数。按1∶5换算，则万历六年湖南的实际人口数为9585260人，而不是原统计的1917052人。

---

① 《魏源集》，中华书局1976年版，第388页。
② 谭其骧：《中国内地移民史——湖南篇》，《史学年报》1933年第4期，第56—58页。
③ 葛剑雄：《中国人口史》，复旦大学出版社2005年版，第156页。
④ 赵文林等：《中国人口史》，人民出版社1988年版，第46、378页。

三 清代后期湖南人口的缓慢增长

自 1840 年鸦片战争后至 1911 年清朝的覆灭大约 70 年历史,湖南人口呈缓慢增长趋势。为了便于探讨,兹将清后期历年人口数字列表 3-3 于下:

表 3-3　　　　　　　　清后期湖南人口历年统计

时　间	人口数（人）
1840 年（道光二十年）	19891000
1842 年（道光二十二年）	20032000
1845 年（道光二十五年）	20360000
1847 年（道光二十七年）	20504000
1850 年（道光三十年）	20614000
1851 年（咸丰元年）	20648000
1855 年（咸丰五年）	20754000
1858 年（咸丰八年）	20841000
1860 年（咸丰十年）	20940000
1862 年（同治元年）	20992000
1864 年（同治三年）	20996000
1870 年（同治九年）	20998000
1874 年（同治十三年）	21000000
1875 年（光绪元年）	21000000
1876 年（光绪二年）	21000000
1877 年（光绪三年）	21001000
1878 年（光绪四年）	21002000
1879 年（光绪五年）	21002000
1880 年（光绪六年）	21002000
1881 年（光绪七年）	21002000
1885 年（光绪十一年）	21005000
1888 年（光绪十四年）	21007000

续表

时　间	人口数（人）
1890 年（光绪十六年）	21008000
1892 年（光绪十八年）	21009000
1893 年（光绪十九年）	21009000
1894 年（光绪二十年）	21010000
1895 年（光绪二十一年）	21011000
1896 年（光绪二十二年）	21011000
1897 年（光绪二十三年）	21012000
1898 年（光绪二十四年）	21174000
1902 年（光绪二十八年）	23600000
1909 年（宣统元年）	24075615
1910 年（宣统二年）	19581503
1911 年（宣统三年）	23402992

注：1902 年、1909 年、1910 年三年数字，据张朋园《中国现代化的区域研究·湖南省》；其他各年数据，均据《湖南省志·地理志》上册。其中 1909 年数据略有修正。

从表 3-3 可看出 1840—1911 年的 70 年间，人口由 19891000 人增长至 23402992 人，共增长 3511992 人，平均每年增长 50171 人，其增速比清前、中期显著减慢，但仍在平稳增长，没有出现清前、中期的大起大落的现象。仔细考察，清后期 70 年中，人口变化也出现波动，大体可分为三段（1840—1864，1865—1895，1895—1911），前段和后段人口增长相对较快，中段增长较慢。具体就这三个小段来说，还有各自的特殊条件和特点。前段（1840—1864）人口由 19891000 人增至 20996000 人，25 年间净增 1105000 人，年增均 44200 人。这个时期主要是太平天国起义时期，在湖南境内发生的战争时间不长（1852 年太平军过境，1854 年西征军入湘和 1859 年石达开过湖南），不仅如此，湖南作为湘军的故乡，还得到精心的经营，如骆秉章、左宗棠等整顿田赋，剔除漕弊，抽收厘金，湖南经济还有所发展。人口因此能保持一定速度的增长，当与此有关。中段（1865—1895）人口由 20996000 增至 21011000 人，30 年间净增 15000 人，年平均增加仅 500 人，增加极为缓慢，实际上等于没增加，停滞了近 30 年之久，这也是少见的。这个时段是全国民族危机加剧和洋务运动时期。湖南社会较为动荡，会党起义连绵不断，继前段湘军出省东征后，湖南又组织西征军，陆续开赴陕、甘、新疆，最后落籍西北地区。这种"政治因素的移民"也成为湖南人口减少的一个因素。[①] 另外，据上表的历年增长数字，我们不妨设想此段人口增长的停滞，还可能由于事实上多年未进行户口登记，而是照抄前一年或前几年的数字缘故。例如 1874 年、1875 年、1876 年三年数字相同，1878 年、1879 年、1880 年、1881 年四年数字也一样，而多数增长的年份，也只是递增 1000 人左右。这些情况在一个大的省区人口变迁史上，是绝不可能发生的。由于户口缺乏管理，隐匿户口的现象当亦不少。后段（1895—1911）人口由 21011000 人增至 23402992 人，16 年间净增 2391992 人，年平均增加 149499 人，是近代湖南人口增长中一个少有的高峰。这个时期是戊戌维新运动和辛亥革命。戊戌维新，岳州、长沙相继开埠，清末新政和立宪运动，收回利权运动等都起到了推动和刺激湖南经济发展的作用，有利于人口的增殖。[②] 为举办新政和预备立宪而加强户口调查，也使长期隐匿户口的现象得到比较有效地克服。所有这些因素综合起来，就使人口在统计上有了一个比较大的改变，而显得这一段人口增长较快。但这些年间人口也并不是逐步、平衡发展。表 3-3 中 1910 年比 1909 年剧减 4494112 人，当主要是由于户口统计上的误差。此外，人口增幅与 1909 年、1910 年连续两年水灾造成的生命财产损失和饥荒也有一定关系。

四 人口年增长率

通过对清代湖南人口数量的发展变化的研究，我们已得出：清前、中期人口快速增长，清后期呈稳定而缓慢增长的态势。但其年增加率的情况又是如何呢？有学者通过研究，给出的年增长率情况如下表 3-4 所示：

---

① 张朋园：《中国现代化的区域研究·湖南省》，台北"中央"研究院 1983 年版，第 20 页。
② 刘泱泱：《近代湖南社会变迁》，湖南人民出版社 1998 年版，第 33 页。

表 3-4 清代湖南人口年增率

年 代	人口（人）	年增长率（%）
1578 年（万历六年）	1917052	—
1746 年（乾隆十一年）	13540461	1.17
1753 年（乾隆十八年）	13018510	-0.56
1757 年（乾隆二十二年）	13681743	1.25
1759 年（乾隆二十四年）	14025925	0.52
1764 年（乾隆二十九年）	14394412	0.12
1771 年（乾隆三十六年）	14620589	0.28
1776 年（乾隆四十一年）	14989777	0.5
1780 年（乾隆四十五年）	15423842	0.72
1783 年（乾隆四十八年）	15676488	0.54
1786 年（乾隆五十一年）	16068000	0.83
1791 年（乾隆五十六年）	16556000	0.60
1819 年（嘉庆二十四年）	18892000	0.47
1830 年（道光十年）	19523000	0.30
1840 年（道光二十年）	19891000	0.19
1842 年（道光二十二年）	20049000	0.40
1851 年（咸丰元年）	20648000	0.33
1855 年（咸丰五年）	20754000	0.13
1860 年（咸丰十年）	20940000	10.18
1865 年（同治四年）	20996000	0.05
1875 年（光绪元年）	21000000	0
1880 年（光绪六年）	21002000	0
1885 年（光绪十一年）	21005000	0
1890 年（光绪十六年）	21008000	0
1895 年（光绪二十一年）	21001000	0

资料来源：万历八年：光绪《湖南通志》卷四八，第 10—11 页。乾隆十一年至四十八年：《清朝文献通考》卷一九。乾隆五十一年至道光二十年：李文治编《中国近代农业史资料》，第 9 页。咸丰元年至光绪二十一年：同上书，第 10—17 页。光绪二十八年、宣统二年：王士达《近代中国人口的估计》，《社会科学杂志》第 2 卷第 1 期，第 100 页。

根据上表，我们可分两个阶段来对人口年增长率进行分析，第一个阶段是 1578 年（万历六年）到 1840 年（道光二十年），其年均增长率为 0.495%。其中 1746 年到 1753 年的增长率为负数，即 -0.56%。这应当与灾害有很大关系。根据《湖南通志》及《中国近代农业史资料》有关文献资料记载，此期间共有 26 个州县遭受水旱灾①，几乎占乾隆时期全国总受灾州县的三分之一。但从 1753 年到 1840 年来看，其人口增长率基本上先是逐渐递增而后递减，其中，以 1786 年的 0.83% 为分界线。但总的来看，这一阶段年均 0.495% 的增长率是很高的。人口呈快速增长，这是因为：清初生产力的发展，铁制农具广泛运用，土地被更广泛开垦，粮食产量增加，促进了人口增长；其次，清统治者先后颁布谕令，调整了赋税政策，以及安定的社会环境，"康乾盛世"使人民安居乐业，人口自然增长加快，因而导致过高的年增长率。第二阶段从 1840 年（道光二十年）到 1910 年（宣统二年），这一阶段经历了 70 年，其年均增长率为 0.082%，是比较低的，其中，自 1842 年 0.40% 依次递减为 1865 年的 0.05%，而后，自 1870 年到 1895 年的年增长率均为 0。这是因为：自 1840 年后，中国进入了半殖民地半封建社会。在这个时期，外国列强向中国发动了多次侵略战争，国内发生数次革命高潮，社会动乱不安，因而对人口的增长产生了很大的负面影响。除此之外，水旱灾害的影响也是不可忽视的，例如："1849 年，全省大荒且疫，俗称'己酉大荒'长沙、善化聚集饥民数十万人，湘潭城乡散居饥民数万人，湘阴城内舟楫往来，竟成水市，溺病而死者无数，武冈人人皆是菜色，武陵户口多灭，龙阳饥民集中县城，瘟疫寻作，死者数以万计。"② 1895 年到 1902 年间人口年增长率高达 1.68%，显然是因资料的来源不同而有如此大的差异。1902 年到 1910 年人口年增加率为 -1.7%，这是清朝最低的时期，当然除记载有问题外，也与灾害有关。③

---

① 张朋园：《湖南现代化的早期进展（1860—1916）》，岳麓书社 2002 年版，第 17 页。
② 田伏隆：《湖南近 150 年史事日志》，中国文史出版社 1993 年版，第 5—6 页。
③ 张朋园：《湖南现代化的早期进展（1860—1916）》，岳麓书社 2002 年版，第 13 页。

第二节 人口的空间分布及性别结构

一 历史上湖南人口区域分布变迁简况

"人口的发展、聚集，多与各地政治经济状况有密切的联系。"① 先秦时，湖南总的来说尚未开发，地广人稀。相对来说，湘西北澧水下游一带人口比较稠密，原因是：一、有洞庭湖、澧水灌溉之利和交通之便；二、接近楚国都城郢（今湖北江陵），当楚向南发展的要冲；三、楚最先在湖南设立的黔中郡治所，也在湘西北的沅陵。

秦始皇三十三年（前214），令史禄开凿灵渠（今兴安运河），沟通湘江与桂水上游，打开通往南越的要道，灵渠成为运输粮食的水道。湘江流域特别是中上游零陵一带开发加快，人口增长较快，而湘西北的地位开始下降。

汉时，于湖南设长沙、零陵、桂阳、武陵四郡。湘江流域的长沙、零陵、桂阳三郡人口无论发展速度、人口总量和密度都超过了开发较早的湘西北的武陵郡。特别是零陵郡（永州）的人口发展速度更令人瞩目。

至宋代，情况逐步发生变化。一方面，中原地区和东部邻省江西人口源源不断移入洞庭湖周围和湘中地区，加速了这一地区经济文化的发展。另一方面，北宋时期，永州的人口密度虽然仍居第一位，但第二位的潭州已紧逼其后，相差无几。而且，湘北、湘中正继续以远远高于湘南的速度向前发展，永州则相对趋于衰退。

在元代，长沙地区（时称天临路）的人口密度已超过近千年间一直领先的永州。长沙之所以与宋代不同，仅居于常德、岳州、澧州等路之后，是因为这一地区宋末元初遭战争破坏较激烈，人口一度锐减。湖

---

① 刘泱泱：《近代湖南社会变迁》，湖南人民出版社1998年版，第38页。

南人口分布，已形成以长沙为中心，溯湘江南至衡阳，沿洞庭湖边胭区北至岳阳，西至常德、澧州，中部溯资江至宝庆（邵阳），类似反 K 字形的人口稠密区。湘西及湘西南边区人口则相对较少，这种人口区域的分布格局，历明、清至近代，变化不大。

二 清代湖南人口空间分布结构的变化

明清时期的湖南以湘中河谷平原、丘陵盆地和洞庭湖平原人口比重最大，湘南丘陵地区居次，湘西北、西南山区最小。就各大区来看，人口分布呈湘中——洞庭湖平原——湘南——湘西南——湘西北序列。现列表 3-5 如下：

表 3-5　　　　万历、嘉庆湖南各大区人口密度　　单位：人/每平方千米

区域	面积（平方千米）	万历六年（1578）	嘉庆二十五年（1820）
洞庭湖平原	30173	14.1	130
湘中	46181	12	135
湘南	40617	8.6	73.7
湘西南	56261	7	57.9
湘西北	38568	4.8	53.8

资料来源：湖南省测绘局《湖南省地图册》，湖南地质出版社 1987 年版。

从地方各府人口分布结构看，至明清时期，湖南人口分布已形成以长沙为中心，溯湘江南部至衡阳，沿洞庭湖四周北至岳阳，西部至常德、澧州、中部溯资江至宝庆的人口稠密区。湘西及湘西南山区各府州人口则相对较稀少。为了分析说明问题，兹将清代中期湖南各府人口及所占百分比列表如下：

表 3-6　　　乾隆四十一年、嘉庆二十五年湖南分府人口及百分比

府州	乾隆四十一年（1776）		嘉庆二十五年（1820）		名次
	人口（万人）	百分比例（%）	人口（万人）	百分比例（%）	
长沙府	341.9	22.14	445.3	23.5	1
衡州府	183.7	12.0	228.8	12.1	2

续表

府州	乾隆四十一年（1776）		嘉庆二十五年（1820）		名次
	人口（万人）	百分比例（%）	人口（万人）	百分比例（%）	
宝庆府	140.3	9.2	182.5	9.6	3
岳州府	122.6	8.0	159.6	8.4	5
常德府	106.6	7.0	127.0	6.7	6
澧州	84.5	5.5	109.0	5.7	7
永州府	140.4	9.2	171.0	9.0	4
郴州府	78.1	5.1	94.6	5.0	8
桂阳州	72.2	4.7	79.4	4.2	10
永顺府	49.8	3.3	71.6	3.8	11
湘西四厅	19.0	1.2	24.7	1.3	14
靖州	50.5	3.3	53.7	2.8	13
辰州府	80.6	5.3	90.9	4.8	9
沅州府	55.0	3.6	60.0	3.2	12
合计	1525.0	100.0	1898.1	100.0	—

注：此表数据转引自曹树基《中国人口史》第五卷《清时期》，第693页。

从表3-6，可观察到清代中期的湖南各府人口在全省总人口的比例是比较稳定的。从乾隆四十一年（1776）到嘉庆二十五年（1820）将近50年的时间，各府区人口增长变化较平稳。这两个时期，其所占比例相比变化不大，基本保持原有比例，这种人口结构与清代中期比较安定的社会政治环境有很大关系。这一时期，人口数量位于前三名的是长沙府、衡州府、宝庆府。而位于后三位的是湘西四厅、靖州、沅州府。

事实上，"在清代中期，衡州、长沙、宝庆、岳州、澧州等地的人口年平均增长速度均为6‰左右，反映出湖南发达农业区域人口的增长速度是大体一致的"[①]。如果我们从人口密度角度来分析，也会发现有其特点。湖南面积21万平方千米，1816年平均每平方千米有85.90人，1917年149.30人。在嘉庆时期，人口最密的是岳州府每平方千米

[①] 张朋园：《湖南现代化的早期进展（1860—1916）》，岳麓书社2002年版，第15页。

135.6 人，最稀的是乾州、凤凰等四厅每平方千米 32.7 人。到了民国初年，最高的则为衡州府的每平方千米 228.7 人，最低的仍属原先的四厅每平方千米 55.5 人。大体言之，湘江流域及洞庭湖平原的人口较稠密，西部及南部山区较稀疏。现将人口密度列表 3-7 如下：

表 3-7　　　　　　　　　　湖南人口密度

府州别	面积		嘉庆二十一年（1816）			民国六年（1917）		
	面积（平方千米）	百分比（%）	人口（人）	每平方千米人数	百分比（%）	人口（人）	每平方千米人数	百分比（%）
长沙府	41837.4	19	4290086	102.5	23	7047510	168.4	22
衡州府	17167.2	8	2321431	135.2	13	3916310	228.7	12
永州府	23409.8	11	1629946	69.6	9	3262623	139.3	10
宝庆府	22329.3	10	1624155	72.7	9	4127759	180.4	13
岳州府	12605.3	6	1709497	135.6	9	2173028	172.4	7
常德府	11945.0	6	1219755	102.1	7	2225831	186.3	7
辰州府	12845.3	6	898954	70	5	2117841	156.3	6
永顺府	13445.6	6	643095	47.4	3	893966	65.9	3
沅州府	7623.2	4	537396	70.5	3	813167	106.6	3
郴州	13445.6	6	997021	74.2	5	1677876	124.8	5
靖州	9904.1	5	608463	61.4	3	934353	94.3	3
澧州	15606.5	7	1033980	66.3	6	2036648	130.1	6
桂阳州	6902.9	3	773353	112	4	753590	109.2	2
四厅	50902.4	3	192722	32.7	1	327583	55.5	1
合计	215089.5	100	1847985	85.9	100	32108085	149.30	100

资料来源：土地面积，《湖南近百年大事记述》，第 350—352 页。民国人口：《湖南近百年大事记述》，第 355 页。嘉庆人口：《湖南通志》卷四八，第 11—37 页；卷四九，第 1—33 页。

从上表可看出清代湖南人口分布较为稠密的地区是长沙、衡阳、常德、宝庆、岳州、永州、桂阳州等七大区域，这几个地区位于洞庭湖边腴区及湘、资、沅、澧四水流域。这几个地区，开发较早、地当要冲，水陆交通便捷，土地肥沃，农业生产条件较好，生活条件相对优裕，因而人口自然增殖快。由于在这几大区域谋生较易，从而使得这些地区成为四方人口荟萃之地。而人口最为稀少的地区主要集中于湘西和湘西南部边远山区，特别是少数民族聚居的乾州、凤凰、永绥、晃州四厅及永顺、辰州。这些地方山高林密、地形陡峭、交通极不便利，农业生产条件较差，加之历代统治者对少数民族的歧视和压迫，这些地区便"自然"成为省内最为贫困的地区，经济发展相当缓慢。因而人口的自然增长慢，人口稀少也就不足为怪了。

三 清代湖南人口性别结构

人口的性别构成指一定地区两性人口数量的比例关系。它通常以性别比例这个指标加以表示。性别比例评价以平均100个女性所相应的男性人数来测量。如大于100，表明男性人数多于女性人数，小于100，则说明男性人数少于女性人数。[①]

由于小农经济和熟人社会宗法制度的影响，中国历史上长期存在着重男轻女的观念和溺女婴的恶习。传统人口性别结构中男多于女、男女比例严重失调的现象长期存在。但由于清代以前，历代户口调查和统计都只着眼于承担赋役的男丁，而将妇女排斥在外，女性人口因此而无统计（清代虽然"摊丁入亩"，户口调查转为真正的人口调查，包括了妇女在内，但未进行性别分析）。因此，关于历史上人口性别结构的资料极少，无从进行抽样分析。直至清末，随着妇女解放思潮的兴起和立宪运动的高涨，清政府为着"预备立宪"的需要，才着手进行比较细密的人口调查，调查中才包括了人口性别的分析。因此，我们在这里主要讨论与分析的就是清末时期的人口性别结构的变迁情况。

清代湖南人口性别结构的调查，就全省范围的统一调查来说，始自清王朝临终前三年，即宣统元年至三年（1909—1911）。由于辛亥革命发生，1910年仅完成湖南省61州县的调查。这61州县计19581503人，其中男10867602人，女8713901人。平均每县321008人，其中男

[①] 胡焕庸、张善余：《中国人口地理》上册，华东师范大学出版社1984年版，第78页。

178157人，女142851人。如果我们按此平均数推算其他尚未完成调查的14州县，则此14州县约计4494112人，其中男2494198人，女1999914人。两相合计，可得全省1909年（按开始调查之年计）为24075615人，其中男13361800人，女10713815人。[1] 民国时期，湖南人口调查较为经常，统计资料较为完备。为了便于研究分析，兹合并列表3-8如下：

表3-8　　　　　　　清末至民初湖南人口性别结构

时间	人口总数（人）	男口（人）	女口（人）	男女比例（以女口为100）
1909年	24075615	13361800	10713815	124.7
1910年	19581503	10867602	8713901	124.7
1911年	23402992	13108577	10294415	127.3
1912年	27616708	14744672	12872036	114.5

由表3-8可见，清末至明初湖南人口比例大体在120∶100上下波动。同治《衡阳县志》也记载："县民男多于女，率十之二"[2]，大体能反映全省的一般情况。对于人口性别结构，如果再进一步进行区域考察，历史资料会告诉我们，在一些经济文化落后地区，或一些偏远山区，一般来说，男女比例严重失调，失调比例要大大高于同时期全省平均值。例如：清末的邵阳是个大县，辖境包括今邵阳市区和邵阳、邵东、新邵三县，光绪三十三年（1907）成书的《邵阳县乡土志》记载，邵阳共有1188008人，其中男721616人，女466392人，男女之比例高达154.8∶100。[3] 僻处西南边境山区的城步县，为苗族较为聚居的地区，经济文化长期处于落后状态，据同治七年（1868）刊印的《城步县志》记载，其时仅有人口86017人。其中男54565人，女31452人，比例更高达177∶100。[4] 现列表3-9如下：

---

[1] 张朋园：《中国现代化的区域研究·湖南省》，"中央"研究院1983年版，第13页。
[2] 同治《衡阳县志》卷三《财役四》，岳麓书社2010年版。
[3] 光绪《邵阳县乡土志》卷二，凤凰出版社2010年版。
[4] 同治《城步县志》卷二，江苏古籍出版社2002年版。

表3-9　　　　　　　　城步、邵阳县男女人口数比较

调查时间	县（市）名称	男口（人）	女口（人）	百分比例（%）
1868	城步县	54565	31452	177∶100
1907	邵阳县	721616	466392	154.8∶100

资料来源：同治《城步县志》卷二；光绪《邵阳县乡土志》卷二。

湖南有的地方人口中男性比例为什么会奇高，这可以从溺女婴的陋习中得到更多的解释。嘉庆《长沙县志》中说："此邦风俗向有溺女陋习，至今相沿，牢不可破，溺死如草菅，全不顾恤。"① 《衡州府志》说："溺女之惨，昔有严禁，今衡俗犹然未改也。"② "邵阳之俗，民贫弃子。"③《城步县志》载："城步有溺女者，其意最惨。"④ 尽管官方一直发禁令阻止溺女婴行为，或设育婴堂以减少溺婴发生率，但各地溺死女婴的行为仍继续不断（当然，溺婴原因可能是由于怕将来要提供丰厚的嫁妆，另一部分原因可能是由于不想供养过多的人口）。17世纪后期，湖南一位知县深知"衣食足然后知荣辱"乃人之本性，因而并不只是向穷人，而是向富人呼吁禁止溺女婴。他到处布告：凡富足之家能抚养两个女儿者将挂牌褒扬。⑤

四　影响湖南人口空间与性别结构的主要因素

影响人口结构的因素是很多的。就人口数量结构来说，传统时代的人口增减，最直接的原因是粮食问题。湖南盛产稻米，有"湖南熟、天下足"的谚语。据统计，湖南省一年两熟，所有稻谷9500余万石，足可供4500余万人食用。如果一地的粮食足敷食用，则人口应当是有增无减。但清代湖南人口的变化是起伏不定的，有时增减剧烈，有时增减缓慢。人口增减除粮食因素外，当然还有其他许多因素，下面我们主

---

① 嘉庆《长沙县志》卷一七，凤凰出版社2010年版。
② 康熙《古今图书集成》卷一九四九，中国戏剧出版社2008年版，第391页。
③ 光绪《湖南通志》卷之末，湖南人民出版社2017年版，第23页。
④ 同治《城步县志》卷四，江苏古籍出版社2002年版，第9页。
⑤ 何炳棣：《明初以降人口及其相关问题1368—1953》，葛剑雄译，生活·读书·新知三联书店2000年版，第71页。

要从天灾、人口迁移、战乱、溺女婴等方面来讨论这些因素对人口结构的影响。

（一）天灾

根据地方志记载，康熙三十年至宣统二年（1691—1910），湖南共发生水旱兵灾63次，每次波及的灾区，多者高达十七州县，少者亦有三、五州县。地方志对于这些天灾人祸的记载都很简略，缺乏死亡人数统计，惟从一些非统计性的资料，可以了解每有灾祸，死亡人数均甚惊人。乾隆十一年（1746）湘乡、临武大水，地方志记载："居民溺毙无算。"嘉庆十一年（1806）龙阳（今汉寿）大水，地方志谓："溺死居民甚重。"道光七年（1827）春，长沙大水，全城为水冲刷，一诗人谓："到晚一城都成空，水合大江流向东；直至六月犹奇臭，郡城无人饮其中。"道光十二年（1832）"是岁饥，大疫，死者无算"。《悯疫吟》说："市镇死人乱如麻，十室九空鬼大哗。"道光二十四年（1844）"全省大疫，至明年乃止，死者无算"。地方志也说："夜行不以烛者，多触横街死人，以致倾跌。盖其时饥者元气已尽，又加以疫，人人自分必死，尝见有扶杖提筐咨且于道，忽焉掷筐倒地而死者；有叩门呼乞，倏焉无声而死者。人命如此，天惨地愁矣。"[①] 水旱疫灾的结果是百姓非饥馑即疫疠，当然使人口减少。

（二）人口迁徙

如前所述，谭其骧在《中国内地移民史——湖南篇》中，充分利用地方志中的氏族志，考出"湖南明清两代的移民，三分之二来自江西省，湖南北部多南昌府人，南部多吉安府人"[②]。江西人之入湖南，大多是经济性的移民。外来做官而后定居者，也是人口增加的因素。当然，湖南吸收外来移民时，本省人口亦有迁出者，明季张献忠之乱，屠杀四川人至"鸡犬不留"，1671年（康熙十年）四川两湖总督联奏，凡愿移民四川者，免赋役五年，政府且供给农具种籽。有官吏能发动移

[①] 以上史料见光绪《湖南通志》卷二二四，湖南人民出版社2017年版，第21、31、33、36、44页。

[②] 谭其骧：《中国内地移民史——湖南篇》，《史学年报》1933年第4期，第56—58页。

民三百人者，立即升一级，候补官吏立即可以得缺。两湖人之大举移川至此始。谚云"移湖广填四川"，即指此次移民。湖南入川的移民，多宝庆、长沙、岳州三府之贫户，入川后大多定居犍为、安县及沿江一带。"1877至1878年间，陕西干旱，死亡甚众，土地荒废，湖南人又有前往垦殖者。"① 如此等等。咸同太平军兴，湖南人与之对抗，湘军转战四方，东至苏皖，南至闽浙，西至黔蜀，北至关陇。同治陕甘回乱，波及新疆，左宗棠率所部湘军出关规复，军队自此屯驻，最后落籍。"民国初年之陕甘湖南人与平津人及本地人鼎足而三。"②

（三）战乱

兵荒马乱的战争年代对人口的影响也是显而易见的。例如，明季张献忠杀戮百姓，湖南亦受影响。清人入关，又是一次大劫。三藩之乱"残毁瓦砾荆榛，千里如一，青磷白骨所在皆然"③。乾嘉时期苗民起义及太平天国运动对湖南人口的损失也是巨大的。这里，笔者主要就太平天国运动对湖南人口的影响作一样本分析：1852年6月，太平军从永州进入湖南，占道州、江华，9月经永兴、安仁、茶陵、攸县、抵长沙，11月底克益阳、岳州进入湖北，咸丰四年，太平军第一次西征，在岳州、宁乡、湘阴、湘潭、龙阳、常德等地作战，咸丰九年，石达开部太平军从江西进入湖南，过桂阳、宜章、兴宁、郴州、宝庆等地。同治四年，太平军败，湖南境内战事结束。为了叙述的方便，现将太平天国前后湖南各府人口变动列表3-10如下：

表3-10　　　太平天国战争前后湖南各府区人口的变动　　　单位：万人

府州	1851年人口数	1865年人口数	人口减少数
长沙	532.4	578.9	—
衡州	275.4	222.5	52.9
桂阳	84.3	67.6	16.7

---

① 罗尔纲：《太平天国革命前的人口压迫问题》，《中国经济史集刊》卷8第1期，第53—54页。
② 谭其骧：《中国内地移民史——湖南篇》，《史学年报》1933年第4期，第102—104页。
③ 嘉庆《善化县志》卷一九，岳麓书社2011年版。

续表

府州	1851年人口数	1865年人口数	人口减少数
永州	195.7	208.4	—
宝庆	204.9	200.2	4.7
岳州	195.3	113.0	82.3
澧州	132.7	145.3	—
常德	131.9	139.0	—
辰州	101.0	105.0	—
沅州	62.4	63.6	—
永顺	71.1	73.3	—
靖州	65.1	50.0	15.1
湘西诸厅	19.9	32.6	—
郴州	108.8	85.1	23.7
合计	2180.9	2085.0	195.4

注：此表根据曹树基《中国人口史》第五卷《清时期》，第552页编制。

从上表3-10，我们不难看出，太平天国战争中，湖南人口因战大约死亡200万人。约占湖南人口的10%。其中死亡人口最多的是岳州府82.3万，占湖南死亡人口的40%左右，其次是衡州府和郴州府，分别死亡52.9万、23.7万，分别占死亡人口的25%、9%左右。

（四）溺女婴

中国传统上认为"五男二女"的家庭结构最为理想，由此形成了重男轻女的观念。因此常有女婴刚一出生，即遭溺毙。据云，此风于汉朝已经盛行。湖南受其影响，不会晚于宋朝。《湖北蒲圻县志》指出鄂湘两省，人民希望生儿，不愿生女，如女过多则将之溺毙。① 《岳阳风土记》云："生子计产授口，有女，溺之。"② 《长沙县志》云："此邦风俗，向有溺女陋习，至今相沿，牢不可破，……溺死如草菅，全不顾恤。"③

---

① 顾际熙等修：同治《湖北蒲圻县志》卷一，武汉大学出版社2021年版。
② 范致明：《岳阳风土记》，《古今逸史》，文物出版社2020年版，第18册。
③ 嘉庆《长沙县志》卷一七，长沙市档案馆2017年版，第80—82页。

《衡州府志》云："溺女之惨，昔有严禁，今衡俗犹然未改也。"① "邵阳之俗，民贫弃子"②，《蓝山县志》云"俗贵男而贱女，贫家尤患此，甫生而多溺，伤人道甚矣"③。《城步县志》云："城步有溺女者，其意最惨。"④ 此类记载，举不胜举。何以溺婴？一因贫穷无力抚养，二因富家不愿女长负担嫁奁。由于溺婴的关系，湖南男多于女。根据20世纪初的几种人口统计，湖南全省之男女比例为125：100。其中若干州县的男女比例，更是悬殊。如城步县差距高达77人。

表3-11　　　　　　　　湖南男女人口比较

时间与范围	男口数（人）	女口数（人）	男女比例（%）
1910年全省	10 867 602	8 713 901	124.5：100
1912年全省	12 161 646	9 550 557	127：100

资料来源：①1910年：见《杨文鼎、余诚格合奏湘省筹备宪政办理情形摺，三年八月廿一日批》，转见王士达《民政部户口调查及各家估计》，《社会科学杂志》1932年卷3第3期。②1912年：王士达《民政部户口调查及各家估计》，第315—316页，学童1465427人，因不分男女，未计入。

对于经济文化落后地区男女比例失调原因，可能一则由于熟人社会宗法制度观念较深，二是艰苦的环境更需要男性强壮劳动力的支持，因而重男轻女的观念和溺女婴的恶习更为严重，从而造成男女比例偏高的畸形结果。溺女婴的直接结果，一则影响人口的增殖率，二则构成社会问题。在男多女少的情况下，往往造成男人无妻可娶的困境，不能不说这是溺女婴所引起的又一种社会问题。

第三节　家庭结构及婚姻状况

一　传统社会的家庭和婚姻简溯

家庭是以婚姻和血缘为纽带的社会细胞，当然也是人口的基本生活

---

① 《古今图书集成》卷一九四九，中国戏剧出版社2008年版，第391页。
② 光绪《湖南通志》卷之末，湖南人民出版社2017年版，第23页。
③ 民国《蓝山县志》卷一，中国社会出版社1995年版，第34—35页。
④ 同治《城步县志》卷四，江苏古籍出版社2002年版，第9页。

单位。作为基本的社会生活单位，家庭具有如下一些共性：一是以婚姻和血缘为纽带结成亲密的社会共同体。其成员以夫妻、子女为核心，包括父母、祖父母、孙女及其他直系和旁系亲属；二是组成家庭的成员，生活同居、共财、合爨。说得清晰点，就是共同居住于一所和毗邻的几所房屋之内，劳动、生活统一管理安排；三是家庭具有生儿育女、抚养教育后代、安排生产消费、进行社会交往、保障成员利益和安全等诸多社会功能。清代，虽是中国封建社会传统家庭发展的最后时期，但发展也最为充分、典型。清代家庭集中地反映了中国旧式传统家庭的特点。这种特点主要表现有如下几个方面：

（一）家庭是基本的经济单位

家庭不仅是生活消费单位而且是生产单位。成员以家庭为单位进行农业生产和从事家庭手工业劳动，男耕女织。

（二）父亲制

血缘关系按父系计算，如祖、父、子、孙等一脉相承（传）、衍续无穷，注重传宗接代，注重生育，注重宗亲（有父系血缘关系的亲属），重男轻女。

（三）父权制

即父系家长制。每个家庭都有一个组织领导生产与消费的家长，这个家长一般由父亲（或祖父）担任。家长是家庭财产的所有者，是家庭一切交易的主宰，是家庭的代表，拥有高居于其他家庭成员之上的种种特权。子辈必须绝对尊重和服从父亲，"父为子纲"。

（四）夫权制

丈夫处于支配和统治地位，"夫为妻纲"。女子要"三从四德"，妇女完全处于无权的附属地位。[①]

另外，需要指出的是，建立于熟人社会基础上的传统家庭，曾对熟

---

① 以上参阅邓伟志、张岱玉《中国家庭的演变》，上海人民出版社 1987 年版；徐扬杰《中国家族制度史》，人民出版社 1992 年版。

人社会的稳定和发展起到过积极作用。① 在中国传统文化中，历来将家与国连在一起，有"国家""家邦"等词，并有所谓"家为邦本、本固邦宁"的说法。儒家政治理想"修身齐家治国平天下"，也把齐家摆在关键的地位，并认为"忠臣出于孝子之门"。这些都可见证与说明家庭在维护礼俗秩序统治中的基础性作用。

在中国传统社会里，婚姻行为的重点，不是男女个人的爱情和幸福，而是孝侍父母尊长，繁衍教养子女。在《礼记正义》中有这样两句话："天地合而万物兴焉，夫昏礼乃世之始也"；又说："昏姻者，将合二姓之好，上以事宗庙，而下以继后世也"。"由于有了婚姻，才有夫妻和比较确定的父母、子女关系，形成一个个代相传承的，大小不同的家庭。众多的家庭组成一个社会，于是又有了民族和国家。所以，社会学家把婚姻、家庭和性，看成是人类初级社会圈。"②

"男女择偶婚配，权在父母等长辈手中，这也是传统婚姻的一个重要特点。"③《明律》和《清律》都规定，嫁娶皆由祖父母、父母主婚；祖父母、父母俱无者，从余亲主婚。其夫亡携女适人者，其女从母主婚。除少数特殊者例外，没有父母等长辈作主的婚姻，在法律上是无效的。

当婚姻成立后，夫妻间名义上是平等的，即所谓"妻者齐也，与夫齐体"④。但同时又有夫为妻纲之说。有的更明确指出："妇人伏于人也，是故无专制之义，有三从之道。在家从父，嫁人从夫，夫死从子，无所敢自遂也"⑤，女子以服从丈夫为天职，这就注定了夫妻关系在事实上的不平等。在这个礼制的庇荫之下，丈夫可以名正言顺地纳妾，借着名义多妻，妻子不但只能消极忍受，而且还要为丈夫守贞持节，甚至不惜以身相殉，以表示从一不二，好马不配二鞍，好女不侍二夫。

由于清代是我国帝制的最后一个朝代，古代专制主义和等级制度经

---

① 参阅王跃生《十八世纪中国婚姻家庭研究》，法律出版社2000年版。
② 郑杭生：《社会学概论新编》，中国人民大学出版社1997年版，第215页。
③ 郭松义：《伦理与生活——清代的婚姻关系》，商务印书馆2000年版，第2页。
④ 陈顾远：《中国婚姻史》，上海书店1992年版，第176—177页。
⑤ 陈顾远：《中国婚姻史》，上海书店1992年版，第176—177页。

过长期积累、发展，已经十分成熟。反映在婚姻关系上，不但全盘承袭了三纲五常伦理，而且更趋于严密。这种制度反射到湖南人口社会，就使湖南的婚姻制度呈现出如下特点：一是更加强调婚姻的礼俗契约规定；二是加强了对节妇、贞女的表彰；三是嫁娶论财之风蔓延；四是良贱不能通婚。

二　清代湖南家庭结构

（一）家庭结构的形式

《礼记·昏义》说："婚礼者，合二姓之好。上事宗庙而下以继后世也。"因为涉及家族的利益与声誉，明清时期湖南各地都十分重视婚姻及其形式，因而在完成家庭组合之前，为婚前的礼仪消费开支也是十分巨大的。如聘礼与奁妆得遵从古礼。"聘妇之初，婿家先书男子年庚于红笺，谓之孪书。媒氏致之女家。副以鹅、汤、豚、果、钗、镯。或近或行猪羊，聘金数十两。女家亦书女子年庚于绿笺，复于婿家，回以冠履、布匹、纸笔、墨砚，是谓定亲。将婚之先，婿家择吉倩毁氏通之女家，名曰报日，继以服饰、鸡豚之属献之，名曰过礼。近或议帮奁资数十两，女家无报回书。婚之日，婚家饰彩轿设香案……鼓吹至女家。"①

这些礼俗湖南各地有差有异，但这种程序却是婚姻合法性的唯一渠道，而对一般家庭来说，此项花费难以承受。

婚宴是婚姻消费中的另一大项，它承担了获得社会认可、巩固婚姻关系的多重社会功能。为了获得社会认可，一般人家就是举债也要完成这样一件重大而又神圣的使命。光绪以前，湖南婚宴宾客尚简。"八人一席，酒不尽醉，偶遇喜庆，以十肴为准。贺仪亦薄，彼此往来自易。"② 但从光绪时起，奢糜之风渐盛，"父老相传数十年前未尝数见……'富家一席酒，贫家半年粮'。"③

---

① 嘉庆《安仁县志》卷四《风土·风俗》，江苏古籍出版社2002年版，第78页。
② 光绪《兴宁县志》卷五《风土·风俗》，江苏古籍出版社2002年版，第66页。
③ 光绪《兴宁县志》卷五《风土·风俗》，江苏古籍出版社2002年版，第66页。

媒钱也是婚姻消费中必不可少的开支。父母之命，媒妁之言，当事人没有任何选择的权利，否则就会违背伦理道德而给家族带来耻辱。在清代的刑科题本中就有具体支付媒钱的案例。案例提供的标准是，财礼钱数少则48千文，媒钱为3千文。①

婚宴奢侈，这是清代中叶以后湖南婚礼消费的一个特点，而士大夫则是掀起这股热潮的始作俑者。例如桂东县，"习尚日移，珍错罗列，镂切纷纶"②。士大夫往往"一筵之费，动至数千，其尚奢矣"③。

通过婚姻进行身份认同。礼俗社会是一种身份认同与身份消费，不能逾越。但近代以来，随着人们的眼界大开，湖南人在重大礼节尤其是婚礼节日上也常常能冲破这种礼俗限制。表现在吃穿住行上，就会看到"衣必绮罗，出必舆马，宴客必珍味，居必雕几"④。衣饰"狐皮灰背，竞相绚耀，……相习成风，而于妇人尤甚的景象"⑤。

男女结合组建家庭之后，便进入漫长岁月的夫妻生活，而尊崇儒家礼教是最高的婚姻伦理准则。首先，男女双方都应该各守贞节，不能出轨，特别是女方，若未守贞操，便是犯杀之罪。清《宝庆府志》卷一四一《列女》中有这样一个案例：邵阳胡氏，"值大水，一夕夜中水聚涨，……必衣而后行。衣汔，水已滔漫不可复出，其夫弟勿忆嫂未出，赤身立水际大呼，氏合目摇手曰，'羞死与溺死等'，汝未衣勿近我，水势愈急，遂赴水死"。清《衡阳县志》卷八《人物烈女传》中有一案例说，妇女"遇寇、逼嫁、羞愤中，或投水、被杀、赴水、自刎、坠崖、或殉夫自刭"。这两个案例都表明了熟人社会妇女守贞价值观根植人心、妇心，成为妇女必须遵守的行为自觉。无礼而生不如有礼而死，成为当时妇女认同的价值。长沙一地，生女命名多以贞为字，女性从一出生就灌输女子应为贞节而活的观念。

家庭生儿育女，主要的使命是兴盛家族。君臣、父子、夫妇、兄

---

① 王跃生：《十八世纪中国婚姻家庭研究》，法律出版社2000年版，第170页。
② 嘉庆《桂东县志》卷九《风土·风俗》，江苏古籍出版社2002年版，第105页。
③ 同治《茶陵县志》卷六《风土·风俗》，江苏古籍出版社2002年版，第146页。
④ 同治《长沙县志》卷十六《风土·风俗》，江苏古籍出版社2002年版，第89页。
⑤ 光绪《兴宁县志》卷五《风土·风俗》，江苏古籍出版社2002年版，第66页。

弟、族人、诸舅、师长、朋友、三纲六纪的价值观浸透到家庭的各个角落，清《衡山县志》卷四《人物》中载有一文姓家族的情况：文源赋有子姓三百余，同居一村，家法严明，无乖争者。邵阳人曾睿"四世合爨，称于乡里"①。

在家族兴盛的基础之上便产生了祖先崇拜、家族意识以及耕读文化。例如，湖南新田谈文溪是一个典型的单一宗族村，全村皆为郑姓，自始祖至今共27世，仍保持村族合一的特点，所有祖先出自同一祖先郑富，按辈分取名排列。族谱、宗祠、祖产俱全。按该村光绪二十三年《郑氏家谱》记载，人口历时跨度达到564年，繁衍21代。字辈排行为"富、胜、贵、德、文、以、俊、秀、金、尚、一、福、光、大、启、万、世、昌、忠、厚"。郑谱样本记载总数为1970人，其中男姓1099人，女姓871人。新田谈文溪是一个有六百多年历史的郑姓古村落，传统文化气息浓厚。"菽卿蕃衍，人文蔚起，读者歌书香，耕者歌盈宁，十有余代，各创鸿基。"② 郑姓村落的屋舍建设也按传统风水伦理，围绕整个家族进行考虑。村落形成之后，几百年来靠族人自觉进行维护，生于斯，行于斯，也葬于斯。即使本村靠科举取士籍为官者，也皆为祖族思想和乡土观念所支配。

男女结合产生家庭。在清代湖南人口社会，家庭结构形式主要分为以下几种：（1）核心家庭，又称"夫妇家庭"，是由夫妇双方或加上未成年子女组成的家庭。其中，夫妇虽无血缘关系，却由婚姻关系组成家庭，成为家庭的基础，因而是家庭的主要关系。亲子虽为代际关系，却由血缘关系成为家庭最稳定的因素。因此，父、母、子构成了家庭的基本三角。例如："乾隆时期湖南桃源人李盛瑞，有妻和子，三口人，有弟李庭鹤已分居另过。"③ 这种类型，其家庭成员包括父母和未婚的子女，子女有成年的及未成年的，以父母为主体，家庭人口不多，大都在三到六口之间。（2）直系家庭，又称主干家庭，这是以夫妇家庭为核

---

① 道光《宝庆府志》卷一二三《耆旧传·孝友》，岳麓书社2009年版。
② 嘉庆《重修家庙记碑》，未刊稿，民间藏本。
③ 中国第一历史档案馆藏《内阁全宗·刑科题本·土地债务类》，嘉庆三年，档案出版社1984年版。

心形成的两代以上直系亲属的家庭。夫妇和他们未分家的已婚之子为两代，待孙辈们出生，若仍在一起生活，便形成了祖、父、子三代家庭。清代湖南以直系为特征，以三代家庭最为普遍。例如："康熙年间宝庆人黄云汉有妻、有儿子夫妇，有孙男、女各一人，六口。"① 这类家庭有两代人夫妇，不同前一类型只有一对夫妻，第二、三代是第一代的子孙，是他们的直系家属，家庭人口在四到十人之间。（3）复合家庭，又称联合家庭。由一对夫妇和他们的已婚儿（女）及其配偶、孙子及曾孙等组成的大家庭。这类家庭有四世同堂到六世同堂的代际结构、十数口到数百口的人口规模，由于纳于其中的每个小家庭都有自己的核心，因而具有潜藏的离心力，只能在一定条件下存在。例如："乾隆中湖南沅州蒲宗瑾家六世同居，其第三代兄弟五人，四代十七人，五代四十一人，六代六十人，共一百二十三人，由家长主持家政，各房没有私财，大锅里吃饭。"② 醴陵，在1717年到1863年，五代以上的复合家庭有132户。③ 受到表彰的五世同堂大家庭共44户，百人以上的达到10户。④ 零陵县五星岭续家村续淮兄弟四代一起共72人。⑤ 衡南县小江口贺绍立，年百岁时，五世同堂，全家达76口人。⑥ 这种家庭成员众多，辈分多，全是血亲关系。（4）残缺家庭。这类家庭没有一对完整夫妇，有的是孤身家庭，即所谓的鳏寡孤独之家。此类家庭又叫畸零户。

这里应当指出，不论在哪个历史阶段，最普遍的、大量存在的，还是规模并不太大的个体小家庭。造成这种情况的主要原因有三：一是古人一般寿命太短，平均寿命在50岁以下，无法生活到多代同居的年龄；二是绝大多数民众生活贫困，缺乏维持大家庭生活的巨额财富；三是大家庭往往是一种不稳定的家庭形式，由于成员间私有财产的争夺和其他纠纷，内部矛盾冲突时有发生，不断瓦解，使得大家庭最后分化为许多

---

① 宝庆《黄氏宗谱》，民间藏本。
② 徐珂辑：《清稗类钞》第五册，中华书局1986年版，第2508页。
③ 《醴陵市志》，湖南出版社1995年版，第128页。
④ 《攸县志》，中国文史出版社1990年版，第655页。
⑤ 《零陵县志》，中国社会出版社1992年版，第70页。
⑥ 《衡南县志》，中国社会出版社1992年版，第119页。

小家庭。现将清代湖南家庭血亲关系网络列表如下：

表3-12　　　　　　　　　　家族关系①

族姑	族大姑	族曾祖姑	高祖父母	族曾祖父母	族祖父母	族叔伯父母
			曾祖父母			
		堂姑	祖姑	祖父母	叔伯祖父母	堂叔伯父母
	族堂姊妹		姑	父母	叔伯父母	族堂兄弟及妻
族堂姐妹	堂姐妹	姊妹	己及妻	兄弟及妻	堂兄弟及妻	族兄弟及妻
			侄（女）	子及妇	侄及妇	
族堂侄（女）	堂侄女	侄孙（女）	孙孙妻	侄孙及妇	堂侄及妇	族堂侄及妇
			曾孙（女）	曾孙妻		
		堂侄孙（女）	玄侄孙（女）	玄孙妻	侄曾孙及妇	堂侄孙及妇

表3-13　　　　　　　　清代湖南家庭结构主要形式

家庭结构形式	别称	主要成员	代数	人口数
核心家庭	夫妇家庭	父、母、子	二代	二至六人
直系家庭	主干家庭	祖、父、子	三代	四至十人
复合家庭	联合家庭	祖、父、子、孙、曾孙等	四至五、六代	十几人到上百人等
残缺家庭	畸零户	单身	一代	一人

（二）家庭人口规模

在清代湖南，传统家庭规模、人口，较之现代小家庭，一般要偏大、偏多。如明万历时，湖南全省人口户平均为7.28人，清嘉庆时，亦超过5.84人。一些地区户均人口更多。如明景泰三年（1452），醴陵

---

① 《中国文化通志·宗族志》，上海人民出版社1998年版，第161页。

县户均达 7.97 人；清嘉庆二十一年（1816），长沙府户均为 6.29 人。其中善化县 7.33 人，宁乡县 6.96 人。为了分析说明问题，现将明清湖南各府户、口平均数列表如下：

表 3-14　　　　　　　　明清湖南各府户、口平均数

府州名	明万历六年（1578）			清嘉庆二十一年（1816）		
	户数（户）	人口（口）	每户平均口数（口）	户数（户）	人口（口）	每户平均口数（口）
长沙府	66065	427164	6.45	691742	4348883	6.29
衡州府	51961	358916	6.91	368030	2333784	6.34
永州府	23881	141633	5.93	303937	1680052	5.52
宝庆府	20638	221207	10.72	299986	1672210	5.59
岳州府	46217	283788	6.12	303050	1782918	5.89
常德府	21145	144540	6.84	202562	1249996	6.17
辰州府	20332	156724	7.71	131093	908902	6.93
永顺府	—	—	—	131206	642466	4.90
沅州府	—	—	—	92380	595335	6.44
四厅	—	—	—	32482	162277	5.00
郴州	15886	94390	5.95	187135	1024809	5.48
靖州	9976	88690	8.89	104474	619181	5.93
澧州	—	—	—	212880	1041795	4.89
桂阳州	—	—	—	165411	788186	4.77
平均			7.28	—		5.72

资料来源：万历人口：光绪《湖南通志》卷四八，第 10—11 页。嘉庆人口：光绪《湖南通志》卷四八，第 14—24 页；卷四九，第 1—33 页。

从上表可看出，16 世纪中下叶时（明万历）湖南家庭人口规模平均每户为 7.28 人，18 世纪初（清嘉庆）为 5.72 人。总的来说，家庭规模偏大。这说明明清两朝湖南累世同居的大家庭是很常见的。当然，不管是以何种结构形式存在，清代湖南家庭规模、人口，与现代小家庭相比，总的来看都要偏大、偏多。但从前述核心家庭和直系家庭的实例中，我们已知它们的人口一般在 5 口上下，前者以 5 为上限，后者以 5 为下限。如果全省每个家庭人口以平均 5 口来看，则这两个类型家庭应

占清代家庭中的大多数。这个统计数据就把复合家庭、残缺家庭的座次排在了家庭结构的次要地位。因此可以说，清代湖南人大多生活在核心家庭和直系家庭中，家庭规模不大，成员大概在4—6口之间。

另外，为维系封建统治和宣扬孝道的需要，历代封建统治者对累世同居的大家庭都会予以旌表。历代正史和地方志也均立有"孝义""孝友"和"耆寿"等栏目传予以记载。据清光绪《湖南通志》记载，清代湖南历经旌表的五世同堂家庭共有1339户，有百岁以上老人家庭386户。① 另据《醴陵县志》记载：封建礼俗把家大业大看得很重。"多代同居，显示家大业大，子孙发达，人多势众。儿孙辈若提出分家，则被斥为不孝，视为家庭之大不幸。"② 而且，清代把对累世同居者的奖励载入法典，"凡屡世同居，和睦无间者，督抚题请旌表，礼部专题，给银建坊，题名忠义"③。雍正十年（1732），湖南沅江县生员谯令七世同居，"孝友敦笃"，除给30两建坊银外，世宗令于忠孝节义祠内立碑，并书"世笃仁风"四字特赐之。④

三　清代湖南婚姻

（一）婚俗

由于人口的血缘结构已经发生趋同变化，清代的湖南婚俗也与婚俗文化发达地区没有太大的差异。婚俗文化已经农耕化、华夏化、移民化。

《礼记》上说，男不言内，女不言外。非祭非丧不相授器。"外内不共井，不共湢浴，不通寝席，不通乞假，男女不通衣裳。内言不出，外言不入。"《诗经》又说："娶妻何如，匪媒不娶。"⑤

一般来说，男女双方从不相识走进婚姻，要经过说媒、合婚、定

---

① 《湖南通志》卷二〇一，《人物志》四十二，《耆寿》，清光绪十一年刊，湖南人民出版社2017年版。
② 见《醴陵县志》，湖南出版社1995年版，第128页。
③ 《元史》卷三三《文宗纪》。
④ 光绪《大清会典事例》卷四〇四，礼部，风教，上海古籍出版社2003年版。
⑤ 《诗经·豳风》，江苏古籍出版社1995年版，第343页。

聘、报日、置办嫁妆、冠礼、花烛宴、迎娶、送亲、拜堂、喜筵、入洞房、庙见、回门等程序。除此之外，湖南各地因地域文化的差异又有若干的不同。在湘北地区，非礼制婚姻比较多，其中以童养媳、入赘和招夫养子居重。婚俗尚简朴，不看嫁妆聘礼的多寡。例如在华容县，民间贫者女子往自幼即过男家，曰"怀抱媳"，"长而合邑曰圆房"①。平江县"有女甫生而过门者，谓之血盆"②。常德府"郡人子女襁褓论婚，有但以一言为定，终身不改者"③。童养媳在湘北地区大量存在。入赘指男方"嫁"到女家，为嫁方支撑门户传宗接代。这种方式在岳州府更为流行。"湖湘间、生男赘，生女反招婿，为妇家承门户。"④ 湘中地区婚俗除了遵循六礼之外，还追求婚姻的门当户对，攀比排场。新化县"必择门户相当者"⑤。长沙婚礼不问男女而求门阀，"不择德行而专重资财"⑥。浏阳县还流行兄弟互妻，"有兄亡而弟娶其妻，弟死而兄妻其妇，谓之'转房'"⑦。湘南地区婚俗奢侈，程序繁多，郡人性情耿直，女子贞洁观念强，少有入赘者。"女家以奢相尚，衣服易棉布而绫缎，首饰易铜角而金银，甚且珠翠，……中人之家不胜苦累。"⑧ 而程序繁多则表现在湘南地区，如有"坐歌堂""唱歌"等。在江华还有一种"打郎"风俗，流传至今。在湘西，则是汉俗婚姻习俗与少数民族婚俗的有机结合。如汉俗中的纳采问名、报日择期、新年回门等在湘西都很流行，而少数民族特有的哭嫁也在这一地区大量存在。"临行皆痛哭，新妇哭至婿家方止，或月内即数哭，统曰哭生。"⑨

伴嫁是嘉庆时期在桂阳、安仁、郴州一带比较流行的婚俗文化。伴嫁是指在新娘出嫁前的一两个夜晚，由许多女伴兼歌手陪着新娘在歌堂

---

① 乾隆《华容县志》卷一，江苏古籍出版社1998年版，第19页。
② 光绪《平江县志》，江苏古籍出版社1998年版，第90页。
③ 嘉庆《常德府志》卷一三《风俗志》，江苏古籍出版社1998年版，第193页。
④ 乾隆《岳州府志》卷一六《风俗志》，江苏古籍出版社1998年版，第190页。
⑤ 道光《新化县志》卷一七《风俗》，江苏古籍出版社1998年版，第156页。
⑥ 乾隆《长沙府志》卷一四《风俗志》，江苏古籍出版社1998年版，第306页。
⑦ 同治《浏阳县志》卷八《附风俗纪略》，江苏古籍出版社1998年版，第341页。
⑧ 乾隆《桂阳县志》卷四《风土志》，江苏古籍出版社1998年版，第132页。
⑨ 乾隆《辰州府志》卷一四《风俗》，江苏古籍出版社1998年版，第270页。

里歌舞，抒发离别的依依之情。①

（二）婚龄及早婚现象

在《钦定大清通礼》中，对男女的结婚年龄有如此规定："男年十六以上，女年十四以上，身及主昏者，无期以上服，皆可行。"② 凡青年男女，只要不在服丧期间，到了这个年龄（传统虚岁），便可成婚。实际情况是，在清人的很多论述中，更多的是把男子"加冠而婚"，女子"及笄始嫁"的说法视为遵循的经典。加冠和及笄，都是古代成人的标志，重视的还要举行一定的仪式。具体的年龄是指男20岁，女15岁（在清代不少书中也有说男子16而冠的），按现在实足年龄的算法，便是男19，女14。所以有人说："男子不冠者不婚，未成年也。"可见男子未冠而娶不合礼法，要受到人们的讥议。湖南宗族都视婚为大事，有的家族为了表示按礼法行事，还把男女婚配年龄，定为族规写进族谱。如宝庆《刘氏宗谱·条规》载入"男子二十以上皆可婚，女子十六以上皆可嫁"的规定。清代湖南人把女子虚岁15，男子虚岁16，作为成人的年龄线，也就是允许结婚的年龄线。在此以上，女子毋得过20，男子21—22岁之间，最高至二十四五岁，到30岁为极限，这便是明清时期人们对男女初婚年龄所能容忍的范围。

从史料记载看来，定亲和结亲的时间，都比较偏早。男女订亲，多数集中在儿童或少年时期，襁褓聘定者亦不在少数。这大概与父母等长辈把子女的婚事看得过重，早定亲心里早踏实的思想有关，故有"童婚为贵"的说法。因而早婚与收养童养媳普遍存在，这种情况以乡村及贫困之家为多。例如，同治《祁阳县志》载："祁俗结婚，每订于男女幼稚时"③，嘉庆《常德府志》载："群人子女襁褓论婚，有但一言为定，终身不改者"④，同治《善化县志》卷十六载"婚嫁多在十六岁时"⑤。如桂

---

① 参阅张小雷《湘南奇特的婚俗》，《寻根》2014年第2期。
② 郭松义：《伦理与生活——清代的婚姻关系》，商务印书馆2000年版，第180页。
③ 陈玉祥等修：同治《祁阳县志》卷二《风俗》，凤凰出版社2010年版。
④ 嘉庆《常德府志》卷一八《风俗》，岳麓书社2008年版。
⑤ 同治《善化县志》卷一六《风俗》，江苏古籍出版社2001年版。

阳州,"结婚自幼童,大家无十岁未聘之子"①。桂阳县(今汝城),"嫁娶最早,有十五六岁生子者"②,醴陵县,"俗重早婚,或预迎幼女作童养媳"③。甚至一些地区还指腹为婚。

(三) 节、烈女子受推崇

自北宋以降,随着程朱理学成为官方哲学,它所宣扬的那套夫为妻纲的道德说教也被抬到至高无上的地步。反映在婚姻关系上,便有"从一而终","饿死事小,失节事大"的种种封建观念。"贞节"二字成为规范妇女"人伦之大,风化之美"的最高准则。为了配合这种论调,由皇帝带头,各级政府和地方乡绅也层层配合,遥相呼应,旌表节妇、烈女和贞女。

据康熙《龙阳县志》记载,龙阳在康熙共旌表53人。乾隆《直隶靖州志》记载靖州共旌表82人。而清中、后期龙阳各地受旌表的节烈女子有增无减。据学者郭松义研究:"湖南桃源县清初至同治时,共旌表节妇621人,光绪十六年(1860)奉旨旌表139名,光绪十七、十八年得到旌表者74名。"④据康熙《龙阳县志》记载:"成氏邑民冯开运之妻,年二十岁守节,抚孤子、历六十年有余。""谭氏陶国清妻,生子得仁,方二岁国清卒,遗腹生次子,谭年二十三,舅姑继故,侍翁守节五十余年。"⑤康熙《石门县志》载:"余氏系耆民谢正吾之媳,青年守节、事翁姑尽孝抚二子,三十余载,其为女中之铮铮皎皎者。"⑥雍正《江华县志》载:"刘氏蒋龙周妻,年二十,夫亡,失志靡他字甘清苦,女霜居数十年,将一子一女抚育成,其清操有过人者。"⑦乾隆《直隶靖州志》载:"节妇陶氏舍人史斌妻,年二十岁斌亡,氏奉姑尽孝雅操不渝,事开旌表入祠崇祀。""烈妇薛氏,举人蒋颖妻,颖会试

---

① 同治《桂阳州志》卷一三《风俗》,岳麓书社2008年版。
② 嘉庆《桂阳县志》卷一〇《风俗》,(台北)成文出版社2018年版。
③ 傅熊湘:《醴陵乡土志》,民国十五年刊本,线装古籍本,第16页。
④ 郭松义:《伦理与生活——清代婚姻关系》,商务印书馆2001年版,第228页。
⑤ 康熙《龙阳县志》卷一三《烈女》,(台北)成文出版社1968年版。
⑥ 康熙《石门县志》卷一〇《烈女》,(台北)成文出版社1968年版。
⑦ 雍正《江华县志》卷九《烈女》。

下第，归溺死于途，氏年二十二，闻信悲号竟日，遂自缢。"① 乾隆《武冈州志》载："邓氏高灿如妻，年二十二，夫死，高氏守志奉侍翁姑，抚育二子，恃二子卖柴度日，苦节不渝。"②《宁乡县志》载："张氏吏员彭王连妻，年二十二岁，守志孀居三十一载，苦节不二，姑早逝，孝于翁。"③ 丈夫死了，妻子守而不嫁，不仅能得到宗族社会的推崇和宣扬，还能得到旌表的荣耀，在精神上得到某种慰藉，似乎这些对守节妇女是一种莫大的荣誉。但从现代人性上讲，这对广大妇女的身心摧残是何等的残酷。

（四）结婚论财成风

在我国，婚嫁需钱财很早就出现了。《礼记·昏礼疏》说："纳征，纳聘财也。"意思就是成婚要钱财，婚姻需钱财。随着时代的变迁，其内容也在演变变迁。如果说在明代，湖南婚嫁论财风气，正处于兴起的势头，那么清代就蔓延到更广泛的地区了。在湖南，最为突出的是奢靡之风和"婚姻论财"的买卖之风蔓延滋长。

如醴陵县，"婚娶浮靡颇甚，遣嫁者夸饰妆奁，娶妇者侈陈希馔，常有竭数载经营之力，博亲戚顷刻之欢。当尚以财，渐染成俗。苟不如是，彼此以为渐恶。故中下户动以生女难育"④。民国初期，慈利县"吉礼之嫁子（女），耗金又特多于聘妇。谚曰：'盗不过五女之门。'……盖遣嫁物品，凡关日用，细大所必备"⑤。沅陵县"嫁女陪奁，往时上户不过木器数事，箱笼四具，被褥四叠而已；近则踵事增华，多多益善，甚有变产举债以营妆者"。女家如此，男家亦然。"往时男送女家布数色，银饰数事，衣数套，猪一头、酒一罂而已；近则器尚金玉，服尚罗绮，猪、酒之属，每致争执。贫者婚嫁甚不易。"⑥

---

① 乾隆《直隶靖州志》卷一一《烈女》，岳麓书社2012年版。
② 乾隆《武冈州志》卷七《烈女》，凤凰出版社2010年版。
③ 李杰超等修：乾隆《宁县县志》卷六《烈女》，旧刊本，乾隆十三年本（1748年），方志出版社2008年版。
④ 同治《醴陵县志》卷一《风俗》，（台北）成文出版社1975年版。
⑤ 民国《慈利县志》卷一七《风俗》，湖南人民出版社2009年版。
⑥ 民国《沅陵县志》卷三二《风俗类》，湖南人民出版社2001年版。

因为看重妆财，便促使一些聘许后尚未过门的姑娘家，也十分关注嫁物，乃至计较父母陪嫁物的丰厚。民间流传的歌谣是这么唱的："女儿亲，不是亲，全副嫁妆还嫌轻。"女儿恼恨财少，除了碍于自身的脸面以外，更重要的是，妆奁厚薄，往往关系到她到婆家的待遇，是现实利害所使。婚聘论财，对贫苦百姓造成的压力特别巨大。他们常常因没有足够的钱财，致嫁娶时，或不得良配。有的家庭竟狠心溺婴。

（五）择偶讲求等级、禁止民苗结亲

社会学家认为，婚姻除了有生物性（或叫自然性）的一面以外，更重要的还体现在它的社会性。所谓婚姻的社会性，系指这种行为无不受到当时的道德、法律、传统习俗，以及不同的政治、经济、文化水平的制约，而且这种制约会随着时代的变化而有所变化。婚姻的社会性，反映在选择配偶上，就是通婚的社会圈。社会上流行的各种谚语，如"龙配龙，凤配凤""竹门对竹门，木门对木门"，都形象地反映了分层家庭的不同择偶社会圈。

在清代，规定良贱不能通婚。"良就是良民，在户籍编制中，凡归入军、民、商、灶四类的都叫良。贱又叫贱民，主要指奴仆和娼优。此外，还有一些特殊人群，如疍民、丐户等等，因历史原因受到歧视，不得与齐民等列。"① 良民与贱民的等差，既然泾渭分明，所以确定良贱不能通婚。从政府的角度考虑，是要保护良人的身份不致受到辱没，但更主要的是为了显示封建等级制度的权威性不可动摇。

由于良贱之别如此森严，所以湖南很多地方在谈到男女婚配时，都有"婚配良贱之秩"或"极贫不与贱者为婚"的说法。② 宝庆《刘氏宗谱》中明确载明："嫁娶不计良贱者，并削其名不书；与娼优隶卒为婚者不书。"

禁止民苗结亲，主要是指禁止汉人和苗瑶等少数民族结婚。这主要发展在雍乾时期，在湘西及一些地区实行"改土归流"，为防止汉人大量进入后，与苗瑶等少数民族交结而可能出现的社会问题所作的预防性

---

① 郭松义：《伦理与生活——清代婚姻关系》，商务印书馆2001年版，第28页。
② 光绪《东安县志》卷九《风俗》，方志出版社2009年版。

措施。禁止汉人和少数民族结婚就是希望维持社会稳定。正如乾隆二十四年（1759）湖南巡抚冯钤所言："照得楚南辰（州）、永（州）、沅（州）、靖（州）暨桂阳等府州所属地方，俱系苗疆。查苗瑶风俗人情与民人各别，定例严禁奸民，兵役擅入苗地，文武失察，定有处分，凡所以防微杜渐，使民苗永永相安无事也，不许与苗私相交结，违者究处。"①

其实，政府禁止民苗结亲，在操作上会遇到很大困难。随着民苗之间交往的增多和关系的不断深入，汉苗互相交往加深乃是不可抗拒的潮流，随之而来的互为婚嫁，也是必然的事实。因而乾隆三十二年（1767），刑部修改律例，特别加进了"湖南省所属未发薙发之苗人与民人结亲，俱照民俗以礼婚配"的条文，但对"未经入籍，在苗区来去不定的商贾客民，仍维持不许结亲的原例"②。

第四节　民族结构及空间分布

一　历史上湖南各族群的形成及其变迁简述

人口结构转换以后，湖南成为一个以汉族为主体的多民族省份。除汉族外，还居住着苗、土家、侗、瑶、回、维吾尔、壮、白等少数民族。这些少数民族，或素为土著，或先后从其他省区迁入，率皆历史悠久，源远流长。

先楚时代，湖南境内除"三苗""荆蛮"外，还分布着其他的部落和族群。其中主要有古越人和濮人。越或称粤、百越，是商、周之际在江南形成的一个庞大的部落集团和族群。濮或作卜，是中国古代的一个部落族群，历史上出现较早，因其支系和部落众多，又称为"百濮"。

春秋战国时期的楚国，是以楚人为主体并居统治地位，境内包含着蛮、濮、越、夷等部落的多族群居住地。直至秦汉，封建王朝所实施的

---

① 乾隆《永顺府志》卷一一《抚苗条款》，江苏古籍出版社2001年版。
② 《大清律例通考校注》，中国政法大学出版社1992年版，第545页。

政策举措产生了积极的催化和融合作用，使原生主体居民楚人同南下的北方和中原华夏族人以及部分土著"蛮""夷"族居民逐步融合，形成了明清之前湖南地区的汉人。

秦、汉时期，湖南境内除汉人之外的民族，统称为"蛮"或"蛮夷"。他们的分布面相当广，按地域有"武陵蛮""长沙蛮""零陵蛮""桂阳蛮"等称呼，而"武陵蛮"和"长沙蛮"又常常称为"盘瓠蛮"①。

到了三国、两晋、南北朝时期，湖南境内的"蛮夷"族群，仍多被统称为"蛮"，武陵五溪地区依然是蛮主要的聚居地区。但新出现的"湘州蛮"取代了"长沙蛮"的称谓。这一时期又出现了"莫徭"。"莫徭"主要是指今天瑶族的先民，他们已与苗族的先民分开。而"莫徭"与"苗"的称呼相近，更表明了二者的亲缘关系。此时五溪地区的"僚人"中有一部分后来融为"侗僚""侗蛮""峒人"，侗僚成为今天侗族的来源之一。

到了隋、唐、五代和两宋时期，湖南境内除占主导地位的汉人外，仍有大量的原土著族群。这一时期的史籍中，土著族群大多仍被称为"蛮"或统称为"诸蛮"，另外还有"瑶""苗""僚""仡伶"等。"仡伶"与"峒僚"等族群，这些族群融合形成了今天的"侗"民族。

到了元、明时期，湖南的土著族群，仍多统称为"蛮"，但若联系到具体地区，并参证相关材料，已可分辨出不同族群是指不同的特定的人群。"土"包括"土丁""土兵""土人""土民"等称呼，最先出现在宋代。"土丁"本属一种"兵制"。"土人""土民"指除了土著的汉人外，在湘西地区从"诸蛮"族群中所区分出的土家族群，也被称为"土人""土民"，因而土人又有了明显的单一族群的属性。它指的应是今天聚居于湘西地区的土家族先民。苗在明代的历史文献中，按其聚居的地区分布不同，开始冠以多种不同地名的"苗"的称呼。同时，在湖南境内还第一次出现了"生苗""红苗"的名称。瑶，从族群的势力

---

① 伍新福：《湖南民族关系史》上卷，民族出版社2006年版，第89页。

和分布范围看仅次于苗,瑶还首次出现了"负板瑶"等瑶民内部不同支系的称呼。洞苗(侗),侗族的先民在明代多统称为"蛮"和"洞蛮"①。有时也被称为"僚",但一般多是与"苗"或"蛮夷"合称。请见明代湘西族群人口简表。

表3-15　　　　　　　　明代湘西族群人口数量②

	成化八年	成化八年	正德七年	正德七年
	户数(户)	口数(口)	户数(户)	口数(口)
辰州府	19491	127220	19627	141750
沅州	3143	16030	3058	18863
黔阳	2157	11720	1923	11960
麻阳	857	4290	877	5827
沅陵	6940	47446	6952	51966
泸溪	1494	9329	14017	14373
辰溪	1036	6922	929	3919
溆浦	4100	31480	4150	34797
靖州	18059	79116		83200
本州	2131	13949	2685	25190
会同	3230	24074	596	4768

二　回族、维吾尔族、壮族、白族等先民在湖南简况

1. 回族先民

元明时期称回族为"回回",系指自唐宋时起东来的信奉伊斯兰教的族群,包括当时西域回纥、畏吾尔诸部落以及东迁的波斯人、阿拉伯人,他们逐渐与汉、蒙古等民族融合形成中国的回族。

"回回"进入湖南肇始于元代。元太祖成吉思汗西征后,信奉伊斯兰教的西域各部落大批归附,随元军征战,入仕元朝的不少。其中也有

---

① 参见《湖南省民族志·侗族篇》,湖南人民出版社1998年版。
② 参阅曹树基《中国人口史》第4卷(明时期),复旦大学出版社2000年版,第233—235页。

少数宦游或落籍于湖南的，但"回回"大批进入湖南是在明初。朱元璋争夺天下时，麾下有一支数量相当大的"回回"军队，被统归于"达军"之内。"回回"将士被征调进入湖南后，落籍于宝庆和常德这两个军事重镇。落籍宝庆地区的"回回"，主要有马、张、苏、蔡等姓，落籍于常德地区的"回回"主要有马、魏、黄、李、刘、杨等姓氏。

2. 维吾尔族先民

元明称"畏兀"，清代统称"回部"，据《翦氏族谱·回部世系源流》载："翦氏本姓哈，其先出自西域回部。宋时为西域回部望族，元太祖之西征，回部附之，屡从征伐"，"因其先祖翦除寇盗之功，赐姓翦"。明朝时翦氏先祖"平蛮"有功，朝廷命其子孙世袭常德卫指挥使，屯田常德、桃源。此后，子孙繁衍，他们成为今天仍以翦为姓，主要聚居于桃源、常德的维吾尔族。

3. 壮族先民

此族是源于古越人的一支。宋代开始出现"僮"的称呼，新中国成立后，改"僮"为"壮"，统称壮族。湖南现有的壮族居民是元、明时期从广西迁来的，主要姓氏有廖、贝、韦等。据同治《廖氏阖族公刊》记载：廖姓祖先，元时由"宾州"（今广西宾阳县）迁入"大头山井头寨"（即今江华瑶族自治县境内小圩、清塘一带）。《贝氏族谱》载：始祖庆公，原居广西平乐府贺县，至明时，先后迁至"湖南江邑岭东下段城岗"，小地名井头村。又《韦氏宗谱》载：始祖友忠公，原居南宁宾州，于洪武八年（1375）迁来江华龙会寨（即今清塘壮族自治乡境内）。

4. 白族先民

湖南的白族，自称"民家"，主要聚居于桑植境内，是宋末元初从云南大理迁来的。据考证，宝祐六年（1258）元大将兀良台奉蒙哥令由云南北征，远征军中有一支两万多人的军队，又称"白蛮"，即今白族的先民。开庆元年（1259）进抵鄂州，与忽必烈会师。后来这军队中的一支从江西迁至澧州，落籍于慈利县境芙蓉桥等地，即今桑植县芙蓉桥白族乡一带，主要姓氏有谷、王、熊、钟等。

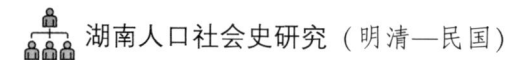

现将回族、维吾尔族、壮族、白族先民迁入湖南情况列表如下：

表3－16　回族、维吾尔族、壮族、白族先民迁入湖南情况

当今民族	元明时称呼	迁入湖南时间	形成渊源	迁自何地	主要落籍地	主要姓氏
回族	回回	明代起迁入	唐代来自中亚、西亚的波斯人、阿拉伯人与汉族、维、蒙融合而成	西北地区	宝庆、常德、长沙	马、张、苏、蔡、魏、黄、李、刘、杨
维吾尔族	回纥、回鹘等	明初迁入	西域回部望族	鄂尔库河流域、新疆地区	常德、桃源、德山、汉寿	翦
壮族	撞、僮	元末明初迁入	古代百越一支	广西境内	江华	廖、贝、韦
白族	白人	宋末元初迁入	白蛮	云南大理	桑植	谷、王、熊、钟

第四章 近代湖南熟人社会的分解与再构

近代湖南是一个典型的"熟人社会"。讲人情、注重礼尚往来、礼大于法、讲究背景和关系。这种礼治范式是随着明清移民而带入湖南社会的。明清之际，外省人口的迁入与聚族而居，逐渐改变着人们的交往逻辑。新移民重礼尚义，这种原生文化也就随着新移民入境湖南。随着经济增长以及外省新移民人口的增加，在湖南就逐渐建构了若干移民型聚族而居的村落。他们一村一姓、重视血缘、修建宗祠、编纂族谱、制定族规家规等等。自清之后，这种新移民型"熟人社会"逐渐发育与成熟。

晚清至民国，湖南社会正是在这种移民原生文化湖湘化后的作用下有了很大的变化。总体来讲，湖南近代熟人社会秩序呈现一种"乱"的特征，内忧外患纷至沓来，各种社会矛盾错综复杂。近代熟人社会面临着人口过剩、天灾频发、残酷战争（太平天国战争、会党起义、地方暴动）的多重考验。千年社会变局对湖南的人口、宗族、文化、经济、精神生活以及社会关系等都产生了巨大的历史性的影响。湖南的熟人社会也正是在这种影响与冲击之下经历了一个前所未有的分解与再构的历史演变。

第一节 近代湖南地区熟人社会

一 熟人社会的基本要素

熟人社会顾名思义即"熟悉人之间的"社会。由于中国是个自给自足的农业社会，在传统社会生产力不发达的情况下，人们的行为活动被局限在狭小的空间，交流相对较小。社会关系的基础确定在血缘和地缘之上，在这样的环境下逐渐形成相互熟悉的社会互动模式。"这是一个熟悉的社会，没有陌生人的社会。"①

"我们大家是熟人，打个招呼就是了"，"这不是见外了么？"② 两句普通生活用语，简单明了地表明了中国传统社会。大家是由熟悉关系成为信任伙伴，获得相互认可，找到人与人相处的方法，然后再进行社会互动。它的基本文化背景是：

第一，熟人社会是区域性、封闭性的社会。中国的社会是以一个个村落组成的单位。人们的活动范围受到地域限制，有些人甚至一辈子足不出村，流动性很低。小农经济的性质决定了他们居村而居，聚族而居。村庄里的社会成员彼此熟悉，知根知底。

第二，人与人交往秩序是以己为中心，像石子投入水中形成波纹式的差序。这种差序又以私人联系为主形成差序格局。所以，熟人社会又是一个差序社会。

第三，熟人社会是一个"礼俗"社会，儒家伦理道德规范是熟人社会行为的基本准则。违背伦理道德可能不会受到法律制裁，但是会受到道德谴责，往往会使违反者在熟人社会里无法立足。

第四，熟人社会交往遵循以血缘关系为主、地缘关系为辅的原则。以血缘关系构成一个宗族社会。在这样的关系下，人情是社会互动的润滑剂。

二 近代湖南熟人社会

（一）湖南原生熟人社会概况

湖南地处长江中游，与其他省份一样，也是一个相对封闭的社会。秦、汉以降，中央政府不断对南方蛮族进行征伐，至元末明初，朝代鼎

---

① 费孝通：《乡土中国·乡土重建》，群言出版社2016年版，第6页。
② 费孝通：《乡土中国·乡土重建》，群言出版社2016年版，第7页。

革,战乱频仍,清承明季战乱,湖南各地田园荒废,户口凋零。随后,外省人尤其是江西人大批移居湖南。这些移民在迁居之后逐渐形成以血缘和地缘关系为主的熟人社会结构模式。移民的到来改变了湖南原生的熟人社会格局,实现了宗族势力的再构建。这种再建构,在移民间产生了相似的文化认同和政治认同,形成了移民性的新的"熟人社会"。

明清两朝是湖南人口变动最为剧烈的时代。元末明初之际,三湘大地的人民经历了空前劫难。吴天保起义、红巾军征湘、朱元璋讨伐陈友谅等接踵而至,湖南兵乱不止,省内民众非死即逃,荒芜土地甚多。"又云元明之际,土著存者仅十八户"[1],"洪武三年(1370),湖南大遭杀戮,……传为血洗"[2]。据刘三吾《坦斋文集·段氏族谱序》中记载,茶陵县"宗族化为草木"[3],"自崇祯十六年至清顺治十一年,人民备历刀兵、饥荒、病疫诸劫,死亡过半,业荒无主"[4]。据林增平先生对明末清初湖南丁口的统计,他认为:"明清两朝的'鼎革',湖南丧失了大约三分之二的人口。"[5]

在这种土著丧失严重的背景之下,湖南人口构成成分就转变为以外省移民为主。明太祖时曾下令,招募江西民众到湖南进行开垦。"旧家不堪输纳,荒逃者尤多,大募江西民开垦"[6],"招集流民多来自豫章"[7]。因而明清时期,全国各地迁入湖南的新移民者众多,"江西填湖广"的移民潮开始愈演愈烈。以至于"湖南人来自天下,江、浙、皖、闽、赣东方之人居其什九,江西一省又居东方之什九,而庐陵一道、南昌一府,又居江西之什九"[8]。笔者以醴陵县为例,将该县移民来源地制成表格加以说明:

---

[1] 民国《醴陵县志·氏族志》,湖南人民出版社2009年版,第298页。
[2] 常宁县志编纂委员会编:《常宁县志》,社会科学文献出版社1993年版,第66页。
[3] 湖南省茶陵县地方志编纂委员会编:《茶陵县志》,中国文史出版社1994年版,第83页。
[4] 民国《醴陵县志》,《政治志·户籍》,湖南人民出版社2009年版,第124页。
[5] 林增平:《近代湖湘文化试探》,《历史研究》1988年第4期。
[6] 同治《湘乡县西门三眼井黄氏三修支谱》卷二《次代总编》,转引自张国雄《明清时期的两湖移民》,陕西人民教育出版社1995年版,第87页。
[7] 民国《醴陵县志》,《政治志·户籍》,湖南人民出版社2009年版,第124页。
[8] 谭其骧:《湖南人由来考》,湖南人民出版社1987年版,第349页。

表 4-1　　　　　　　明清时期醴陵县移民氏族来源

原籍地	江西	广东	福建	湖南	其他省份
迁入氏族（户）	335	71	31	70	110
百分比（%）	54.3%	11.5%	5.1%	11.5%	17%

资料来源：民国《醴陵县志·氏族志·氏族表》备注：该县总户数为 617 户，其他省份为：湖北、安徽、江苏、浙江、河南、四川、山西、云南。

从上表中我们可以看出，江西人占了醴陵县移民的一半。在土地资源丰富，人口缺乏和官府政策支持迁入的情况之下，湖南无疑是江西移民迁居的首选之地。而江西与湖南毗邻，交通便利，这就更促使人地矛盾较为突出的江西人口大量流入湖南。明清时期的湖南人口的血缘与族群结构就是在这种背景之下完成了转换。在漫长的移民运动结束之后，湖南的人口社会的族群结构就由量变引发了质变，原土著居民已降为少数，外来移民尤其是江西移民成为人口社会主流人口。"土著但得九族，占全数百分之一。外来移民知原籍不知原籍合计得五百八十族，占全数百分之八十二。"① 在移民定居之后，为了迅速恢复和巩固发展，移民各地的族群开始了重构宗法、宗族势力和社会秩序的工作，以巩固血缘关系和地缘关系。于是就逐渐形成了一村一姓或一村多姓的村落结构形式。长期的共同生活与移民背景使得他们彼此间产生了明确的群体心理认同，形成了新的移民性的熟人社会。

宗族在古代早有记载。据东汉班固《白虎通》记载："族者何也？族者凑也，聚也，谓恩爱相流凑也。"② 宗族理念以血缘关系为基础，以地缘关系为载体，不断聚集，最终形成以生产生活为主要活动的社会基层团体。他们血脉相连，拥有基本的共同认知，广泛分布在相对封闭的家庭、氏族、邻里、街坊、村落之中。"宗者何谓也，宗者尊也。"③ 在墨守成规的礼俗文化里，长幼、嫡庶之间产生着社会的差次，尊卑权责也相应的跟着转变。

中国宗族研究学者冯尔康认为："宗族就是有男系血缘关系的人的

---

① 谭其骧：《中国内地移民史——湖南篇》，《史学年报》1933 年第 4 期。
② 《白虎通》卷三，乾隆版旧刊本，浙江大学出版社 2021 年版，第 14 页。
③ 《白虎通》卷三，乾隆版旧刊本，浙江大学出版社 2021 年版，第 13 页。

组织，是一种社会群体。这里需要特别指出的，它不只是血缘关系的简单结合，而是人们有意识的组织，血缘关系是它形成的先决条件，人们的组织活动，才是宗族形成的决定性因素。"① 之后，冯尔康在其论著中又特别指出："中国传统社会的宗族是由父系单支血缘关系组成的集合体，传统的母系血缘在宗族之中并未占据一席之地。他们迷恋于祖先崇拜，并在宗法理念的道德和条文规范下进行生产生活。"②

移民湖南后新移民为了更好地生存与发展，小范围的聚集就显得尤为重要，新宗族组织也随之出现。新的宗族祠堂的建立又使新宗族在结构上得以巩固和发展。新宗族祭祀、集会、族长施政便开始有了场所的依托。清代署兴国州知事在为《周氏宗谱》所作的序言中说"兴国皆山也。自明以来，其间多聚族而居"③。新移民社会有了固定人群、固定血缘的聚落和宗族社会设置，便使新移民的宗族势力得到了前所未有的壮大。一些新大族还产生了常设机构，拥有固定族产，为其宗族活动更是提供了更多的经济支撑。"大族各建祖祠，置祭产"④，新移民型宗族社会破壳而出。

前面已经说到，湖南在明清时期历经了数次兵灾之后，人口逃散和损耗数量已极其严重。因此，新移民对当时湖南人口社会的重建就起到了至关重要的作用。湖南新移民又以江西人为主，而江西至少在宋朝开始，就已经是典型的宗族社会。"江省地方，聚族而居，族各有祠"，"通省大半，皆有祠堂之户，每祠亦皆有族长、房长、专司一族之事"⑤。因此，"江西填湖广的移民自然将母体社会的宗族生活习惯带到了两湖地区"⑥，江西移民迁入湖南之后，人地生疏，为了谋生，他们大多数以姓氏为主聚居，通常是一个村落一个姓氏或一个村落多个姓氏的形式。在这种日常互动中，于是逐渐形成了以祠堂、族谱、族产相维

---

① 冯尔康：《中国宗族制度与谱牒编纂》，天津古籍出版社2001年版，第2页。
② 冯尔康：《中国宗族史》，上海人民出版社2009年版，第17页。
③ 湖北阳新《文肃堂周氏宗谱》卷首《序》，光绪二十三年鼎兴局刻本，旧刊本。
④ 同治《通山县志》卷二《风土·风俗》，江苏古籍出版社2001年版。
⑤ 陈宏谋：《选举族正族约檄》，载《清经世文编》卷五八《礼政》，国风出版社1963年版。
⑥ 周荣：《明清社会保障制度与两湖基层社会》，武汉大学出版社2006年版，第179页。

持的固定的社会群体，形成了族群认同的社会交往圈。

"湖南聚族而居，形成村落，较为普遍。"① 同宗同姓聚居在一处，又多以姓氏命名所居村名。聚族而居，这就为新宗族的壮大和发展提供了必要条件。各宗族在日渐成熟的新体系之下，纷纷广建祠堂、纂修族谱、房谱，置有族田等。例如，在湖南湘乡，"多集族而处……建宗祠、修谱系"②。"祠堂是宗族敬宗收族之地，是宗族的象征和中心。湖南各地祠堂遍布城乡各地，凡族居人口较多的地方或适中之地，族人'各量力集蠲，建总祠、支祠或家庙，于族居密迩，为岁时伏腊敬宗收族之地'。"③ 祠堂等社会设置的建立使迁徙者无处安放的精神寄托得到了转移与安放，新移民们仿佛又回到了故土那个熟悉的地方。下面以醴陵县为例，将该县部分祠堂以表格数据形式加以说明：

表4-2　　　　　　　　　清代湖南醴陵县祠堂简表

名称	所在地	修建时期
李台甫祠	醴泉镇来龙门	清嘉庆年间建光绪十三年重修
李学堂祠	东正街	清光绪三十年间建
唐君荣祠	丁家巷口	清嘉庆初年建
汪元二祠	曹家巷	清同治年间建
文学德祠	下东堡	清同治八年建
李国捷祠	小林桥	清光绪末年建
左天从祠	鹿角冲	清光绪年间建
丁三锡祠	漕堂	清道光年间建
胡岳堂祠	三塘湾	清光绪元年建
周政泰祠	南岸	清乾隆五年建
田潮祠	昭陵市后	清乾隆四十年建
田芳奇祠	黄谷田	清乾隆末建
匡永深祠	花桥	清道光年间修
宋士秀祠	八步桥	清宣统三年建

资料来源：民国《醴陵县志·氏族志》，第311—319页。

---

① 杨慎初：《湖南传统建筑》，湖南教育出版社1993年版，第263页。
② 同治《湘乡县志》卷二《地理志·风俗》，岳麓书社2008年版。
③ 刘泱泱：《近代湖南社会变迁》，湖南人民出版社1998年版，第314页。

第四章 近代湖南熟人社会的分解与再构

从上表可看出，祠堂在湖南醴陵乡村已普遍存在。祠堂对于族人来说，象征着族权，是自己生命之根的所在之地："祠堂者，所以妥先灵、明宗法而为一族之中心点也"①，祠堂的作用在于通过在祠堂举行祭祀先祖、告别亡灵，可以加强族人对祖先的崇敬和感激之情；在祠堂的集会与宗族裁决维系着家族之间尊卑有序的血缘关系，唤起他们对宗族本源和族群的认同。

"族有谱，合族之道也。"族谱编修中规定"各房各支……俱于本房注都邑地名，使日后子孙知先世住址。所在相距虽远，自无忘发迹之所，且时念葛蔓之情"②。族谱是维系宗族血缘关系的主要纽带，目的在于共同认同尊卑有序，起到敬宗睦族的作用。"观于族而世系可考，谱牒昭垂，尊宗敬族之意油然而生。"到明清两代，"在农村中，可以说既没有无谱之族，也没有无谱之人"③。族谱已经成为人们生活的必需，立足的根本。"湖南华宗巨族多订立族规，共同遵守……往敢违犯。"④ 族谱对族人在伦理道德方面又有教化的作用。"欧阳氏著家谱，用汉年表法；苏氏取礼大小宗为次，断自五代始，近世取法焉"⑤，"范文正公身膺重禄，不忍独丰，爰置义田、义宅以周族党，自谓不如是无以见祖宗于地下耳"⑥。

广置田产而遗于后人是湖南熟人社会多数族人的生活理想。凡是一些形成规模、财力雄厚的宗族都会建置族田、族产。它们成为宗族赖以生存的物质基础，作用之一在于通过经济手段来笼络民心，增强族众的凝聚感和向心力。"湘中族姓，富庶者往往预筹多金，为慈善事业。凡

---

① 湖南邵阳《李氏五续族蹟》卷首《修祠本末记》，转引自杨国安《明清两湖地区基层组织与乡村社会研究》，武汉大学出版社2004年版，第277页。
② 湖南《高桥周氏族谱》卷一《序》《凡例》，乾隆四十三年刻本，民间藏本。
③ 徐杨杰：《中国家族制度》，武汉大学出版社2012年版，第324页。
④ 清末民初湖南调查局编：《湖南民情风俗报告书》，湖南教育出版社2010年版，第2章，第1、3页。
⑤ 湖南《华林胡氏十二修宗谱》，明正统元年《重修老谱华林毗陵二族合谱引》，1995年铅印本，民国藏本。
⑥ 湖南长沙《黄氏洲子房支谱》卷首《序》，道光十年刻本，民国藏本。

族人力不能丧葬嫁娶，或孀妇孤儿之无可存活，胥储助有等"①，天启年间，湖南衡阳县知县廖汝恒，"得俸余皆以置义田赡族"②，同治年间，湖南湘潭县都监郭子美，"置义庄，每年收租6374石，又捐置庄宅，每年收租700缗，自十一世族之下咸取给焉"③。族田族产成为族众抱团取暖、相互扶持、共克时艰的重要屏障，也是族众作为血缘群体，维系家庭之间的相互救助与和睦生活的重要保障。

湖南新的宗族制度经过移民们的不断努力与构建，在乾隆年间已经发展完备。"楚俗尚鬼，重祖先，故家族之念甚深"④，以血缘和地缘关系为纽带的宗族制度，通过建立宗祠、族规、族长制度等一系列规章制度来规范日常行为、管理族众；又通过族田族产等经济手段维护宗族组织有效运行；以庄严隆重的集会、等级森严的祭祀活动等手段来统一认知，教化族众，最终达到"敬宗收族"的目的，以此来稳固新的宗族社会秩序。

湖南近代，宗族社会一直贯穿其中。例如"1949年之前，邵东境内有68个姓建祠堂418，一些较大活动，多以宗族形式出现"⑤，宗族成为维系熟人社会的主要社区组织，对百姓的生活习惯和人际交往以及心理趋同等多方面均起着至关重要的作用。

（二）明清时期湖南熟人社会的特征

前面已经讲到，在明清时期湖南形成的稳定的熟人社会中，血缘关系、地缘关系和族群认同是其基本特征。其中血缘关系又是熟人社会中最基本的关系，而地缘关系则是熟人关系的外延与补充。族群认同是熟人社会中基本的行为逻辑。"亲密社群中既无法不互欠人情，也最怕'算账'。'算账'、'清算'就等于绝交之谓，因为如果相互不欠人情，

---

① 清末民初湖南调查局编：《湖南民情风俗报告书》，湖南教育出版社2010年版，第2章，第3页。
② 同治《衡阳县志》，江苏古籍出版社2002年版。
③ 《湘潭郭氏义田记》，转引自李文治、江太新《中国宗法宗族制和族田义庄》，社会科学文献出版社2000年版，第205页。
④ 清末民初湖南调查局编：《湖南民情风俗报告书》，湖南教育出版社2010年版，第58页。
⑤ 邵东县志编纂委员会：《邵东县志》，中国城市出版社1993年版，第536页。

也就无需来往了。"①

特征之一，血缘定亲疏。"血缘是稳定的力量"②，熟人社会是血缘亲密的社会。在这个社会里，亲密的血缘关系是最基本的社会关系，血缘亲属被认定是自己人。湖南汈宁刘氏《家劝总言》说："吾族之伯叔昆季虽有亲疏远近之不同，然自吾祖吾宗视之，则皆子孙也。"③ 湖南高桥周氏族谱中记载："夫一族之人甚繁，五世则服尽矣，服尽则亲尽矣，亲尽则相视如途人矣"④，超出"五服"范围的就不能算作亲属了。湖南的绝大多数族谱中都会制作《服制图》，以此来规定和区别亲疏关系。例如在桃江《萧氏四修族谱》中，便直接把《服制图》称作《分别宗族亲疏之图》⑤。聚族而居的宗族共同体就是一个遵循着"五服"原则的长幼有序、亲疏有别、牵一发而动全身的血缘宗族网。

这种一户一村的血缘宗族，又逐渐演变为一个个拥有较强宗族凝聚力的村落社会。例如，汝城就是这样许多一户一村的典型，如"刘家岭（刘氏）、廖家湾（廖氏）、邓家湾（邓氏）"⑥，基本上都是一姓一村，农民同姓聚居。在这种"村户结构"中，血缘关系是唯一的通行证。"以家族为核心，以血缘关系为纽带"的发展模式，每个村民都是层层关联的血缘组织中的某个环节，他们依靠宗族生活，维护着宗族聚落的平衡发展。

村落的布局会随着宗族血缘关系的延伸而延伸，慢慢地在地理单元中使数个相同或相似的村落连成一片，连片之后虽然各有各家的族系，各有各村的宗祠，但都会通过累世发展和层层外延，最终达到对来自同一祖先的相互认可，产生血缘与地缘认同。

特征之二，累世同居。累世同居也是维持血缘关系的重要表现。累

---

① 费孝通：《乡土中国》，北京大学出版社1998年版，第73页。
② 费孝通：《乡土中国》，北京大学出版社1998年版，第71页。
③ 湖南《汈宁刘氏族谱》卷三《家族总言》，光绪十三年序伦堂刻本。
④ 湖南《高桥周氏族谱》卷一《序》，乾隆四十三年刻本，民国藏本。
⑤ 湖南桃江《萧氏四修族谱》卷七《服制图、分别宗族亲疏之图》，民国三十年（左右）兰陵堂木活字本。
⑥ 田银生、唐晔、李颖怡：《传统村落的形式和意义 湖南汝城和广东肇庆地区的考察》，华南理工大学出版社2011年版，第45页。

世同居是移民对血缘、亲情重视的外在表现。明清湖南人口深受儒家思想影响，重孝道好聚居。据桂阳州所载，桂阳"北类衡州，南同越俗，好聚族而居，故大姓恒累数万丁"①。到了清朝一代，湖南时兴"大家庭"。家庭多是三代或者是四代同堂，如果是"五代同堂"，还可以得到当地官府的奖励，甚至是朝廷的"褒扬"。下面是笔者通过对湖南明清时期的县志整理得出的相关统计数据：

表4-3　　　　　　　　明清时期湖南部分府县户均口数情况

时间	地点	户均人口数	备注
永乐十年（1412）	衡山县	7.64人	
乾隆五十三年（1788）	麻阳县	7.83人	豪门富户多四代同堂，一户数十人
嘉庆二十年（1815）	湘乡县	6.63人	
嘉庆二十一年（1816）	长沙县	7.4人	四五代"扩大家庭"，占全县总户数的75%以上
嘉庆二十一年（1816）	辰州府	6.8人	
嘉庆二十一年（1816）	麻阳县	7.5人	
同治五年（1866）	桂东县	8.1人	
同治十年（1871）	湘乡县	7.49人	
同治十一年（1872）	衡山县	8.17人	少数富户、官绅达至数十人
光绪十三年（1887）	湘潭县	7.77人	其中50人以上的大家庭384户，占总户数的3.2%
宣统二年（1910）	芷江县	5.6人	

资料来源：光绪《湖南通志》卷四八《赋役志一户口一》至卷四九《赋役志二户口二》，台北文书局1967年版，第1235—1273页。《衡山县志》，岳麓书社1994年版，第111页。《湘潭县志》，湖南出版社1995年版，第107页。《湘乡县志》，湖南出版社1993年版，第103页。《长沙县志》，生活·读书·新知三联书店1995年版，第104页。《麻阳县志》，生活·读书·新知三联书店1994年版，第123页。《麻阳县志》，生活·读书·新知三联书店1994年版，第157页。《桂东县志》，湖南人民出版社1998年版，第91页。《芷江县志》，生活·读书·新知三联书店1993年版，第626页。

从表4-3中我们可以分析出，湖南这个时期的累世同居的户均人口基本稳定在全国的中上游水平，随着时间的推移平均人口户数不断地

---

① 辜天佑：《湖南乡土地理教科书》，湖南教育出版社2009年版，第18页。

增加，累世同居户数也越来越多。

血缘关系的层层延伸和代代传承体系就这样在湖南熟人社会以祠堂和累世同居的形式表现了出来。对于族民，累世同居也是宗族权威的载体，代表着宗族的身份尊严，并由此产生认同心理与凝聚力。

特征之三，重视地缘。明清时期湖南的地缘关系多数是由新移民来完成的。移民到新居地之后，如果同宗的人很少，就需要其他族群的帮助，因而在组建地缘村落时，就无法严格甄别血缘关系。在这种特殊情况下，遵循"共祖之人，同出一脉"，地缘关系就这样产生了。

例如，湖南长沙章氏《家训》记载："族广繁衍，虽有亲疏之殊，自祖先视之，均属一脉……凡我族人，务敦雍睦之风"[①]，湖南邵阳海氏，"历其世久远，迁徙不常，同姓遂判若秦越，仁人孝子惧其繁然而莫可纪，乃作谱牒以连贯之。思祖宗，合族系，穷本追远，意深切矣"[②]。

宗族在地缘上的整合性一般表现为族人家庭的聚集而居。通常以村落为单位，形成宗族成员活动的小社区。例如湖南章氏，"居善邑之花桥、蓝田，洎明壁邃公迁于中湘而壁达公来上湘"，各房"皆分修房谱，心心相印"，因不满于"不独上湘、中湘见面而途人视之，即本邑之蓝田亦各祠其祠、各谱其谱"的局面，"康熙戊戌，瑛房君宠公及启文两大人纠集族众，合三邑而共为一帙，珠贯绳联，是分而合也"[③]。居住地的不同使族民形成了一种多层次的错落认同感。对于族外的人，他们也以地缘群体的大村落相辨认区别，对于族内的人，他们则以血缘聚居地相辨认与区别。族人之间构成熟人社会，形成族群与地缘上的认同互动圈。如花垣县吉卫乡葫芦坪，就是以地缘关系为主导的村庄。村庄与它在历史上的流动性紧密相关。该村"有118户人家，其中麻姓89户，龙姓22户，洪姓3户，石姓2户，汉族彭姓、邓姓各1户。89姓麻姓虽然大都是血缘关系，也有非本族子孙"[④]。在这种杂姓聚居的

---

① 湖南长沙《章氏三修支谱》卷首《家训》，光绪三十二年河间堂刻本，民国藏本。
② 湖南邵阳《海氏族谱》卷首，乾隆六十年《旧序》，民国元年续修复刻本。
③ 湖南善化《章氏支谱》卷首《序》，民国十八年刻本。
④ 喻长华：《中国民俗知识 湖南民俗》，甘肃人民出版社2008年版，第38页。

村落中，虽然存在血缘关系，但它已是以地缘关系为主导的典型村落：它们虽没有像血缘关系村庄一样层层相关而又有严密的血缘关系的组织系统，但是也注重邻里之间的友好和睦，也就是人们常说的"远亲不如近邻"。地缘关系成为多姓聚居村落人群在日常生活中首要的具有排他性的社会关系。①

特征之四，讲求业缘。业缘关系是指曾经存在或者正在存在的职业引发的交往而产生特殊亲近的关系，它是血缘意识和地缘意识的泛化。这种关系主要在士人中产生并发挥作用。明清湖南社会在士绅阶层之间形成的主要业缘关系有：师生关系、同学和同年关系、幕主幕宾关系等。

在提倡"学而优则仕"的熟人社会，"读书做官"无疑是最理想的职业。要想"读书做官"就必须经过老师的启蒙与教导。社会习俗也都提倡学生要尊敬老师。《礼记·学记》中说"凡学之道，严师为难，师严然后道尊，道尊然后民知敬学"。"师无当于五服，五服弗得不亲。"古人早就认识到老师的重要地位和作用，所以对老师特别尊重，"一日为师，终身为父"。儒家提倡"天地君亲师"，把老师的地位摆得很高，这是师生关系。熟人社会，无论是旧式官学的生员，还是书院、经馆的生徒和蒙馆的童生，只要他们同在一个老师门下受业，彼此之间就都是同学关系。读书年代，人们还没完全走向社会，同窗共读、生活、学习在一起，彼此之间结下了深厚的友谊。科举时代，同一年考中举人或进士的士子互称"同年"。虽然这些人并无同窗青灯苦读的同学情分，但科举考试本身就是士子们踏入政治生活的第一步，同时考中，都感到春风得意，自然结成同年社交圈。踏进官场后，彼此上下交援，形成一个个互相照应、攀援的政治宗派。这就是同学与同年关系。历史上，熟人社会里早就出现了这样一种性质的非官方性质的幕府制度。历史上，这种制度随着各个朝代政局的变化几经盛衰和嬗变，同中央集权的强弱成此消彼长之势。明清时期，这种性质的幕府制度的复兴达到极盛。"尤其是清代，上自总督，下至县令，均拥有人数不等的幕府，以

---

① 宋丽娜：《熟人社会是如何可能的》，社会科学文献出版社2014年版，第44页。

致时人有'无幕不成衙'的谚语。"① 在清代前中期,"各级地方主管官员招聘来帮助自己处理文书及刑名、钱谷等日常事务的士绅,称为幕客、幕友、宾师、幕宾等"②。他们"一般是来自通过科举考试取得了一定功名而尚未进入官场的士人含候补官员,已退职或暂时脱离官场如致仕、革职、贬斥、丁忧等的官员,或有特殊才能和一技之长者。同时,幕主以私谊联结关系网,故亲朋、好友及其子弟、门生、故吏是重要的接纳对象"③。这就是所谓的主宾关系。

明清时期湖南熟人社会的血缘关系、地缘关系和业缘关系是与熟人社会自给自足的封建小农经济和作为社会主流文化的儒家思想相适应的。"儒家文化之所以成为中国传统社会的主流文化,独领风骚两千年,这不仅在于它体现了中国传统社会结构的需要,还在于它在中国传统社会的历史发展过程中,形成了自己独特的文化特质。"④

在熟人社会中实现族群认同是极其重要的。熟人社会的日常生活有多个方面的意义,其主要含义有以下三层:第一是文化信仰层面,熟人社会敬鬼神,重孝道,带有强烈的祖先崇拜色彩。"同根意识"是祖先崇拜在日常生活中最直接的表现。明清时代的湖南境内,祠堂遍布城乡各地,凡族居人口的地方,皆有祠堂。族人们热衷于根据自己的经济状况出钱出力建设宗祠。"各量力集缗,建总祠、支祠或家庙,于族居密迩,为岁时伏腊敬宗收族之地"⑤,人们彼此之间的血缘关系成为彼此精神世界的一种信仰。族群依赖就是依附于人的血缘关系之上的。人们可以不问理由地把族人当成自己人,这便是祖先崇拜与同根意识在社会日常生活中的映射。

第二是社会互动层面。明清新移民及其后裔的日常生活中的诸多事物都必须由社会性的渠道表达表现出来。社会评价主要表达与表现在他们日常生活中,互动使他们的面子和荣耀等无时无刻地处在社会性的评

---

① 黎仁凯:《晚清的幕府制度及其嬗变》,《河北学刊》2004年第3期,第3页。
② 黎仁凯:《晚清的幕府制度及其嬗变》,《河北学刊》2004年第3期,第4页。
③ 黎仁凯:《晚清的幕府制度及其嬗变》,《河北学刊》2004年第3期,第4页。
④ 向春玲:《转型中的社会与文化》,民族出版社2001年版,第3页。
⑤ 《湖南民情风俗报告书》第3页,据1912年5月湖南调查局编辑本印,未刊稿。

价之中。在传统乡村社会,基层民众的生活水平虽然大相径庭,但人生意义的实现与评价却凝聚在诸如婚丧嫁娶等重大事件之中。就拿丧葬例举,"'事死如事生'的孝伦道理与'崇释老'的民间信仰在族民的礼俗思想中根深蒂固。在这种思维指导之下,丧事操办就形成了不顾经济状况、铺张浪费、繁缛的丧葬程式,甚至让'卖身葬父'这种行为成为社会风气。随着此种风俗潜移默化的影响,倘有人希图节俭,便会惹来讥笑或诟骂"①。

第三是社会功能层面。宗族性社会群体在血缘关系和地缘关系的相互作用下,形成了族群自我认同意识。他们在日常生活中形成合作与互助的关系,特别是在经济困难的时候,族群认同的圈子就更容易形成一个互助与合作单位,彼此共渡难关。例如《永安何氏族谱》中说:"家族由一本同源,务必休戚相关,缓急相济,喜会相庆,过失相规,至鳏寡孤独尤宜加以矜恤,以睦家族之和。"② 长沙县人有"重土葬,村内死了人,邻里自动帮忙"的传统习俗。在"同根同源"思想的影响下,族户间的互助作为一种义务和责任,始终贯穿于族群的生活之中,这就使得族人与族人之间相处变得比较容易与融洽。

总之,族群认同是建立在地缘和血缘关系之上的熟人社会意识。其中,血缘关系是形成族群认同的关键,而地缘关系则是血缘认同的补充与外延。族群认同作为一种根植于族民日常生活和精神世界的机制性信仰,在熟人社会的运作中起着基础性的作用。

(三) 明清时期湖南熟人社会的社会秩序与原则

血缘关系、地缘关系和族群认同是形成湖南熟人社会的基本因素,也是湖南熟人社会的明显特征。明清湖南熟人社会是建立在儒家伦理道德之上的礼俗社会。儒家就是通过礼俗来对社会秩序进行系统建构。这种建构实质上就是礼对人情的规范。因此,湖南熟人社会的首条秩序原则就是以人情为主。明清湖南熟人社会的秩序是这样一种内生秩序,是基于人与人的熟悉而培植和维护的礼治秩序。湖南新的族民遵循儒家文

---

① 周荣:《明清社会保障制度与两湖基层社会》,武汉大学出版社2006年版,第217页。
② 长沙县志编纂委员会:《长沙县志》,生活·读书·新知三联书店1995年版,第95页。

化指导下的人情取向的乡土逻辑，在日常生活中呈现出温情脉脉的一面。而另一面是，新族民对待外人的互动逻辑完全不同，对没有利害冲突的熟人自然要讲究乡情，相互给面子，而族外之人则是陌生人，对于他们只讲利益，公私群己。

费孝通在《乡土中国》中这样讲道，从社会基层上看去，中国社会是乡土性的，人们被束缚在土地上，地方性的限制所导致的"熟悉"成为乡土社会的重要特征。"乡土社会在地方性的限制下成了生于斯、死于斯的社会。常态的生活是终老是乡。假如在一个村子里的人都是这样的话，在人和人的关系上也就发生了一种特色，每个孩子都是在人家眼中长大的，在孩子眼里周围的人也是从小就看惯的。这是一个'熟悉'的社会，没有陌生的社会。"① 在这个全是熟悉，没有陌生的圈子里，经过岁月的沉淀，经常性的接触，亲密感油然而生。在熟人社会中，它们像水波推出去的波纹一样，由近及远区分了社会关系中的家人、熟人和陌生人。除了与自己发生紧密联系的家人和与自己发生固定永久型联系的是熟人，剩余的都是陌生人。② 这种关系如图4－1所示：

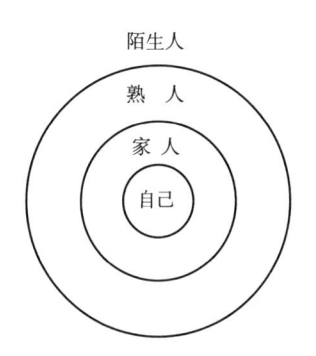

图 4－1　熟人社会的社会关系③

费孝通说："乡土社会的信用并不是对契约的重视，而是发生于对

---

① 费孝通：《乡土中国》，北京大学出版社1998年版，第9页。
② 费孝通：《乡土中国》，北京大学出版社1998年版，第25—30页。
③ 文崇一、萧新煌：《中国人：观念与行为》，江苏教育出版社2006年版，第33页。

一种行为的规矩熟悉到不加思索时的可靠性。"①

明清时期湖南的宗族村落就是这种富有极强凝聚力的亲缘网络系统。它们是由一个或多个拥有血缘关系的宗族聚族而居形成的村落。宗族村落拥有与其相对应的社会组织结构。共御外敌、实现自我保护。在明清时期，湖南多数氏族村寨外围往往为此由划分村寨边界而设置了寨墙、寨门、栅栏、护寨河等防御机关。在寨内同样设置了鼓楼、碉楼等设施，用于预防作战和指挥御敌。② 宗族村落内部道路的设计也是优先考虑防御功用。这些社会性设置利于宗族村落的团结与统一，却也无形中强化了对外部的排斥性。熟人社会的生活区块区隔因此极其显著。这种区块性有以下几个特点：

第一，讲人情。明清时期湖南的村落几乎都是宗族性的，再加上区块约束作用于熟人社会，就使移民的生产生活高度依赖熟人社会。高高在上的法律不及族规来的实际有效。在家族聚居的村落里，原始的血缘关系支配着移民相互间的社会关系，无形之中构成了一种内力强大的内在约束机制。它使宗族成员关系紧密，宗族意识强烈，人情成为人们最重要的行动准则。"规矩不是法律，规矩是'习'出来的礼俗。"③

讲人情成为唯一的处世哲学。人情使得人们在生活和经济上相互照应，荣辱与共。例如"清湖南湘乡李添洪，其兄长早逝，后其侄子李达政又因病去世，只留下两代孤雏皆赖护持"④。"清湖南邵阳陈世桂，其叔叔早故，留下叔母，他将叔母当做自己的母亲一样赡养。"⑤ 这就是血缘人情。

在地缘关系为主导的湖南熟人村落中，多姓族民也有着同等属性的族群认同互动圈。彼此之间待人处事当然讲究的也是人情和面子。在这样的社会里，对姻戚、乡邻要厚待也是人情的基本要求。在同乡或邻居

---

① 费孝通：《乡土中国》，北京大学出版社 1998 年版，第 10 页。
② 费孝通：《乡土中国》，北京大学出版社 1998 年版，第 10 页
③ 费孝通：《乡土中国》，北京大学出版社 1998 年版，第 10 页。
④ 周荣：《明清社会保障制度与两湖基层社会》，武汉大学出版社 2006 年版，第 186 页。
⑤ 周荣：《明清社会保障制度与两湖基层社会》，武汉大学出版社 2006 年版，第 187 页。

之间，大家朝夕相处，共同生活，和睦处世显得非常重要。例如湖南宁乡陶氏《家训》记载："渊里当厚。曰渊者，族之亲；曰里者，族之邻，远则情义相关，近则出门相见，凡事皆当厚，通有无、恤患难。不论曾否相与，俱以诚心和气遇之"①，宁乡宗族家训中体现出以和为主、以礼相待、团结互助和荣辱与共是本族人必须要遵循的人情原则。湖南湘乡萧氏亦于"甘溪祠"立下"族规碑"，要族人"毋挟智而欺愚；毋恃强而凌弱"②，家训旨在端正邻里、族里的风气，不许仗势欺邻，不许以强凌弱。湖南湘乡黄田章氏告诫族众不能"恃血气之勇，凌人傲物，侮慢尊长，欺压孤孺，深刻痛恨"③。讲人情，要求人们日常互谅互让、长期互惠。在村落生活中，不能不讲人情，不能锱铢必较、睚眦必报。

与熟人之间的讲人情形成明显对照的是，熟人社会对待陌生人则是不信任的。对待熟人，族民必须按照人情原则行事，除非熟人之间发生严重利害冲突，才会按照陌生人的规则办事。而当面对陌生人时，适用的却是"歧视原则"。这种原则是从人情原则衍生出来的一个对立关系。在族民看来，歧视是合乎情理的，发生矛盾时使用暴力交涉手段也是符合逻辑的。例如，"嘉禾李氏村，胥史尤不为患，乡人虽贵皆名之，入人村必徒兴"。"湘潭昔年本帮人与江西人，因事格斗，积案五十年"④，在这样的原则之下，外来外姓之人便不好开展深度社会交往，这就是所谓的"奸伪无所托足"，"无虑乎伏莽"⑤。

第二，讲乡情。熟人社会的人情关系根植于乡土社会。在宗族聚居的环境之下，族民间存在着较为浓厚的情感互补与依赖关系⑥，无论身在何处，心中牵挂的总是一个"乡"字，这就是"乡情"。

对明清时期湖南人来说，家族、宗族与乡族群体不仅仅是族民血缘

---

① 湖南宁乡《靳水双江陶氏五修族谱》卷一八《彝训》，民国刻本。
② 湖南湘乡《萧氏续谱》卷首《甘溪祠族规碑》，光绪十九年经木堂木活字本。
③ 湖南湘乡《黄田章氏宠房支谱》卷首《家训》，民国己巳年刻本
④ 湖南调查局编印：《湖南民情风俗报告书》，湖南教育出版社2010年版，第201页。
⑤ 朱云锦：《皖省纪略》卷一《徽州府志》，转引自冯尔康《中国社会结构的演变》，河南人民出版社1994年版，第141页。
⑥ 赵玉燕、吴曙光：《湖南民俗文化》，湖南师范大学出版社2010年版，第158页。

关系的延伸，也是他们赖以生产生活的社会关系保障。"乡土"共同构成了相互认知、荣辱与共的族群共同体。"乡土"情使族群产生强烈的归属感和安全感。

第三，讲乡村伦理。明清时期的湖南熟人社会中，人们主要以农业为生，世代定居。"生于斯、长于斯、死于斯"，从而形成了熟人社会中人与人相互熟悉而且稳定的社会结构。在这种社会结构中，人与人之间的社会关系都是一种由己及人的关系，并以熟人关系构建出了一张庞大的关系网。人们的行为都围绕着这个关系网展开，而行为的准则是礼俗。"乡民社会的人际交往，一般也要遵循一定的习俗惯制，否则会被认为'失礼'或者'无家教'。"①

在这种熟人社会中，士绅充当着统治者与乡村民众之间的中介角色，"享有特权的乡绅是官方文化的载体，政府的行政体制仅达到县级，对乡村广大民众的控制，靠里甲、保甲维持"②，所以明清湖南的熟人社会又可以称为"乡村绅治型社会"。地方士绅在儒家思想的指导下，以增进家乡的福利和保护利益为己任，成为事实上支配者传统乡村社会生活的主导力量。"官与民疏，士与民近，民之信官，不若信士。朝廷之法纪，不能尽晓于民，而士易解析，谕之于士，使转谕于民，则道易明而教易行。"③

熟人社会的宗族内部，往往都会有世代传承的家法和制度完善的族规，用以对家人和族人进行约束和指导。宗族内部矛盾冲突往往通过宗族体系自身就能化解，擅自告官不但会受到族人的指责，还要受到处罚。如匡氏宗族对不鸣族而擅自禀官者"罚银五两，入祠充公"④。平江叶氏《家训》将"服劳奉养"作为赡养老人的最低要求，"家训莫大于人伦，人伦莫先于君父"⑤。

---

① 赵玉燕、吴曙光：《湖南民俗文化》，湖南师范大学出版社2010年版，第138页。
② 冯尔康：《中国社会结构的演变》，河南人民出版社1994年版，第587页。
③ 李燕光：《清代的政治制度》，载《明清史国际学术讨论会论文集》，天津人民出版社1982年版，第257页。
④ 道光《匡氏族谱》卷首，家规，民间藏本。
⑤ 民国《平江叶氏族谱》卷首《家训五条》，民间藏本。

宗族完备的家法族规还会定期定时宣讲，并要求族人熟记于心。相当数量的家法族规中都规定有相关奖励的条规，对于那些违反者就会给予惩罚。教化和引导向善是族规中极其重要的一部分。族规的主要内容有：第一，孝。"百善孝为先"，孝悌是家族伦理的核心，家法族规首倡孝悌。第二，耕读为本，"耕读食家久，诗书济世长"的门联常常见于乡村老屋。教育族民对娼优隶卒等业不齿。第三，节俭勤业、尊师重道、正直廉洁、恪守礼教等修身标准。第四，严格区分男女界限、不得非礼接谈。第五，严守尊卑秩序。第六，善择婚姻，注意门当户对。第七，慎选继子、以防家系紊乱。第八，丧葬宜俭。[1] 显而易见，这些家法族规对民众约束直接而细密，目的是通过具体细化的伦理教化和引导，使人们自觉培养宗族的爱敬之心，行为举止合乎宗族伦理。

熟人社会中如有轻微违反规范的行为，就会受到道德的谴责和族内尊长的劝诫。严重违反道德风俗的行为将会受到执行宗族家法的严厉惩罚。"家法族规的惩罚方式依照轻重级别依次是：警戒、羞辱、财产、身体、入族入祠资格、自由、生命等类属。"[2] 极端的惩罚方式甚至可以活埋、打死和溺毙。"执罚家法族规的场所多是围绕宗祠为中心，家长、族长、族正等尊长充当法官。对于违反人员进行处罚。"[3] 例如湘阴狄氏规定，"倘有不肖子弟出言无状，冒渎尊长者，带祠扑责"[4]，湘乡黄田章氏规定，"甚至酗酒撒泼，以为得志，无赖极矣……吾族有此，房长惩饬不悛，合族重处"[5]。

第二节 太平天国对近代湖南"熟人社会"的分解

19世纪中期，持续十多年的太平天国运动席卷中国东南大部分省

---

[1] 费成康：《中国的家法族规》，上海社会科学院出版社1998年版，第52—66页。
[2] 赵玉燕、吴曙光：《湖南民俗文化》，湖南师范大学出版社2010年版，第152页。
[3] 赵玉燕、吴曙光：《湖南民俗文化》，湖南师范大学出版社2010年版，第152页。
[4] 《湘阴狄氏家规》，费成康：《中国的家法族规》之《附录》，上海社会科学院出版社1988年版，第296页。
[5] 湘乡《黄田章氏宠房支谱》，卷首《家训》，民国己巳年刻本，民间藏本。

区，湖南也不例外。太平军在湖南进行了三次规模比较大的军事行动，对湖南熟人社会结构带来了巨大的直接的冲击。三次大规模的军事活动分别是：咸丰二年（1852）太平军由郴、道入湘，岳州出境；咸丰四年（1854）太平军西征进入湖南北部地区；1859—1862年，石达开领导的太平军多次进入湖南的南部、西部，转战于湘桂、湘粤以及湘黔边境地带。① 本节内容主要以这三次大规模的军事活动为线索展开相关论述。

一 太平军入湖南及对湖南熟人社会结构的分解

（一）太平军入湖南

道光三十年（1850），洪秀全在金田发动起义，建立太平天国。受太平军的影响，湖南也发生民变。郴州宜章的王萧氏，桂阳斋教领袖朱福隆，郴州的矿工代表刘代伟等各自起事，积极响应太平军。②

咸丰二年（1852），太平军出广西进入湖南。在蓑衣渡战役中，兵力大损，转战道州。为了招收民众，在郴州、道州一带进行了军事休整。据张德坚《贼情汇纂》记载："缘洪逆踞其地两月，整顿军容，补益卒伍，故尽掳州人并妇孺而行，除即时逃回不计外，尚余男妇三万余人。"③ 太平天国在湖南道州休整军队五十多天，以杨秀清和萧朝贵的名义在湖南道州发布三道檄文，动员民众反对清朝，宣传拜上帝教能普度众生，奉天行事，号召所有受苦人一起"务期肃清胡氛，同享太平之乐"④。

入湘之初，太平军的号召与政策还是能起到很大的作用。因为这一时期湖南熟人社会阶级矛盾尖锐。这些矛盾直接促使处于下层的民众想脱离原生熟人社会，因而使太平军在郴、道都能够顺势发展。太平军借势袭击长沙。在进军长沙的途中攻占蓝山、嘉禾、桂阳州、郴州以

---

① 杨奕青、唐增烈等编：《湖南地方志中的太平天国史料》，岳麓书社1983年版，第1页。
② 湖南省地方志编纂委员会编：《湖南通鉴》，湖南人民出版社2008年版，第440—441页。
③ 张德坚：《贼情汇纂》，《近代中国史料丛刊》（第22辑），文海出版社1968年版，第856页。
④ 马冠武：《论西征军入湘和湖南人民的抗清斗争》，《军事历史研究》1993年第7期。

及永兴，沿途会党纷纷响应。嘉禾、桂阳以及郴州的天地会踊跃响应，湘南矿工纷纷加入太平军，郴州刘代伟的余部全数加入。太平军人数一下子扩大至几十万人。太平军因此新编"土营"，以专事摧毁城墙。

太平军进攻长沙，全省为之震动，从湘南到湘北到处都是响应太平军的会众，比较有影响的当属巴陵县地区的晏仲武部。太平军撤离长沙后，晏仲武部仍在继续战斗。

咸丰四年（1854），太平军开始西征。在石祥祯和林绍璋的率领下，于咸丰四年二月初一日攻克湖南岳州府。进入湖南的太平军，顺水路南下，五天后，攻占湘阴。三天后，占据长沙西北部的靖港，接着又攻克宁乡。由于远离天京，兵员不足，在湘潭被曾国藩的湘军打败。太平军撤出岳州，由湘北进入湖北。

太平军西征，湖南的广大民众亦积极响应。响应并加入太平军的主要包括湖南的会党成员和其他反清的普通民众，其中以岳州府会党响应最为强烈。湖南南部也出现了会党起义群起响应的局面；两广天地会进入湖南；晏仲武余部在杨敬之带领下，头裹红巾，全力支持太平军，声势甚大。西征军攻占岳州府后，岳州地区会党趁势活动，湖南东南部的天地会听闻太平军消息也积极活动。

第一次西征失败后不久，太平军又在石祥祯和林绍璋的率领下重返湖南。此次西征时间长、影响深。巴陵会党在杨敬之等带领下，带头响应。华容会党也活跃异常。曾国藩急调湘军精锐兵力，水路夹击，死守湘潭。两军在湘潭激战，太平军损失惨重。借湘潭大胜之势，湘军欲借机夺取靖港，但遭到太平军在靖港的反击，湘军损失亦很惨重。总体来说，受湘潭之败的影响，靖港的太平军陷入孤立无援的境地，不得不再次退回岳州。但在岳阳得到天地会的支持后军势复振。

1859年，石达开突入湖南，湘军准备不足，石达开趁虚而入。正月二十八占领桂阳，三月初在永州之战中损失兵力数千。永州的失败使得石达开将计划转变为攻打宝庆。由于对军情的估计失策，石达开在宝庆亦受损惨重，不得已撤兵广西。

1861年，石达开再次率军进入湖南。石达开派贵州的许桂和攻打龙山，清兵驰援。许桂和占领龙山吸引了清军主力。太平军顺利进入四川的双江和临口地区。清军立即派湘军阻截石达开北上，由于清军行动迟缓，石达开顺利攻下会同，踞城十多天后撤出。在榆树湾遭到湘军的堵截，连夜撤退，前往辰州，进驻浦市。因为没有船只渡江，只得折回龙山。1862年在龙山和许桂和会师，之后再次向四川东部进军。

1862年，石达开从广西进入湖南，由南向北推进，准备从湘西攻入四川，当地民众积极呼应加入，在绥宁吸收近两万人。行至湘、黔交界地托口，贵州数千民众前来支持，声势重新壮大。进军至黔阳，途中又吸收数万人。在保靖、里耶地区不少民众举家参与。

（二）对湖南熟人社会人口结构的破坏

在熟人社会里，个人的行为规范主要来自家庭和宗族的控制。个人的生长环境、思想观念、物质基础等都与家庭以及宗族的社会背景息息相关。太平军的闯入打破了既有的稳定社会状态，冲击着湖南原生熟人社会的群体社会结构。从现有史料分析，太平军主要冲击方式就是从熟人社会中吸收与招募成员，削弱熟人社会的人口基础，破坏熟人社会的原生人口结构。

1. 打出"有饭同食"的口号，招人加入太平军

笔者从史料中发现，当时加入太平军的群众是相当多的。"招得湖南道州、江华、永明之众，足有两万之数。"根据李秀成自述的记载，太平军在攻克郴州后，附近新加入的民众和天地会成员有"二三万人之多"，茶陵州也有数千人加入。① 太平军从道州攻克郴州，除了天地会和普通群众加入之外还吸纳经略地的数千挖煤工人。太平军快要攻克岳州地区的时候，已经夺取船只近万艘，其中就包括在益阳地区获得几千艘商货船。在岳州，获得民船将近千艘。攻克岳州时，又获得民船五千只左右。据载当时永州有个商人唐正财，就自愿献出自己的船只和钱

---

① 广西通志馆：《忠王李秀成自述》，广西人民出版社1961年版，第8页。

财加入太平军。由于他有技能和钱财，很受太平天国的重视，加入太平军后管理太平军建立的"水营"。可见，太平天国在郴、道时很重视招收民众。①"湖南会匪之多，人所共知。去年粤逆入楚，凡入天地会者大半附之而去。"②

2. 用军事手段强行"裹挟"民众加入

李秀成在自述中写道：一旦信仰了拜上帝教的民众，全家的房屋都要处理掉。没有了固定的居所，就没有稳定的生产生活，这样普通的乡村百姓便再也无法返村只能从军。③ 张德坚谈到太平军的此项政策时特别强调普通的民众但凡被太平军要求，大多难以脱离。④ 裹挟的主要方式就是招兵。罗尔纲对于太平军扩充兵源理解为，太平军每占领一个地区便会开始强行招兵，打着"奉命招兵"的旗帜，到各个乡镇招兵。⑤ 咸丰四年（1854）七月，太平军第二次大规模进入湖南，道州和江华的会党响应积极，"贼首胡有禄、朱红英，沿途勾结，裹挟众数万，扑宁远城"⑥。

3. 对宗族势力严厉打击，尽力消灭熟人社会原生人口

《长沙县志》记载：太平军在永兴和宝庆一带活跃，"到处抢掠，命尚难全"。咸丰二年（1852）和六年（1856），太平军扰乱的地方，地方宗族大多受到危害。此外，湖南如有对太平天国的法令不遵从也会受到太平军严厉的处罚，"违者立遭惨毒，从者亦受鞭笞"⑦。如《安化县志》写到，咸丰十年（1860），石达开带领的太平军对宝庆府的统治者严行镇压，"浮尸蔽江而下"，整个资江河水都是血腥味。但石达开军中后来加入者军纪败坏，形成了一定的负面影响。⑧

---

① 刘云波、李斌：《湖南经济通史·近代卷》，湖南人民出版社2013年版，第53页。
② 《曾国藩全集·奏稿一》，岳麓书社1987年版，第44页。
③ 李秀成：《李秀成自述》，转自南京太平天国历史博物馆主编《太平天国文书汇编》，中华书局1979年版，第484页。
④ 张德坚：《贼情汇纂》，《近代中国史料丛刊》（第22辑），文海出版社1968年版，第855—877页。
⑤ 罗尔纲：《太平天国史》（全4册），中华书局1991年版，第1101页。
⑥ 光绪《湖南通志》卷八九《武备志十二·兵事四》，湖南人民出版社2017年版。
⑦ 同治《长沙县志》卷一五《兵防·团防》，岳麓书社2010年版。
⑧ 同治《安化县志》卷三三《事略·时事纪》，江苏古籍出版社2002年版。

通过以上三种方式，太平军在湖南迅速实现了兵力扩充和削减熟人社会原生人口。兵力的扩充就是对湖南宗族社会原生人口结构的分解与破坏。曹树基在《中国人口史》里面提到，在太平天国运动期间，湖南整体人口丧失200万左右。① 根据岳州府地方志记载，其人口丧失总数约占整个湖南40%，成为失去最多人口的地区。

4. 在太平军催动下，社会也越来越倾向于诉诸暴力

太平军进入湖南道州之后，发布檄文，劝说民众推翻清政府，建立天下太平生活。许多宗族内的下层贫民纷纷加入。张晓秋在《粤匪纪略》记载，除了郴州的土匪之外，城内的百姓几乎都被掳走，"城内并城外贼营，统老弱约计三万余人"②。黄辅辰在《戴经堂日抄》写道：咸丰三年（1853）六月初二，他遇到一长沙泛舟之人，告诉他"长沙省至岳州一带，居民惶惑，迁徙纷纷"③。

太平军的到来，又使得湖南宗族内开始兴办团练。宗族武装化，宗族间的械斗更加频繁发生。比如宁远县就"每因细故，聚众械斗"④。这是太平军入湘后湖南熟人社会变动的又一特征。

太平军所到之处均对封建宗族的住房、庙宇进行摧毁，如遇抵抗便进行武力解决，抢夺族人，烧掠族内建筑。由于寡不敌众，很多宗族在和太平军的抵抗中遭到沉重的打击，有的甚至全部被毁灭。这也是太平军消灭熟人社会原生人口的第四种常见方式。如善化县"拆毁民屋，乡民逃走一空"⑤。太平军在益阳县从三里桥到石头铺附近，大约枪毙官兵七八百人，杀害百姓十人，烧毁民屋建筑十多间。⑥ 太平军两次从东安进入，所到之处，乡村都被烧毁，宗族祖先的坟墓被挖。新宁县西北乡一带被破坏的最为严重，该乡宗族内部所设的城堡基本被摧毁。太

---

① 参阅曹树基《中国人口史（第五卷）》，复旦大学出版社2001年版，第532—533页。
② 罗尔纲、王庆成主编：《中国近代史资料丛刊续编·太平天国》，广西师范大学出版社2004年版，第50页。
③ 罗尔纲、王庆成主编：《中国近代史资料丛刊续编·太平天国》，广西师范大学出版社2004年版，第172页。
④ 湖南省政府秘书处编：《民国十九年度湖南省县政府报告·宁远县》，1931年，第160页。
⑤ 光绪《善化县志》卷三三《祥异·兵难附》，岳麓书社2011年版。
⑥ 同治《益阳县志》卷一一《武备》，江苏古籍出版社2004年版。

平军还对逃入窑洞进行避难的地方宗族成员用毒气熏之,"至有全家人口无孑遗者"①。据临湘县志记载:咸丰五年(1855),太平军在临湘严厉打击地方宗族势力"毁民居无算,杀男妇数百人"②。咸丰九年(1859)二月,太平军进入嘉禾县,该县被强迫加入的有数千人,拒绝加入而被杀害者亦不少。

5. 士绅武装化

士绅在湖南熟人社会占有特别重要地位,作为介于官和民之间的特殊群体,既代表乡土社会的威望,又是官与民矛盾的中和者,对于维护熟人社会秩序具有不可替代的作用。根据张仲礼提供的数据分析,全国的士绅在太平天国之前约有110万人,太平天国之后增加了30万人。太平天国入湘之前湖南有士绅63372人,之后增加了28527人。③ 这是太平军在实施对熟人社会破坏后产生的另外一个社会效果,湖南熟人社会人口结构功能性的变异。

一般来说,湖南的士绅阶层在太平军进入之前主要是通过科举制度产生,而通过捐纳、军功或者荫袭等的途径不是主流。但太平军入湘,清政府为了减轻因战争带来的繁重的军费负担,规定凡是能捐输军饷者,将增加生源学额。由此,湖南捐纳士绅大幅增加,士绅逐步武装化。例如江忠源就兴办团练,通过率领乡兵不断立功,官至巡抚。江忠源模式激励了想有所作为的湖南士子。自江忠源之后,士人多弃笔从戎,尚武之风流行。例如郴州的杨孝达,是一名秀才,咸丰二年(1852)三月,太平军进入郴州城内,杀了郴州知州胡礼篪,城中一片混乱,适时,杨孝达倡导村民组织起来组建团练,将太平军头目萧榜辉、萧榜耀等擒获,稳定了局势。④ 咸丰四年(1854),太平军残余逃到蓝山县,贡生吴肇封率领南平乡的子弟村民协助清政府进行围剿。咸丰九年(1859)三月,太平军逼近东安地区,吴肇封又与当地清政府

---

① 光绪《新宁县志》卷一六《兵事志》,岳麓书社2011年版。
② 同治《临湘县志》卷八《兵防志》,江苏古籍出版社2002年版。
③ 张仲礼著,李荣昌译:《中国绅士——关于其在19世纪中国社会中作用的研究》,上海社会科学院出版社1991年版,第109—166页。
④ 光绪《湖南通志》卷一九七《人物志三十八》,湖南人民出版社2017年版。

的官员和士绅唐麟分别围攻太平军、奋战七昼夜。《长沙县志》明确记载，该县绅士创建的团练有效地抵制了太平军，"逆匪窜入郴、桂一带，有团之处均获安全，无团之乡遍遭蹂躏"。由此，士绅开始得到军权，极大地改变了熟人社会的权力布局与互动逻辑。据太平天国史研究专家罗尔纲的估计，太平天国时期因军功而保荐至武职三品以上的已数万人，单保至游击以上的人数就有6339人之多。[①] 武官的职位有七千左右，但是空缺的职位仅有不到七百位，而通过军功受封的数万将领，远远超过实际的空缺位置。这些授功的士绅成为维系乡村和政府联系的有效纽带，成为处理宗族内部事务的权威象征。武装化的士绅成为太平军入湘后地方上的一支新的社会权力阶层。

据光绪《湖南通志》卷六十七《学校志·学额》记载可知，在太平天国运动爆发后，湖南的生员大概有五万，而太平天国运动爆发之前湖南地区的生员大概只有三万六。由军功而至生员者达到1万多人。正是这些人，使湖南熟人社会的互动模式发生了重大改变，结构人口产生功能性变异。太平军入湘，本意是破坏湖南的原生人口社会，但吊诡的是，熟人社会不仅没有被太平军坏死，反而在一定程度上被太平军"激活"。

二 太平军对湖南熟人社会功能设置的冲击

（一）对湖南熟人社会教养功能设置的破坏

在熟人社会里，教养对礼俗秩序有不可替代的作用。教养"泛指一切有目的的影响人的身心发展的社会实践活动"[②]。教养的养成与实现一般都通过私塾等教养功能设置学习来完成。湖南自建置以来，有官学（学宫）、私学（书院）、义学、私塾等诸多形式。宋代以前，湖南官学向不繁盛，而义学、私塾只属于初级教育，大多分布在偏远乡村地区，规模很小，影响不大。书院则名闻遐迩，颇有成效。

[①] 罗尔纲：《湘军兵志》，中华书局1981版，第161—162页。转引自阳信生《湖南近代绅士阶层研究》，岳麓书社2010年版，第17页。

[②] 周秋光等编：《湖南社会史》，湖南人民出版社2013年版，第46页。

明清时期的湖南学宫分为两个组成部分：第一，学庙。用于祭祀孔子。第二，学署。用于传播儒家思想文化。有庙即有学，学中建庙，庙中设学，逐渐形成"庙学合一"格局。湖南学宫的办学经费来源主要有三个渠道：第一，学田收益和学校资产租借收益。政府在创建学宫时，也分配给学校一定的田产。第二，政府适当的补贴。政府每年会投入资金用于教育周转。比如永顺县的义学，每年政府拨款48两白银用于学校维修。第三，社会募捐。如岳州府学，岳州知府黄凝道就曾捐献自己的俸禄进行重修。巴陵县学，知县王国英不仅捐赠自己仅有的俸禄，还发动巴陵县的士绅捐资重修县学。[①] 可见，在熟人社会里面，士绅阶层对当地的教育不仅贡献不少财力，对礼俗社会秩序建构也不遗余力。笔者查阅光绪《湖南通志》发现，自宋、元后，湖南地区的学宫尽管多次受到战争的破坏，政府还是不断进行修缮。在清代建制的86所学宫当中，其中府学9所，州学11所，厅学4所，县学62所，现列图如下。

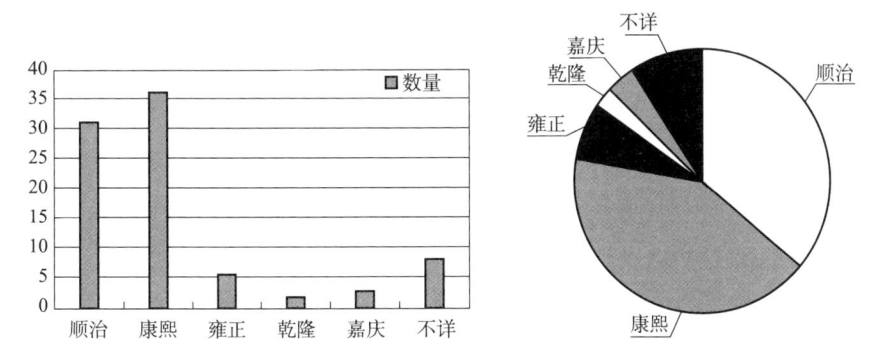

图4-2 清代湖南学宫统计情况（单位：所）
注：史料来源于光绪十一年刻本《湖南通志》

根据以上图表明显可知，清代湖南教养设置有以下几个特点：

首先，顺治和康熙两朝为学宫发达期，占湖南清朝学宫数量的78%。为了更好地维系王朝统治，加强对湖南熟人社会的控制，清政府采取以发展经学为基本，以促进文教为优先的教育教养政策。学宫数量

---

① 张楚廷、张传燧主编：《湖南教育史（一）》，岳麓书社2008年版，第507—510页。

呈上升趋势。康熙时湖南完成了建省，政府也加紧了对湖南的教养教化，教养社会设置建设提速。

其次，雍正以后虽然书院代替了学宫的地位，但书院与学宫一并成了太平军破坏的对象。

咸丰二年（1852），太平军将进攻矛头指向湖南，打击的矛头也指向了官办学宫。太平军每到一地即行摧毁，其中对学宫推毁最严重的当属长沙府学。据载："长沙府府学在府城正南门右……咸丰二年，粤寇①犯长沙，因屯兵毁坏。"② 当然，湖南其他地方也不能幸免。如"永兴县学在县城西北隅……咸丰二年粤寇毁"③。《茶陵州志》卷十三《学宫》记载："考棚，④……咸丰二年、五年茶城迭被粤匪窜扰，学宫不免毁坏。"⑤《邵阳县志》卷四云：咸丰九年（1859），石达开部将率领数十万军进入邵阳县，"学宫遂同在灰烬中"。劫后邵阳士绅准备集资重修学宫，募捐三千余金，购买材料准备运往邵阳，但是不久石达开率领军队再次侵扰邵阳，士绅所购买的材料再次被兵勇毁坏。⑥《郴州直隶州乡土志》卷下《祠庙志》云，学宫经过乾隆、嘉庆、道光的修缮直到咸丰辛亥年（1851）竣工，但太平军入郴后即被破坏，直到同治三年才被重新修葺。⑦《桂阳县志》卷十《学校》云，咸丰九年正月，太平军攻陷桂阳县，学宫"正殿被毁"，后来用沉香木固定，"今被寇毁"⑧。《桂阳直隶州志》卷六云：嘉禾县北门的考棚，咸丰二年太平军侵入致使考棚毁坏。如此等等。下表能够清晰看到湖南学宫被太平军摧毁的情况。

---

① 粤寇：清政府对太平天国起义者的污蔑之辞。原出自清朝冯桂芬《江苏减赋记》一文中。下文多处涉及，"粤寇"一词，故后文不再一一解释。
② 光绪《湖南通志》卷六六《学校志》，湖南人民出版社2017年版。
③ 同治《茶陵州志》卷一三《学宫》，湖南人民出版社2017年版。
④ 考棚又称贡院，学子们科举考试所在的场域。
⑤ 光绪《邵阳县志》卷四《学校学宫》，光明日报出版社2017年版。
⑥ 光绪《郴州直隶州乡土志》卷下《祠庙志》，上海书店出版社2019年版。
⑦ 同治《桂阳县志》卷一〇《学校志·学宫》，岳麓书社2011年版。
⑧ 同治《桂阳直隶州志》卷六《工志》，岳麓书社2011年版。

第四章 近代湖南熟人社会的分解与再构

表4-4　　湖南部分学宫在太平军入湘时期受毁情况
（按太平军进入湖南时间顺序排列）

序号	学宫名称	地点	遭毁时间	遭毁程度（一般、严重）	备注
1	长沙府学	府城正南门右	咸丰二年	严重	重修
2	茶陵州学	州城南	咸丰二年	严重	
3	永兴县学	县城西北	咸丰二年	严重	
4	江华县学	县治左	咸丰间	一般	
5	湘阴县学	不详	咸丰四年	严重	
6	邵阳县学	邵水东	咸丰九年	一般	
7	桂阳县学	县城内	咸丰九年	严重	

注：史料来源于光绪《湖南通志》。

由表4-4可知，在太平军的打击之下，湖南各地学宫均遭到严重的破坏。比如长沙，在被围攻的八十多天里，太平军直接摧毁了所有学宫建筑物，学子几乎失去了全部固定的教育场所。

书院的命运也与此相同。湖南的书院在明清发育完善。笔者查阅光绪《湖南通志》，统计清代湖南省书院的数量共达近四百所，其中334所书院是有年代可考的。书院总数占全国第五位，新建的书院可考数量居全国第二位。自清以来湖南的书院演变过程可参考下图。

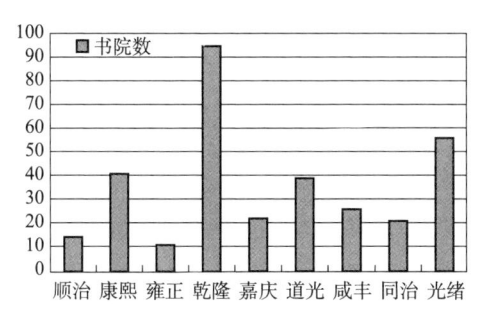

图4-3　湖南清代书院统计情况（单位：所）
注：史料来源于光绪《湖南通志》。

湖南的书院经历了起步、繁荣、不稳定与重新发育四个时期。书院伴随清代政局而起伏。清朝政权建立初期，政府担心地方书院成为明朝残余势力进行思想传播、聚众造势、起义反抗的场所,故对书院进行了大力的打击与控制。顺治九年(1652)下诏,令各个地方的提学官要监督教官和生儒,"不许别创书院,聚众徒党,及号召地方游食无行之徒,空谈废业"①。所以,清初书院生存艰难。康熙时期,政局稳定,政策转向。到了雍正时期,又开始大力支持书院的发展。雍正十一年(1733)雍正拨款一千两白银支持修复、创办书院,湖南各级地方官员纷纷加入兴建书院热潮中,带动了地方士绅的积极参与。太平军入湘,书院成为太平军又一重要的打击目标,在劫难逃。

在长沙城外,从北门到南门,所有的神庙、屋舍都被太平军烧毁,几乎没有幸存的。之后太平军又将碧湘街、醴陵坡附近的房屋尽数摧毁,"唯城南书院存空架,岳麓书院被贼焚毁无余"②。

据《湖南通志》卷六一载:"咸丰二年秋七月,粤匪自郴桂窜长沙。至十月败走,书院毁焉。"③《续修宁乡县志》载:咸丰四年(1854),太平军从长江沿岸进入宁乡县,经过的地方,房屋被毁,钱粮被抢,船只被掠。所到之处,不断焚毁衙署、六科书院以及南门街坊。④《宁乡县志事纪编》记载:咸丰四年二月,太平军从靖港侵犯宁乡,知县马丕庆闻讯逃脱,曾国藩派玫躬支援,战死沙场。三月,太平军将领林绍璋纠集万人再次侵犯宁乡,曾国藩派伍宏鉴、魏大升、郭鸿焘三人分别率领湘军作战,最终被太平军围困,三人命丧疆场。几天后,太平军转战湘潭,"入市焚衙署、书院暨铺户十数家。居民死于乱者六十余人"⑤。《宁乡县志》记载,咸丰四年三月,太平军从靖港侵犯宁乡县,所过之处,烧杀焚掠。"书院讲堂被毁,斋舍多坏。"时年正值谷荒,书院收取岁租很少,难以支付巨额修缮款。⑥《益阳县志》记载:"咸丰二年,粤匪窜益阳,毁文昌阁及五贤祠。"《益阳县志》卷十一《武备》又云:

---

① 《古今图书集成·选举典·学校部》卷三八三,中国戏剧出版社2008年版。
② 罗尔纲、王庆成主编:《中国近代史资料丛刊续编·太平天国》,广西师范大学出版社2004年版,第9页。
③ 光绪《湖南通志》卷六一,湖南人民出版社2017年版。
④ 同治《续修宁乡县志》卷之二十三兵防团练,江苏古籍出版社2002年版。
⑤ 民国《宁乡县志事纪编》,湖南人民出版社2009年版。
⑥ 民国《宁乡县志·故事编第四·学宫书院》,湖南人民出版社2009年版。

咸丰二年十月初旬，太平军渡过湘江，抢夺岳麓山下等多处粮食，二十二日到达益阳，烧掠湘江对岸的龙洲书院和五贤祠。① 《茶陵州志》云："自咸丰二年、五年叠经兵燹，书院不免旷废。"② 《祁阳县志》云：咸丰九年春天，石达开部将侵犯祁阳县祁城东的永昌书院，"撤毁楼栏，门窗殆尽"③。湖南书院受到兵毁的详细情况可看下表4-4：

表4-4　　　　　　　湖南书院被太平军损毁情况
（按太平天国进入湖南时间顺序排列）

序号	书院名称	地点	遭毁时间（年）	遭毁程度（一般、严重）	备注
1	承启书院	宜章县	1821—1850	一般	
2	白沙书院	宜章县	1821—1850	一般	
3	文昌书院	新宁县	1849	一般	
4	狮山书院	浏阳县	1851—1861	严重	重修
5	濂溪书院	江华县	1851—1861	严重	废
6	凝香书院	江华县	咸丰初	严重	废
7	岳麓书院	长沙府	1852	严重	重修
8	东山书院	攸县	1852	严重	重修
9	景濂书院	东安县	1852	严重	废
10	紫阳书院	东安县	1852	严重	废
11	营道书院	道州	1852	严重	重修
12	岳阳书院	巴陵县	1852	严重	
13	龙州书院	益阳县	1853	一般	
14	疑麓书院	宁远县	1854	严重	重修
15	冷南书院	宁远县	1854	严重	废
16	天河书院	鄢县	1855	一般	
17	钟毓书院	芷阳县	1856	严重	重修
18	濂溪书院	邵阳县	1859	严重	重修

---

① 同治《益阳县志》卷八《学校》，江苏古籍出版社2004年版。
② 同治《茶陵州志》卷一三《书院》，湖南人民出版社2015年版。
③ 同治《祁阳县志》卷二三《艺文》，湖南人民出版社2015年版。

续表

序号	书院名称	地点	遭毁时间（年）	遭毁程度（一般、严重）	备注
19	永昌书院	祁阳县	1859	严重	
20	虎溪书院	绥宁县	1860	严重	重修
21	立诚书院	乾州厅	1861	一般	

注：史料来源于光绪《湖南通志》。

由表可知，《湖南通志》有史料记载的21所被太平军破坏的书院中，71%的书院遭到严重摧毁，有的甚至是毁灭性的。

（二）对熟人社会设置的分解

太平军进入湖南以前，熟人社会的管治机制已发育的非常成熟。太平军的进入破坏了这种格局。主要破坏表现在以下几个方面。

第一，集中破坏政府的衙署机构。《湘潭县志》云：咸丰四年，太平军从长江沿岸进入湘潭县，扰乱村民，劫掠钱粮。"贼遂焚衙署、六科书院、南门街坊。"[1] 咸丰四年（1854）太平军第二次大规模进入湖南，对湖南湘潭衙署进行大规模焚毁。《桂阳直隶州志》卷六云："咸丰二年，广西寇陷城，公署半毁……九年，石达开来寇，毁后厅。"[2] 咸丰九年（1859）太平军第三次大规模进入，迅速占领湖南桂阳，对其公署进行二次破坏，最终导致桂阳公署无法正常办公。太平军对湖南衙署的破坏情况统计如下：

表4-6　　　　　　　府、州、县、厅衙署遭兵毁统计

行政区	名称	地点	兵毁时间	废置情况
茶陵州	州治 州判署 吏目署 视渡巡检署	不详	咸丰二年（1852） 咸丰二年（1852） 咸丰二年（1852） 咸丰二年（1852）	废
城步县	典史署	不详	咸丰十年（1860）	废
新宁县	把总署	县西北	咸丰九年（1859）	

---

[1] 同治《续修宁乡县志》卷二三《职官五·兵防·团练》，江苏古籍出版社2002年版。
[2] 同治《桂阳直隶州志》卷六《工志》，岳麓书社2011年版。

第四章 近代湖南熟人社会的分解与再构

续表

行政区	名称	地点	兵毁时间	废置情况
巴陵县	府署 督粮通判署 经历司署 府教授训导署 县署 监狱 教谕署 典史署 岳州卫守备署 参将署 中军守备署 驻防千总署 庆祝宫 试院 水师营守备署 兑粮公所二 校军厂 军装局	北门内 府署右 府署左 不详 南门外 南门外 不详 南门外 府治东 黄土坡南 南门内 清平巷 城北 黄土坡下 南门外 城北 北门外 参将署后	咸丰四年（1854） （此县兵毁时间都为此年）	
武陵县	府署	城中	咸丰四年	
龙阳县	县治 都司署 把总署（4所）	南街 县正街东 县正街东	咸丰四年 咸丰四年 咸丰四年	
靖州	绥宁县署	北门	咸丰十年	废
江华县	锦冈巡检署 城守署	不详	咸丰间 咸丰初	
永兴县	永兴县署 典史署	东门	咸丰二年 咸丰二年	
宜章县	县署	城中偏北方	咸丰五年、六年、九年	重修
嘉禾县	县署 防守廨署 典史廨署	不详	咸丰二年 咸丰二年 咸丰二年	

注：史料来源于光绪《湖南通志》

由上表可知，太平军对衙署的破坏地区多集中于湘西和湘北地区，其中对巴陵县的破坏最为严重。太平军第二次大规模入湘对岳州地区战事长达半年之久。岳州府、县各地的衙署、陆营署、长江水师署、兑粮

· 215 ·

递运所尽数被毁。《巴陵县志》云："兑粮公所二,咸丰初,粤逆陷岳,粮仓与运船俱废,至今尚未复故。"① 兑粮递运所是清政府的粮仓,太平军对其破坏的军事意图十分明显。二是破坏的时间多集中在咸丰二年和四年,湘南地区的衙署破坏最大,破坏程度最严重,破坏时间最久。

第二,拜上帝教大力反对偶像崇拜。

从近几年发掘的外文记载史料来看,太平军对湖南的偶像崇拜设置破坏相当严重。根据英国议会文书里面第七号何伯提督回忆:太平天国第一个大的目标便是清除湖南原有的宗教设置。庙宇被拆除,偶像被摧毁。太平军经过时民间诸神的崇拜设置均在被禁被毁之列。佛教、道教的信仰亦被禁止。有学者指出,"太平天国想要建设的具有中国本土特色的基督教模式的手段将对中国社会造成巨大伤害。"② 尼库尔主教在他的信里写道,太平军坚决消灭偶像崇拜,甚至包括对孔子祭拜,所到之处,不断摧毁各类菩萨和儒学的代表性建筑。小岛晋治的著作《太平天国运动与现代中国》收录了来自伦敦公文书馆史料关于在湖南南部被捕的战士供述书,书中提到这些被捕的战士原本生活在道州、江华、永明一带,多信奉道教和儒教伦理道德思想,是太平军强迫他们信奉拜上帝教。

从清方提供的史料来看,太平军对于礼俗社会的偶像崇拜,向来反对比较激烈。太平军所到之处,都是尽行捣毁。湖南到处是太平军破坏留下的佛教以及道教神像的断壁残垣。《蓝山县志》卷七云:咸丰二年六月,太平军由宁远县突袭来到蓝山县的大慈乡、南平乡,焚毁房屋建筑。对"神祠塑像仆毁无遗"。蓝山县的偶像神祠几乎不复存在。又如《益阳县志》卷十一记载:咸丰二年十月初旬,太平军到益阳东门外,先将其用于张榜的亭子毁坏,再将城内外的"各庙神像,无不凿毁"③。《粤匪犯湖南纪略》里面写到:太平军进入长沙城,对长沙城外北门到

---

① 同治《巴陵县志》卷二《城邑》,岳麓书社2008年版。
② 罗尔纲、王庆成主编:《中国近代史资料丛刊续编·太平天国》第10册,广西师范大学出版社2004年版,第188页。
③ 杨奕青、唐增烈:《湖南地方志中的太平天国史料》,岳麓书社1983年版,第804页。

南门地区的"神庙,房铺悉烧无存"①。

从太平天国本身遗留史料来看,太平军入湘后就大力宣传洪秀全创立的拜上帝教,希望以此来替代传统的儒家思想。《原道觉世训》指出:一切偶像崇拜都是迷惑人的,清王朝的统治应该打倒。"凡人所立一切木石埧团纸画各偶像"都是用来迷惑心智的。太平军明文规定关于孔孟的一切有关的书籍之类都应焚毁。因之进入湖南之后,孔庙等宗教社会设置难免不被破坏。

三 太平军对湖南熟人社会的其他打击

(一)打击宗族社会经济

太平天国在湖南的军事活动,对湖南社会与经济的破坏更是不容忽略的。

湖南是生产稻米的农业大省,太平军对湖南的农业破坏相当严重。太平军对百姓与富商大贾进行大肆抢夺,百姓或逃或亡,造成大量无主荒地。据《靖州直隶州志》卷四记载,同治时期,靖州有记载民户一万六千三百八十三,人口有七万四千一百五十二。"自咸丰年来,迭遭兵燹,流离死亡,民数损过半矣。"②《会同县志》记载:咸丰十一年(1861),石达开率领太平军进入,会同一半的房屋店铺被破坏,"掳掠士女,伤残人民不计其数"③。

《善化县志》卷三十三记载:太平军深入善化县的桃花段、洞井铺、井湾和黄柏桥等地方,"宰杀猪牛,拆毁民屋,乡民逃走一空"④。

太平军进入湖南后还大肆搜括军用物资。例如义仓的粮食等都在抢夺之列。笔者查阅《湖南通志》,发现巴陵县常平仓、岳州卫常平仓、岳州卫社仓在咸丰二年均遭到太平军的严重毁坏。⑤ 临湘县常平

---

① 罗尔纲、王庆成主编:《中国近代史资料丛刊续编·太平天国》第5册,广西师范大学出版社2004年版,第9页。
② 光绪《靖州直隶州志》卷四《贡赋·户口》,岳麓书社2012年版。
③ 光绪《重修会同县志》卷一四《外纪·灾异》,生活·读书·新知三联书店1994年版。
④ 光绪《善化县志》卷三三《祥异·兵难附》,岳麓书社2011年版。
⑤ 光绪《湖南通志》卷六《巴陵县》,湖南人民出版社2017年版。

仓在咸丰四年，遭到太平军的截获，粮食、钱财等被洗劫一空。① 龙阳县的常平仓，一共五十二间，全部被太平军抢夺。② 龙山县一共有十七处社仓，储藏粮食一百三十七石七斗六升一合，太平军进入后，多处遭到焚毁。③ 位于永兴县城内衙署后面的常平仓，在咸丰三年被太平军抢夺，连砖瓦木石都没能幸免。④ 位于嘉禾县县署处的常平仓，一共有十二间，能储存粮食五千一百三十多石，咸丰二年，全部被太平军掠夺。⑤

由于搜到的物资远远不能支撑其军事需要，因此太平军更为快速直接的方法便是向当地经营商业的豪族商贾强制要求捐输。所以太平军每到湖南一地便直接下令，强制富户捐献物资。每到一个村镇就对当地富商进行搜刮。这些行为就使许多殷实之家瞬间变成赤贫。例如在岳阳之战当中，太平军乘势搜刮军需物资，其中从一豪族的搜刮"得谷八千石，地窖内掘出银两四千串"⑥。许多殷实之家因此耗尽家财。

长沙受损最为严重。湖南的巡抚骆秉章记载："自逆贼（指太平军）窜湖广扰江皖，而陷金陵，长沙梗塞，淮盐片引不抵楚岸，三年于兹矣……商贩贸迁阻滞，生计萧条，向之商贾今变而为穷民，向之小贩今变为乞丐，于是而商困。"⑦

（二）力图建构太平天国式的精神生活模式

太平军所到之处，祭祀孔子的场域尽数被毁。1853 年洪秀全明确规定："凡一切孔孟诸子百家妖书邪说尽兴焚除。"曾国藩发布《讨粤匪檄》，痛陈："粤匪焚郴州之学宫……过州县，先毁庙宇……以致佛寺、道远、城隍、社坛，无庙不焚，无像不灭。"下表是笔者从光绪

---

① 同治《临湘县志》卷四《食货志·仓储》，岳麓书社 2011 年版。
② 光绪《龙阳县志》卷五，江苏古籍出版社 2002 年版。
③ 光绪《龙山县志》卷四《田赋·杂税·社仓》，江苏古籍出版社 2001 年版。
④ 同治《桂阳直隶州志》卷六《工志》，岳麓书社 2011 年版。
⑤ 同治《桂阳直隶州志》卷六《工志》，岳麓书社 2011 年版。
⑥ 中国史学会主编：《太平天国》，神州国光社 1952 版，第 15 页。
⑦ 骆秉章：《采买淮盐济食分岸纳课》转引自谭仲池《长沙通史》（近代卷），湖南教育出版社 2013 年版，第 116 页；《济饷折》，《骆文忠公奏稿》卷三，光绪十六年刻本，第 30 页。

版《湖南通志》里发现的太平军对湖南地区的祀庙、寺观的破坏记载。

表4-7　　湖南各府、州、县、厅寺庙遭太平军毁坏统计

行政区	名称	地点	兵毁时间	废置情况
益阳县	观澜庵	二十四里观澜桥	咸丰二年	
茶陵州	武庙 城隍庙	州治西，旧濠之右 城北关	咸丰二年、五年 咸丰二年、五年	
新宁县	灵官庙 仁爱祠	东关外 不详	咸丰九年 咸丰九年	废
巴陵县	火神庙 岳忠武庙 东岳庙 鹿角洞庭庙 圆通寺	不详 不详 县南三十里 鹿角镇 县东	咸丰二年 咸丰初 咸丰二年 咸丰二年 咸丰初	
武陵县	善卷祠 江神庙 乾明寺 忠义寺	德山 县东 县东 小西门外	咸丰四年 咸丰四年 咸丰四年 咸丰四年	
桃源县	白佛寺 福星寺	县东 大安杏花港	咸丰四年 咸丰四年	废
龙阳县 靖州	关帝庙 奎星楼 城隍庙 净照寺 云台寺 鸡鸣观 上林寺 光明寺	 县西	咸丰四年 咸丰四年 咸丰四年 咸丰四年 咸丰四年 咸丰四年 咸丰四年 咸丰四年	
会同县	太保祠	不详	咸丰十一年	
绥宁县	武庙	不详	咸丰十年	
安仁县	药湖寺 白衣庵 三元宫 财神殿	不详	咸丰二年 咸丰二年 咸丰二年 咸丰二年	重修 重修 废

续表

行政区	名称	地点	兵毁时间	废置情况
道州	武庙 城隍庙 东岳宫 南岳庙 仰山庙 开元观 坐花堂	不详	咸丰二年 咸丰二年	
江华县	武庙 龙王庙 刘猛将军庙 东岳庙 吕祖阁 观音阁	不详	咸丰间 咸丰间 咸丰间 同治二年 咸丰间 咸丰间	废
永明县	武圣关帝庙 城隍庙 顺济庙	不详	咸丰间 咸丰间 咸丰间	
嘉禾县	文庙 关帝庙	东门外 南门外	咸丰二年 咸丰二年	废
芷江县	雷祖殿	不详	咸丰十一年	废

注：史料来源于光绪《湖南通志》。

从表4-7可以清晰得出两点，一是湖南的寺庙被破坏严重的区域集中在15个州县，其中又主要在道州、龙阳县、巴陵县、江华县这四个地区，其破坏率占据整个州县相关受损建筑的53%，尤其是龙阳县和道州破坏更是严重。二是太平军破坏的寺庙有的经过后期的修复还能恢复，但嘉禾县的文庙、芷江县的雷祖店、江华县的武庙、安仁县的三元宫、桃源县的白佛寺以及新宁县的灵官庙遭到的破坏是毁灭性的，无法复原。

比如《善化县志》里面写到：太平军撤兵后，登上城楼远眺可以清晰看到，偌大一个县城，除了北门外东岳行宫和养济院尚存外，"浮屠宝寺及铁佛古寺俱经拆毁"。南城外的民屋和坛庙全部被焚毁。[1]《芷

---

[1] 光绪《善化县志》卷三三《祥异·兵难附·兵难》，岳麓书社2011年版。

江县志》记载：1861年，太平军进入芷江县，其县的雷祖殿被太平军毁坏，第二年再次被破坏，神像被砍当作柴火，寺庙被推翻。芷江人处于恐慌之中。① 嘉禾从太平军进入，所有经过的寺庙"招提悉成焦土"②。

综上，1852年太平军进入湖南，先后在永州、郴州、道州休整，之后挥师长沙，围达数月之后，攻城未果，转而从益阳下洞庭，略岳阳，一路向北。西征入境湖南又与湘军大战于湘潭、靖港等地，社会震荡。破坏性巨大。天京事变之后，太平军石达开部再次由江西入湘，在湖南西南部军事活动频繁，破坏活动也频繁。宝庆兵败后，受困于湖南地方团练的军事骚扰，不得已兵出湖南。总计，太平军在湖南活动的时间长，活动地区广。这样一种多地区长时间的活动，对湖南熟人社会的冲击是不言而喻的。

大量失去宗族社会依托之人组成太平军，他们在湖南的无数军事的、经济的、文化的活动虽然没有从根本上改变他们的社会处境，但对湖南熟人社会的冲击，还是显而易见的。这种持续冲击虽然使湖南原生熟人社会蒙受空前打击，却使湖南的政治地位与作用凸显于世。弃笔从戎，士绅武装化提前提速。拜上帝教与儒学在同一空间之内进行大范围的文化博弈，中国人应该信仰什么？太平军通过他们的军事活动，用野蛮的方式在湖南的乡村僻壤进行了深度的"田野问卷"与"田野调查"。太平军式的"西学"入湘方式并没有给人们带来"美好"的回忆，它是以大量的书院塾舍寺庙被毁被焚为前提的。因此，太平军在湖南除了能吸引那些活不下去的，活的压抑与不如意的人之外，反而引起了湖南熟人社会的深度反感。曾国藩既是以此为突破点组建了一支充满战斗力的武装，一支完全由礼俗伦理武装的地方武装。这支武装被冠名为湘军。正是这支湘军的出现，不仅给大清带来了"同治中兴"的结果，也从此改变了中国政权历史的走势，改变了湖南熟人社会的原生结构。

---

① 同治《芷江县志》卷五六《载记·粤逆》，江苏古籍出版社2001年版。
② 同治《嘉禾县志》卷二四《艺文志》，湖南人民出版社2007年版。

太平军入湘的全部意义也就此限定在这样一个狭窄的历史框架内。它对原生湖南熟人社会结构产生了冲击，实现了一定程度的"分解"。但这种冲击与分解的另一个效果就是湖南人口社会结构的"换代更新"。在博弈过程中，太平军与湘军兵戎相见，都在实行一种强制的特殊主义。太平军使湖南士绅自觉变成了地方保护主义者与大清国家主义者，士绅完成了从拿笔到拿枪的"华丽"转身。

进入湖南的太平军有两个基本的目的，一是争取军事上的胜利与军事优势，二是营销太平天国的价值观，通过军事胜利保障其价值观的推行。但是，这两个目的在湖南都没有能实现。其中的原因是令人值得思考的。从客观原因来讲，太平天国的营销方式是非理性的，它为了满足而实行剥夺，为了求得赞同而实施攻击。在这样一种暴力交流演绎中，不论付出多大的成本注定不会有所收获，至少不会有他们所希望的那样一种收获。从客观环境来讲，在于太平军遇到了一个无法战而胜之的对手。这个对手不仅仅是曾国藩、左宗棠，而且是曾国藩、左宗棠背后的士绅群体与湖南熟人社会。

1852年太平军第一次入湘，虽然在蓑衣渡损失了冯云山，部队受到江忠源的伏击，但毕竟还是从广西跳到了湖南。这样一个庞大的军事战斗团体出现在郴、道、永地区，对于当地的地方宗族来说就像一座无法逾越的大山突然横亘在他们面前，而对那些处在社会边缘的底层群众来说，则如久旱逢雨。湘南地区的社会分层强弱关系顿时逆转，地方宗族不仅在太平军面前"失语"，也在处理熟人社会的正常运转中失常，根本无法控制与限定族群内大量人群加入太平军。所以，从这种意义上来说，太平军在湖南激活了处在底层的群众。投奔太平军，这即是底层民众一种生活方式的选择，也是一种改变，在改变中底层民众追求着一种希望。湖南宗族与太平军的第一次较量，就这样完全处于下风，几乎是溃不成军。太平军随后猛攻长沙，实际上可视为双方在自我感觉与力量对比上的一种反映。太平西征军进入湖南，事隔数月，却已是完全不同的两种天地。湖南在曾国藩的率领之下已经做好了准备。经过1852年的惊慌失措，湖南的反太平军士绅已经缓过神来，动员起来，尽管他们与官府在权力分配上发生过一些摩擦，但并不影响反太平军的士绅们对太平军的敌视、仇恨的阶级意识。而这种转变是西征的太平军没有料到的。太平军西征可以在江西、湖北畅通无阻，但在湖南，西征太平军的如意算盘一次次落空。1852年以来道州、郴州一呼百应的场景不再。湖南熟人社会的观念意识在被曾国藩"校正"之后重新回到了"三纲五常"的伦理范式之下。尽管西征湖南时湘南还有少量的天地会响应者，但这种响应与西征太平军的希望值相去甚远。太平军西征入湘，没有了1852年的天时与地利。两相对比，西征湖南的太平军便无果而归。

石达开入湘，太平军在湖南的会党基础已基本被曾国藩剿灭。石达开陷入流寇主义的苦境。石达开想顺利通过湖南到达四川或广西，但湖南的清军与地方团练并不希望石达开能达成此愿，清军与团练的围堵空前积极。宝庆之战是石达开在湖南彻底失败与绝望的象征。湖南士绅逼迫太平军狼狈逃出湖南，太平军之前在湖南的所有努力也随之化为乌有。

第三节　湘军对近代湖南熟人社会的再构

熟人社会重构的前提是原生熟人社会的分解或衰弱。湖南社会的这种状况在太平军入湘后形成了。

太平军事起，清军兵败如山。当太平军进军湖南，兵临武昌，清廷诏令因母殁回籍守丧的曾国藩帮同办理湖南团练。"前任丁忧侍郎曾国藩籍隶湘乡，闻其在籍。其于湖南地方人情，自必熟悉。著该抚传旨，令其帮同办理本省团练乡民，搜查土匪诸事务。"[①] 以此为起点，曾国藩创建了一个以熟人关系建构的武装集团——湘军。曾国藩认为，"同县之人易于合心"[②]，"不独用尽湘乡人，且用尽周围十余里之人"[③]。因此，湘军有着极其浓厚的亲党邻里的血缘和地域色彩，几乎是一个新版的熟人社会。湖南熟人社会的再构亦从湘军的组建开始。

湘军成功地镇压了太平天国起义，立下了赫赫"武功"。大批湘军

---

① 黎庶昌：《曾国藩年谱》，岳麓书社1986年版，第22页。
② 《曾文正公全集·书札》卷四，上海启智书局1934年版。
③ 赵烈文：《能静居日记》，同治六年六月十七日，岳麓书社2013年版。

兵将因战功获得了不同等级的功名，被保举为各种品秩的官衔。湖南成为湘军的起源地，湘军将才、兵源、饷源的基地。因领兵、筹饷等致通显者，成批涌现，位居各省之冠，以军功而保荐各类虚衔者，更是比比皆是。"矧通显既多，将互相汲引，一时攀鳞附翼，泰运同襄，亦固其所。"① 湘军最终形成了一个以战功而获升迁的规模巨大的军绅群体。湘军士绅凭借着显赫军功、因功致富的经济实力和道德乡望拥有了更为强大的社会影响力，成为晚清湖南政治、经济、文化和社会秩序的主导者、建构者。

一 湘军：以熟人关系构建的武装集团

汉族是一个讲究"差序格局"的民族，往往采取不同的方式对待与自己关系不同的人。如有亲人的关系、宗族的关系、地缘的关系、业缘关系、同窗学缘关系等。每个人都是一定熟人社会群体中的个体，总是以自己为中心形成一个社交网络。"好像把一块石头丢水面上所发生的一圈圈推出去的波纹。每个人都是他社会影响所推出去的圈子的中心。"② 湘军就是这种以曾国藩为中心构建的"小圈子"的熟人社会。

（一）曾国藩为中心——湖湘士子"熟人"关系的集结

曾国藩，可谓是近代湖湘第一人物。在咸丰湘人中，以曾国藩发迹最早、地位最高③。曾国藩是道光十八年（1838）的进士，后入选为翰林院庶吉士，授职检讨。在翰林院这段时间，得到了军机大臣穆彰阿的赏识和保荐。"每于御前奏称曾某遇事留心，可大用……自是骎骎响用矣。"④ 穆彰阿的赏识成为曾国藩日后飞黄腾达的起点，正如他自己所说："由从四品骤升二品，超越四级。""湖南三十七岁至二品者，本期尚无一人。"⑤ 之后三年，又升到礼部侍郎，并兼署兵、工两部侍郎，

---

① 毛祥麟：《墨余录》，上海古籍出版社1985年版，第31页。
② 费孝通：《乡土中国》，北京人民出版社2008年版，第28页。
③ 张慧娟：《晚清湘军的"三缘"特征研究》，硕士学位论文，福建师范大学，2005年。
④ 徐珂：《清稗类钞》第3册，中华书局2017年版，第1404页。
⑤ 曾国藩：《曾文正公家书》，道光二十七年六月十八日，《禀祖父书》，中国华侨出版社2012年版。

成为红极一时的新进大吏。

但曾国藩并不因仕途顺畅且身居高位而束己于高阁，而是在十年的京官生活中，进行了多方面的社交活动。以自己的行动亲自建构着一种广泛而又深厚的熟人网络。在讲道经世之学、汉学，以及进行广泛的社交活动中获得了广泛的人脉。在京除了奔走于恩师穆彰阿门之外，还与同乡京官与来京士人密切往来，积极主持京师的长沙会馆事务，督修湖广会馆，成为同乡京官的领袖。每每遇到蠲缓湖南钱粮，即领衔具折谢恩，"领袖"形象日益凸显。对来京参加会试的同乡举人热情接待，甚至为新化举人邹某等组织诗文社，评讲所作、判定等级名次。这样，曾国藩就以自己为中心而与湖南士绅建立起了广泛而亲密的联系。兹略举相关几例加以说明：刘蓉字孟容，号霞仙，湖南湘乡人。道光十四年（1834）曾国藩赴京途中在长沙认识了刘蓉，之后两人志趣相投，书信不断。刘蓉还劝曾国藩要"行道于天下，以宏济艰难为心"，劝以当时达官"托文采以庇身，而政纲不问，借诗酒以娱日，而吏事不修"① 为戒。郭嵩焘字筠仙，湖南湘阴人。道光十七年（1837）曾国藩又通过刘蓉认识了正在长沙参加乡试的郭嵩焘。他们相互探讨经世致用之学，并"欣然联欢为昆弟交，以问学相切靡"②。就郭嵩焘而言，他对曾国藩这位在生活上、学问上、事业上的良师益友，充满了钦敬之情。而曾国藩，对于郭在学识才华和为人处世方面的独特气质和品性，亦从内心深处表示出赞赏之情。曾国藩、刘蓉、郭嵩焘三人志趣相投，遂成好友。江忠源号岷樵，湖南新宁人，道光二十四年（1844）赴京参加会试，通过郭嵩焘引见曾国藩，二人一见如故，江忠源拜师曾国藩。曾国藩在江忠源困难时予以资助鼓励，并对其"夸贤切偲"，使其感恩戴德。"感激欲为知者用，不辞便为牛下铎。"③ 同时他们还时常讨论学术时政，担忧饥民遍地和愤恨官僚的腐败昏庸等现象。江忠源称赞曾国藩"渔民饿死亦细事，众人不惧君何哀"，"达官如君千百倍，几人似君有

---

① 刘蓉：《养晦堂文集》卷五，《与曾涤生侍郎》，朝华出版社2018年版。
② 钱基博、李肖聃：《近百年湖南学风·湘学略》，岳麓书社1985年版，第47页。
③ 江忠源：《发都门二首别涤生庶子》，《江忠烈公遗集》，《诗录》，社会科学文献出版社2013年版。

狂疾"①。罗泽南字仲岳,号罗山。道光十八年(1838)与刘蓉交好,道光二十四年又与郭嵩焘兄弟相识,直到咸丰元年(1851)在善化贺长龄家教书时方与曾国藩通信。罗泽南是个忠于封建礼教的士人,多年来潜心学习研究程朱理学,并著有《西铭讲义》《人极衍义》等书,甚为曾国藩所推崇。他曾长期在湘乡、善化等地教书,向青年学生灌输封建伦理观念,培养出一大批忠于封建秩序的儒生。湘军骨干人物王鑫、李续宾、李续宜、蒋益澧、刘腾鸿、杨昌濬、刘典等都是罗的学生。曾国藩对罗泽南很是尊敬和敬佩,常在书信中表示敬慕之情,称赞罗泽南读书深明大义,是邑中的颜渊。此外,曾国藩与胡林翼、左宗棠、陈士杰等也有交往,互称"受知尤深"。

　　如上所述,尽管曾国藩官运亨通,但并没有把自己束之于高阁,而是同湖南士绅保持着广泛而密切的联系,建构着一种以自己为中心的有湖南背景的熟人关系网络。通过熟人、士人,使曾国藩能敏锐地、清醒地感受到各种社会问题,觉察出地主阶级的统治危机,推动他为克服这种危机而奋斗,即刘蓉所谓"行道于天下"。正是这种使命感使曾国藩往往表现出对时政的极度关注,这种关注正如江忠源称赞曾国藩所形容的那样,达到了"狂疾"的地步。在守孝三年中,曾国藩本着"济世以匡主德、结人心、求人才为要"②,共上奏折十三件。在《敬陈圣德三端预防流弊疏》《应诏陈言疏》和《条陈日讲事宣疏》中,直接批评咸丰皇帝骄傲自满、言行不一,希促成其革除弊政的决心。奏折所表现的学识和敢于犯颜进谏的精神,显示出了曾国藩不同于一般大官僚的气质与胆识,在全国特别在湖南士人中,获得了更高的敬仰。对湘人而言,身居高位的曾国藩不仅是他们走向仕途的引路人,而且也是他们表达意见、参与政治的代言人。对曾国藩来说,这一批与其旨趣相同的家乡士人,既是他可以引为相援的政治基础,又是他在家乡赢得声名的途径和媒介。所有的这一切便使曾国藩在全国特别是在湖南的声望日高,

---

① 江忠源:《久旱已雨甚用东坡次孔毅父韵,呈涤生庶子》,《江忠烈公遗集》,《诗录》,社会科学文献出版社2013年版。
② 《曾文正公手书日记》,道光二十二年十一月二十九日,凤凰出版社2010年版。

日渐成为省内士人崇拜与敬重的领袖。

早在道光二十四年（1844），他就在"省城之闻望日隆"，在京同乡士人也说他"兼经师人师之望"①，有湘人甚至说曾国藩是"文祖韩愈也，诗法黄庭坚也；奏疏所陈，欧阳修、苏轼之伦；志量所蓄，陆贽、范仲淹之亚也。②"所以，在湘军建立之前，这样一群湖南士人就聚集在曾国藩周围。以曾国藩为中心，建构熟人社会的人才储备工作实际正在完成过程之中。

也正因为如此，在他回籍守制之后，湘乡士人仍不断请他出来指导本省团练事务。但当时曾国藩正在家丁忧守制，在接到咸丰皇帝帮办团练的谕旨时，他还曾有过"裹足不前，遂具疏辞谢"的踌躇，欲"陈请终制"。恰在此时，郭嵩焘受巡抚张亮基之托，连夜赶到曾国藩家里，敦劝曾国藩出山。郭嵩焘对曾国藩说："公本有澄清天下之志，今不乘时而出，拘守古礼，何益于君父且墨绖从戎，古之制也。"③ 与此同时，曾国藩父亲也认同郭嵩焘的看法，劝曾国藩出山办理团练。这样，曾国藩在既有保全桑梓的名号，又有父命可秉的情况下，乘势出山。一时之间，曾国藩几乎成了湖南乡土社会、熟人社会的救世主。咸丰二年（1852）十二月，曾国藩与郭嵩焘一起从家乡前往长沙帮办团练，编练湘军。

（二）湘军建构的形成

金田起义后，清军在与太平军的交战中，彻底暴露了它的腐败。"文武以避贼为固然，士卒以逃亡为长策。"④ 八旗、绿营之腐败不可用，早在嘉庆初年镇压白莲教起义时，即已经初步显现出来，迨至太平军事起，更加暴露无遗。咸丰二年年底，曾国藩根据正在前线同太平军作战的江忠源提供的情况，总结两年来的战争时说："自军兴以来二百余年，时日不为不久，糜饷不为不多，调集大兵不为不众。而往往见贼

---

① 郭嵩焘：《养知书屋文集》卷一四，《冯树堂六十寿序》，复州古旧书店1986年版。
② 刘蓉：《养晦堂文集》卷五，《与曾涤生侍郎书》，中华书局1912年版。
③ 朱孔彰：《中兴将帅别传》第一卷，朝华出版社2018年版，第2页。
④ 左宗棠：《江忠烈公行状》，《左宗棠全集·诗文家书》，岳麓书社1987年版，第314页。

逃溃，未闻有与之鏖战一场者；往往从后尾追，未闻有与之拦头一战者；其所用兵器皆以大炮、鸟枪远远轰击，未闻有短兵相接、以枪钯与之交锋者。"① 亲临战场的江忠源同样说到："军兴以来法玩极矣！就湖南事言之。全州以失援县，按兵者相仍；道州以弃城陷，而效尤者锺起。史记之失，所争毫厘。如蓑衣渡之战，贼锋已挫，宜连营河东断贼右臂；道州之役，贼势本孤，宜分屯七里桥扼贼东窜；长沙之围，贼路具穷，宜扎兵龙回潭、土墙头堵贼西溃之路。此皆厉害昭然，屡请不报。道州双牌莲涛湾六十里之奇险，贼自入死地而纵之使生；长沙驻兵四五万，围守有余而开之使逸。士卒以逃死为长计，而临敌无斗心；州县以避贼为固然，而守城无鉴志。"② 关于绿营的弊端，曾国藩也多次论及。他在《议汰兵疏》中尖锐指出："天下之患概有两端：一曰国用不足，二曰兵伍不精。兵伍之情状各省不一。章、泉悍卒以千百械斗为常，黔、蜀冗兵以勾结盗贼为业，其他吸食鸦片，聚开赌场，各省皆然。大抵无事则游手恣睢，有事则雇无赖之人代充，见贼则望风奔溃，贼去则杀民以邀功。章奏屡陈，诏旨屡饬，不能稍变锢习。"③ 还说："国家养绿营兵五十万，二百年来所费何可胜计。今大难之起，无一兵足供一割之地，实以官气太重，心窍太多，漓朴散淳，真气荡然。"④ 他在给江忠源的信中说："国藩每念今日之兵，极可伤恨者在'败不相救'四字。彼营出队，此营张目而旁观，哆口而微笑。见其胜则深妒之，恐其得赏银，恐其获保奏；见其败则袖手不顾，虽全军覆没亦无一人出而援手，拯救于呼吸之顷。"⑤ 又说："今日兵事最堪痛哭者，莫大于'败不相救'四字。""虽此军大败奔北，流血成渊，彼军袖手而旁观，哆口而微笑。"⑥ 所以整个八旗、绿营已经堕落腐朽，无可救药。有鉴于此，他集中了湘湘士人的意见，决定一洗八旗绿营和旧式团练的

---

① 《曾文正公全集·奏稿》卷一，中国书店出版社 2011 年版，第 56 页。
② 江忠源：《与徐仲绅制军书》，《江忠烈公遗集》卷一，社会科学文献出版社 2013 年版，第 12—16 页。
③ 《曾文正公奏稿》卷一，大达生出版社 1936 年版，第 25 页。
④ 《曾文正公书札》卷一二，上海启智书局 1934 年版，第 4 页。
⑤ 《曾文正公书札》卷二，上海启智书局 1934 年版，第 33 页。
⑥ 《曾文正公书札》卷四，上海启智书局 1934 年版，第 22 页。

弊病，改弦更张，别树一帜，筹建一支与绿营兵制大不相同的军队。如何才能使这支军队既不同于八旗绿营兵，又有别于乡勇团练，曾国藩提出了一套新式的建军原则和方法。

招募原则立足本省，沾亲带故。曾国藩认为建立湘军，不仅在制度上要"改弦更张"，抛弃绿营那一套，而且还要看到绿营官兵腐败的"积习深入膏肓，牢不可破"。只有"须尽募新勇，不杂一兵，不滥收一牟"，"特开生面，赤地立新"，才能"扫除陈迹"①。湘军的建军因而采取层层递选的方式，先择将而后募勇。湘军初期选将，其实就是选营官。曾国藩认为营官必须"才堪治民""不怕死""不急名利""忍受辛苦"，最重要的是要有"忠义血性"。湘军初期的选将坚持立足本省本县的地域标准。在咸丰年间，曾国藩选拔了大批文武人员，并把他们安插在湘军各个职位上。龙盛运对咸丰三、四年间，湘军骨干人员79人的籍贯、个人出身、官至等做过统计。具体请见表4-8：

表4-8　　　　　　　　　湘军骨干人员构成

职务	人数	籍贯				学缘出身				官至			
		湖南	湘乡	他省	不可考	书生	武途	其他	不可考	总督	巡抚	其他	不可考
统帅	3	3	1	0	0	3	0	0	0	1	2	0	0
统领	12	10	5	2	0	10	2	0	0	1	3	8	0
幕僚	8	4	1	4	0	5	0	3	0	1	2	3	2
分统	20	16	1	4	0	8	5	6	1	0	2	17	1
营官	36	26	12	5	5	20	3	7	6	0	0	23	13
统计	79	59	20	15	5	46	10	16	7	3	9	51	16

资料来源：龙盛运：《湘军史稿》，四川人民出版社1990年版，第91—97页。

上表4-8共79人，其中当时或者后来成为湘军大帅、统领、分统甚至位至督抚两司者，共41人，占总人数的51%。其实，当时营官以下帮办哨官，甚至勇丁中，还有一批飞黄腾达的人。由此可见，在这两年中，曾国藩不仅成功地建立了湘军，而且还为今后的湘军发展物色了

---

① 《曾文正公书札》卷四，上海启智书局1934年版，第22页。

一批骨干人员，奠定了湘军的组织基础。从表中籍贯看，5人籍贯不明，外省有15人，约占总人数的19%，湖南共有59人，约占总人数的74%。其中湘乡有20人，约占湖南人数的34%。由此表明，湘军是以湘乡人为核心，基本上由湖南人组建起来的，具有浓厚熟人色彩的军队。正如王闿运所言，湘军不仅将领以"湘人为最多"，军中自营官以至下士，也"大抵皆湘人"。

外省军官可以分为两类：一类是作为专门的水师人才，由曾国藩亲自访求或奏调而来的。因为湖南一般的官绅士人对于水师几乎是一无所知，所以只能向外省访求。另一类是官声好，得到了湖南士绅的认可，与他们渊源关系很深的人。比如，林恩源是平江县的知县，做官期间名声非常好，还热衷于办团练，自己出资练勇，有成效，崇拜敬佩曾国藩，主动要求加入湘军。夏廷樾，多次担任湘阴、湘潭等地的知县，得到当地士绅的赞赏，与曾国藩、左宗棠等交好，曾国藩说与夏廷樾是"金石之交"。朱孙诒是湘乡的县令，湘军最初的建立与朱孙诒当时的支持分不开，而且罗泽南、王鑫、刘蓉最初也是由他提拔的。塔齐布是满洲镶黄旗人，曾国藩赞赏他"忠勇奋发，习劳耐苦，深得兵心"①。并对他破格提拔，塔齐布从此对曾国藩感恩戴德，成为湘军得力大将。除此之外还有施恩富、李瀚章、普承饶等人。他们虽然是外省人，但都与湖南士绅有着密切的关系。他们加入湘军，并没有冲淡浓烈的地方色彩，反而壮大了湘军的实力和影响力。

对于勇丁的招募，曾国藩认为，一营一军之中若募有两地的士兵，会出现"言语不通，词不达意"的现象，必然造成地区间的不合，因而干脆只用一地之人，这样就可以利用地域观念和同乡情节来加强团结和凝聚力。事实上，湘军的将领也是被要求这样做的。曾国藩招募水军只招湘乡人，以为"同县之人易于合心"②。据曾国荃统计，仅湘乡一县，前后从军的便有二十余万人之多③。此外，如王鑫"专招一县之

---

① 《曾文正公全集》，《奏稿》卷二，《保参将塔齐布千总诸殿元折》，中国书店出版社2011年版。
② 《曾文正公全集·书札》卷四，上海启智书局1934年版，第23页。
③ 曾国荃：《湘乡试馆记》，《曾忠襄公文集》卷上，上海古籍出版社1995年版，第319页。

勇",李元度"但取平江之人",刘长佑"非臣亲党,即臣邻里"。还有湘军无论在何地作战,凡是要增加新勇,都回湖南招募。胡林翼在委派鲍超去湖南招募勇丁时,就再三告诫他编募勇丁时,"总以一方一县之人,同在一营为宜,取其性情孚而言语通,则心力易齐也"①。曾国藩在招募兵勇时,还规定必须"取具保结"。即"造具府、县、里居、父母、兄弟、妻子、名姓、箕斗清册,以便清查"②。王鑫在营制中也规定:"名册之制:每营有一营册,每哨有一哨册,每月各营令编一册交给大营。均注明生理、父母、兄弟、妻子、里居、年貌、保人、入营年月日。长夫、随营人等,名册亦略同。"同时"每逢新勇入营,必请的保具,一切结呈营官。长夫、随营等人亦然"③。这样就使得士兵不敢逃离营伍,即使有逃跑的,也可按籍捉拿,从而加强了对兵勇的控制。

　　曾国藩规定,湘军的招募,统领由大帅挑选,营官由统领挑选,哨官由营官挑选,什长由哨官挑选,士兵由什长挑选。即"帅欲立军,拣统领一人,檄若干营。统领自拣营官,营官拣哨官,以次而下,帅不为制"④。这样就形成了"口粮虽出自公款,而勇丁感营官挑选之恩,皆若受其私惠,平日既有恩谊相孚,临阵自能患难相顾"⑤的隶属关系。曾国藩还规定,一军之权全付统领,大帅不为遥制;一营之权全付营官,统帅不为遥制。"如封建之各君其国,庶节节维系,无涣散之虞。"⑥为了保持湘军从大帅到营、哨官的垂直指挥系统,曾国藩规定,只看寄事轻重,不管官位尊卑。即使士兵已保至提督、总兵等大员,而营官只是九品,士卒也必须绝对服从营官。营官之于统领亦然。对这一统帅自招制度,曾国藩自赞不已,以为其"譬之木焉,统领如根,由根而生干、生枝、生叶,皆一气所贯通"⑦。这样,士卒由私人关系招相转引,将官则凭个人好恶任免,湘军的将官兵勇之间靠同乡、亲族、

---

① 胡林翼:《胡文忠公遗集》卷四《饬鲍春霆镇军使募勇湖南》,上海启智书局2000年版。
② 《曾国藩全集·诗文》,岳麓书社1986年版,第463页。
③ 王鑫:《王壮武公遗集》,《练勇刍言》,营制一,岳麓书社2013年版。
④ 王定安:《湘军记》,水陆营制篇,岳麓书社1983年版。
⑤ 《曾文正公奏稿》卷二八,中国书店出版社2019年版,第18页。
⑥ 《曾国藩致邓后甫函》,中国社会科学院近代史研究所藏《曾国藩往来函札》。
⑦ 《曾文正公国藩全集·奏稿》卷二八《复议直隶练军事宜折》,线装书局2014年版。

朋友、师生等私人感情相维系,如此互动遂形成了"诸将一气,为众一心"的风气。如此,湘军内部就浸透了宗族乡党邻里的熟人关系,正如胡林翼所说:"湘营均系曾国藩同里之人。"①

湘军这种内部关系是熟人模式下的互动关系、互相提携关系。湘军之所以能够较快形成并长期团结不懈,主要是因为这种熟人社会关系能成为重要的拉力纽带。这种熟人关系网络归纳起来,大约有以下几种:

同乡关系。这是湘军集团最重要的纽带,是湘军的最高组织原则。湘军一开始就是以地方武装面世,其最初的组建目的,就是保卫长沙,保卫湖南。而其最初的兵源,也是从各州县抽调的。不过,开始时尚出于自然,但很快发现了这种同乡关系的重要维系作用,于是便自觉加以利用。所以,湘军出省后无论到何地,也不管将领籍隶何处,一旦需要扩充队伍或另建新军,都必须到湖南招募。湘军不但重视同省关系,还注重同县、同里关系。故湘军内部又有湘乡勇、平江勇、新宁勇、宝勇诸名目。曾国藩曾说:"沅浦不独尽用湘乡人,且尽用屋门口周围十余里之人。"② 这个集团的骨干成员多属湖南籍,而且又以湘乡所占比例最大,与此都有很大关系。这个集团的将领也主要集中于湖南。

亲族关系。在曾国藩集团中,兄弟从军、姻亲同列者比比皆是。如曾国藩兄弟五人,除曾国藩外,其余四兄弟曾国潢、曾国荃、曾国葆、曾国华皆在军,仅本门亲属在湘军担任重要职务的达二十余人。江忠源一门则有江忠义、江忠濬、江忠朝、江忠济等从军。曾国藩称:"渠兄弟四人,三子从军,一子奉母。"③ 江忠濬初未从军,在籍奉母。咸丰三年(1853)冬江忠源被困庐州,他与刘长佑带兵赴援,遂留于安徽转战多年。除此之外刘坤一、刘培一,李续宾、李续宜、李续煮,王鑫、王开化、王开来、王开琳、王文瑞等都是兄弟或亲属。而刘长佑与刘坤一,刘松山与刘锦棠,则属侄叔相承或叔侄相承之列。至于姻亲,曾国藩与刘蓉、郭嵩焘、罗泽南,以及李续宾与曾国华都是亲家,曾国

---

① 胡林翼:《胡林翼集》(一)奏疏,岳麓书社1999年版,第121页。
② 赵烈文:《能静居日记》,同治六年六月十七日,岳麓书社2013年版,第89页。
③ 中国社会科学院近代史研究所编:《曾国藩未刊往来信稿》,岳麓书社1986年版,第6页。

第四章　近代湖南熟人社会的分解与再构

藩与彭毓桔、江忠源与邹寿章都有中表关系，而江忠源与刘长佑则是郎舅关系。其曾家军、李家军、江家军、刘家军以及左家军的形成，皆基于此。湘军纠集之初，即以戚家军为榜样，以结死党为目的，亲族关系也就不能不成为其立军之本。

师生关系。李瀚章、李鸿章兄弟曾在曾国藩门下受业，李蓉、钱应溥、庞际云等曾为曾国藩所取士，汪士铎曾为胡林翼所取士，刘秉璋系李鸿章门生。于是他们也就具有了师生关系。罗泽南授业弟子更多，王鑫、李续宾、李续宜、杨昌濬、刘腾鸿等都是他的学生。在科举时代，"师"与"天地君亲"并列，更有"一日为师终身为父"之说。罗泽南带兵，全以自己的弟子充任营官、哨官，李续宾以及早期战死的谢邦翰、易良干将都曾是他的部下。李鸿章奏调刘秉璋奔赴上海军营，并很快命其募勇五千，独任一路，亦为师生缘故。这样，师生关系就直接变成了上下统属关系，其重要维系作用不言而喻。而有的师生关系，如赵烈文拜曾国藩为师，李续宾称曾国藩为先生，则属后来建立的。然既有此层关系，其亲密程度也就加深了一层，同样也可以起到维系作用。

同年关系。毛鸿宾、胡大任、王德固、王延长、史致谔、刘于浔、李沛苍都是曾国藩的同年，他们追随曾鞍前马后，并借以攀升高位，与此有很大的关系。这里特别值得一提的是丁未同年，即道光二十七年（1847）同榜考中进士的那批人，如李鸿章、沈葆桢、何璟、郭嵩焘、李宗羲、刘郁膏、陈鼐、黄彭年、黄淳熙、蔡应嵩、李孟群、丁寿昌、祝垲、张韶南、姚体备、陈浚、帅远燡及薛福辰、薛福成之父薛湘等。其中李、沈、何、郭、帅、陈浚还同入翰林院庶吉馆深造，而李、郭、帅、陈鼐则有所谓"丁未四君子"之目。他们互通信息，彼此关照，共同编织了一张同年熟人关系网。郭嵩焘得任苏松粮道并为李鸿章筹办粮饷，陈鼐入李鸿章幕并很快补授直隶清河道，皆因同年之故。李鸿章离开祁门后长期滞留江西，不肯赴福建延建邵道任，就是因为接受了沈葆桢的劝告。沈葆桢为人耿介，官场中朋友少，极难与人相处。他所以肯为李鸿章设身处地着想，为之提供实情，出谋划策，主要还是同年之故。薛福成兄弟得以分别进入曾国藩、李鸿章幕府，并得到特别的眷顾，亦与之有很大的关系。

部属关系。湘军是以曾国藩为中心的集团，其地位最高，尤其是对部属人员，为其他人所望尘莫及。就最初来说，胡林翼、左宗棠、李鸿章都是他的部将，江忠源也不过是曾的门生，谁都没有同他比肩而立的资格。随着战争局势的发展，湘军势力的扩大，又逐渐在曾国藩之下出现了其他将帅，如胡林翼、左宗棠、李鸿章、江忠源等，他们也开始拥有各自的部将。将帅对于部将都尽心栽培，竭力奏保提拔；而部属对将帅感恩戴德，尽职尽忠，所以将帅与部属之间有着密切的关系。例如曾国藩对在身边的部下"勖之以学，教之以身，诫之以言，试之以文，考之以事，诱掖如父兄，董督如言师"①。对于不在身边的部下，曾国藩则主要采取个别谈话和通信、批示的形式，结合实际工作进行教育。曾国藩在回顾自己对部将的教育时说道："臣昔于诸将来谒，无不立时接见，谆谆教诲，上劝忠勤以报国，下戒骚扰以保民，别后则寄书告诫，颇有师弟督课之象。其于银米子药、搬运远近，亦必计算时日，妥为代谋，从不诳以虚语。各将士谅其苦衷，颇有家人父子之情。"② 曾国藩一生举荐人才甚多，其中很大一部分是他的部将。可以说，只要是他的部将，几乎人人都有顶戴。特别是与他关系密切的，更是秘密奏保实缺。如此，部将都会对将帅甚为感激，从而"愿尽死力"。

私人恩谊。湘军士兵的招募规定："帅欲立军，拣统领一人，檄若干营。统领自拣营官，营官拣哨官，以次而下，帅不为制。"③ 这样就形成了"口粮虽出自公款，而勇丁感营官挑选之恩，皆若受其私惠，平日既有恩谊相孚，临阵自能患难相顾"的关系④。湘军大将之一塔齐布就是因为感激曾国藩的提拔而加入湘军。塔齐布虽出生于上三旗，但其剽悍善战，没有一般旗人和绿营官牟的腐败习气，受到曾国藩的赏识。而湖南提督鲍起豹、长沙协副将清德却认为塔齐布谄媚曾国藩，禁其会操，并将摧辱之。曾国藩弹劾清德，力荐塔齐布取而代之，称：

---

① 《曾文正公书札》卷九，上海启智书局1934年版，第26页。
② 《曾文正公奏稿》卷二五，大达出版社1934年版，第10页。
③ 王定安：《湘军记》，水陆营制篇，岳麓书社1983年版。
④ 《曾文正公奏稿》卷二八，大达出版社1934年版，第18页。

第四章 近代湖南熟人社会的分解与再构

"日后有临阵退缩之事，即将微臣一并治罪。"① 其后两年之内，曾国藩一再为塔齐布奏保，使他很快由都司升游击，再升至参将。塔齐布的快速升迁主要出于曾国藩的赏识举荐，故塔齐布对曾国藩感恩图报，唯命是从，成为曾国藩起初创建湘军之时军事上的重要支柱。即使在曾国藩以前礼部侍郎带兵复受降级处分之后，升为一品大员的塔齐布仍然自甘于部属之列，直至到死，都对曾国藩忠贞不二。曾国藩初练湘军，备受湖南地方官员的排挤为难，后借助塔齐布之力，才开始站稳脚跟，所以对塔齐布既欣赏又感激。同治八年（1869）回京师曾国藩还专门拜访了塔齐布的老母亲。湘军将领李元度擅长于文学不擅长带兵，对部下更是任人唯亲，一味放纵，作战也是屡次失败。尽管如此，曾国藩对他不仅不追究，不撤差，反而屡委重任，使之官越做越大，兵越带越多，成为独当一面的大员。这些都是因为曾国藩个人私情的袒护。例如李元度在曾国藩几次被人"打落门齿"内外交困，连老朋友都不肯出来之时，只有李元度始终不渝，坚定的与曾国藩同甘共苦度过六七年的艰难岁月。这种支持与忠诚对曾国藩来说太重要了，曾在一些书信中经常说一些感谢李元度的话，至有所谓"三不忘"之说。

湘军内部的私人恩谊其他人等也比比皆是，例如营官挑选勇丁，勇丁感其挑选，遂形成恩谊，患难与共等等。

以上这些熟人关系并不单一，而是相互联系、错综复杂的。

湘军内部构成也具有熟人关系的特色，兵为将有、恩谊并存。曾国藩改革军营体制，以募兵制取代世兵制，固然扫除了绿营的风气，克服了"败不相救"的积弊，大大提高了湘军的战斗力，但同时却营造了另一种熟人环境下的军事体制和军营风气。新军制使湘军兵为将有、权出私门，对内结成死党、对外力谋独立。军队由依附于八旗、绿营的官勇，变为地方督抚手中的家兵。综合起来，湘军大约有这样几个熟人网络特点：

兵员自募，权归主将。鉴于唐末五代，各地藩镇拥兵自立、割据混战的教训，自宋以来，各代统治者皆采取种种措施加强中央集权，防止

---

① 《曾文正公奏稿》卷三〇，大达出版社1934年版，第28页。

兵权落到带兵将领和地方督抚的手里。曾被曾国藩弃之的绿营调遣之法，就是这类措施之一。清政府绿营兵规定，将领平时各住其府，有事授以兵符，事过交符回府；士兵平时分驻各地，有事临时抽调，事过各地回汛地。这样，士兵与将领之间、士兵与士兵之间别无私情，只有奉命应征的上下级关系和同事关系，他们也就难以相互勾结，结为死党以营私利。故兵为朝廷之兵，将为朝廷之将，共同对朝廷负责，不能形成谋求某一派系、地域或家族私利的武装集团。曾国藩创建湘军，采取层层招募的方法，规定一军之权概交统领，大帅不为遥制；一营之权概交营官，统领不为遥制。这样，牟兵的进退弃取皆由长官决定，各级军官便成为大帅的私属，士兵亦成为军官的私兵，军权的实权就不再为清朝中央政府所有，而逐步落到统兵将帅的手中。于是，兵为将有，将为帅有，层层辖制，逐渐使湘军成为一个完全掌握在私人手中的武装集团。

军饷自筹。饷需供应是兵权的标志。军队由谁发饷，兵权就归谁所有。以往清政府的各级武装力量，八旗、绿营乃至附属于他们的官勇皆由中央政府供饷，一切费用出自国库。太平天国起事后，为对付太平军，清政府国库空虚，八旗、绿营的饷尚且难以供应，还哪有财力为各地方团练发饷呢？所以，湘军虽号称"官军"，却从来吃不上国库供应的粮饷，最初几个月尚且能由湖南藩库供饷，然曾国藩移驻衡州后，情况就大变，湘勇除少数款项由户部指拨和外省协济外，其所有饷需几乎全靠筹集。清政府令其自行筹饷的最初动机，不过是为了临时解决军队的供饷问题，减轻自己财政上的困难，不料供饷义务的推卸却导致军心的转移。当军队由国库供饷时，牟兵得到口粮和赏赐后，深感"皇恩""国恩"，心里想着如何报效"国家"和尽忠"皇上"。而当牟兵的粮饷名为公费实则出自将帅的私恩时，他们感恩图报的对象，也就变成湘军的统兵和各级长官，而不是国家了。因而，经此一变，湘军虽名为清王朝的军队，但实际上已是统兵将帅的私产了。

官职私相授受。湘军牟兵应募投军，主要是为了升官、发财二事，而欲二者兼得，则莫如充任营官、统领，进而谋得实缺。然而一般牟兵为曾国藩卖命，得个候补官职或虚衔尚为不难，但若要得到实际差任（如统领、分统、营官、哨官）或实缺（如占有军队固定编织的提督、

第四章 近代湖南熟人社会的分解与再构

总兵、副将、参将等实任官职），就完全靠统兵将帅的私情，非心腹亲信不可了。因湘军差任无须朝廷任命，完全由各级头目自行选拔，补授实缺虽必须由朝廷批准，但亦主要决定于大帅的密奏保举。所以，这些人得到差任或实缺后，便会对主子感恩图报，誓死效忠。这样，将帅只是名义上的朝廷命官，军中的湘淮将领自胡林翼、左宗棠、李鸿章起，官至督、抚者达几十人等无一不是由曾国藩一手扶植。不是由曾亲手奏保，就是由曾间接奏保。这种官职私授就进一步加强了这种私情私恩，逐步形成一个以曾国藩为首的军事政治集团。

各树一帜。曾国藩规定，各级军权概交主将，上级不为遥制。各军各营皆以同乡、同学、师生、亲族等熟人关系为纽带，于是湘军内部派别林立，拉帮结伙，各军各营具有很大的独立性，而相互之间更是自相标榜，互相不服气。这样，湘军内部就形成了一种各树一帜，图谋独立的帮派风气。随着时间的推移和湘军势力的发展，逐渐形成曾湘军、胡湘军、左湘军、江刘湘军四个派系，加上从湘军脱胎而出的李鸿章淮军，这些派系发育成为湘军的五大派系。在湘军中，又属曾国藩系统的人数最多，地位最高，尤其是部将幕僚，为其他人等所望尘莫及。尽管随着形势的发展，各个派系都有所壮大，但总的来说曾国藩还是中心中的中心，各派还是听从曾的指挥与号令。

只论寄事轻重，不论品秩尊卑。曾国藩为了鼓励牟兵为他卖命，除用高饷金招引外，还广赐翎顶、滥保虚衔，以至于到了后期，湘军中不少营、哨官都已经提升为提、镇大员，副将、参将、游击就更是数不胜数了。但曾国藩奏保实缺和任命统领、分统、营官、哨官，却主要根据关系的亲疏和能力，资历与战功并不起多大作用。这样，久而久之就会形成一个很大的弊端：有人资历很深、功劳很大，官至提、镇、副、参，但实际任职仍为营、哨、士兵；有人参军未久、寸功未立、官秩从九品，却被任命为分统。这样就产生了一个问题，打起仗来究竟谁指挥谁、谁服从谁呢？于是曾国藩为了保证军事指挥的坚性有效，就在湘军中规定了一条原则：只论寄事轻重，不论品秩尊卑。意思就是，不管积功擢升至几品官秩，哪怕已经保至一、二品提、镇大员，只要在军中仍处于营、哨之位，就必须绝对服从统领、分统的命令，即使分统、统领只是从九品。最能说明这个问题的事例,就是左宗棠对吴士迈杀朱德树一案的处理。朱德树在湘军中的资历较深,被杀前已经是记名总兵,浙江处州镇实缺游击,官至二品,大约因为不是左宗棠的亲信而仅充任营官。吴士迈则因得到左宗棠的赏识而职任分统,但战功太少仅保至员外郎衔中书科中书,秩从七品。吴士迈心胸褊狭,不懂军事,曾多次指挥失误,深恐朱德树瞧不起自己,又因指挥不力,与朱德树意见分歧,对朱怀恨在心,蓄谋报复。同治九年(1870),左宗棠命吴士迈率马步七营赴洰阳一带增援李辉武。朱德树所带马队营为七营之一。他为救援危在旦夕的李辉武,临机改变作战计划,未能按时到达吴士迈所指定的作战位置。结果,虽杀出重围救出李辉武,但回民乱军亦因而脱身东走,从而导致全军无功。吴士迈愤恨已极,认为朱德树轻蔑上司,故违将令,遂不顾众人的劝阻,立斩朱德树于军前,借以立威。第二年,朱德树亲属向都察院控告吴士迈以七品官枉杀二品大员之罪,清廷令左宗棠查处。左宗棠复奏称,吴士迈杀朱德树一事,实乃"统领以违令杀营官,非中书杀总兵也"①。不过,朱德树违令应当由吴士迈禀告知左宗棠,由左宗棠上奏弹劾,不应擅自杀死。因而,吴士迈仅有擅杀之过,并无枉杀之罪。其理由是:"军事以号令为重,令进则进,令止则止,统领以之钤束营官,营官以之钤束哨官、什长,哨官、什长以之钤束兵勇,围着以军法治之。""自统领以至营、哨,节节相制,然后驱之生死之地而不动摇。军兴以来,制兵不足用,各省皆募勇丁杀贼。勇丁积功擢升至提、镇、副、参、游击者不可数计。"这个案例告诉我们,"军营体制只论寄事轻重,不论品秩尊卑。有保至提、镇而仍当哨官、什长,保至副、参、游击而仍充亲散勇者;有在他军充当统领而在此军充当营官,有在他军充当营官而在此军充当统领者。时地既殊,势分即异。当统领者必节制营、哨,当营、哨必受节制于统领,固无他说也"②。这些话虽出自左宗棠之口,而这种大别于八旗、绿营的体制则出自曾国藩的首创,不过是越到后来这个问题越突出罢了。这样一来,

---

① 《左文襄公全集奏稿》卷三九,文海出版社1963年版,第2页。
② 《左文襄公全集奏稿》卷三九,文海出版社1963年版,第2—3页。

所谓"朝廷名器"就变成无足轻重,还顶不上长官一句话。久而久之,这种体制的作用就在湘军牟兵中养成一种观念:什么朝廷、国家、官秩尊卑,统统都是没用的东西,可以不用去理睬。只有长官的意志、长官的喜怒好恶,才是最重要、最应该特别留意的。

各尊其长。由于以上因素,使湘军中养成一种熟人礼俗风气。除非招募、选拔过自己的顶头上司,其他人无论官职大小、地位高低,皆可拒不从命。所以,不仅湘军以外的人不能对其部队进行指挥,即湘军内部亦需节节钤束、层层下令,谁都难以越级指挥下级部队。至于不同派系之间则更是如此。江家军非江姓兄弟不能管带,刘家军非刘姓人不能指挥,湘军各部则非曾国藩统辖不可,他人无法钤束。王闿运所说的"福兴(原西安将军,奉命增援江西)等征调置不誉省,得国藩一纸千里赴急"① 就是指的这种情况。不过,曾国藩可以指挥各个统领,却不能撇开统领直接指挥其所属分统、营官。如若有事,又非要通过各个统领不可。即使曾国荃的部队,只要曾国荃在营,曾国藩亦不能越级指挥其所属各军。在这里,有一个程学启改换服号的案例,就很能说明这个问题。程学启原为太平军将领。投湘后被任命为开字营营官,归曾国荃管辖。同治元年(1862)奉命随李鸿章赴援上海,改隶李鸿章,不久便改为淮军。但开字营依然穿着昔日湘军的旧服,与他部淮军很不协调。为统一着装,须改穿淮军号服。不料此事虽小,却牵掣甚大。李鸿章不敢直接提及此事,遂转托曾国藩致信程学启,要他改换淮军号服。岂知程学启拒不从命,复信声称"必待沅帅(即曾国荃)缄谕,乃敢改换"。曾国藩碰了钉子不气反喜,对程学启此举大加赞扬,说"亦足见其不背本矣"②。由此可见,湘军内部的上下级关系,完全是一种熟人社会中的私属关系。

各护其长。这种风气源于各级军官自行募选所部牟勇的制度。左宗棠曾以赞赏的口吻描述塔齐布部下拼命救护其长官的情形说:"即如塔三兄之抚标,寻常除漫骂之外无一长。此次湘潭之捷,因主将偶尔不

---

① 王闿运:《湘军志》卷四,朝华出版社2018年版,第11页。
② 《曾文正公家书》,同治元年三月初八日,中国书店出版社2011年版。

见，即相与痛哭寻觅，入群贼中若无人者。亦可想其心之固结矣。"①护主本是曾国藩军制改革的目标之一，所谓"誓不相弃之死党"是也。然而，却由此产生了另一种弊病：但凡不是招募和选拔自己的军官担任指挥，打起仗来就弃之不顾，致使湘军将领皆不敢带领别人招募的部队打仗，一旦指挥易人，军队就必须重新改编，另行选募，否则不能作战。咸丰十年（1871），萧翰庆奉命增援浙江，就是因为对原属别人的部队未加改组，以至于士兵临阵逃溃，不顾主将，送掉了自家性命。事后，曾国藩时时引以为戒。他在给张芾的信中说："萧辅丞（翰庆字）遽尔殉难，深可悯惜。""韦营（指太平军降将韦俊所部）是其所统之部，训营（原由唐训方统带，唐赴湖北粮道任，改由何绍彩接统）非其所招，囊所以剖析于左右者，深知训营不顾萧守也。"② 于是，也因此在湘军中产生了熟人文化中的另一原则：一旦主将如统领、分统、营官、哨官等战死或革差、病退，所部即予以解散，再由新指挥官前去选募；或整军、整营重新改组，被选中者改换门庭，投靠新主子，遗弃者遣送回籍。例如，吴国佐因与张运兰不和而被曾国藩借故斥革，所部几营士兵就是这样处理的。又如，原为塔齐布旧部的朱洪章，就是这样几经辗转、数易其主才投到曾国荃麾下的。这样一来，湘军中各护其长的风气便得到进一步巩固和加强。临阵各护其长，唯恐头头死去部队改组，影响自己的前程，或被遣送回籍，失去升官发财的机会。也就是说，各护其长保护官长的动机，不仅仅出于最初招募的私恩私情，还受到其后共同利害的制约。正像王闿运所说的那样："从湘军之制，则上下相维，将卒亲睦，各护其长。其将死，其军散，其将存，其军完。"③他们所以这样做，名之为义，实则为利。而这两种因素相互促进、循环的结果，便促使整个湘军至每军、每营、每哨，实际上都成为以本部长官为核心的利益集团，对内结为死觉，对外力谋独立，从全体牟兵到每个组成部分、各级作战单位，都变成私人武装、家兵家将，层层兵权都

---

① 《左文襄公书牍》卷二，中国书店出版社2008年版，第20页。
② 《曾文正公书札》卷一一，上海店智书局1934年版，第30页。
③ 王闿运：《湘军志》卷一五，文苑出版社1964年版，第8页。

落入私人手中，再也不像八旗、绿营兵那样为清朝最高统治者所有了。王闿运所谓"冒死之将，泪廉捐耻，日趋于乱"①，就是指的这种情况。

私谊至上。维系湘军的纽带，除政治、军事、经济、思想等因素外，还有同乡、同学、同年、同事、师生、亲友、兄弟等熟人关系。他们不仅将战场上调兵、筹饷等一切问题，以及各统兵将帅之间都通行一种私谊至上的原则，还把上级的命令、同级的公文，乃至朝廷的谕旨，都视为次要的东西。所以，湘军统兵将帅之间每欲奏请一事，凡涉及他人者，必待函商妥当后乃能启奏。否则，不仅达不到目的，反而会把关系弄僵，使事情更难办。曾国藩对此解释说："盖楚军（即湘军）向来和衷之道，重在函商，不重在奏请也。"②左宗棠进攻浙江时深感兵力不足，欲奏调蒋益澧由广西赴援浙江。曾国藩让他先致函刘长佑商定后再行具折奏调（时蒋益澧正随同刘长佑在广西作战），并在信中解释道："芗泉（蒋益澧字）之能来与否，全视乎荫渠（刘长佑字）中丞之坚留与否。阁下与荫渠为道义金石之交，如能屡函商定，然后以一片奏定，乃为妥善。否则，谕旨俞允而荫公不许，仍属无益。去年奏调萧军几成嫌隙，可以鉴也。"③左宗棠依计而行，果然奏效，刘长佑很快将蒋益澧派往浙江，助成左宗棠收浙江之大功。可见，在湘军将帅的心目中，堂堂朝命远不如圈内人员的一纸私函。

（三）湘军的建构原则

曾国藩帮办团练是在一批理学经世人物敦促下实现的，理学经世人物更是后来创建湘军的发起者和组织者。以这批儒生为领导的湘军，在建构方面自然也别树一帜。早在曾国藩创办湘军前，湖南团练就已显露了"以书生统兵"的特色。江忠源、刘长佑的楚勇，罗泽南、王鑫的湘勇，储玫躬的辰勇，都是其典型代表。湘军建制正是沿袭了这种饱含纲常名教色彩的建军思想。

以纲常名教伦理为指导。湘军在创建初期，存在着不少问题。首先

---

① 王闿运：《湘军志》卷一五，文苑出版社1964年版，第8页。
② 《曾文正公书札》卷一一，上海启智书局1934年版，第30页。
③ 《曾文正公书札》卷一一，上海启智书局1934年版，第30页。

是在建军的指导思想、组织原则、目的等方面将领们的意见不一致，比较混乱。曾国藩练勇是为了"往江南杀贼""系为大局起见"，而王鑫等人"系为复仇起见"，后来二人终于分道扬镳。此外江忠源的弟弟江忠淑不听约束，使曾国藩感到很难统领。如江忠淑带新募楚勇援南昌，中途听到太平军即将到来的传言，立刻哗然而逃走，军械饷银也丢弃不管，后又因闹饷，全军"大噪"，拥至抚院衙门，杀伤江忠源家丁。次日，一千余人乱纷纷解散回乡。湘勇虽比楚勇稍为驯服，但此时也因闹饷，在德安竟一哄而散。湘潭打胜仗的五营，抢夺战利品后即逃回县城。以至于曾国藩大骂"湘勇之丧心昧良"，在给朝廷上的奏折中对湘勇能否可以一战也持怀疑态度。

曾国藩经过思考，认识到了加强思想管控的重要性。于是，曾国藩主张通过书生出身的将领将纲常伦理的儒家思想灌输到士兵中去。为此，对将领的训导尤其认真和严格。书生能知道兵事的有多少呢？曾国藩说自己就不懂战阵之法。但不要紧，"书生以忠诚相期奖"，"我不知战，但知无走，平生久要，临难不苟"。作为将领，能以维护名教为主义，必忠必信，就能保乡为国。

曾国藩平生最恨"官气"，认为即圆滑取巧，心窍太多，敷衍塞责，不能负巨艰、担大难。推崇"乡气"，任用久困屋场、沉沦下僚、有用世心肠而无从致用的人。这种人守着一个"拙"字，遇事能身到、心到、口到、眼到，能忍辱负重。用乡气代替官气，训练的着重点在思想教育不在技艺阵法，曾国藩称为"训家规"和"训营规"。"训"的侧重点在政治与思想方面。曾国藩说："新募之勇全在立营时认真训练。训有二，训打仗之法，训做人之道。训打仗则专尚严明，须令临阵之际，兵勇畏主将之法令，甚于畏贼之炮子；训做人之道则全要肫诚，如父母教子，有殷殷望其成立之意，庶人人易于感到。"① 关于训士兵的方面，曾将用于精神教育的伦理纲常写在军规中，让官兵记诵。军规编成歌谣，让官兵传唱。如《劝解浅语十六条》《营规二十二条》等，都是浅显易懂、日日用得着的纪律规范。为配合精神训话，曾国藩还将

---

① 《曾文正公批牍》卷二，上海启智书局1903年版，第45页。

《四书》《孝经》下发到士兵手中，几乎把兵营变成学校："常教士卒作字读书，书声琅琅，如家塾然。又时以义理反复训谕，若慈父之训其爱子，听者潸然泪下。"① 这种以熟人社会伦常为核心的家规、营规、歌谱、精神训话以及把兵营变成学校的做法，经过年复一年锲而不舍的努力，终于把湘军训练成一支尊长敬上、具有浓厚儒教色彩的军队。

理学治军。为了加强军队的思维约束力，曾国藩等人还创造了一套理学治军的办法。曾国藩认为，"带勇之法，用恩莫如仁，用威莫如礼"。他所说的"仁"，即"欲立立人，欲达达人"，也就是"待牟勇如子弟，常有望其成立、望其发达之心"。如此，"则知恩矣"②。还说："将领之管兵勇，如父母之管子弟。父兄严者，其子弟严肃，其家必兴；溺爱者，其子弟骄纵，其家必败。"③ 他所说的"礼"，即"无众寡，无小大，无敢慢，泰而不骄也"。"正其衣冠，尊其瞻视，俨然人望而畏之"；"持之以敬，临之以庄，无形无声之际，常有凛然难犯之象"。如此，"则人知威矣"。总之，带勇之人若能"以仁存心，以礼存心"④，便可令牟勇不加恩而知恩，不加威而知威，于"无形无声"之中，获"辨等明威"⑤ 之效，师生递父子之情。曾国藩在回顾自己的带兵经历时说："臣昔于诸将来谒，无不立时接见，谆谆教诲，上劝忠勤以报国，下戒骚扰以保民，别后则寄书告诫，颇有师弟督课之象。其于银米子药搬运远近，亦必计算时日，妥为代谋，从不诳以虚语。各将士晾其苦衷，颇有家人父子之情。此臣昔日之微长也。"⑥ 其实，湘军中不仅曾国藩以礼治军，罗泽南、王鑫亦以此为长。罗泽南带勇，多以自己的弟子为属官，故湘军将领多罗、王旧部，亦多为罗泽南的弟子，包括王鑫在内。在具体做法上，老湘营理学规矩颇多，较曾国藩尤有过之。

---

① 《曾文公书札》卷二，上海启智书局1934年版，第42页。
② 《曾文正公手书日记》，咸丰九年六月初四日，凤凰出版社2010年版。
③ 《曾文正公批牍》卷二，上海启智书局1903年版，第9页。
④ 《曾文正公手书日记》，咸丰九年六月初四日，凤凰出版社2010年版。
⑤ 《曾文正公全集》卷首，线装书局2014年版，第63页。
⑥ 《曾文正公奏稿》卷二五，大达出版社1934年版，第14页。

这套做法，实际上就是把血亲伦理观念同尊卑等级制度融合起来。将军法、军规与家法、家规融为一体。用父子、兄弟、师生、朋友等关系掩饰、调剂上下尊卑关系，以减少内部的摩擦，增强向心聚合力，使牟勇乐于尊敬长官、服从长官，自觉维护长官，为长官卖命。经过曾国藩的这番理学改造，湘军军营风气大变，纪律有所改善，技艺有所提高，左宗棠说："人之胆气亦必临事始见。""只要临时有一点畏王法，顾主将之心，则可不溃矣。""即如塔三兄之抚标，寻常除漫骂之外无一长。此次湘潭之捷，因主将偶尔不见，即相与痛哭寻觅，入群贼中若无人者。亦可想其心之固结矣。"①

既反腐倡廉，又敌视百姓造反。以曾国藩为首的湘军既不满于清政府的腐败无能，又反对各式各样的反清起义。曾国藩在咸丰元年（1851）接连呈上一折三疏，即《敬陈圣德三端预防流弊疏》和《议汰兵疏》《备陈民间疾苦疏》《平银价疏》，以及这一时期所写的书信、诗文，都不同程度地反映了这种情绪。而其中《备陈民间疾苦疏》所列"银价太昂，钱粮难纳"，"盗贼太多，良民难安"，"冤狱太多，民气难伸"三大苦情和《里胥》一诗所描绘的生动画面，无疑是代表士绅中下层发出的呼喊。左宗棠对清廷的不满似乎比曾国藩更甚。他三试礼部而落第，其后绝意仕进，宁充幕僚而不肯为官。此外王錱的经历也可以说明这一问题。王錱初为县学生员，在本县坐馆任教。道光二十九年（1849）"夏间大旱"，湘乡饥民"啸聚数百人，于县南掠食，居民惶惧"，社会上出现即将发生大动乱的某些征兆。而当时的湘乡知县"为政贪虐"，与胥吏朋比为奸，漕折、地丁银两的征收，"浮收倍取"，"县民苦之"。他与"县人士"屡次到省城告状，"大吏不省"，乃公推王錱为代表，"赴都控告"。王錱"乃赍粮走京师，行千里，疾作，不得已罢归"②，其内心的愤懑显而易见。就如胡林翼所说，这些起义"非叛国叛藩可比"，"非我杀贼，即贼杀我"③，绝无退避之地。按曾国

---

① 《左文襄公全集·书牍》卷二，萃文堂刻刷局光绪十六年刊，中国书店出版社2008年版，第20页。
② 《湘军人物年谱》（一），岳麓书社1987年版，第47页。
③ 《胡文忠公遗集》卷七四，华文书局1965年版，第1页。

藩所说，对于这些反叛之人，"虽周孔生今，断无不力诛灭之理"①。

他们所以得出这样的认识，并非完全出于"忠君"的理念，主要还是由自身利害及阶层的根本利益决定的。他们所以联络熟人，筹兵筹饷，起而同起义军拼命，少半为清廷，多半为身家。清廷是熟人社会制度的最高象征，当然要保卫它，但更重要的是保卫桑梓，保卫身家。像曾国藩、左宗棠这样一批不习武事的文人，所以甘冒种种风险，起而舞枪弄棒，主要还是因为清政府的腐败无能，绿营兵腐败，不能恪尽职守，使得他们不得不越俎代庖，进行自救。

（四）熟人关系对湘军的影响

湘军是通过地缘、血缘、业缘等熟人关系集结起来的，同时也主要是依靠熟人关系来维系圈子内的团结与稳定。熟人关系对湘军产生了深刻的影响。

首先是内外两种处事标准。以自己人为中心的熟人关系，"像石子一般投入水中，和别人所联系成为社会关系，像水的波纹一般，一圈圈推出去，愈推愈远，也愈推愈薄"②。那么对于湘军这个"大圈子"来说，每个人在里面又相对的有自己的"小圈子"，曾国藩就是他们的中心。

熟人与陌生人有着不一样的处理方式。战争期间，地方督抚或统兵将帅所办军营保案，有汇保和密保两种方式。汇保是汇总奏保的简称。汇保之案办理较易，受奖面较大，但仅能保任府县基层官员，或候补、候选、记名、即用之类一般任职资格。其后一类奏保实际上很难兑现。而实缺有限，故非心腹亲近之人，难有如此待遇。例如东征局保案。为奖其筹饷有功，曾国藩一下子拉出一个几百人的名单，相关人员几乎人人有份。而恽世临、黄冕等首要人物，则以夹片另行保密，使之皆得实缺，有的甚至由岳常澧道一步升到湖南布政使。

熟人关系里又有远近亲疏层次的排列。例如曾国藩、曾国荃与彭玉麟。彭玉麟是在曾国藩内外交困的情况下对曾伸出了援手，"易衣为贾

---

① 《曾文正公家书》，咸丰十一年六月十二日，中国书店出版社2011年版。
② 费孝通：《乡土社会》，人民出版社2008年版，第28页。

客""草履徒步七百余里达南康"①。得到曾国藩的赞赏。曾国藩曾在奏中尤其感愧的两名部将，就是李元度与彭玉麟。所以在彭玉麟与杨载福闹矛盾、起冲突时，曾国藩偏袒彭玉麟，举荐彭玉麟使其官位高出杨载福，最后导致杨载福愤而请退。但当彭玉麟上书曾国藩，要求他处罚曾国荃时，却遭到了曾国藩的严词拒绝并加以斥责，并称："舍弟并无管、蔡叛逆之际，不知何以应诛，不知舍弟何处开罪阁下，憾之若是。"②又比如曾国藩与李元度的关系也是如此。在曾国藩多次内外交困时，身边只有李元度始终不渝，坚定的与曾国藩同甘共苦，度过六七年的艰难岁月，曾国藩对他充满了感激。所以尽管李元度无带兵之才，作战也是屡次失败，曾国藩对他还是屡委重任，一直庇护举荐他，使之终成独当一面的大员。但当李元度弃他而去另投他人后，曾国藩就不顾他人劝阻，愤而参奏李元度。

其次是领袖政治。湘军集团作为一个军事政治集团，是由思想相通、利害相关、地域相同、社会关系（家族、亲朋、师生）相近的人逐步形成并发展起来的。曾国藩作为这个集团的最高首领，既是湘军的创建者，又是所有成员中地位最高的，声望最隆的，是整个湘军的领袖人物。

湘军集团虽然有矛盾，但在攻下天京之前，除沈葆桢这样的半途加入者外，统帅们虽偶尔不合，但都能相互支援。湘军将帅以曾国藩为尊，听从他的指挥，一致对敌。如曾国藩就保荐重用左宗棠，并在樊燮一案中，号召湘军内部人员，对左宗棠组织多方求情与营救。而左宗棠在曾国藩被困江西时，也在湖南竭力组织力量，多方救援。胡林翼对曾国藩更是大力支援，把所部主力鲍超军拨给曾国藩指挥。当鲍超露出不乐意时，胡林翼又两次致书告诫"不得妄动他念"，要他"一心敬事涤帅，毋得稍有怠玩。自来义士忠臣，于曾经受恩之人，必终身奉事惟谨"③。对于曾国藩来说，最难熬的时间是父丧家居，被剥夺指挥权的

---

① 《中兴将帅别传》，中华书局1912年版，第87页。
② 曾国藩：《曾文正公全集》，《书札》卷二九，《复彭宫保》，线装书局2014年版。
③ 胡林翼：《胡文忠公全集》，《致鲍春霆镇军》，华文书局1965年版。

时候。当时他屈居乡间，抱负得不到实现，备受舆论压力，成为众矢之的。由他一手提拔的胡林翼、李续宾等已经赏穿黄马褂，官皆高于他，但胡、李等湘军统帅仍视他为最高统帅。如李续宾和他弟弟李续宜，时时向远在湘乡的曾国藩报告军情，请示进止。胡林翼亦是如此。胡林翼虽已位至湖北巡抚，又因攻破九江加太子少保衔，论官位已不下于曾国藩，论权势则已在曾国藩之上，但胡林翼却处处维护曾国藩的湘军最高统帅地位，处处为曾国藩着想。胡林翼"事事相顾，彼此一家，始得稍自展布"。此例就说明，整个湘军都认曾国藩是最高统帅，是领袖。事实也是如此，曾国藩丁忧在家时，湘军将领就多次奏请清廷起用曾国藩。李续宾、杨载福和彭玉麟等，就多次私下商议此事，并致书胡林翼"涤公未出，湘楚诸军如婴儿之离慈母"①，李续宾更是因为清廷迟迟不起用曾国藩，表示要辞职回家。通过湘军将领的一起努力上奏，曾国藩终于再次出山，带领湘军一展抱负。

（五）调整与满洲贵族的关系

在以满洲贵族为主导的清朝统治的二百多年里，满汉之防始终是清最高统治者不敢掉以轻心的重要问题。满洲自入关以来，对汉族官员防范甚严，尤其不让他们掌握军事实权。而太平军对八旗、绿营武装的摧毁性打击，使满洲贵族陷于左右两难的选择：或者严密文法，自取灭亡；或者听任、支持以曾国藩为代表的汉族官员壮大武装力量，扩张地方实权，依靠他们将这场起义镇压下去，保住大清的皇位。

满汉之防亦是湘军发展壮大中的一大难题。除塔齐布这样少数的旗人外，湘军不仅全由汉人组成，而且基本上只是响应曾国藩号召。由曾国藩组织起来的熟人关系中的成员基本上都是湖南人。对于这样的军队，任何王朝的最高统治者，都会心存戒心，尤其是对以少数民族入主中原的清朝来说。

最初，咸丰帝对湘军时加赞许，双方关系一度和谐。咸丰四年（1854）八月，湘军攻占武汉，咸丰帝一接到捷报，便"立沛殊恩，以

---

① 胡林翼：《胡文忠公全集》上册，《起复水师统将以一事权并密陈进剿机宜疏》，华文书局1965年版。

酬劳勋,曾国藩著赏二品顶戴,署湖北巡抚"①。但由于有人进言:"曾国藩以侍郎在籍犹匹夫耳,匹夫居闾里一呼蹶起,从之者万余人,恐非国家之福。"咸丰帝一听,"便黯然变色者久之"②。导致曾国藩辞谢折未到京城,咸丰帝已改派他人为巡抚,只令曾国藩以空头侍郎衔领军东下作战。这就体现了满汉统治阶级既矛盾、又联合的两面关系。

太平天国起事迅猛发展,湘军的地位和作用也日益凸显,湘军实权人物逐渐取得地方军政大权。咸丰五年(1855),清廷任命胡林翼署理湖北巡抚,与他同在武昌主政的是湖广总督官文。二虎相争,矛盾频频,官文是正白旗人,咸丰帝亲信,派他意在监督胡林翼。"胡,手握重兵,朝廷忌之,特任官文督鄂,阴为监视。"③清代官制中总督偏重军政,巡抚偏重民政,军权应归于官文。可官文贪鄙庸劣,见识浅薄,"于兵事未曾用心,亦毫无定见,但知何处请兵,即敷衍何处而已"④。只因是满洲正白旗贵族而为咸丰帝所重用。胡林翼抚鄂之初,两人关系就很紧张。官文部下提督讷钦(旗人)打仗时"见贼先溃,惟恐不速",但却任其部下到处勒索,自己也违例坐索行装万银,官文却视而不见,不加处置。太平军退出省境后,胡决心加以整治,上折《敬陈湖北兵政吏治疏》,要求裁汰官文统下湖北兵勇,编练新军。咸丰帝看了胡林翼奏折虽说:"恺切详明,实为当今要务",并全部肯定了他的主张,但对官文未加一句斥责之词,反而说"其武汉设水陆重兵,为扼守上游控制长江之计,前已谕令官文等筹办,即该抚会同办理"⑤。与此同时,湖北官绅也竭力调解官、胡矛盾。在多方权衡的情况下,胡林翼懂得了官文地位不会变动,唯一的方法就是与官文搞好关系,于是改变作风,针对官文的特点,大施怀柔之术,力求做到既尊重官文钦差大臣和总督的双重权势,又不束缚自己的手脚。胡采取了三种缓和办法:

---

① 曾国藩:《曾文正公全集》,《奏稿》卷三,《谢恩仍辞署鄂抚折》,线装书局2014年版。
② 薛福成:《庸庵文续编》卷一,《书宰相有学无识》,清光绪十五年刻本,中国人民大学出版社2014年版。
③ 陈赣一:《睇向斋秘录》,《胡林翼之智谋》,中华书局2007年版。
④ 佚名:《道咸同光名人手札》第一集,《罗遵殿致李希庵信》,商务印书馆2017年版。
⑤ 《文宗实录》卷二一五,华文书局1965年版,第1—2页。

第四章 近代湖南熟人社会的分解与再构

首先，竭力建立与官文个人之间的亲密关系。例如：胡令其母认官文宠妾为义女，使两家内眷亲密往来；自己也不时拜谒官母；与官平时私函，略去官场利益，直呼为"老兄"，"中堂老兄"。其次，在公事上，则"专从里子切实讲求，而不占人面子"①，即抓实权，坚持按照自己的主意埋头处理军政事务，每遇到可得到的美名，邀封赏，如"收城克敌"等事，则推首功劳于官文。在奏折信札中极力称誉官文"宽仁博大"，"仁厚公忠"，"能开诚心，布公道者，惟中堂一人"。再次，对官文贪污不仅视而不见，还每月以盐厘三千金，赠予官文。在道光五年（1825）到七年（1827）这两年多时间中，胡林翼逐渐摆正了自己和官文的地位，摸准了官文的特点，采取了和善的态度和对策。官文对此心中有数，也做出了积极的响应。官文深知在此战争环境，多少督抚因为不善带兵，或死于战事或被罢职免官，于是也乐于依靠这个对自己恭敬备至的胡林翼。在官文看来，既然胡林翼满足了自己对声色货利的喜好，自己赞同他的军政主张，也算是礼尚往来。胡林翼这样顾全大局和有分寸的让步获得满洲贵族的好感和进一步的信任。做到了既接受满洲贵族的监督，又不束缚自己的手脚，从而出色完成了与满洲贵族关系的初步调整的任务。这种关系调整是湘军与满洲贵族关系向好的一个历史性突破，为湘军日后的大发展，打下了基础。

事实上，清廷并没有放弃对地方权力的严格控制和打压。所以，如果不是胡林翼巧妙运用权术，让清廷认为改革措施多为官文主张，湘军是难以迅速发展起来的。例如，咸丰七年（1857），曾国藩借父丧之机，向咸丰帝摊牌索要更大权力。清廷以为太平天国行将覆灭，断然饬令曾国藩在籍守制。

咸丰十年（1860）春，江南大营再次崩溃，常州、苏州被占领，清廷常备军受到沉重打击，太平天国基本控制了富庶的江南地区，切断了清王朝赋税、漕粮的主要供应渠道。与此同时，清廷又在对外战争中遭到空前的大败，满洲贵族主力部队与八旗绿营的精锐全部瓦解。满洲贵族在军事、政治、财政方面遭到了沉重的打击，面临危机形势，咸丰

---

① 方宗诚：《柏唐师友言行记》卷三，京华印书馆1912年版。

帝终于不得不全面调整与湘军的关系，不得不采取新方针。

咸丰十年闰二月，咸丰帝任命刘长佑为广西巡抚，正是这一转变的先兆。四月，宣布任命曾国藩署两江总督。曾国藩是湘军的创建者，清廷主要防范的汉族地主，现在出任地方督抚，执掌军政大权，这就说明，清廷不得不抛弃旧日的防范、猜忌方针，转而全面依靠湘军。六月，实授曾国藩为两江总督，外加钦差大臣衔。接下来先后任命严树森为河南巡抚，田兴恕为钦差大臣，督办贵州军务，李续宜为安徽巡抚，骆秉章为四川总督，毛鸿宾为湖南巡抚，江忠义为贵州巡抚，李续宜为湖北巡抚等等。以上湘军实权人物陆续被任命为督抚钦差大臣者共9人，曾国藩、田恕兴和李续宜还被任命两次。咸丰朝共设8个总督，15个巡抚实缺，湘军竟占去总督2个，巡抚7个，分别占25%、47%，任职比例非常之高。而且湘军中大部分人还是破格提拔，或连续升官。如李续宜、彭玉麟均由按察使破格提拔为巡抚，江忠义更是由道员连续提拔为巡抚，连越数级。田兴恕由一名湘军统领，两年之内，直升提督，又为钦差大臣，后又兼署巡抚。尽管田兴恕不通文墨，年仅25岁。这种情况表明，清廷已经抛弃了对湘军既利用又防范的政策，转而依靠湘军对付太平天国与挽救晚清残局。

二 湘军士绅再构湖南熟人社会

通过湘军镇压太平天国十余年的征战，湖南新增士绅数量极为庞大，据光绪十一年（1885）《湖南通志》所列名单，全省因军功保举武职游击以上人员，总计多达万人。除军功士绅之外，还有因为筹饷大开捐纳之途而获得各种功名、职衔的捐纳士绅。镇压太平天国之后，士绅们回到家乡湖南，开始致力于建设被战争破坏的湖南熟人社会。

（一）军绅权与族权的空前扩张与加强

刘泱泱认为"绅士阶层和绅权势力在近代中国的飞速发展，以湖南为尤甚"[①]。因为湖南是湘军的家乡，因军功致通显者，比比皆是。

---

① 刘泱泱主编：《湖南通史》近代卷，湖南出版社1994年版，第278页。

第四章 近代湖南熟人社会的分解与再构

"夥通显既多,将互相汲引,一时攀鳞附翼,泰运同襄,亦固其所。"①

在镇压太平天国运动的过程中,随着湘军的崛起,湖南兴起一大批军功士绅,他们都是由军功而发迹升官进爵。据同治四年(1865)编纂的《缙绅录》载,其时湘人之任督抚者10人,其中总督6人,巡抚4人。为总兵副将者32人。另外,还有为监司者7人,为提督者6人,为总兵、副将者32人。以当时全国21行省计,湘人之任督抚者省,居一半强。全省因军功保举武职游击虚衔以上人员,总计达6319人,其中提督478人,总兵1077人,副将1534人,参将1464人,游击1766人②。另据阳信生保守估计,湖南近代因军功得功名或职衔的人数为1万人。这在湖南也是空前的,在全国各省也是绝无仅有的。这些军功人员后来均向地方士绅转换,成为军功士绅,湖南士绅队伍由此膨胀。那些因军功而提升为封疆大吏的士绅所在宗族也因族人的荣耀和庇护一跃而为名宗望族。湘军头目曾国藩在为官之前,家有田约百亩,其年幼之时,祖父、祖母以至其本人均要参加一些体力劳动,由此可见,其时家境并不太宽裕。湘军悍将左宗棠,早年家境与曾氏亦相差无几。左宗棠年少时,家里虽有每年几石的租谷,但全家共有十口人,以平均每人消费石米计,其家境也不是十分富裕,顶多是个小地主③。其他湘军将官大多若此。湘军崛起后,湘籍中小地主出身的儒生士子纷纷投笔从戎,进而加官晋爵,担任湘军的各级将官,社会角色和地位突变。这就为各自宗族的复兴提供了先决条件。"豪族强室,或以仕宦兴,或以力田富。"④ 如湘乡的刘氏宗族,湘军著名将领、曾担任新疆第一任巡抚的刘锦棠,湘中新宁的刘氏宗族,湘军著名将领、曾任两江总督的刘坤一、宁乡灰汤白石峰的刘氏宗族,著名的湘军将领兼学者刘典,湘乡储山的刘氏宗族,湘军著名将领、曾任陕西巡抚的刘蓉等等,不一而足。这些新的名宗望族的大量出现,既是特殊历史条件下的产物,又是近代湖南宗族区别于他省宗族的一个显著特点。

---

① 毛祥麟:《黑余录》,上海古籍出版社1985年版,第31页。
② 以上数据转引自刘泱泱主编《湖南通史》近代卷,湖南出版社1994年版,第278—280页。
③ 梁小进:《左宗棠早期经济状况分析》,《左宗棠学术研究论文集》,岳麓书社1986年版。
④ 光绪《湘潭县志》卷一一,岳麓书社2010年版。

湘军在镇压太平天国运动中大发战争横财。如太平天国都城天京被湘军攻陷后，"江宁磁货，尽入军中"①。太平天国被镇压后，湘军陆续被裁撤，数十万湘军将士"满载金银子女，联樯而上"②，归返故里荣耀湖南。即使没有战争横财，湘军享受的薪饷待遇也十分丰厚，湘军兵勇仅口粮即是绿营的一至四倍，"除个人生活外，还可补助家庭"③。普通兵勇尚且如此，营官的富足更是超出一般人的想像。至于那些在军中担任要职的军功人员，除了军中待遇外，利用手中职权敛财发迹的更是比比皆是。刘典5年军务告竣，回籍后主动上交的截旷银就多达6万两。彭玉麟号称清廉，到江南战事结束时，积蓄私银近60万两。其他如郭松林、席宝田、曾国荃等，都是数十万、数百万银两的富翁。这些人回乡后，利用权势和金钱大量购置田产，兼并土地。"诸将帅还者，挥霍煊赫，所过倾动，良田甲等期月而办。"④曾国藩兄弟、左宗棠、刘蓉等湘军要人都是远近闻名的大地主。如曾国藩及其亲属在长沙、湘乡有田13000余亩；曾国藩死后遗有田产六千亩；陈士杰有田3000亩；湘乡李笃真在南洲厅有淤田万顷；郭松林亦"置田宅值十余万两"⑤；湘军将领曾国荃，在湖南广置田产，"每克一名城、奏一凯战必请假还家一次，颇以求田问舍自晦"，有数可查者即达6000亩。曾入曾国藩水师，后升任浙江提督的祁阳人欧阳利，田产也在1000亩以上⑥。曾国藩三弟曾国葆，年终35岁，领军不过数年，死后遗产有七千余两⑦。临乡人刘傲，入湘军后，官至台湾道，后被革职抄家时抄出田契431张，值银6290两，房产68间，值银4588两⑧。长沙县人聂尔

---

① 王闿运：《湘军志》，文苑出版社1964年版，湘军后篇。
② 夏振武：《灵峰先生集》卷二，民国五年铅印本，中国人民大学出版社1988年版，第53页。
③ 罗尔纲：《湘军兵志》，岳麓书社2010年版，第115页。
④ 王闿运：《湘潭县志》卷八，民国三十二年铅印本，《列传》，第182页。
⑤ 李文治编：《中国近代农业史资料》第一辑，生活·读书·新知三联书店1957年版，第178、179、680页。
⑥ 刘泱泱主编：《湖南通史》近代卷，湖南出版社1994年版，第205页。
⑦ 吴相湘主编：《湘乡曾氏文献》，学生书局1965年版，第6411页。
⑧ 引自许顺富《论近代湖南绅士的群体结构及其社会的影响》，《湖南大学学报》2004年第2期。

康，早年入湘军，后官至知府，田产合计租谷7000石，另有公馆两所①。长沙人笠史，本出生于贫苦之家，所谓"世寒素，田无升合，屋无立锥，而又早失怙恃、零丁孤苦，艰窘万状"，仅靠其胞兄一力撑持。太平天国爆发后，他参加湖北巡抚胡林翼的军队，做了一个中级官吏，从此开始发迹，"后三四年来，廉俸薪货所入，寄交觯冶兄置产，薄田所收，岁可获千石有奇"②。在湘乡，官至提督的章合才在白田一带置田6000余亩，率军攻入南京的陈湜也在横洲乡一带置田数千亩。光绪年间的杨氏占有田土1万亩，庄园12栋，房屋500间③。

士绅在太平天国运动期间组织团练护卫地方，因战时而被赋予了控制地方社会的权力。曾国藩在办团练、创湘军的过程中更是大张绅权，给予士绅在乡村独断专行的权力。曾国藩提倡给本乡、本族之绅捕杀和捆送本乡、本族敢于反抗之民的权力。"轻则治于家刑，重则置之死地"，处置大权尽归团总、族长。至于那些因军功成为士绅者，荣归故里后，用他们的遣散费和在战争中抢掠来的钱买地置房，垄断地方经济的命脉，更加强固了地方绅权。"自咸丰军兴，骆文忠抚湘，抽饷练兵，借湘人之力，绅权始重。"

湘军军功士绅功成名就、衣锦还湘后，迅速完成了社会角色的转换。由军功士绅向着地方士绅蜕变。由此，形成了"湘军兴起之后，湖南绅权大张"的局面。他们利用以往的军功或拥有的功名和职衔，雄厚的经济势力，积极参与地方社会与宗族事务，成为地方宗族熟人社会建设的主导力量。他们或者主持地方军政事务，如举办团练，清查户口、登记造册、维护地方社会秩序的稳定；④或者担任各书院山长、讲席，掌握地方教育大权，或者举办地方公益事业，如购置族田、学田，组织社仓、捐赈等事务；或者担任族长、社首调节族人民事纠纷。社会

---

① 曾纪芬：《崇德老人自订年谱》，岳麓书社1986年版，第3页。
② 李文治、江太新：《中国宗法宗族制和族田义庄》，社会科学文献出版社2000年版，第355页。
③ 《湘乡县志》，湖南出版社1993年版，第123页。
④ 不过，值得注意的是，这一时期的团练组织，其功能已由单一的军事防御逐步向行政功能与社会救助功能扩展。如在浏阳县规定："赌博、宰剥、酗酒、偷盗者，团总、团佐罚之，其勾引奸民不轨及强掠不逞者，自有司治其罪。"

角色多样多变。如曾国荃在协助曾国藩剿灭太平天国运动后急流勇退，返回湘乡，由朝廷重臣蜕变为乡居士绅。

绅权的扩张造成了晚清民初湖南社会"绅权大于官权"的非常局面，并逐渐导致官绅矛盾加剧。尽管湖南地方官吏想摆脱士绅对地方社会事务的制约，但也无济于事。"官湖南者，皆以屈抑绅士为先务。"① 这种屈抑往往是以地方官的退让为结果。如湘抚卞宝第对湘绅便不得不"颇相款接"②。湘抚毛鸿宾曾"恶绅与官事，谋之去之"，后遭到湘绅联合反击。毛鸿宾"乃大窘"，遂不得不"诣诸绅谢，任以事，又礼加焉"③。王文韶出任湖南巡抚后，虽心存"屈抑士绅"之意，且"旧有孜孜"，但终究不敢采取强硬对策，在湘绅面前，王文韶"遇有强狠负固者则惮之，人众则惮之，挟端求逞者则惮之"④。他最后也不得不感叹"文韶惟有随机化导，固不敢任其嚣张，至启衅端，亦不敢操切从事，转滋沸腾也"⑤。到后来，湖南地方官办理地方各项大事，都必须有士绅的参与和赞同，否则必遭攻击，各项措施难以推行。

奢靡之风，甲于天下。湘军中上级军官在征战中掠夺了大量财富，这些财富被他们用来享乐，挥霍无度的奢侈之风败坏了社会风气，使大量社会财富虚掷于无用的奢靡淫乐之中。湖南奢靡之风盛极一时，甲于天下。史载在湘军兴起之前，"荆俗敦朴，自古志之耕农之余，游闲甚少，金玉纂组雕义刻镂里老相传数十年"，但是，自军功士绅成批涌现之后，长沙府县之人则"衣必绮罗，出必舆马，宴客必珍味，居处必雕几，故近市镇而拥素封者间亦有之"，"湖湘间宾客宴集供鱼清羹，则众皆退用五纂者，皆数十年前事。士大夫宴客珍饯交罗，竞为丰胜，有一食至费数金者，而婚葬为尤甚"⑥。在湘潭"及寇平，诸蒋拥资还博戏倡优，相高以侈靡。偿一度输银至巨万，明日举典商部帖尝之，传

---

① 郭嵩焘：《郭嵩焘日记》第3册，岳麓书社1983年版，第903页。
② 郭廷以：《郭嵩焘先生年谱》下册，"中央"研究院近代史研究所1971年版，第946页。
③ 光绪《湘潭县志》卷二一《名宦》，岳麓书社2010年版。
④ 朱克敬：《雨窗消意录》，岳麓书社1983年版，第903页。
⑤ "中央"研究院近代史研究所编：《教务教案档》第三辑（二），"中央"研究院近代史研究所1975年版，第893页。
⑥ 同治《长沙县志》卷一二《风土》，岳麓书社2010年版。

以为豪。未十年,潜无余矣"①。不事经营,一味追求个人享受,这在军功士绅之间几乎是极为普遍的现象。这就使得湖南昔日俭朴持家、力耕以食的社会风气荡然无存。奢靡与享乐之风的盛行,既虚掷了大量有限的社会资财,又不能促进当地社会经济的繁荣,不能为社会创造财富,滋长了整个社会好逸恶劳、奢侈享受的不良之风。

奢靡对婚姻价值观的腐蚀也很明显。人们竞相攀比,婚嫁奢靡之风遍及全省。如郴州"婚礼因富室相耀,渐次奢华,戚友族里致贺,上宾留至数日,每日数十席不等,筵席必极丰盛,否则以鄙吝相嗤。大杯劝饮,尽兴始撤"。永定县"准妆奁……竞尚华靡,力足者动费千金,即力不足者亦转相效尤,至鬻田以偿所费"②。醴陵"近时婚娶浮靡颇甚。遣嫁者夸饰装(妆)奁,娶妇者侈陈肴馔,常有竭数载经营之力,博亲戚顷刻之欢,相尚以财,渐染成俗"③。石门县"咸同以来贫富相效有破产嫁其子者,民穷而俗益侈"④。巴陵县"中等之家亦彼此相效为观美装。郎须寒暑衣服,女更倍之,绞缎远求京扬,珠翠争夸新样,一切器具备极精工,除裨女外,尚有奁钱数十千、数百千不等。富者即侈费,固绰有余裕,中户亦欲争夸,遂有典田鬻产以资奁仪者"⑤。由于攀比之风盛行,使得中下阶层特别是贫困之家艰于措办,碍于社会风俗又不得不倾其所有,其直接结果就是"育女苦于陪累,不仁者遂作溺女之计"。"娶妇艰于闹阔,贫寒者不免鳏寡之虞,至不得已为权宜之计:血盆抱养,谓之'婆养媳'……虽于婚礼稍失,是亦救时之策也。"⑥

奢靡对丧葬习俗的影响也大。军兴之前湖南,丧礼以前"遵朱子《家礼》,从简而易行",咸同后大变。主要表现:一是从奢。如醴陵"富家葬费,动用千金、数百金不等,则群以为俭其亲"。二是迷信风

---

① 光绪《湘潭县志》卷九《风俗》,岳麓书社2010年版。
② 同治《续修永定县志》卷一二《风俗》,江苏古籍出版社2002年版。
③ 同治《醴陵县志》卷一四《风俗》,成文出版社1975年版。
④ 光绪《石门县志》卷六《风俗》,上海书店出版社1993年版。
⑤ 同治《巴陵县志》卷三〇《风俗》,岳麓书社2008年版。
⑥ 同治《巴陵县志》卷三〇《风俗》,岳麓书社2008年版。

水。如宁远县"惟俗信风水,有泥堪舆之说,淹棺至十余年不葬者"。江华县"独信堪舆家一事殊乖孝道,有停至十余年不葬者"。新化"亦有溺于风水,旷年不葬者;更有贪人吉壤,或盗墓,或盗害,或冒认古坟为祖墓,经年累月,讦控不休者"。尤其是为求好的风水而引起各种纠纷。我们以《醴陵县志》记载为例说明,为图谋风水,该县"有以计取之者,有以势夺之者,有以货财诱之者,有以贪夜盗之者,甚至截他人祖坟之脉而葬其父母,且辟自己祖宗之冢而葬其新丧,以亲柩为富贵之资,借葬亲为垄断之策,殃连祸结,暴骸斫棺"。还有的"无故而自掘其祖骸易葬他所",导致"争山裁坟之案,无岁无之"①。

(二) 军绅对湖南熟人社会的再构

经历过太平天国战事的湖南原生熟人社会,已经变得支离破碎。太平天国以及会党等对湖南的原生熟人社会破坏巨大。许多州县官员被杀,衙署被毁,士绅阶层的生命财产受到威胁,游离于熟人社会之外的流民、难民比比皆是。镇压太平天国运动之后,社会危机得到解除,但湖南熟人社会原生状况不再。军绅遂致力于重建乡村秩序。从晚清湘军士绅的思维和具体实践来看,他们重建熟人社会所作的举措主要集中在社会保障、教化乡里、儒学传承等领域的理念传播与社会行为上。

在他们的运作下,首先是各类善会善堂和宗族义庄如雨后林立,熟人社会的基础设置率先建立。

清代中期以来,伴随着国家救助能力的逐渐下降,官办、官民合办的慈善体系已经不能满足日益增加的社会救济需求,慈善活动的主体开始向民间转变,乡邑士绅逐渐成为慈善事业的主导力量。随着湘系集团势力的扩大,军派士绅及其家族也很自然地成为解决宗族乃至地域性事务的主要依靠力量。湘军士绅在实施社会重建过程中一如既往地关切血缘和宗族纽带。他们在湖南各地广设养老、敬老、孤幼读书之所,对同族乃至同区域的贫困者进行救济、扶助,社会保障与救济逐渐由同族覆盖到同乡弱势群体。如彭玉麟,"治军十余年未得归里与族中父老子弟

---

① 同治《醴陵县志》卷一四《风俗》,成文出版社1975年版。

相见，乃竭绵薄捐白金八千两，以四千金修家庙，别捐田租为祭祀资以四千金置义田，共收额租每年四百余石归于家庙大公创设义塾"①。胡林翼"夫人陶氏以赗赠之入建胡氏家学，以教其族之子弟，而故旧亲戚仰给于公者岁常数十家，无遗惠焉"②。华容丁氏，一次性捐田数亩，用来赡养贫困族人③。

湘派军绅还比较积极地投身战后湖南新的熟人社会祠庙等设施重建。曾国藩、曾国荃、李元度、郭嵩焘、彭玉麟等相继联合了本地的官员士绅出资重建了祠庙、道观、官署、书院等兵燹中被毁的熟人社会设置。据刘鹏佛先生研究，曾国荃功成身退、解甲归田后，积极参与家族宗族事务，主持参加重构了诸多熟人社会的祠庙设置。情况如下表4-9。

表4-9　　　　　　　　　曾氏家族重建祠庙设置简表

项目	地点	年代	具体事务
城隍庙	湘乡县城	同治四年	邑绅曾国荃率各营员牟重修
褚公祠	湘乡县城	同治五年	邑绅曾国荃等鸠众仝修，并添建房屋六间
安龙桥祠	湘乡荷塘二十四都	同治五年	同治五年曾国荃重修
双永桥祠	湘乡荷塘二十四都	同治六年	在双江口，曾国荃重修
积福桥祠	湘乡荷塘二十四都	同治六年	在马头沟，曾国荃重修
关帝庙	湘乡县城	同治六年	邑绅曾国荃率各营员牟重修
石神庙	湘乡二十二都	同治七年	在城涧区，曾元浦建
湘乡试馆	长沙	同治九年	公主修省城乡试馆，捐银一万四千二百四十两，并捐出讲让堂私宅为试馆岁修
育婴堂	湘乡县城	同治十年	邑绅曾国荃捐钱一千串
义谷	湘乡三十二都	同治十一年	是年秋，公捐义谷一千石，入湘乡二十三都社仓
义谷	湘乡二十四都	同治十一年	公捐义谷一千石，入湘乡二十四都社仓，并定散发章程

---

① 衡阳何隆：《彭氏族谱》卷四《新立家塾义田记》，清光绪刻本，民间藏本。
② 湖南名人家谱丛刊：《麦田胡氏族谱》卷二《祠堂志》，民间藏本，第105页。
③ 光绪《华容县志》卷一〇，江苏古籍出版社2002年版。

续表

项目	地点	年代	具体事务
南岳上峰寺	衡山	同治十三年	是年夏，公在籍倡建
乌金寺	衡山悬钟石	光绪七年	公捐修
石地坊至黄龙坝通衢	衡山	光绪八年	公捐修
育婴堂	湘乡县城	光绪十六年	公捐义谷一千石，入湘乡育婴堂

资料来源：刘鹏佛《清代湘乡曾氏家族与经济社会》，博士学位论文，厦门大学，2003年，第125—126页。

旌表湘军将士。曾国藩等人为宣传湘军战功，还专门设立采访忠义局等机构，收集、整理和编撰在清王朝同太平天国的战争过程中阵亡、被杀或自杀身死的官员士绅的资料，由曾国藩汇总奏请建总祠、总坊，或专折奏请建专祠、专坊，以扶持名教，维护风化。曾国藩担任两江总督之后，曾发布文告，晓谕远近。其《出示晓谕江南北士民六条》之五"旌表忠义"条称："本部堂行辕设立忠义科，专查殉节之家，详核事实，兼考世系，或由司、道具详，或由府县、厅、州、县汇保，或由该家属径禀本部堂，立即建总祠、总坊，其死节尤烈者建立专祠、专坊。凡作有家传、墓志、行述、事状者，准其抄送行辕，本部堂略删改，咨送国史馆立传，以彰忠义而示激功。"[①] 熟人社会的传统价值观在这种宣扬中大力回归。

编修史志，歌颂湘军。为了重构儒学价值观，湘军将领在湘军功成之后又通过重修地方志，编撰宣传湘军战绩的书籍来扩大影响，通过史志与军绩进行强化社会认同。湖南在战后编成《褒忠录》《忠义录》等宣传湘军将士战绩与卫道精神的书籍，刊印分发。新修地方志，撰写各种墓志铭、碑文等来强化这种宣传。借此引导社会面向湘军，借此强化对熟人社会伦理道德的宣传，重新恢复原生的熟人社会秩序和强化原生的传统的纲常伦理。"一时湖南修志成风。"[②] 据统计，同治一朝的十五

[①] 《兵部尚书衔·署两江总督曾国藩告示》，见《楚湘营制》抄本，现藏于中国社会科学院近代史研究所。

[②] 王闿运：《湘绮楼日记》第一卷序，岳麓书社1997年版，第17页。

年中，湖南共有武陵、宁乡、长沙、衡阳、湘阴、巴陵、浏阳、醴陵、桂阳、新化、保靖、桃源、新宁……等50多个州县厅编纂了新的地方志。如湘军士绅积极修纂地方志有：曾国荃、李元度纂《湖南通志》，郭嵩焘纂修《湘阴县图志》，刘长佑、刘坤一纂《新宁县志》，李元度纂《平江县志》，王闿运修《清泉县志》等等。湘军的许多将领都对重撰州县志倾注了极大的热情。他们之所以如此热心地倡修地方志，除了肯定他们在镇压太平天国农民起义军中的功绩，以给子孙留下可以炫耀的资本外，其最大的目的还是为了借地方志来褒扬忠孝节义等传统的熟人社会的道德伦理，借以引导社会风气向回归礼俗传统的方向发展。同治五年（1866）新修的《桂东县志》称其"不独以记时事供采择，而亦使后之贤者足以感发而兴起，夫诵诗读书以论世，儒者日与忠孝节义之人对习，闻夫忠孝节义之言自奋发而有为"①。同治十年（1871）重修的《长沙县志》明确指出其编纂的原因是由于"军兴以来，树奇功立伟节，摅忠赴义之士，经文纬武之材翼起翩联，后先相望，允为首善之区矣"。因而该志的编纂特点在于"编人物而忠义特书，崇大节也，遵官礼而保息分类，纪义举也，艺文必已成之集，所以防虚名，选举有等差之分，所以重名器。然则是志岂特备一方之掌故为往事之明征而已哉，将是官是土是邦者稽习俗而资政教，观纪载而动劝惩，于扶世翼教之道不无小补矣"②。同治十三年（1874）新修的《湘乡县志》也明确声称"是志之修，义例精严，文辞尔雅，固为有目所共睹，而其大者，尤在于阐扬忠烈，发挥节义，足以励风俗而正人心，且俾官斯土者亦得征文考献有所遵循焉"③。郭嵩焘所主持编纂的《湖南褒忠录初稿》更是以浓重的笔墨颂扬那些镇压太平天国农民起事中殉阵的湘军悍将和地方绅士，讴歌他们"舍生取义""杀身成仁"的节义思想。所有的地方志都把镇压太平军起义而死去的人称为"忠烈"而加以颂扬。与此同时，湘军将领还邀请著名学者为湘军著书。例如曾国荃和郭嵩焘就邀请

---

① 同治《桂东县志》卷一二，江苏古籍出版社2002年版。
② 同治《长沙县志》卷之首，岳麓书社2010年版，第2—3页。
③ 同治《湘乡县志》卷首齐序，湖南人民出版社1993年版，第2—3页。

王闿运撰写《湘军志》，但因为王闿运笔下对湘军人物多有批评，所以遭到了郭嵩焘、曾国荃等湘军将领的抵制，书被焚毁。接着曾国荃等又邀请王定安撰写了《湘军记》，以此来使"忠魂义魄，不致泯没"从而"藉以延至三江贤士，不但激扬正气，且以培养元气也"①。

为阵亡将士立祠筑庙。湘军在镇压太平天国的过程中以及镇压太平天国后，还建立了遍及全国各地的湘军阵亡将士的祠堂、庙宇，由此形成祭祀网络。湖南作为湘军的故乡，更是祠庙林立，香火鼎盛。不管是在朝中名位显赫的湘军官吏抑或是已退职回乡的军功绅士，他们对建立阵亡将士的纪念祠都投入了最大的热情。精心修建各种纪念湘军死难将士的专祠，以此来宣传湘军战功和湘军精神。如咸丰八年，曾国藩就上奏清政府在江西湖口石钟山修建水师昭忠祠，以纪念自湘军水师出战以来阵亡的近三千名将士，又在九江为在湘潭、岳州、武昌、田家镇等地屡建战功的湘军著名将领塔齐布建立专祠，并附祀湘军陆师阵亡将士。在湘乡县城，曾国藩又奏请建立忠义祠，纪念该县出境征战而阵亡的近五千名将士，敦使地方官春秋致祭。此外，湖南士绅在长沙还修建了十二忠祠分别纪念湘军将领江忠源、塔齐布、罗泽南、胡林翼、李续宾、王鑫、萧启江、李续宜、张运兰、黄润昌、李臣典、曾文正祠。建三公祠纪念湘军时代曾任湖南巡抚的骆秉璋、张亮基、潘铎，建刘忠壮祠（纪念刘松山）等。在宁乡县修建了巡抚骆文忠公忠义祠。史料记载："自军兴以来，楚南建专祠者不下十余人，附祀者且数万人，忠义之盛，从古所未有也。"② 在熟人社会里，建立专祠并春秋致祭是一种莫大的荣耀，湘军将领也正是通过这种手段来让湖南人牢记湘军战功，"广盛世褒忠之典，卜斯人向善之忱"③，从文化上引导熟人社会的人们学习湘军将领尽忠尽节的"忠义"行为。

兴学以传后人。曾国藩等湘军将领还在战中和战后，设馆组织幕僚或延请名士校刊湖南前贤王夫之的著作，王夫之为明末清初大思想家，

---

① 方宗诚：《柏堂师友言行记》卷三，文海出版社1968年版。
② 同治《长沙县志》卷一四《忠义》，岳麓书社2010年版。
③ 曾国藩：《曾国藩全集》第2册，岳麓书社1987年版，第756页。

在参加抗清斗争失败后隐居衡阳，因身份特殊，其思想学术在湖南流传不广。湘军兴起之后，湘军将领开始传播船山学术。同治元年（1862），曾国荃在安徽同太平军作战期间，其友人赵惠甫告知其王夫之的遗著因战火遭毁版，希望他能重刊船山遗著，此事立刻得到曾国荃的大力支持，曾国荃出资8000余两，聘请著名学者湘潭人欧阳兆熊主持刊印。经过几年对原稿的搜集校对，1865年刊印成《船山遗书》，全书共分56种，经、史、子、集四部。从此王船山的学术思想在湖南得到了迅速传播，成为晚清及民国湖南士人和知识分子思想上的文化渊源之一。正如郭嵩焘所说："将使吾楚之士，知有先生之学，求其书读之，以推知诸儒得失，而于斯道盛衰之由，国家乱政之故，皆能默契于心。又将有人焉，广大先生之业，以上溯五子之传，却然有以知先生之学，非元明以后诸儒所能及也。"①

随着湘军扶清成功，湘军将领也开始在湖南恢复重建熟人社会中的礼俗传统与教育设施，并为此新建了许多学校。湘军兴起之前，湖南虽然在理学兴盛之后文风颇盛，但远离中原文化中心，文化地位不高，加之独立为省时间不长，经济相对落后，全省教育文化分布极不平衡。咸、同军兴，太平军与湘军及湖南地方团练在省境内交战，对地方破坏极大，各地书院学校多有被毁坏者。同时，官府财政窘迫，政府投入全省教育文化的资金严重缺乏，各地学校、书院日渐衰败。如在长沙，"府学自道光十八年巡抚钱公修后渐圮。咸丰二年，粤寇犯楚，长沙戒严，举为屯兵地，井灶之所发掘，牛马之所蹄啮，遂大坏"。在湘阴，"湘阴县学……咸丰四年兵焚"。茶陵州"州学在州城南……咸丰二年，粤寇毁坏"，其他如江华、邵阳、永兴等地也多有学校毁于兵灾的记载。

有鉴于此，由书生功成的湘军将领十分重视熟人社会里的文化教育。他们以自己的亲历行为来倡议重修学校书院或创办新的书院。如湘乡曾氏兄弟倡建的湘乡宾兴堂、东皋书院，胡林翼倡建的益阳箴言书院，湘军其他各路将领捐建的长沙求忠书院、攸县东山书院、宁乡玉潭

---

① 郭嵩焘：《郭嵩焘日记》卷四，岳麓书社1983年版，第215页。

书院、常德朗江书院等。湖南文化教育渐有起色，原本文化教育不发达地区在湘军兴起之后也在湘军将领主导下因重修新建了许多书院而得以发育发展。如湘军水师名将杨载福在原籍乾州厅捐修文庙书院，增建了乾凤永宝乡试号舍，倡建了节孝祠。李元度在平江创办的天岳山馆书院等。这些书院的重修新建都在一定程度上促进了湖南熟人社会礼俗文化教育的再发展。

湘军将领都是儒生领兵，深知熟人社会中礼俗伦理与文化教育的重要性。他们认为"学校之设，所以明人伦也。人伦之大，莫重于君父。读圣贤书，所学何事。名节不立，礼义消亡；廉耻不知，势将何所不至"。因此，他们把恢复学校教育作为文化重建的重要内容。1859年，湘军攻克安庆后，曾国藩就派人重修安庆敬敷书院，召集大批士人入院学习。同治四年（1865），曾国藩向清廷建议"东南军事渐平，亟宜振兴文教"。同时，曾国藩、李鸿章会商具奏，请求酌度劝捐修复江宁、常州两府学宫，得到了清政府首肯。曾国藩在《江宁府学记》中说道："今兵革已息，学校新立，更相与讲明此义，上以佐圣朝匡直之教，下以辟异端而迪吉士。"据地方志记载，湖南在咸丰末年与同治年间相继重建和修整的县学有长沙、宁乡、茶陵、耒阳、祁阳、邵阳、益阳、湘乡、安化、衡阳、常德、江华、武冈等20多处，占湖南全部县份的一半。这些学校的规模比重修前都有所扩大，文武学额也因湘军的所谓功绩而增加了近千名。与此同时，长沙岳麓书院、城南书院、浏阳狮山书院、洞溪书院、湘潭昭潭书院、宁乡玉潭书院、益阳龙州书院、湘阴双峰、莲璧书院、攸县东山书院等旧式书院也重新整修。同治六年（1867），为了培养湘军阵亡将领的后裔，又在长沙增建求忠书院，"军兴日久，殉难者多，欲求忠臣，宜培忠裔"，故曰"求忠"。增建书院、学校都以课读《四书》训练八股为业，湖南书院也以传授程朱理学为要务，并增加了对忠义卫道一类所谓湘军品性的宣扬。因此，书院和学校的扩建，意味着熟人社会的传统意识在湘军构建的熟人社会中得到了强化，对忠义卫道品性的渲染，则在促使社会整体"回归"传统起到了极其重要的先导作用。

在捍卫儒家思想的旗帜之下，湖南以湘军的名义，聚集了一大批卫道士。这些人在历史上如雷贯耳。如曾国藩、左宗棠、刘蓉、罗泽南、江忠源、王鑫、郭嵩焘、刘坤一、刘长佑、李续宾、胡林翼、彭玉麟等。他们的连接纽带就是儒学训练出来的同乡关系、宗族关系、师生关系、部属关系、私人恩谊关系。正是这些熟人社会中的关系拉动、造就了一个军饷自筹、官职私授、各树一帜、各尊其长、私谊至上的颇具战斗力的湘军。在打败太平军后，功成名就的湘军头领返回故里，又重建了一个湘军版的湖南熟人社会，一时攀鳔附翼。他们广置田产，权倾乡野，衣必绮罗，出必舆马，珍味宴客，居处雕几，奢靡之风吹遍湘境。从形式上，湖南似乎还是过去的那种熟人社会，从内容上看则是别有洞天，今非昔比，湘军湘运之盛，一时达到了顶点。

但正如保守主义者认为的那样，激烈的社会转型必定会引发社会角落的凋敝与不公。在湘军出现后的几十年中，如影随形的会党便是湖南不公社会一个醒目的社会设置与社会存在。会党是一群由边缘人模仿熟人社会建构的反清社会组织，它的第一个目标是反政府，第二个目标是抗掠社会，这就会对湘军操控的熟人社会带来威胁。

会党实际上又是湘军的副产品，是湘军体制内遗弃的"孪生兄弟"。它在几十年的抗争之中积累了人气，形成了一个事实上的"会党社会"。这个社会，不仅使自身组织摆脱了"原子化"形态，也从它存在那一天起就不断努力破坏着近代湖南熟人社会的"原子化"，因而在湖南近代熟人社会的"新构"中深刻地留下了它的历史与文化印迹。

第四节　会党社会

湖南会党的发展经历了清和民国两个时期。为了生存需要，会党内部也模仿熟人社会建构了一个自身的内部熟人社会组织。为着反社会而模仿社会，对原生熟人社会进行逆向式模仿。这样一种求生逻辑，对湖南近代熟人社会亦产生了深刻的影响，在底层湖南社会实实在在地构建了一个会党世界、会党社会。

一 会党内部对熟人社会组织的模仿性再构

会党自嘉庆年间传入湖南之后,受到晚清湖南人口社会环境的影响,迅速壮大。如前所述,其行为对湖南的熟人社会和封建统治都产生了一定的影响。在这样一个影响与作用的过程中,会党在湖南原生社会中另立了一个庞大的反社会系统①。这个系统就是一个以熟人社会规则建构起来的秘密社会组织。会党所在,布满民间。

清中后期,湖南人口爆炸式地增长、土地兼并现象越来越严重,天灾人祸不断,流民越来越多。这些失去社会保障,游离于社会边缘的流民为了自身生存,以亲属、同乡和朋友为纽带,互相抱团,加入了会党。史载,"农辍耕,工抛艺,商委廛,破产捐金,携家室往从之"②。有的地方往往一人入会,就能带动村子里的多人或者是家族成员入会。例如,道光初年,湖南浏阳人周国虞,在本村首倡徵义堂,初以该村社庙为名,曰"忠义堂",之后改称为"徵义堂",周国虞在本村招引大量村民入会。③ 在流民等的入会方式中,以熟人社会关系中的旧识、同事关系发展会员是湖南初期发展会党势力的主要方式。如湖南新宁县雷再浩与广西全州县李世德两人就是这样创立起来棒棒会的。"孔固死党,多归此二人"④,笔者将部分会党成员关系列成表格,以便我们能更直观地了解:

表4-10　　　　　　　　清代湖南部分会党成员关系情况

时间	地点	主要参与者	事件	关系（备注）
嘉庆二十年十月1815年	江华县	杨棕明 赖其享 苏俸 林昌	结拜添弟会	同事（前三人在江华县佣工度日）旧交（后两人）

---

① 参阅周建超《秘密社会与中国民主革命》,福建人民出版社2002年版。
② 《醴陵县志》卷一《大事记》,湖南人民出版社2009年版。
③ 参见军机处录副奏折,署理湖南巡抚骆秉章折,咸丰三年八月十四日,转引自王闿运《湘军志·湖南防守篇第一》,岳麓书社1983年版,第5页。
④ 《宝庆府志》卷七《大政纪七》,岳麓书社2009年版。

第四章　近代湖南熟人社会的分解与再构

续表

时间	地点	主要参与者	事件	关系（备注）
嘉庆二十三年十月 1818 年	道州	谢大年 蒋华开	结拜添弟会	旧友
道光十一年正月 1831 年	蓝山县	李金保 李兴 杨四惺 张摒	结拜添弟会	旧友
同治四年五月 1865 年	醴陵县	鲍超部 全体士兵	全军哗变 （哥老会）	同事
同治五年七月 1866 年	湘潭县	向荫和 彭四铁匠	纠众数千人	同乡
同治五年十二月 1866 年	嘉禾县	坛江村数百人	攻扑县城	同村
同治六年五月 1867 年	毛田	曾广八 童级高 贺新惠等	聚众五六百人，焚烧杀人	同党
同治七年一月 1868 年	浏阳	张以喜 高三桂等	结党突石村，声势甚壮	同党
同治九年三月 1870 年	宁家山	赖荣甫 张玉林等 及附近贫民	发布告示，动员群众，聚众四五百人	同党 同乡
同治九年五月 1870 年	浏阳	邱志儒 张紫亭及部分县民	聚众县西堕云坪	同事（邱张为兵勇） 同乡
同治九年六月 1870 年	茶陵州	贺世蕃、陈振宇、李德熏等及附近饥民	发动饥民起事	同事（太平军旧部） 同乡
同治十年五月 1871 年	益阳 龙阳	刘道美、何春台 田胜湖、刘贯三等	聚众千余人，烧毁县衙等	同乡（刘何益阳人，田刘为龙阳人）
同治十二年二月 1873 年	耒阳	曾杏桃、曾昭幅等	哥老会图谋起事	同乡
光绪元年春 1875 年	湘阴	施连发、彭、黄诸大族	聚众数千人	同族

续表

时间	地点	主要参与者	事件	关系（备注）
光绪七年夏 1881年	华容	易龙泉等	在华容放飘纠众，会众数千人	同乡
光绪九年四月 1883年	龙阳	曹小湖 罗富等	曹接任龙虎山发展会众	师徒
光绪十二年十一月 1886年	道州	孟景明 孟景漳等人	在龙村、田龙庙、北乡西岳庙聚会300余人	兄弟 同乡
光绪二十年二月 1894年	酃县	邓世恩、太平军旧部	聚众围攻县城	旧识（同为太平军余党）
光绪二十年三月 1894年	溆浦	谌北海 当地贫民	聚众攻据山门黄家桥	同乡

参考资料：中国人民大学清史所与中国第一历史档案馆编《天地会》七，中国人民大学出版社1988年版，第438—512页；刘泱泱主编《湖南通史》近代卷，湖南出版社1994年版，第282—314页。

从上表中，可以看出以同村、同乡和旧识为主是天地会发展成员的主要方式。

哥老会有所不同，成员大部分来自被遣散的湘军。"军兴十余年，湖南兵勇遍布各省，其在营中往往与同营同哨之人结为弟兄，誓同生死，当时颇资其力。浸淫既久，一二狡黠之徒因而煽结。于是哥弟会之党以众，而其势亦愈张。"① 这些被遣散回乡的兵丁游勇，失去了社会保障，无法归田，更是难以归族。在这种状况之下，他们为了生存大多选择加入了会党。在这里，哥老会之间呈现的熟人社会中的互联关系就更加明显。因为湘军在招募时，就是按照血缘和地缘相结合的原则组建的。各部将领在招募兵勇时，以同乡同族为主。例如鲍超在湖南招募兵勇时，胡林翼就一再嘱托他，"总以一方一县之人，同在一营为宜，取其性情孚而言语通，则心力易齐也"②。曾国藩要求："水手必须招至四

---

① 《刘中丞奏稿》卷二，《请饬在籍大员帮办团练折》，同治六年九月，光绪二十一年刊本，文海出版社1968年版。

② 胡林翼：《抚鄂书牍》，《致鲍春霆游击》，华文书局1965年版，第138页。

千人，皆须湘乡人，不参用外县的。"① 曾国藩说曾国荃一军，"不独尽用湘乡人，且尽用屋门口周围十余里内之人"②。除参军的兵勇之外，连同在参军的将士往往皆是同族结伴而来，如曾国藩兄弟五人，除曾国潢在家留守外，其余四兄弟曾国藩、曾国华、曾国荃、曾国葆皆参加同一军门，就连曾国藩的本门亲属，从军任职者也达到了二十余人。③

天地会传入湖南之后，吸取和继承了熟人社会中的忠义思想。"忠义"成为天地会组织中日常行为的准则和伦理观念的核心，这也许是天地会社会与熟人社会最大的不同之处。

有学者认为，从形式上看，天地会的忠义观直接取材于社会民俗中的通俗作品④。这种天地会的"忠义思想"在其盟书誓词、会规会律、暗号隐语中都有充分地体现。"嘉庆二十四年六月十三日，湖南破获苏俸等人时，据供：林昌口诵歌诀：五色果子在中央，有人看守有人尝，有忠有义吃天禄，无忠无义半路亡等语。"⑤ 口诀通俗朗朗上口。因而很明了的是，会党所采取的"忠义"思想与熟人社会中的忠义观并不完全一致，会党的"忠义"主要是江湖义气，它是以组织的是非恩怨作为标准的。"它们对会内成员要求行忠重义，否则即会遭受'三刀六眼'、火烧土埋的严厉惩罚，但是它们对会外百姓则是可以烧杀抢掠，为所欲为的，既不忠，也不义。"⑥

天地会在意识形态上也模仿继承了熟人社会中多神信仰和万物有灵的观念。这一点可以从天地会的"拜会歌辞"中体现出来。歌辞说："一拜天为父，二拜地为母，三拜日为兄，四拜月为嫂，五拜五祖，六拜万云龙大哥，七拜陈近南先生，八拜兄弟和顺。"⑦ 有学者认为："无

---

① 曾国藩：《曾国藩全集》卷二一，岳麓书社1986年版，第409页。
② 曾国藩：《曾国藩全集》卷二一，岳麓书社1986年版，第409页。
③ 曾国藩：《曾国藩全集》卷二一，岳麓书社1986年版，第409页。
④ 参阅沈寂等《中国秘密社会》，上海书店出版社1993年版。
⑤ 中国人民大学清史研究所、中国第一历史档案馆编：《天地会》七，中国人民大学出版社1986年版，第470页。
⑥ 欧阳恩良：《清代民间文艺的繁荣与秘密会党伦理价值取向》，《江苏社会科学》2002年第5期，第172—177页。
⑦ 罗尔纲：《天地会文献录》，中国人民大学清史研究所、中国第一历史档案馆编：《天地会》一，中国人民大学出版社1986年版，第47、33—35页。

论是天堂上的神仙菩萨佛祖、地狱里的阎王土地魔鬼、坛庙中的木雕泥塑纸画偶像、自然界的精灵异怪、人世间的魔公巫婆、以及历史上的英雄豪杰、传说人物等等，统统都可以成为天地会众顶礼膜拜的对象。"① 天地会"因好鬼之专为鬼神之语"②，万物有灵观对发动与组织基层群众能起到一定的催化作用。从形式上讲，天地会的结拜形式也是熟人社会的东西。天地会拜会的仪式是"歃血为盟，使成员形成血缘的共同意识"③。这种结拜兄弟的礼俗风俗在中国古代就已非常流行。"最著名的就是《三国演义》中的'桃园结义'和《水浒传》中的'梁山泊聚义'的故事。"④ 这些观念与形式到清代被天地会会党模仿性采用。天地会通过结拜，形成一种拟血亲意识，模拟成一种命运与共的虚拟血缘家族制的帮会团体，⑤ 由此构建了一个天地会的会党社会。

根据刘师亮《汉留史》的记载，哥老会对内帮规有十条三要及十款十要。这些常规也是从熟人社会的礼俗中搬来的。如，"第一父母要尽孝，尊敬长上第二条，第三莫以大欺小，兄宽弟忍第四，第五乡邻要和好，敬让谦恭第六条"，"一要孝悌和忠信，二要久远讲交情，三要礼义为根本，四要廉心且实行，五要谦和与诚信，六要仁爱并和平"⑥。

从上述哥老会的帮规看，其包含的内容涉及范围更广、条例更精细。既有对个人行为的道德约束，也有会内社会关系处理的具体行为准则。就个人品质而言，哥老会要求会众整肃仪容、忠义为本、吃苦耐劳、公正廉明，要求保守会内秘密、孝顺父母、敬兄爱弟。所以，像天地会、哥老会这样的组织，其成员原来生活在传统熟人社会，没有接触过外来新的思想观念，其所遵循的帮规礼俗当然也只能是原生熟人社会中的伦理道德观念。

---

① 苏全有、陈建国编：《中国社会史专题研究》，内蒙古人民出版社2006年版，第534页。
② 戴钧衡：《草茅一得》上卷，《太平天国文献史料集》，中国社会科学出版社1982年版，第368页。
③ 苏全有、陈建国编：《中国社会史专题研究》，内蒙古人民出版社2006年版，第535页。
④ 沈寂等：《中国秘密社会》，上海书店出版社1993年版，第6页。
⑤ 苏全有、陈建国编：《中国社会史专题研究》，内蒙古人民出版社2006年版，第530页。
⑥ 刘师亮：《汉留史》，第82—83页，成都球新印刷厂民国二十七年版，转引自欧阳恩良、潮龙起《中国秘密社会》第四卷《清代会党》，福建人民出版社2002年版，第192、193页。

第四章 近代湖南熟人社会的分解与再构

熟人社会以家族、宗族和村落为生活单位,以血缘和地缘关系为核心,形成具有地方区域性的人口社会。人们的生活都是以家族为单位进行的,当大量的流民从原本生活的熟人社会中游离出来之后,这些人便从此居无定所,脱离了原有宗族,失去了亲族关系。他们在精神上和身心上无不渴望再一次回到"熟人社会"中去,天地会与哥老会正好提供了这么一条"回归"渠道。在原生熟人社会难以生存的社会环境之下,"他们就模拟传统的家族制度,创造出天地会、哥老会、青洪帮等这类具有虚构血缘关系特征的家族制的帮会团体"①,一个会党社会。"会内实行的制度,仍脱离不了他们原来在熟人社会里遵循的那一套原则,实行封建家长制的领导,靠着江湖义气与封建迷信维持着内部的团结。"② 总结起来,构建会内熟人社会大概要遵循以下几个要点:

首先,会党的主要发展方式依托了熟人社会网络。会党通过同乡、同族、朋友等关系"拉帮结社",由此形成类似于之前的再生熟人社会圈。会党成员通过歃血为盟,结拜为兄弟,模拟与加强这种意识认同。新成员入会时必须喝血酒盟誓,高唱:"鸡血滴进碗中央,碗里装的是杜康;同袍兄弟饮一口,患难祸福同担当。"③ 通过这种共同滴血饮酒的仪式,形成"异姓血缘兄弟"的认同关系,达到借助原生熟人社会中族群认同的原理,借以相互团结的目的,仿照原生熟人社会中的血缘宗族关系与伦理道德原则,建构一种会内熟人社会互动体系。如洪门"三十六誓"中就规定:"洪家兄弟以忠孝为先,不可伤碍父母","和睦乡里、伯叔、兄弟、姊妹一切等亲,不得忤逆"④。对于同会兄弟的婚丧嫁娶等事,洪门兄弟也有相应的义务。"岁(会)内兄弟父母妻百寿诞(即诞)以及身故,求借无门,不得殡葬,就要通知各兄弟,须科甲银钱,买棺木殡葬。""爱屋及乌,对同会兄弟的财产、奴婢也不得侵犯""洪家兄弟不可拐骗兄弟银钱物件"⑤。

---

① 苏全有、陈建国主编:《中国社会史专题研究》,内蒙古人民出版社2006年版。
② 程为坤:《试析民初湖南会党》,《近代史研究》1990年第1期。
③ 周育民、邵雍:《中国帮会史》,上海人民出版社1993年版,第229页。
④ 李子峰:《海底》,上海文艺出版社1990年版,第195页。
⑤ 李子峰:《海底》,上海文艺出版社1990年版,第194—205页。

其次，在组织形式上，会党模拟熟人社会传统的宗族制度，但在结构上以纵向的父子关系和横向的兄弟关系为主。天地会根据发展的需要，在内部建立起严格的社会等级制度，不得逾越。在纵向关系方面，他们之间的关系是一种虚拟的血缘家族关系，在会内实行封建家长制的领导，例如孝敬香主，"即是天伦父母一般"，"不可越份思想"。平山周在《中国秘密社会史》中记载，天地会"设会之始，曾立五大公所，每公所各分以数省"①，而"公所之首领称大总理，或称为元帅，普通称大哥。以下之头目称香主，普通称为先锋。次则为红棍，以执行会员之刑罚。以下总称草鞋，为最下级，报役使令随性等事"②。哥老会则是在各地分设山、堂，各堂口下设内八堂和外八堂。为适应江湖游民结社的流动性，天地会和哥老会的成员，只要持有会簿和票布，即可随处传会、开立山堂。总之，无论从纵向关系还是从横向关系来看，会党的组织结构都是熟人社会结构的仿真性模拟。

天地会、哥老会在湖南模拟熟人社会建立秘密社会组织，目的是为了维护和巩固会党，因此，会党成员要从会党熟人社会中脱节，是不许可的。"进帮不准出帮"③，入帮后，必须视帮为家，患难相共，与帮同生死。这就实际上加强了成员之间模拟熟人社会关系的不可分割性。

第三，会党在吸纳原生熟人社会的传统制度基础上，还建立了自己的制度体系。

在熟人社会中，人与人之间的关系，"好象把一块石头丢在水面上所发生的一圈圈推出去的波纹。每个人都是他社会影响所推出去的圈子的中心。被圈子的波纹所推及的就发生联系"④。而从天地会的入会誓词中可以看出，以流民为主体的会党成员虽然不得不打破这种关系，但本质上还是模拟这种血缘关系。誓词规定只要加入天地会的人，无论之前相识与否，一进洪门，便是自家人。据《天地会盟书誓词》中所载：

---

① 平山周：《中国秘密社会史》，河北人民出版社1990年版，第32页。
② 平山周：《中国秘密社会史》，河北人民出版社1990年版，第35页。
③ 《红帮十大帮规》第十条，卫大法师1920年编印。
④ 费孝通：《乡土中国》，人民出版社2008年版，第26页。

"本原异性缔结。同洪生不共父，义胜同胞共乳，似管、鲍之忠，刘、关、张为义，汝视同为一家。"① "自盟之后，兄弟情同骨肉，胜似同胞。"② 从形式上看这些会众最亲近的人或者经常联系的不再是自己的家人、朋友，有时可能会是素不相识之人。

但是，结义关系在会内又等同或者高于血亲关系。结义兄弟之间，即有杀父兄之仇，也不得念报旧仇。"遇有亲兄弟与洪家兄弟，相争或官讼，必须劝解，不得帮助一方，如有违背，五雷诛灭。"③ 所谓"义气"大于亲情，诚然半点不假。同会兄弟"不得同场赌钱过注"，"不得说三道四，搬弄是非，致使兄弟不和"，也不得"弃嫌兄弟"，"臭自己弟兄名声"。"洪家兄弟闯出事来，有官差来捉拿，须当打救兄弟出关，不得阻挡"，"洪家兄弟犯难到尔家中取借路费，须当出力相赠，洪家兄弟到来相探，须以礼相待"，"听知会内兄弟与风仔外人打架，亦要勇力向前内兄弟"④ 等等，这些会党社会的规矩除了能让会内兄弟互帮互助外还能避免会内冲突，因此可视为是对原生熟人社会规则的修正与补充。

最后，在会党社会中，会员之间的联系通过虚拟的血缘关系而得到了加强。加入会党社会就意味着一个人新生命的开始。"拜在前者曰老马，虽少亦为兄；拜在后者曰少马，虽长亦为弟。"⑤ 年长为尊在会内并不适用，它们采用的是以入会时间长短来划分长幼秩序，重新论辈。这又是一次对熟人社会规则的模仿与升级。例如湖南江华关大起等"于六月初六，同至江华县雾江冲山内结拜，不序年齿，推关大为大哥，照前钻圈，共饮血酒"⑥。

总之，在湖南会党社会中，结义关系大于血缘关系，利益因素大于

---

① 蔡少卿：《中国近代会党史研究》（增订版），中国人民大学出版社 2009 年版，第408—409页。
② 蔡少卿：《中国近代会党史研究》（增订版），中国人民大学出版社 2009 年版，第408页。
③ 蔡少卿：《中国近代会党史研究》（增订版），中国人民大学出版社 2009 年版，第408页。
④ 萧一山：《近代秘密社会史料》卷3，转引自秦宝琦《清前期秘密社会》，学苑出版社 2005 年版，第95页。
⑤ 赵沅英：《红兵纪事》，广西师范大学出版社 2017 年版。
⑥ 《天地会》七，中国人民大学出版社 1986 年版，第470页。

亲缘因素，这就使得原生熟人社会所注重的血缘感情关系、诚信、友谊的成分趋于淡化，结义至上成为会内人际交往的重要标准。从这一点上讲，这是会党社会建构中的一次重要的价值观调整。"本原异性缔结。同洪生不共父，义胜同胞共乳，似管、鲍之忠，刘、关、张为义，汝视同为一家。"① "自盟之后，兄弟情同骨肉，胜似同胞。"②

互助原则是会党组织能够发展起来的重要动因，经济上的互助则是互助的最重要内容。会党社会首领通过与会众订立兄弟和师徒的双重关系来维系这种互动组织结构的稳定。传徒是会党组织发展会员的主要方式。每次传徒，师父就可以收取数量不等的会费。"传会敛钱"，成为会党首领们积极发展会众的最重要的经济动因。

会党首领们每次传徒的收入多寡往往取决于当时人数的多寡。人越多，收入也就越可观，因此纠人拜会便成为会党社会扩大的主要手段。如"嘉庆二十三年十一月，谢大年起意邀同已获之谢安在……（三人），未获之曾翠……（九人）共十三人，各出钱四、五百文不等，于十一月十五日同至道州佛师空庙结拜，不序年齿，因系谢大年起意纠邀，推谢大年为大哥……曾翠等分钱各散"③。入会时人数多集中到一起，这样做不仅可以增加会费，而且还可以通过向神明诅誓等入会仪式使拜会兄弟形成相互亲密关系，为共同起事、抢劫或自卫等一系列活动形成统一思想和行动一致创造条件。

在会党社会提倡的"江湖义气"的互助背后，是赤裸裸的金钱交换关系。会内成员出资的多少决定了其在会内的地位高低，往往花上较高钱粮就能获得较高地位，甚者是"总大哥"。例如，湖南衡阳人李泳怀"于嘉庆二十年（1815）十月间先出钱三千文派为大哥，后又绪给梁老九钱六千文，加为总大哥"④。"可见会党社会内部的各种头衔与等级关系存在着赤裸裸的金钱关系，取得总大哥的地位意味着更多的敛钱

---

① 蔡少卿：《中国近代会党史研究》（增订版），中国人民大学出版社2009年版，第408页。
② 蔡少卿：《中国近代会党史研究》（增订版），中国人民大学出版社2009年版，第409页。
③ 《天地会》七，中国人民大学出版社1986年版，第480页。
④ 朱批：《湖南巡抚哈布嘉庆二十二年四月二十一日奏》，转引自周育民《中国帮会史》，上海人民出版社1997年版，第78页。

机会，不仅可以传令派款，而且可以纠邀更多的人入会，收取会费。李泳怀任总大哥以后，先后拜会八次之多，收入远远超过了'捐纳'会内职务的'本钱'。"①

会党首领正是在经济利益的驱使下，采取了花样繁多的收费模式来获得经济利益与活动经费。除了传徒之外，比较重要的敛财方式就是传帖。"传帖也叫'花帖'和'红布'等。发展会员，另创新会，必须是在会内具有相当地位的头目方能进行，这些传帖注明各会之间的传承关系，由传帖人、受帖人、见证人三者签名。"② 取得传帖一般要一次性缴纳数量不菲的会费。

传帖入会仪式依入会成员的等级而有所不同。有的传授红布花帖；有的不传，只歃血结盟；有的则无歃血结盟仪式；最次的是不举行仪式，只传口诀。入会等级的差异，直接决定了会员日后在会内的地位与权利义务关系。"如得受合同，钻桥饮酒，即可自行传徒；如未获受合同，所纠之人仍作伊师之徒，得钱均分；如仅止钻桥未饮血酒，不准纠徒分钱。遇打降等事，可邀同会人帮助，若仅传口诀，并未钻桥者，只能免同会人欺侮。"③ 倚会谋私，也是熟人社会"传"给会党的文化产品。

二 会党活动对熟人社会结构及秩序的影响

从清中后期开始，湖南出现大量流民，这些流民脱离了原生的宗族组织和社会秩序，再也"享受"不到这种机制内生活际遇。于是，他们结社拜盟，肆意反抗着这种熟人社会的秩序与制度。晚清湖南社会于是进入了一个漫长的社会失范过程之中。

（一）士绅社会遭到打击

"熟人社会的人们根植于乡土社会，无论置身何方，心之所系、情

---

① 周育民：《中国帮会史》，上海人民出版社1993年版，第78页。
② 周育民：《中国帮会史》，中国人民大学出版社1993年版，第81页。
③ 中国人民大学清史研究所、中国第一历史档案馆编：《天地会》六，中国人民大学出版社1986年版，第386页。

之所钟，总在一'乡'字。"① 湖南会党本是由失去宗族依托的下层民众所组织的，他们受到了原生宗族社会的排挤和官府、士绅、富商的压迫和剥削，加入秘密会党之后，便开始猛烈地向原生的熟人社会发难。这样一来，湖南熟人社会的地方统治基础便出现了动摇。"光绪九年，安乡陈象渡地方有匪徒聚众，打富济贫旗帜，于二十三日夜烧吴家偏院房屋数间，红屋一栋，抢去店布数十匹……匪首谈敬臣系桃源县人。为哥老会第十头目，名金梓山……共有一百八十多人。"② "1867年（同治六年）5月（四月）末，湘乡哥老会曾广八等在毛田聚众起事。曾广八原系湘军在逃游勇，5月间，与同党童级高、贺新惠等自靖港溯流而上，取道宁乡，返归湘乡。5月30日（四月二十七日），曾广八率众数十人，突入监生谢征岳家，欲推谢为首起事。谢不从，被逼投水死。会众愈聚愈多，至五六百人，群起将谢征岳房屋焚毁，并连烧数十家，杀死3人，伤30余。"③ 在这样一些类似事件中，破产的农民和流亡的兵勇联合起来洗劫当地士绅的财产，不少士绅的生命也消失在秘密结社组织的愤怒之中。

那些幸免于难的大户，轻则流徙他乡、投亲靠友，重则又一次家破人亡。例如1867年，浏阳地区发生了哥老会与斋教联合发动的起事。首领姜守东，为哥老会骨干，张以喜，属斋教，或称红教（白莲教支派）。他们与江西哥老会首领曾国才联络，共议于6月14日（五月十三日）起事。因消息泄漏，遂提前发难。6月8日（五月初七日）夜，"姜守东、张以喜聚众拥至踏浒团绅李世沆家，焚毁房屋，杀毙多人，又烧毁踏浒团总黎端甫及黄姓等家"④。

1870年3月，湘乡哥老会赖荣甫等在宁家山揭旗起事。赖荣甫、张玉林等头戴全红风帽，身骑高头大马，率众向田心殿进发。沿途贫苦民众踊跃参加，队伍增至二三千人，群起焚毁士绅胡晖的房屋。3月14

---

① 陈柏峰：《半熟人社会：转型期乡村社会性质深描》，社会科学文献出版社2019年版，第23页。
② 彭先国：《湖南近代秘密社会研究》，岳麓书社2001年版，第118页。
③ 刘泱泱主编：《湖南通史·近代卷》，湖南人民出版社2008年版，第292页。
④ 刘泱泱主编：《湖南通史·近代卷》，湖南人民出版社2008年版，第293页。

第四章　近代湖南熟人社会的分解与再构

日,分别进至湖州、洪山殿、高家、金鸡大塘、青桥岭、花桥、杉木桥等处,惩治团绅,烧屋掳人。"欲径扑县城,直下湘潭以犯省城垣。"①

会党的揭竿而起,对乡村政权也造成了威胁性影响。许多宗族因失去了政权依托而无法立足于乡村,成为秘密结社发泄怒火的首要打击目标。例如,1890年9月,澧州哥老会廖星阶等起事,廖星阶、马万伏等率200余人,携带刀枪,乘船至梁家坪团总监生杜彩珍家,将杜彩珍砍毙,并放火将杜家及附近房屋烧毁。②"据萍乡县张之锐二十八、九两日电禀:'讯据获匪邓廷保、刘治昌供称,大头领龚春台系浏阳人,非湘潭人,浏、醴、萍、宜、万各县均有会党,本约十一月起事,因浏邑捕杀大头领李金其,迫不及待遂先期窃发,以白巾裹头为号。现各匪均会集浏阳南境牛山岭、红绫铺等处。粟市匪大股二十二日夜半已退往浏阳,只留小股五六百人驻守,有供此即二十五日防营管带所击败之匪股。并查悉逆匪所过地方只索军械,令供粮食、白布,所抢劫焚杀者,皆向办警察保甲绅士人家。'"③这种情况在清代中后期湖南各地比比皆是。

在会党的不断打击之下,湖南的士绅阶层出现了分化。原本水火不容的士绅阶级与秘密结社团体之间关系开始变得模糊不清。"殷实之家畏其寻害,虽未入会而与之认识往来者,破案之后,往往正犯未获,而此等已备尝罗织之苦。于是里长牌甲惧其未能戢暴,先已畏艮,遂亦相率客隐,不敢报官。"④

例如,道光二十七年(1847),常宁县士绅"李孝经、吴楚良、李孝儒、吴勤光、王晋、易含三、殷磐、杨珖、李德淑、肖日荣、胡振

---

① 《刘中丞奏稿》卷六《扑灭湘乡会匪仍筹办团折》,同治九年四月,光绪二十一年刊本,文海出版社1968年版。
② 《光绪十七年四月初四日湖南巡抚张煦奏折》,见《光绪朝东华录》(三),中华书局1958年版,第2878—2882页。
③ 《江西巡抚吴重憙致外务部请代奏电》,光绪三十二年十一月初二日,引自《湖南辛亥革命史料》,湖南人民出版社2011年版,第142页。
④ 中国人民大学清史研究所、中国第一历史档案馆编:《天地会》七,中国人民大学出版社1988年版,第475页。

虞、唐同茂……同盟于关庙"①，这就告诉我们，当会党的势力发展到可以与宗族势力相抗衡的时候，士绅的立场就会发生位移。部分士绅出于自卫的需要，往往选择进入会党这样的组织之中。

随着会党对士绅的持续冲击，士绅分化也加速。加入会党甚至成为相当一部分士绅的选择。例如陈仲潮，湖南新宁人，其家殷富。道光十五年（1835）时，正好遇到蓝正樽讼官败于蓝年余，于是，他就和蓝正樽、张永禄等人谋事反叛。当时，陈仲潮为助其起义，"尽卖其产以助之，又令党中之富者皆卖其产"②。"周汉，宁乡县人，由军功荐保道员，留陕西补用，在反洋教自保中与哥老会联手，散发反洋教宣传品。"③"哥老会遗老杨金榜等见仕宦之家出身的田应诏崇尚侠义，遂邀他入会，并凭藉其名声，秘密发展组织，推田应诏为大爷，田少峰为三爷，在朱喇坪开山立堂，先后发展会员60多人，大多是有权势或在当地有号召力的人。"④

（二）地方官府权威虚化

熟人乡村社会中，由于血缘关系、地缘关系、族群认同是连接人们的纽带，所以在纽带的作用下，宗族内人们一般会做到守望相助。官府为了维护封建统治，也会经常利用宗族来控制乡民，但是为了防止族权大于政权，政府又以通过保甲或里甲制度来控制乡村居民，以期达到"制一人足以制一家，制一家亦足以制一乡一邑"⑤的目的。"衙署在一定程度上就是官府权力的载体和象征。"⑥同治、光绪年间在会党的打击下，这种地方政府的权威越来越虚化，变得不堪一击。

由于会党在湖南蔓延，"地方官吏始而讳盗，继而纵盗，相习成风"⑦，会党"不独无赖棍徒悉为羽翼，即各州县胥役兵丁，大半相与

---

① 同治《常宁县志》卷五《兵防》，右文书局1870年版。
② 同治《武冈州志》卷一《大政志》，江苏古籍出版社2001年版。
③ 彭先国：《民国时期土匪史探》，岳麓书社2002年版，第8页。
④ 凤凰县志编纂委员会编：《凤凰县志》，湖南人民出版社1988年版，第327页。
⑤ 闻天钧：《中国保甲制度》，上海商务印书馆1936年版，第14页。
⑥ 杨国安：《明清时期两湖乡村社会史》，商务印书馆2016年版，第138页。
⑦ 王天奖：《19世纪下半叶中国的秘密会社》，第85页。

第四章　近代湖南熟人社会的分解与再构

交结，表里为奸，虽素不谋面，而猝然相遇，见手口之号，无不呼为兄弟，一切抢劫之事，无所不为"①，地方官员的这种讳盗态度使得会党风气愈演愈烈，游民匪徒相互纠结拜会，作乱不断，这就表明官府已经失去了对基层社会的有效控制。例如同治六年（1867），湘军士兵再被裁撤之后，开始在乡村内滋事，尤其是湘乡地区，连年不断。御史李德源指出："两湖地方有哥弟会之目，皆系散勇为之，自数十百人以至数千万人，愈集愈多地方官兵力单薄，无法禁止。"② 湖南巡抚邵亨豫也承认，"湘省散勇游勇较众故伏莽之多，实比他省为尤甚"③。笔者兹将会党对地方官府的打击和官员被害事件制成表格略加说明：

表4-11　清代后期湖南会党对衙署、官员的破坏与打击情况简表

时间	事件	资料来源
1852年1月	郴州矿工刘代伟等四十九人结拜天地会；会众迅速发展。于5月2日率众劫狱，并杀死了署理知州胡礼箴，夺取库银	军机处录副：湖南巡抚张亮基奏（咸丰三年正月十八日奏批）
1852年11月	尹尚英率天地会2000余人攻克嘉禾城斩武举李登云示众，城乡官吏豪绅大为惊慌	湖南省嘉禾县志编纂委员会编《嘉禾县志》，黄山书社1994年版
1859年9月	湘潭、醴陵、衡山群盗相聚行劫，焚湘潭县丞朱亭官署，北向劫掠居民	同治《衡阳县志》卷二《事纪第二》
1870年9月	湘潭、衡山等地哥老会百余人拥向朱亭，击败团勇，焚掠朱亭，烧毁县丞衙署后层	《刘中丞奏稿》卷七《剿办湘潭会匪并筹扫除伏匪折》（同治九年九月）
1870年10月	道州会党会众径扑州署，焚烧游击衙署、文案房及守备衙署头门，捣毁监狱，劫出在押人员10名	《刘中丞奏稿》卷七《迭剿会匪仍饬搜捕清查折》（同治九年十月）

---

① 中国人民大学清史研究所、中国第一历史档案馆编：《天地会》六，中国人民大学出版社1986年版，第518页。
② 录副：御史李德源同治八年九月初六日奏，中国第一历史档案馆，中华书局1963年版。
③ 录副：湖南巡抚邵亨豫光绪四年七月二十九日奏，中国第一历史档案馆，中华书局1963年版。

续表

时间	事件	资料来源
1871年6月	益阳、龙阳哥老会以刘道美为首,袭破县城,当即烧毁县衙。随后驰往东关外,焚烧厘局,没收当铺财产。6月1日(四月十四日),进至龙潭桥,烧毁巡司署及公厅数处,镇压团绅里总	刘泱泱主编,《湖南通史》湖南人民出版社
1891年7月	溆浦会党舒海棠、杨之上为救狱友,焚署劫狱,击毙吏卒数人,知县文光宸仓皇逃匿,千总田兴元受刀伤	民国《溆浦县志》卷四《记事志》第十一、十二页,民国十年刊本
1892年9月	醴陵会党会众二三百人,头扎白巾,乘世间袭入醴陵县署,撞破监门,将邓云辉、罗翼廷二人救出,杀伤管监丁役多人	民国《醴陵县志》卷一《大事纪》第十七页
1904年12月	浏阳、醴陵等会匪起事,杀毙团总李得中	湖南巡抚岑春煊致军机处请代奏电(光绪三十二年十月二十九日),引自《湖南辛亥革命史料》,第139页

从表4-11中可知,从清后期起,会党的起事矛头,便直指清政府的地方封建统治,攻城劫府和杀害官员的事件层出不穷。这一时期的会党活动多以哥老会为主,而哥老会中大多是被遣散的湘勇。他们本身戎马久经战事,入会后为会党增加了战斗力。在这样的博弈环境之中,湖南地方原有的保甲制对会党并未起到有效制约效果[①]。为了快速镇压会党,曾国藩主张兴办团练,使"团练之法与保甲之法相辅而行"[②],"清末团练的兴起……实际上是绅权的扩张"[③],这样做的结果就是,地方官府权威反而在民众心中的威慑作用发生虚化,湖南熟人社会的权力倾向由保甲转向了团练,团练"威力大于县府"[④]。

(三)宗族势力弱化

宗族通过族法、族规来教导规范族人。"捍卫宗族、严惩盗贼、保

[①] 潮龙起:《晚清湘赣边界阶层社会结构》,《江西社会科学》1997年第3期。
[②] 同治《湘乡县志》卷五,岳麓书社2009年版。
[③] 林济:《长江中游宗族社会及其变迁》,中国社会科学出版社1999年版,第212页。
[④] 曾继梧:《湖南各县调查笔记》下册,湖南日报社1985年版,第39、59页。

护环境、按时完粮纳税、莫谈国事以及禁入会党等"①，但是由于战乱、自然灾害以及土地兼并，导致原生宗族内部开始分崩离析，宗法族规对失族流民已经不起任何作用，失去宗族依托的民众越来越多，流民结社日盛，产生出一个庞大的反宗族的会党群体，一个实实在在的会党社会。他们组织起来与宗族对抗，不断削弱与打击地方宗族势力。如湘赣哥老会首领马福益"祖籍湘潭"，"世代贫寒，其父大良，佃同族某的田地耕种，后被迫退田，经醴陵一刘姓亲戚介绍，转佃醴陵西乡瓦子坪傅某地主的田为生，全家遂居于此"②，马福益拥众多达十数万，以数十万之众与宗族分庭抗礼。"构建了一个可以与地方宗族相抗衡的秘密组织系统，这个系统就是一个社会。在这个社会里，所谓的'社会下等人'都可以找到依托和活路。"③

这些落魄者加入会党的情况大致分为以下几种：一是由于自身贫苦，生活所迫而脱离宗族，选择加入会党。如前所述，湘潭人马福益自身家境贫寒，无奈之下全家迁居，后成为哥老会首领。在他们加入会党之后，又会不断拉拢原来宗族的与他们命运相似的族人，这就在一定程度上分化了宗族势力。《申报》记载，邓海山为哥老会头目，同时也是醴陵匪首，他"勾结本族，本村人被其煽惑者不少"④，此外"还引诱罗凤冈、李宝山入党"，"复诱该三姓数十家入党"⑤。晏仲武幼年丧失双亲，长大后奔走江湖，在外结识不少江湖朋友，也丰富了他的社会知识，使他在家族中具有一定的影响，为本地人所推重，有相当的感召力。道光二十八年（1848），有广西杜某三人在巴陵买地建屋，用为客栈，暗中从事联络活动，与晏仲武往来密切。后来，晏仲武与其同往广西，就参加了拜上帝会。晏返湘后，组织本族亲友和附近村民，拉起一

---

① 费成康：《中国的家法族规》，上海社会科学院出版社1998年版，第24页。
② 刘洙洙：《马福益事略》，见《萍浏醴起义资料汇编》，湖南人民出版社1986年版，第369页，转引自潮龙起《晚清湘赣边界基层社会结构的演变》，《江西社会科学》1997年第3期。
③ 彭先国：《社会史视角下的近代湖湘文化》，岳麓书社2006年版，第182页。
④ 《申报》光绪十八年九月十一日。
⑤ 《申报》光绪十八年九月初六。

支队伍，在新墙一带开展活动①。醴陵的一些宗族的"不逞之徒跳而匿焉"②，使清政府束手无策，结果出现了会党与宗族融为一体，相互依托，共同发展的局面。光绪元年（1875）春夏间，平江会党施连发等潜入湘阴北乡何家塘，发动起事，彭黄诸大族从者数千人③。

二是自湘军兴起之后，很多当地族人加入军营或投身太平军，或参加湘军，或加入会党。原生社会民众游戏在太平天国、会党与湘军之间。"太平军入湘，天地会等会众和数以万计的农民更和手工业者，积极投奔太平军，参加反清斗争的行列，仅湘南一地，人数即达五六万之众。大批的湖南人加入太平军，转战四方，他们与宗族的联系削弱了。"④"湖南会匪之多，人所共知，去年粤逆入楚，凡入天地会者大半附之而去。"⑤曾国藩的湘军也是如此，遣散后转而加入哥老会。这些会党成员就这样脱离了宗族势力的束缚，他们"既无宗族思想之维持，复无安土重迁之观念"⑥。

越来越多的游民与游勇流向会党，表明地方政府已越来越失去支撑其存在的宗族社会基础所需要的人口数量。会党在原生的熟人社会结构中势力不断发育扩展，对地方官府、宗族、保甲等既有主流社会组织就会造成很大的威胁。"它造成了封建政权统治与乡村宗法治理原有连襟裙带的松动与失落，封建机器运转失灵，宗族连襟运转难有实效，宗族至尊之上的社会号召力大为削弱。"⑦

（四）经济掠夺

清代的湖南会党社会的出现是下层游民、破产农民、破产手工业者对自身的社会处境所做出的能动反映。失去原生熟人社会依托的背景之后，他们找到了一种能安身立命的方式，这个方式就是参加天地会或者

---

① 《申报》光绪十八年九月初六。
② 民国《醴陵县志·氏族志》，湖南人民出版社2009年版。
③ 民国《醴陵县志·氏族志》，湖南人民出版社2009年版。
④ 刘泱泱：《近代湖南社会变迁》，湖南人民出版社1998年版，第320页。
⑤ 《曾国藩全集·奏稿一》，岳麓书社1987年版，第44页。
⑥ 孟维宪：《洞庭湖滨之农民生活》，《东方杂志》第338号，1936年10月。
⑦ 彭先国：《湖南近代秘密社会研究》，岳麓书社2001年版。

第四章 近代湖南熟人社会的分解与再构

哥老会，建构一个会党社会。他们借助这个平台，烧杀抢掠，逞勇斗狠。通过直接的经济掠夺和暴力杀戮等非正当手段来获得生存，对原生熟人社会的生产生活造成了巨大破坏。

会党对于原生社会秩序的破坏最直接的体现就是对群众财产的掠夺。盗窃、放火抢劫和勒索等手段屡见不鲜。例如嘉道年间，湖南天地会在宝庆结盟拜会，他们"阻米抢盐，强牵耕牛，挟仇抄毁，种种积习已数十年。动则十百成群，明火执仗，视为泛常"①。咸丰年间，会党"每于山隘及江湖港边泊船所在谋劫，客商多遭残害。故行旅相戒，伴孤则不敢出。……以至山隘早晚经行及江湖泊船，稍不备者，即遭害。且其党亦着营中号衣，亦有军器，无从辨别真伪。遭害者不可数计，鸣官亦不能究"②。据时文记载，哥老会成员"十百为群，以焚抢为事"，"盗窃为武差事"，"赌博为文差事"，"其党山隘及江湖港边泊船所在，谋劫客商，多遭惨害"③。会党打家劫舍，搜刮民脂民膏，也打劫富商、典当行和官员，官绅不胜其扰。1870年5月3日（四月初三日）夜，宁乡"盗劫团练局枪械及北门钱庄四家，死者二人"④。1870年5月19日，桂阳县（今汝城县）亦侦知会党何明佑即何大麻子等，纠众入会，遍贴告示，并抢劫潘显明家银物⑤。面对席卷而来的哥老会，当地权贵只能搬迁逃难或者投亲靠友躲避迫害。这些原本掌控熟人社会基层政权的权贵出逃就更使原生熟人社会秩序失控。如赖荣甫起事，自"宁家山起事，遂至田心殿，沿途裹挟贫农，放火烧屋，十三日连烧湖州、洪山殿、高家段、金鸡、大塘、春桥岭、花松、杉木松等处"⑥。同治年间，"浏阳征义堂余匪在塔湖地方啸聚，劫掠李、王、黎三姓，众多千余人，踞云雾山，与江西万载斋匪合，声称欲窜长寿司，

---

① 彭先国：《湖南近代秘密社会研究》，岳麓书社2001年版。
② 崔暕：《哥老会说》，见《辟邪纪实》附卷，同治元年刊，北京大学图书馆藏。
③ 《天下第一伤心人·哥老会说》，中国文史出版社1992年版，第207页。
④ 民国《宁乡县志》，《故事编》第一，《县年纪》第三十七页，湖南人民出版社2009年版。
⑤ 《刘中丞奏稿》卷六《整饬团练并拨款接济民食片》，同治九年六月，文海出版社1968年版。
⑥ 同治《湘乡县志》卷五《兵防》，岳麓书社2009年版。

劫掠茶庄"①，会党既打破了熟人社会原有的宁静，扰乱了熟人社会的基层治安，也使熟人社会中的百姓处在极度不安的环境中，加剧了湖南人口社会尤其是湖南乡村人口社会的无序化和贫困化。

（五）壮大会党声势

晚清时期，社会越来越依靠暴力解决问题，那些失去依托的流民更是以对待仇人的方式对待原生熟人社会中的本乡居民。在本乡本土进行烧杀抢劫，史载，道光年间，"所属地方盗贼丛集，分上、中、下三方，党羽甚众。……收罗无赖之徒，肆行无忌，扰害地方，为日已久"②。"旬日之间，啸聚又以逾万，此等奸民无事则拜会结盟，伙众纠抢，扰害地方，有事则勾引逆贼，号召匪徒乘机响应。"③

太平军进入湖南之后，会党加入者众，这就使得太平军在湖南"毫无疑沮，歧途僻径恍若熟游"④。会党"贴粤逆之伪示，张太平之逆旗，甚至乞儿偷盗三五成群，亦干倡言某乱，毫无忌惮"，踊跃参加太平军，会党之加入太平军日以千计，"凡入天地会者大半附之而去"⑤。在衡山，"邑有奸民，阴与贼约为内应"⑥。

太平军攻占道州，宁远戒严。"土匪乘风窃发，纠集数百人，假粤逆声势，突来攻城。"⑦ 太平军进入湖南后，郴州刘代伟以挖煤工人组成会党，全部参加了太平军，组成土字营。浏阳地区的周国虞在太平军进入湖南后也与太平军联系紧密，积极向进攻长沙的太平军西王萧朝贵提供清军布防情报，使太平军在长沙战役中一举歼灭清军二千人⑧。1853年，天地会首领何贱苟以常宁的五洞、桂阳的白水洞、道州的岩头村、宁远的癞子山为据点，"到处发币码，入会者约四五千人"，自

---

① 同治《平江县志》卷三六《团练·兵事》，岳麓书社2011年版。
② 《前后守宝录》、《武邵合扎》，咸丰刊本。《近代中国史料丛刊·江浙豫皖太平天国史料选编》，江苏人民出版社1983年版。
③ 《左宗棠全集》第17册，岳麓书社1987年版，第149页。
④ 《左宗棠全集》第17册，岳麓书社1987年版，第149页。
⑤ 《曾文正公奏议》卷二、卷三，朝华出版社2018年版。
⑥ 光绪《衡山县志》卷三〇《人物》，江苏古籍出版社2002年版。
⑦ 光绪《宁远县志》卷六，转引自《湖南地方志中的太平天国史料》，岳麓书社2010年版，第740页。
⑧ 《湖南省志》第1卷，湖南人民出版社2006年版，第34—35页。

第四章 近代湖南熟人社会的分解与再构

称普南王,响应太平军。同年4月派出队伍进攻道州城,击毙清军把总许德禄和典史吴世昌,后在曾国藩所派兵勇的镇压下,退走道州、宁远一带。① 1853年1月,湖南攸县人谢友与广东江西的天地会众合作,攻打县城,4月,衡阳草市刘积厚、安化蓝田串子会分别发动起义。"长沙府属之溆浦;岳州府属之巴陵、平江、临湘;澧州府属之安福;永州府属之道州、东安、永明、江华;衡州府属之安仁;桂阳州属之临武、蓝山,均有匪徒乘逆贼攻扑省城,结党横行,劫掠乡里。"②

(六)拉人入会,动摇与削弱湖南熟人社会的人口基础

从清末到民初,会党开堂放飘、迫人入会。正如学者田中忠夫所说:"中国古来是宗法制度的社会,一族同居,视为美风,农民虽有定期归乡与家族的离村等事,但尚有阻止离村的微效,近来因为各种生活上的压迫,强大的宗法制度的威力,已被蔑视,家族散居四方,农业劳动组织的基础的大家族制度,已渐渐地弛缓崩溃了。"③

会党为扩大组织势力,经常逼迫乡民入会,称霸一方。"湘中会匪向来名目繁多,往往分处各属,开堂放飘,希图起事。近据平江、醴陵、浏阳、宁乡、湘潭等县先后察报到省,称有会匪聚众煽惑,潜图不轨,而尤以宁乡为甚,宁邑乡民多受匪党逼勒入会,益须收取会金,声称在会者可保身家,否则必遭抢劫等语"④,相关具体情况如下表4-12:

表4-12 民国时期部分湖南会党"拉人入会"事件简表

地点	会首	事件	资料来源
宁远	姜云锦	四出放飘,胁迫平民入会,多达数千人大肆劫掠,宁远、新田、桂阳、道州四属受害者不下数百家	《神州日报》1912年2月28日

① 《湖南省志》第1卷,湖南人民出版社2006年版,第34—35页。
② 张亮基:《查办各属土匪片》,《张大司马奏稿》卷一,光绪十六年(1893)旧刊本,《近代中国史料丛刊》(三辑),文海出版社1954年版。
③ [日]田中忠夫:《中国农民的离村问题》,《社会月刊》第1卷第6号,1929年,第15页。
④ 《湘中会匪之充斥》,《民立报》1912年6月27日。

· 283 ·

续表

地点	会首	事件	资料来源
百石港霞湾长冲一带	不详	四出放飘，逼人入会，多系工作手艺之良民，或屡遭抢劫之耕作人家，亦多被伊等胁逼入会	《大公报》1918年9月3日
崇山镇	杜姓	洪江会借此时期扩充会员按户迫其入会	《大公报》1918年9月2日
湘潭	不详	昼则持枪入人家勒捐，迫良善入会	《大公报》1918年7月19日
益阳	李福一	强令住地农民加入"汉流"（帮会）	《洞庭擒魔》，中共湖南省委党史委1992年编印，第11页
临湘	沈万造	凭借枪杆子势力，开山立堂，拉人入会，有帮众13000余人	《临湘市志》，湖南出版社1996年版，第612页
常德、桃源、安化	瞿岩山	规定每户至少参加一名15岁以上的男子，200多户被迫入帮为匪	《洞庭擒魔》，中共湖南省委党史委1992年编印，第184页

根据表4-12可得，民国时期，会党在乡村中四处拉人，很多村民被迫加入，这也就意味着他们脱离了原本生活的社会环境，与原有社会产生了割裂。

除了上述会党强制性拉人行为之外，商人甚至士绅为求自保，也纷纷加入会党。"往来于云、贵、川、鄂之间，贩运盐巴的桑植骡马商贩（俗称（骡子客））为了通关过卡不受阻难，相率加入。其中谷采芹，谷吉庭等人，分别做到'龙头大爷'、'仁义大爷'，有声于时。"① 富户与士绅侧身入会党后，不少就变成了会匪的"保护伞"。

在这里，笔者将湖南部分县志中关于民国时期帮会人数的记载，统计成如下表4-13：

---

① 桑植县地方志编纂委员会编：《桑植县志》，海天出版社1998年版，第133页。

第四章 近代湖南熟人社会的分解与再构

表 4-13　　　　　　　　　民国时期湖南帮会人数

地区	帮会名称	人数（单位：人）	资料来源
溆浦	溆浦洪帮	1000 余人	《溆浦县志》，溆浦县县志编纂委员会编，社会科学文献出版社 1993 年版
桑植	青帮	57 人	《桑植县志》，桑植县地方志编纂委员会编，海天出版社 1998 年版
桑植	红帮		同上
城步	洪帮	361 人	《城步县志》，城步苗族自治县志编纂委员会编，湖南出版社 1996 年版
城步	青帮	312 人	同上
石门	红帮	4186 人	《石门县志》，石门县志编纂委员会编，中国文史出版社 1993 年版
浏阳	悟字派	45 人	《浏阳县志》，浏阳县地方志编纂委员会编，中国城市出版社 1994 年版
浏阳	大西山	12710 人	同上
浏阳	荆楚山	1869 人	同上
浏阳	黄汉山	4510 人	同上
浏阳	天喜山	1582 人	同上
浏阳	六龙山	115 人	同上
浏阳	忠良山	212 人	同上
浏阳	九华山	269 人	同上
浏阳	昆仑山	581 人	同上
黔阳	荆楚山	400 余人	《黔阳县志》，黔阳县地方志编纂委员会编，中国文史出版社 1991 年版
南县	汉留	数万人	《南县志》，南县志编委会编，湖南人民出版社 1988 年版
茶陵	青帮	2000 余人	《茶陵县志》，湖南茶陵县地方志编纂委员会编，中国文史出版社 1993 年版
新晃	楚汉宫	5000 余人	《新晃县志》，新晃侗族自治县志编纂委员会编，生活·读书·新知三联书店 1995 年版
绥宁	独立中华大雄山	5000 余人	《绥宁县志》，湖南省绥宁县志编纂委员会编，方志出版社 1997 年版
绥宁	连升宫、共和宫	上千人	同上
总计		41287 余人	

285

从上表 4-13 人数总计可得，民国时期湖南有的县帮会总人数竟能达 4 万余人，杨永清在湘西为复兴楚汉宫，"共发展圈子成员两万余人……其势力所及达 10 多个县"①。

（七）与官合流，扩展会党上层社会势力

民国以来，会党的流动性不断增强，这就使乡村及本地政府管理机构很难对会党的行为采取有效应对措施。乡村社会的管理权和控制权基本由官员、土豪士绅等人所掌控，他们出于政治上争夺权利的需要，会主动拉拢或者是加入会党，作为他们生存的社会基础。而会党因为自身需要得到生存的土壤和社会的认可，也选择与官员、士绅等进行合作。这样就实现了官会合流。如，"衡阳复兴保华山由朱松堂建立，朱松堂为中国新社会建设协会湖南分会副书记，其会众达 15 万余众，多以退伍军人为主，当地洪帮均归其领导"②，还有浏阳"张明生建立大明堂，担任复兴乡十保保长，把持选举"③。这样，民国湖南会党不仅人数多，其社会功能也发生了改变。

兹将会党与官吏合流的详细情况列表 4-14 加以说明。

表 4-14　　　　民国时期帮会与官府合流一览表（部分）

地区	主要参与人员及身份	合流情形	资料来源
湘南一带	胡凤璋（会党）何健（官员）	何健委任帮会首领胡凤璋为资、永警备营营长，拥有 25000 人，控制湘、粤、赣边区十几个县	《湖南文史资料选辑（第 14 辑）》，湖南人民出版社 1982 年版
衡山	刘岳峙（恶霸）谭延闿（官员）	刘岳峙受谭延闿之命，兴办团练，将会党 5000 余人召集其中	蔡少卿：《民国时期的土匪》，中国人民大学出版社 1993 年版
湘西	陈渠珍（会党）唐生智（官员）	陈渠珍统治湘西 20 年，在主政期间与唐生智结为"金兰"拜把兄弟	彭先国：《社会史视角下的近代湖湘文化》，岳麓书社 2006 年版

---

① 《湘西剿匪》，湖南人民出版社 1989 年版，第 12 页。
② 彭先国：《近代湖南秘密社会研究》，岳麓书社 2001 年版，第 214 页。
③ 彭先国：《近代湖南秘密社会研究》，岳麓书社 2001 年版，第 214 页。

续表

地区	主要参与人员及身份	合流情形	资料来源
湘北	沈万先（会党）湖南保安司令	沈万先在湖南保安司令的支持之下，临湘、蒲圻、崇阳、通城四县"洪帮"都充当武当山的首领，当地不少党、政、军成员都参加了"洪帮"，大部分乡保长都是"洪帮成员"	湖南中共党史联络组联合办公室：《回忆录摘编》（未刊稿）
武冈	张云卿（会官两职）	县长谒拜张云卿且必称其为大爷	《资江时报》1951年2月15日
城步	伍德周（官员）姚兆儒（会党）	发展青帮成员，遍布全境	《城步县志》，城步苗族自治县志编纂委员会编，湖南出版社1996年版
石门	汪梅轩（会党）吴寄波（官员）	汪受吴指派，充任县情报组组长	《石门县志》，石门县志编纂委员会编，中国文史出版社1993年版
黔阳	段明堂（会党）	投靠豪门权贵，仗势为非作歹	《黔阳县志》，黔阳县地方志编纂委员会编，中国文史出版社1991年版

由于篇幅有限，这里只列举一部分，依据上表所记载的事件可知，民国时期湖南会党的上层社会关系广泛，上层社会活动能力强。会党与官绅合作，已经不再是民国前那种为了免人欺辱、异性结拜的游民组织。相反，会党成为在农村把持乡政的头面人物、政客争权夺利的工具，成为熟人社会不可忽视的社会势力。

例如，湖南光复不久，会同县会党即勾结黔匪，"大肆抢劫，猖獗异常，市面大动，居民迁徙殆尽"①。慈利县会党众多，黄山村"村内所有田地山土，大半无人耕种，加以他处匪徒迭次往来，或盘踞一月半月，假检查为名，前者去后者复来，惨遭抢劫者，层见迭出，损失财产，不胜其数"②。浏阳惨遭匪祸，商业一片萧条。据《大公报》浏阳匪祸之实录记载：湖南第一师自溃散后，逃兵纷纷。他们或持有枪械，

---

① 《湖南革命之风云》，《民立报》1911年12月29日。
② 荣孟源、章伯锋：《近代稗海》第8卷，四川人民出版社1987年版，第176页。

与会匪相聚。浏阳因地方辽阔,山路崎岖,是会匪长居之地。会党最初不过是勒捐富户,继则日捐而夕抢,到后来甚至连不富者亦遭蹂躏。浏阳会党发展到一定程度后,竟然杀团总烧屋宇,使人缄口,不敢报官。导致浏阳商民广受流难之苦,"至今城市萧条,门可罗雀,而附城居民十世九空,尤为咸同以来未有之惨象"①,这些会匪游民同逃兵冒充护国军,焚烧各市镇,抢劫县城各商号,总计不止千数百万,浏阳商务遂陷于永劫不复的境地,"匪军遍地掳掠,频闻富者变而为穷,穷者无以聊生"②。另外,勒索"香规钱",是会党获取百姓钱财的又一手段。如桃源惯匪彭魁士,一次开山收徒,便强收"香规钱"4000银元,据为己有③。

湖南乡村因不堪其扰而离村的人不在少数。从上述事例中,我们可以很直观地看到,会党抢劫勒捐,祸害乡民,致使乡民有田不敢耕,有家不得回。大量乡民流离,富户遭到迫害,使得湖南熟人社会经济贫困化程度加剧。

(八) 会党匪化对熟人社会的影响

民国湖南会党大面积匪化,也就意味着会党在与革命党人分裂之后又回到了它的原生状态。会党已经成为能够独霸一方的乡村势力,在有些地区甚至能够代替宗族长老或是士绅等成为熟人社会中的领导者。他们以暴力和强权施政,对乡村进行压迫性地控制。"办支应,理词讼,直代县官行政,甚至公然以地方主人自居,鱼肉良懦,苛派钱款,乡民畏惧,直似满人入关时驻防,同志见此情形,莫不扼腕叹息,不意闹成会党世界。"④

在熟人社会中,"一个负责地方秩序的父母官,维持礼治秩序的理想手段是教化"⑤,"从教化中养成了个人的敬畏之感,使人服膺"⑥,

---

① 《大公报》1918 年 9 月 10 日。
② 《大公报》1918 年 9 月 10 日。
③ 中共湖南省委党史委编:《洞庭擒魔》,第 11 页,未刊稿。
④ 郭希仁:《从戎纪略》,中国近代史资料丛刊(辛亥革命)第 6 册,上海人民出版社 1957 年版,第 77 页。
⑤ 费孝通:《乡土中国 生育制度》,北京大学出版社 1998 年版,第 54 页。
⑥ 费孝通:《乡土中国 生育制度》,北京大学出版社 1998 年版,第 51 页。

第四章 近代湖南熟人社会的分解与再构

而会党在介入地方政权或者成为乡村权力的掌控者之后，整个熟人社会中的暴力逻辑就大于礼治。如"近百年来，湘西的政治势力基本上为土匪所掌握，许多土匪头子既是地主恶霸，又是会党头目，横行乡里，鱼肉百姓，给人民群众带来了深重灾难"①。他们逐渐控制乡村宗族，取代政府而成为乡村的统治力量。如长沙县第九区竹安乡"圈子会（又名'哥老会'、'青洪帮'）最多，共七座山堂，有九龙山、六等山、堂龙山、金钱山、双忠山、楚南山、瑶山。一联组就有心腹大爷以上十三个，全乡共有三十一个圈子大爷，地主、土匪、特务、圈子及在乡军官、国民党团分子六位一体，结合在一起"②。

这种环境给会党带来了更大的发展空间。政府官员、土豪劣绅对会党更加极力拉拢，这就使得会党有了更好的谋利发展方式。会党不再只为索取财物而行动，"他们越来越成为凌驾于一般居民之上的协助士绅统治地方的势力"③。如醴陵就出现了县官拜谒会党头目的现象。该县史剑肖是三山堂香水的帮会头目，他"用自己的政治权利组织了帮会而掌握了全保及全族的统治权，举凡县官上任必须拜此码头"④。晃县集土匪和会党头目于一身的姚大榜，"地方政府对其无力管制，无奈之下封其为湘黔边区晃县、玉屏、万山联防办事处的大队长，主持3县治安联防"⑤。

"在会匪活动的各乡镇，各级乡、保、甲长更是无不受会匪或土匪的钳制。""瞿伯阶凭借手中的钢枪，将二梭、明溪、五寨、洛塔等乡的乡、保、甲长都换成了自己信得过的人。"⑥

有些帮会还与国民党融合，演变为国民党的自卫队，控制乡村。如长沙县第三区第九保保长夏友朋"以夏氏一族的夏翠光等六十余人组织自卫队，群众不敢说话"。

---

① 晏福生：《战斗的历程，光荣的业绩》，见《峥嵘岁月》第4辑，湖南人民出版社1982年版。
② 林济：《长江中游宗族社会及其变迁》，中国社会科学出版社1999年版，第294页。
③ 刘杰伟：《从湘西匪患看旧中国的社会痼疾》，《文史杂志》2001年第5期。
④ 林济：《长江中游宗族组织及其变迁》，中国社会科学出版社1999年版，第294页。
⑤ 河北文史资料编辑部编：《中国近代土匪实录》下，群众出版社1992年版，第346页。
⑥ 傅冠群主编：《湖南社会大观》，上海书店出版社2000年版，第275、278页。

"1945年，廖红禄与青帮头领杜心吾合作大洪山，其帮会组织日渐扩大。国民党青年党团骨干及土匪、恶霸、伪军官、伪政权人员亦纷纷参加，充任大哥、二哥、三哥直至九哥不等。在大小各码头（市、县镇、乡村镇）设有公口粮台，供其来往人员吃住。石门设大码头1个（县城）、小码头16个（乡镇），有头领86名，成员4100人。1948年5月间，红帮头领汪梅轩，接受伪县长吴寄波指派，充任县情报组组长。"①

"近日有会匪数百名驻扎湘阴境内白鹤洞，其头目为湘阴刘兆黎，其勒捐员系长沙一甲劣绅，遍地勒捐，肆行抢劫，白日冲入民家毫无忌惮，居民不胜其苦。"② "民国之士绅多系钻营奔竞之绅士，非是劣衿、土棍，即为败商、村蠹，而够绅士之资格者，各县皆寥寥无几。"③ 刘岳峙早年加入会党，后任国民政府要职。回乡后以大绅士自居，他直接控制乡政权，乡保长对他惟命是从，多年武断乡曲，乡里大小事情他都要管起来④。"胡凤璋在把持政权时，结交本族豪绅地主，按宗族字辈过继给自己为子为孙，如胡照亮、胡和常等六七人都是胡匪的过继'子孙'。"⑤

由此可见，民国湖南会党已经渗透原生熟人社会。熟人社会很多头面人物都具有"会党分子"与"官员"的双重身份。"官、绅、会"一体化，使民国湖南地方基层政权的性质跟着发生了改变，民间社会出现普遍的暴力倾向。以礼治为主的传统士绅的活动场域——乡村社会，不得不让位于依靠暴力维持的会党分子。传统熟人社会中用以巩固家族血缘关系的祠堂和家族，也成为会党活动的公共舞台。对于民国湖南的乡村社会而言，行政语境与政治逻辑就已经是大变特变了。

---

① 石门县志编纂委员会编：《石门县志》，中国文史出版社1993年版，第608页。
② 《大公报》1918年7月，第70页。
③ 刘大鹏：《退想斋日记》，乔志强标点，山西人民出版社1990年版，第336页。
④ 中国人民政治协商会议湖南省委员会文史资料研究委员会编：《湖南文史资料选辑》第16辑，湖南人民出版社1982年版，第199页。
⑤ 中国人民政治协商会议湖南省委员会文史资料研究委员会编：《湖南文史资料选辑》第16辑，湖南人民出版社1982年版，第213页。

第五章　民国湖南人口中的流民、娼妓社会问题

民国时期，国家内忧外患，国势衰败。有识之士都在探求中国落后的原因，寻找救国之策。而西方科学与民主思想在中国的传播，以及以马尔萨斯为代表的近代西方人口学说的传入，则直接促使中国一批知识分子围绕中国是否存在"人满为患"等问题展开了激烈的争论。他们以人口问题为突破点，纷纷著书立说，从不同的视角提出自己的人口观和政策主张，一时间可谓观点纷呈、新见迭起。在中国人口研究史上留下了诸多值得后人思考、探究和学习的东西。形成了中国学术界首次人口史研究的高潮。其中关于当时中国人口问题的论述，启发了后世学者。另一方面，民国政府部门公布的人口统计报告、各种社会团体发布的人口数据等，也为我们提供了宝贵的历史人口研究资料。

新中国成立后，中国人口史研究几乎成了禁区，直到20世纪80年代之后才慢慢得以展开。但是，从总体看来，中国人口史研究仍然存在厚古薄今现象。近代人口史研究相对古代人口史研究就显得更加薄弱，而民国人口史研究又是其中最弱的一环。随着时代的推移，国内外学术界越来越多的学者开始把民国人口史作为重点进行研究。但到目前为止，民国人口史研究的论文虽有不少见诸报端，但专著尚不多见。

在已有的民国地方人口史研究中，有关湖南的人口史专著显得尤其不足，笔者多方搜集，所获甚微。只有毛况生主编的《中国人口·湖南分册》，刘泱泱的《近代湖南社会变迁》，张朋园的《中国现代化的

区域研究·湖南省》，王勇的《湖南人口变迁史》等著作的相关章节有论述。

有关近代湖南人口史的文章则屈指可数，在这些屈指可数的几篇文章中具体到民国时期的情况也仅仅是有所涉猎。如何业恒、张锡田在《二千年间的湖南人口》（《湘潭大学社会科学学报》1984年第1期）一文中提到民国时期人口时，仅援引了《湖南省志·地理志》一书中几个民国时期湖南人口的数据以作统计说明，其他方面则未有介绍。朱贤坚、熊成文的《近代湖南流民形成的原因及流向分析》（《湖南社会科学》1989年第4期）中提到民国时期的土地日益集中、战争频仍、自然灾害频繁等是形成流民的重要原因。何多奇、黎程、刘乃秀在《抗战时期湖南人口变迁及其社会影响》（《重庆师范大学学报》2007年第3期）中较为具体的论述了抗战时期湖南人口的变迁，重点介绍了日军侵略给湖南人口带来的剧烈变动以及人口变迁对湖南的经济、文化、思想、习俗等方面的深刻影响，文章虽不足以概观整个民国时期的湖南人口情况，然其研究方法还是很值得学习的。湖南师范大学李朝霞的硕士论文《近代湖南人口的变迁1840—1949》以及彭辉的硕士论文《近代湖南人口及其变迁》是目前对近代湖南人口研究比较深入的文章。两篇论文虽是讲人口及其变迁，但涉及民国时期的实际只有人口数量、分布及性别结构三方面内容，研究的范围和深入程度还有很大的拓展空间。

第一节　民国湖南人口

一　民国湖南人口统计情况

在了解民国时期湖南人口状况之前，我们有必要了解民国政府的整个人口统计情况及相关的政策。1912年，中华民国刚刚建立，内务部即进行了一次全国性的人口普查，普查内容包括现住户数、现住人口的性别、年龄、职业分类、婚姻状况、出生死亡及原因等等事项。刘大均

第五章　民国湖南人口中的流民、娼妓社会问题

曾评价道："夫民元人口统计虽不能为尽美尽善，然关于所列各项目，则诚可认为中国户口普查之最详细者"①。1912 年的人口普查被认为是中国有史以来人口统计项目最为详细的一次，也是随后整个民国时期人口统计项目最为详细的一次。1915 年，民国政府颁布了两个人口普查规则，即《警察厅户口调查规则》与《县治户口编查规则》。前者主要适用于京师及各省会商埠设有警察厅的地方，后者则主要是各县编查户口时使用。1912—1927 年间，虽有部分省级政区进行过人口普查，但各省的普查并非逐年俱全，各年的普查也非逐省俱全，因此实际上这段期间内并没有全国性的人口统计数字。1928 年国民政府完成形式上的全国统一，开始"训政"。内政部"以一切政策实施标准，均有赖于户口统计始可确定"，开始拟定《户口编查条例》及《人事登记条例》并发布全国人口普查的通令。与此前不同的是，这次的普查采取的是双轨制，规定在江苏、浙江、安徽三省中继续实行 1915 年北京政府制定的《警察体户口调查规则》和《县治户口编查规则》，其他各省则是采用新制定的《户口调查统计报告规则》。但由于新成立的国民政府在权威和对全国实际控制能力上严重缺乏以及人口普查本身的复杂性，导致此次普查的结果令人大失所望。既"不能求得全国户口之精确统计，亦未便早日披露民国十七年户口调查之结果"②。1930 年 7 月底，内政部才将已呈报的各省市户口统计表着手整理编辑成册，这便是现在所见 1931 年出版的《民国十七年户口调查统计报告》。1934 年国民政府公布《户籍法》，这是中国历史上第一部正式公布的《户籍法》。但当时不少省份或因划归"剿匪"区，或因水旱灾害严重，民困财绌，根本无力举办户口登记，遂先后请求暂缓施行《户籍法》而举行保甲户口编查。因此，实际上中国第一部《户籍法》并未得到施行。1936 年民国政府鉴于"训政"期即将结束，着手筹办国民大会选举施行"宪政"。内政部 1 月电令各省市政府汇报所属各县保甲户口，并将统计结

---

① 刘大均：《中国人口统计》，民国政府主计处统计局《统计月报》1931 年第 11、12 月合刊；可见《中国人口史》卷六，第 56 页。
② 民国内政部统计司：《民国十七年户口调查统计报告》，第 32 页，未刊稿。

果以"全国各选举区户口统计"为题的调查报告形式公布于1936年10月内政部统计处编辑发行的《内政统计季刊》创刊号上。此次户口统计较历次调查较为齐全,可以说是整个民国时期唯一具有大致标准年代的、完整的全国性人口统计,意义重大。1938年,内政部对这次全国各选举区户口统计进行了修订与补充,再一次公布了全国户口统计数据。但此时抗日战争已经全面爆发,正常进行一次全国性人口普查已无可能,即使是补充造报对于沦陷区来讲也不太现实。因此,1936年统计数据成为抗战结束之前最后一次发布的全国人口资料。抗战期间虽然全国性的人口统计已无从进行,但国统区仍然进行着人口登记。抗战胜利后,内政部统计处公布1946年度的全国户口数字,将数据载入其所编印的《各省市乡镇保甲户口统计》,而此时国民政府已经不能有效控制全国,因此实际上数据来源参差不齐。很多地区的统计数字只是利用以前的资料予以补充、估计。国民政府于1947年公布的民国三十六年全国户口统计数字,资料来源仍是沿用各省市上报内政部的乡镇保甲户口统计。

综上,民国时期虽进行过多次人口调查,留下的人口统计资料也颇为丰富,但由于整个民国时期军阀割据、战争连年,国家一直处于分裂状态的社会背景下,因而这些统计数据的可靠性显然是值得考究的。而由于现实条件的局限,笔者这里介绍湖南人口时所引用的一些数据仍不免要利用这一时期的相关统计资料,虽进行了一定的甄别,但也不可能完全精确。

二 民国湖南人口静态考察

(一)民国湖南人口数量

谈人口,人口的数量研究与评估是不可回避的。因而我们首先要对此一时期湖南的人口数量情况有个大致的了解。

整个民国时期,湖南各级政府尽管在建制上进行过一些调整和改革,但辖区的空间范围基本上没有变化。由于社会极度动荡、战火连绵、自然灾害连年等一系列原因,这一时期湖南人口与近代前期、缓慢发展的局面相比较，出现比较大的起伏。笔者综合各种资料，得到湖南民国时期部分年份的人口数量，现列表如下：

表 5-1　　　　　　　　民国时期部分年份的人口数量

年　份	人口数（单位：万人）
1912	2844.33
1919	2983.76
1925	3053.00
1928	3150.12
1929	2833.50
1933	——
1934	2851.44
1936	3000.00
1937	2814.31
1940	2718.67
1941	2803.14
1943	2713.21
1944	2816.60
1945	2962.13
1946	2617.11
1947	2555.79
1949	2986.69

说明：此表系综合《湖南省志·地理志》、毛况生《中国人口·湖南分册》、张朋园《中国现代化的区域研究·湖南省》、赵文林《中国人口史》、路遥、藤泽之《中国人口通史》（下）而得。

前面笔者提到，1912—1927 年间，由于军阀混战，中国社会实际处于动荡之中，虽有部分省级政区进行过人口普查，但各省的普查并非逐年俱全，因此这段时间内留给我们的人口统计资料是相当有限的。笔者虽尽力搜集各种资料，但仅得到少数几个有湖南人口数量统计的年份。直到 1928 年国民党政府完成形式上的全国统一，此后的各年人口数据才相对齐全。从表 5-1 我们可以看到，民国成立后的 16 年间，湖南人口数基本呈现逐年增加态势，至 1928 年达到 3150.12 万人的历史高位。相对于民国初年，人口增加了 305.79 万人。人口年平均增长率约为 6.72‰。出现这种增长形势的原因，首先就是湖南的光复，使大量背井离乡的湖南人民纷纷返回自己的家乡。其次，民国初期，改组地方行政机关，逐年实行地方自治，对户口的调查统计比以前较为严密，这就进一步减少了隐匿或漏报户口的现象。最后，更为重要的是，民国初年的相对开放的社会环境促使社会兴起举办实业的热潮，各种厂矿、公司纷纷成立。湖南的近代工矿业特别是矿业有进一步的发展，这种条件有利于人口的回流与增殖。此外，这段时间内湖南虽有战乱灾荒，但大都带有局部的性质，于人口的生产与发展未产生决定性影响。

而从1929年直到民国结束，各年份人口数基本处在3000万人以下起伏波动。相比1928年的3150.12万人，1929年人口骤降至2833.5万人，一年时间减少316.62万人，人口下降率高达100.51‰。显然，这一数据的可靠性是值得怀疑的。但从是年起，湖南动荡局势加剧，天灾人祸引起的湖南人口的减少却也是不争的事实。究其原因，首先是军阀和外国侵略者大规模的人为杀害导致人口大量减少。国民党对共产党先后发起3次大规模围剿。"宁可错杀三千，不可放走一人"，大量共产党员、红军和革命群众被一批批杀害。而抗日战争时期日本侵略军对湖南人民的肆行杀戮，更是惨绝人寰，骇人听闻。日军在入侵湖南的过程中，对湖南各地，特别是湘北地区进行了大屠杀。1943年，仅湖南汉寿县厂窑一地就有3万平民被杀。[①] 1943年日军在滨湖各县滋扰，并攻陷了常德，这期间又有13万民众被日军屠杀，3万多人受伤，8万人被掳。[②] 特别是到了1944年，长沙、岳阳、衡阳、湘潭等地先后陷落，湖南更成为日军烧杀抢掠的重灾区，湖南30多个县市被日军占领，造成军民死亡人数高达92万人。因此，日军犯湘是这一时期人口减少的主要因素。以衡阳市和芷江县为例，衡阳市在抗战结束后统计，衡阳城区人口由原来的53万人锐减到16万人。[③] 1944年，长沙、衡阳等地陷落后，大批的外地机关单位、商人、难民涌入芷江县，一时间，芷江县人

---

① 资料来源：汉寿县志编纂委员会编《汉寿县志》，人民出版社1993年版。
② 资料来源：常德市志编纂委员会编《常德市志》，中国科学技术出版社1993年版。
③ 资料来源：衡阳市地方志编纂委员会编《衡阳市志》，湖南人民出版社1998年版，第218页。

第五章　民国湖南人口中的流民、娼妓社会问题

口数量从 16.18 万人增加到 17.4 万人，战争结束后，这些外地机关单位、商人、难民又纷纷离开芷江县，人口总数又下降到了 16.02 万人。① 正是在这种情况下，到抗日战争结束后的 1946 年，湖南省人口总数只有 2617.11 万人，人口数就只相当于民国初年的水平。据载，日军从 1938 年 11 月侵入湘北，至 1945 年 8 月投降，时间跨度 6 年零 9 个月，先后侵占了湖南 78 个县市中的 55 个县市，杀害无辜的百姓 92 万，重伤 170 万，湖南百姓共计死伤 262 万人。②

其次，这一时期的自然灾害、疫病由于战争的影响更加无法控制，这也导致人口下降。据统计，1929 年、1930 年、1931 年、1933 年、1935 年、1937 年、1949 年，所发生的水灾波及的县份依次为 67、57、55、46、45、44、41 县，这几年是民国后期水灾最为严重、最为频繁的年份。1931 年死于水灾的人数，在溆浦、澧县等地达 55000 人。1935 年夏，湘、资、沅、澧四水同时汛涨，被灾人数 4101870 口，待赈人数 3620980 口，淹毙人数 37532 口，益阳、常德等地葬身鱼腹的人数为 30532 人。1948 年，岳阳、益阳等地死亡 8300 人。1945 年湘南、湘西各县遭严重的旱灾，到 1946 年 4 至 7 月，饥荒遍及全省，饥民饿毙或因饿而病死的比比皆是。据当时报纸所载，衡阳一市截至 6 月就饿死 18410 人。零陵从 2 至 4 月死于饥饿和疫病的有万余人，因饿致病的 30000 余人。仅该县保和乡一个保就先后饿死 250 余人。祁阳饿死 3140 人。随着饥荒而来的又有脑膜炎、恶性痢疾、霍乱、天花和疟疾等疫病，截至 8 月，湖南全省人民死于饥饿和疫病的共约 400 万人。③

在这样的情况下，湖南人口从 1933 年的 3150.12 万人降至 1947 年的 2555.79 万人的历史新低便不难解释了。

另外，据不完全统计，这一时期湖南因天灾人祸导致的人口向外迁徙高达数百万。由于湖南地区战争的不间断和自然灾害的频发，迁入民众连同本省灾民大批向外省迁移，从而导致这一时段湖南人口的巨大波

---

① 芷江县地方志编纂委员会编：《芷江县志》，生活·读书·新知三联书店 1993 年版，第 626 页。
② 萧栋梁、余应彬：《湖南抗日战争史》，湖南教育出版社 1995 年版，第 327 页。
③ 以上数据引自傅冠群《湖南社会大观》，上海书店出版社 2000 年版，第 333 页。

动和人口总数大幅下降。

(二) 民国湖南人口素质

人口素质是一个文化与历史的概念,是与社会制度和历史条件相联系的。"人口学上所讲的人口素质,一般指的是人口总体的身体素质、科学文化素质以及思想道德素质,它反映了人口总体认识和改造世界的条件和能力。"① 而在人口素质的三个指标体系,身体素质是人口素质的自然基础和前提条件。文化素质反映的是人口的社会属性,与其他素质互相联系,互相促进,互相影响,是人口素质的核心内容。思想道德素质则起着精神支柱的作用,是人口素质的灵魂。这三个方面各自有着一定的衡量指标,如身体素质主要看发育健全与否、体质的强弱、寿命的长短、死亡率、发病率等。文化素质则主要看人口的文化程度、受教育年限、科学技术水平等等。

1. 民国湖南人口身体素质

人口身体素质是人口素质的基础。人口的死亡率、平均寿命、发病率、青少年发育状况等,是衡量人口身体素质的几个重要指标。新中国成立前,湖南人民同全国人民一样,长期遭受帝国主义、封建主义、官僚资本主义的剥削与压迫,身体素质一直很差,被诟为"东亚病夫"。民国时期,湖南又战火不断,社会动荡不安,人民生活贫困,瘟疫性疾病流行,缺医少药,卫生医疗落后。贫困的生活条件必然导致人口身体素质发展上的缺陷。坊间流传的"谷子未进仓,摆子(疟疾)上了床,饥饿无人问,疾病无医汤"② 的民谣便是当时湖南人口身体素质的真实写照。据统计,民国时期,湖南新生儿的死亡率全省平均高达200‰以上,人口的平均寿命亦不超过40岁。在一些经济相对落后的地区,人口寿命甚至远低于全省平均水平。

这一时期,除因战争和自然灾害等外部因素带来的人口大量死亡外,导致湖南人口身体素质低下的直接原因,从不同维度分析,主要有以下几个方面的原因:

---

① 刘铮主编:《人口学辞典》,人民出版社1986年版,第25页。
② 郴州市志编纂委员会编:《郴州市志》,黄山书社1994年版,第78页。

第五章 民国湖南人口中的流民、娼妓社会问题

第一，新生儿死亡率和出生缺陷高。这一时期，社会动乱经济落后，人们缺乏科学的孕育知识，对优生知识所知无多，早婚、近亲婚配盛行，这就大大增加了遗传疾病和先天性缺陷的发生率。而医疗卫生事业发展的严重滞后又使广大孕产妇所能享受的医疗卫生条件极为有限，这又直接导致生产过程中孕妇和产儿的不必要死亡。据载，民国时期郴州市境内婴儿死亡率达20‰。新化县1947年统计，全县人口死亡率达25‰，婴幼儿死亡率为28‰。桂阳县婴儿死亡率达30‰。民国蓝山县全县人口平均寿命35岁，婴儿死亡率极高。当地农村流传这样的歌谣："只见娘养崽，不见儿走路。"坦头村（今属洪观乡）妇女肖春梅共生14胎，成活仅3人。[1]

经济落后和封建剥削，使人们的生活极端贫困，广大人口尤其是青少年营养严重不良，体质贫弱。卫生条件差导致的高发病率和低治愈率，是人口寿命不长、人口身体素质不高的一个直接原因。据载，1930年，汉寿县有残疾人口4172人，其中男2960人，女1212人，占总人口的1.01%。1941年，该县对1929名学生进行健康检查，有缺陷者897人，占被测人口的46.5%。[2]地处湘北的澧县，在民国时期，人民生活贫困，疾病流行，缺医少药，生长发育差，健康水平低下。1936年，全县18—25岁男性壮丁中，有残疾者2822人。

传染病、流行病直接威胁人民生命，是人口素质停滞不前的又一杀手，地方性克汀病和血吸虫病危害尤为严重。据汉寿县防疫站对12个山区乡进行疾病调查，发现患地方性克汀病250例，患者计数力差的占88.8%，愚昧、听力差、身体发育差的均在50%以上。这一时期，境内死于血吸虫病者1800人。1946年，汉寿县白衣乡长安村流行疟疾，全村950人因无医无药，无一幸免。[3]民国时期桃源县内人口身体素质普遍较差，大批儿童营养不良，成年人身单力薄者多，男女老幼对疾病特别是传染病的抗御能力极低，婴幼儿及青壮年夭折者极为常见。[4]

---

[1] 蓝山县志编纂委员会编：《蓝山县志》，中国社会出版社1995年版，第85页。
[2] 汉寿县志编纂委员会编：《汉寿县志》，人民出版社1993年版，第59页。
[3] 澧县地方志编纂办公室编：《澧县志》，社会科学文献出版社1993年版，第123页。
[4] 桃源县地方志编纂委员会编：《桃源县志》，湖南出版社1995年版，第541页。

1948年，新化县县卫生院检查儿童1752人，其中患儿626人，占总数35.7%。① 民国时期津市境内人口生活贫困，儿童营养不良，人体素质差，伤寒、疟疾、肺痨、血吸虫病等流行疾病猖獗，危害健康，摧残身体；呆、残、低能人口较多。1949年，人均期望寿命仅39岁。②

郴州市境为历史发病多之地。民国时期郴州市境内发病率高达70%，病死率30%，加上霍乱、天花、伤寒等传染病的流行，人们的体质相当虚弱。人口总死亡率高达71.72‰，人均寿命只35岁。③ 1930年，桂阳县内传染病发病率达60%以上，死亡率达22.3%。1939年，县卫生院检查347名儿童，健康合格率仅为24.5%。1940年，县卫生院收诊283名病人，治愈113人，死亡170人，死亡人数占受诊病人的60.07%。1941年6月，患传染病87人，死亡率100%。1946年，全县患疟疾者达21万人，占当时总人口的61%—87%。据1941年人口总查，县内人均期望寿命仅34.74岁。④ 民国湖南人口的身体素质由此可见一斑。

当然，导致这一时期湖南人口身体低下的根本原因是当时半殖民地半封建的社会背景下，落后的经济和腐朽的国民党统治。

人口身体素质是人口文化素质和思想道德素质的基础，没有良好的身体素质为前提，其他方面便无从谈起。同时，文化水平的高低又是决定着人们的婚育观念、疾病防控能力等影响人口身体素质的客观条件，因而人口身体素质又受到人口文化素质的制约。

2. 民国时期湖南人口文化素质

文化素质反映的是人口的社会属性，是人口素质的核心内容。它比较集中地反映了一个国家或地区的文化教育发展和科学技术进步的水平，是确定社会经济发展战略重点的一个重要依据。衡量一个地区人口文化素质主要看当地人口的文化程度、受教育年限、科学技术水平等变量。民国时期的湖南科学文化落后，教育在各地区存在巨大差异，农村地区特别落后。农村人口基本被剥夺了受教育的机会和权利，文盲和半

---

① 新化县志编纂委员会编：《新化县志》，湖南出版社1996年版，第152页。
② 津市志编纂委员会编：《津市志》，教育科学出版社1993年版，第76页。
③ 郴州市志编纂委员会编：《郴州市志》，黄山书社1994年版，第78页。
④ 桂阳县志编纂文员会编：《桂阳县志》，中国文史出版社1993年版，第94页。

文盲在湖南总人口中占了绝大多数，农村人口的文化科学素质一直很低。到1949年解放时，在不到3000万人口中，就有80%以上的人是文盲；有小学以上文化程度的人口所占比重，还不到20%。[①]

民国成立后，为了适应新的教育需要，当局对湖南的教育体制进行了革新，建立了省、县两级行政教育机构，颁布了一系列有关学校管理、教员检定、师资队伍整顿和建设的规章、条例与细则，重新确立和完善了各项教育制度。在新的教育宗旨和方针的指导下，湖南的各项教育在民国初年取得了前所未有的发展。高等教育、中等教育、初等教育、留学教育、社会教育等各方面，在民初的几年里均有相当程度的发育。但新的教育制度所能惠及的范围有限，多限于经济条件较为良好的城市地区。从人口比例来看，能够接受教育的人口占整个湖南省人口的比重十分低下。湖南的教育相当落后。请看表5-2。

表5-2　　　　　　　　民国部分年份湖南学校及学生数

年份	小学学校数目（所）	小学学生数目（人）	占总人口比重（%）	中学学校数目（所）	中学学生数目（人）	占总人口比重（%）
1912	4001	20626	0.073%	29	4478	0.015%
1928	12640	454623	1.443%	80	10888	0.035%
1935	21534	871458	3.080%	83	21827	0.078%
1937	28500	1194567	4.245%	81	30782	0.110%
1942	31994	1830862	6.520%	176	66979	0.238%

注：此表为综合《湖南省志·教育志》所得。

由表5-2可见，民国时期，湖南的教育一步步向前推进，学校数目及在校生人数呈逐年上升趋势。但总体上看，即便是教育形势较好的年份，湖南中、小学生数合计在人口中所占的比重亦不超过8%，人口的受教育面严重偏低。为弥补学校教育的不足，政府在各地还开展起以扫除文盲为目的的贫民教育。截至1949年，湖南2986万人口中，文盲、半文盲仍占80%以上。据统计，1937年抗日战争爆发后，到1945年抗战胜利，全省78个县、市中，有59个县市先后全部或部分沦陷，

---

① 湖南省地方志编纂委员会编：《湖南省志·教育志》，湖南教育出版社1995年版，第941页。

受蹂躏的中心学校649所,国民学校6307所,私立小学1380所,省立小学14所,总计8350所,占全省小学总数的25%以上,战争使教育损失惨重。

而国民党的腐败统治使湖南的教育更加雪上加霜。1918年3月,张敬尧主政湖南,大肆搜刮民脂民膏,除纵兵直接掠夺外,又借口整顿金融,以其他各种方法变本加厉搜刮,对湖南的教育破坏最大。张一进入湖南,即令军队占驻长沙各个学校,兽军喧嚣终日,故妨课务。各学校迭经向张交涉,张却置若罔闻。至于学校经费,张更是不予一钱。1918年10月,湖南公立商业专门学校、省立第一师范学校等公立五校校长因为经费无着落,学校即将涣散,联合向张辞职。11月,省垣公私立十五小学校长又转向北洋政府教育部请求救济,北洋政府亦同样不理,教育部仅电告张敬尧注意"收买人心",张却直截了当地说"各校经费未能发给,无可讳言",仍对各校经费一文不给。1919年五四运动发生后,长沙各校校长多数被迫离开湖南,各校停教。① 1931年湖南省各公私立学校又因欠发教育经费纷纷停课。②

抗日战争时期,湖南地方政府又借抗战为名,一再缩减教育经费。1938—1939年度,全省教育经费预算由原来的每年4262268元,减为2547402元,仅及原有数55%。1937年度,全省教育经费仅占财政岁入1.5%。在这样的情形下,1938年4月12日,长沙市立小学校长20余人齐赴市政府请愿,却没有得到任何结果。由于教育经费的短缺,教师的待遇菲薄,许多师范学生为生活所迫,不愿充任小学教师而改就他业,以致影响小学不能开学。教育事业的发展因之严重受阻。③

在战争和腐败政治的双重摧残下,湖南教育艰难度日。由于教育不足,人们的文化素质普遍不高,"睁眼瞎"比比皆是。据1941年长沙

---

① 湖南省志编纂委员会编:《湖南省志近百年大事纪述》,湖南人民出版社1979年版,第417页。
② 湖南省志编纂委员会编:《湖南省志近百年大事纪述》,湖南人民出版社1979年版,第670页。
③ 湖南省志编纂委员会编:《湖南省志近百年大事纪述》,湖南人民出版社1979年版,第759页。

县政府统计室统计：全县（含望城县）文盲率为总人口1297097人的48%。12岁以上的男性和女性人口分别为427888人和419279人。其中文盲和半文盲分别为120625人和292866人，分别占28.16%和69.85%。全县每千人中拥有小学以上文化程度的人数为338.69人。其中大学以上文化1.95人；高中文化4.32人；初中文化25.20人；小学文化307.22人。①

《衡山县志》记载：1929年，衡山县6岁以上的人口有425716人。其中，曾受大学教育的119人，占总人口的0.03%；曾受专门教育的242人，占总人口的0.06%；曾受中等教育的1585人，占总人口的0.37%；曾受小学教育的23940人，占总人口的5.62%；其他学校毕业、肄业的585人，占总人口的0.14%。不识字的342276人，占总人口的80.40%。直至1946年，衡山县进行常住人口教育程度调查，63050名学龄儿童中就学的仍只有31622人，仅占50.16%；失学的多达31428人，占49.84%。12岁以上的常住人口327958人中，不识字的仍有203949人，占62.19%。②

另据新化县1936年12月统计，全县总人口82.6万人，识字的22.47万人，仅占总人口的27.2%，不识字的成年人达47.47万人，占57.5%。1937年全县有学龄儿童101924人，其中，男61437人，女40487人。在学儿童48956人，男36718人，女12238人。失学儿童达52968人，占学龄儿童总数的51.9%。1941年"全县普通住户及船户教育程度"资料载：就学儿童58343人（男39693人，女18650人），失学儿童73759人，不识字成年人达40.51万人，其中男17.50万人，女23万人。小学程度，男10.67万人，女33812人，合计14.05万人。中学程度，男14517人，女3347人，合计17864人。大学程度1136人，其中男1029人，女107人。1948年全县67.935万人，上过私塾的有53786人，占7.8%；受过初等教育的15.75万人，占23%；受过中等教育的20191人，占2.9%；受过高等教育的1484人，占0.22%；文盲

---

① 长沙县志编纂委员会编：《长沙县志》，生活·读书·新知三联书店1995年版，第102页。
② 衡山县县志编纂委员会编：《衡山县志》，岳麓书社1991年版，第107页。

37.5025万人，占总人口55.19%，其中，女性文盲占文盲总数的73%。[①]

3. 民国湖南人口的道德素质

人口的道德素质属于人口的社会属性，在不同的历史条件下和不同的社会制度下，人们道德水平的衡量标准是不尽相同的。人口的思想道德素质一般是指人的思想意识和道德品质，表明的是人口在一定历史时期、一定地区所处客观环境对社会法规、社会习俗的适应程度。尽管对道德素质的衡量迄今无统一标准，但有些共识的因素则已成为衡量道德水平的重要条件。如对社会公德的遵守，良好品质与操行，刑事犯罪率等等。中华民族有着优良的传统道德，譬如爱好和平、勤劳勇敢、急公好义等。正是这些构成了民族的文化厚土。但也毋庸讳言，传统的道德观、人生观、价值观也会随着时代的变迁不断发生变化。由于政治的黑暗和社会的动乱，民国时期人口的道德素质是可想而知的。有关民国人口道德、国民性的讨论一直是这一时期的热门话题。鲁迅、胡适、蔡元培等诸多名家和各界人士多有论及。总的来说，民国时期，人口的道德素质进一步下滑。烟毒、娼妓、盗匪等社会丑态，呈常态化趋势。湖南一省亦概莫能外。从上到下，自官到民，道德素质始终在低水平徘徊。

例如，鸦片的泛滥从一个侧面就能突出反映这一时期湖南人口道德素质。鸦片买卖的本小利大，吸引着大量唯利是图的人以身试法。在湖南，上至上流社会的官僚、军阀头目，下至下层社会的土匪、地痞和帮会势力，无不涉足鸦片的走私贩卖。在上，非法的鸦片贸易不仅成为湖南军阀们获取军费的摇钱树，而且往往被他们作为玩弄权术的王牌、诉诸战争的借口。为保障军饷，加强军权继而在争权夺利的战争中处于不败之地，各军阀不仅强令农民种植鸦片以增税源，更置百姓疾苦和安危于不顾，为夺取税收宝地而挑起战争。20年代初赵恒惕发动的湘省援鄂之战，一个重要理由，就是要"调走客军和杂牌队伍，重新掌握鸦

[①] 新化县志编纂委员会编：《新化县志》，湖南出版社1996年版，第152页。

片税收"①。1923年,谭延闿和赵恒惕之战,也是以争夺烟税为导火线引起的;在下,鉴于烟价昂贵,农民们亦纷纷种植鸦片以谋生计。处于兵灾匪患泛滥之地的龙山县,民国初年,鸦片种植还仅限于南边的部分地区,1917年以后,便发展到全县公开种植了。1918年前后、1928年前后和1948年前后,是龙山种植鸦片的3个高潮时期。1948年前后全县种植鸦片达3万多户,占总户数的90%,每年种植面积达36000亩。为了鸦片烟,地方歹徒、恶棍、兵匪拦路抢劫、谋财害命,更是肆无忌惮,六亲不认。1947年,龙山县内溪乡老寨村,为了争抢一批鸦片烟土,竟然发生祖父和婆婆合伙枪杀家族侄孙的事件。②由鸦片而导致六亲不认,整个社会的道德状况可想而知。

民国湖南人口道德素质不高的另一个集中体现,是社会的娼妓和匪盗成风。民国时期,湖南社会上至政界下至黎民百姓,均视以娼为业、嫖娼宿妓为等闲之事。为牟取暴利,妓馆鸨母和不法分子暗相勾结,以各种手段将灾区女孩、贫苦人家女儿、收容所里的孤女弄到手,然后逼良为娼,将她们变为赚钱的工具。在这样的背景下,不少妇女置传统道德和社会法律于不顾,好逸恶劳,追求享乐而自甘堕入烟花柳巷。

(三) 民国湖南人口结构

人口结构,是指一定时期和一定地域内的人口组成情况。主要包括人口的性别构成、年龄构成、就业构成、民族构成、文化构成等等,它在一定程度上可以表明一个国家或地区的经济、政治、科学文化的文明发展程度,是制订劳动规划、国民经济和社会发展规划的重要依据。③也有的学者按人口生命过程的特点和运动方式,将它分为三大类,即人口的自然构成,如年龄、性别等;人口的地域构成,即人口的地区(空间)分布状况;人口的社会构成,即阶级、民族、职业、文化教育等。④因为民国时期湖南人口的空间和性别结构与这一时期的社会问题

---

① 陈志让:《军绅政权——近代中国的军阀时期》,生活·读书·新知三联书店1980年版,第86页。
② 傅冠群:《湖南社会大观》,上海书店出版社2000年版,第219页。
③ 张光博:《社会学词典》,人民出版社1989年版,第12页。
④ 程继隆:《社会学大辞典》,中国人事出版社1995年版,第235页。

关联密切，所以，笔者在此主要对这两方面进行粗略分析。

1. 人口空间结构

历朝以来，湖南人口多是分布在洞庭湖平原及湘江流域，西部及南部山区较为稀疏。人口密度由平原向丘陵、山区依次递减。民国时期，湖南疆界无多大变化，面积约为216000平方千米，占全国总面积的2.25%。[①] 人口分布仍然延续了晚清人口的分布格局。较为稠密的人口聚集于长沙、衡阳、常德、宝庆、岳州、永州、桂阳州七大区域。其中发展速度较快并且基本保持上升势头的是长沙。以下表格的数据大致能反映民国时期湖南人口的分布状况。请看表5-3。

表5-3　　　　　　　1917年湖南部分地区人口密度

地区	面积（平方千米）	人口（单位：万人）	每平方千米人口数
长沙府	42837.40	704.75	168.4
衡州府	17167.20	392.63	228.7
永州府	23409.80	326.26	139.3
宝庆府	22329.30	402.76	180.4
岳州府	1260530	217.30	172.4
常德府	11945.00	222.58	186.3
澧州	15606.50	203.66	130.5
永顺府	13565.50	89.40	65.9
四厅	5902.40	32.76	55.5
靖州	9904.10	93.44	94.3
合计	215089.5	3210.81	149.30

显而易见，就全省情况看，人口在经济发达、交通便利的长沙、衡州、保庆、常德、岳阳等地比较集中。尤其在衡州府，人口密度高达每平方千米228.7人。而在偏远落后的湘西部地区，人口则十分稀疏，四厅每平方千米仅55.5人，相比人口聚集的衡州府四分之一不到。请看表5-4、表5-5。

---

① 路遥、藤泽之：《中国人口通史》，山东人民出版社1999年版，第1164页。

第五章 民国湖南人口中的流民、娼妓社会问题

表 5-4　　　　　　　　1947 年湖南各区人口分布统计

地区	户数（单位：户）	人口数（单位：口）
长沙区	846931	4626002
常德区	638999	3328143
益阳区	549324	3711619
衡阳区	546642	2910533
邵阳区	507696	3066610
郴州区	363996	1601529
永州区	399740	2387175
沅陵区	307550	1464998
会同区	194986	1027486
永顺区	170177	882642

表 5-5　　　　　　　　部分县城人口数量统计

地区	户数（单位：户）	人口数（单位：口）
长沙县	157723	929666
湘潭县	149526	896474
衡阳县	150053	949386
浏阳县	144517	690958
常德县	119112	577701
桂阳县	69505	304902
临湘县	47057	209787
鄠县	19532	81288
桂东县	19322	84058
城步县	29692	229382
古丈县	14610	64232
靖县	13752	76577
通道县	6298	27477

注：表 5-3、表 5-4、表 5-5 系综合《湖南省志·地理志》《近代湖南人口及其变迁》及相关地方志而得。

在战乱时期，人口的迁徙和流动比较平常，因而各地区人口数量也会有所变动。但人口的分布格局仍主要受经济及地理环境因素的影响，

湖南中部和东北部为丘陵地形，北部为洞庭湖平原，南部西部地区多山地，因此表中数据基本反映了民国时期湖南人口的空间分布状况。

2. 人口性别结构

性别结构是指一定的地域范围内，男性（或女性）在人口总数中所占的比重，也表示男性人口与女性人口的比例，其基本含义为每100个女性所相对应的男性人数，用公式表示为性别比：（男性人数÷女性人数）×100，如果性别比大于100，则代表男性人数多于女性人数；小于100，则男性人数少于女性人数。

由于重男轻女习俗和生产力水平的影响，湖南一直存在严重的人口性别失调问题。民国时期，近代西方的科学思潮虽然以其不可抵挡之势在中国逐渐传播开来，但并没有从根本上扭转人们的性别偏见，在某些地方甚至愈演愈烈。除因抗击日军，男性公民应征入伍，国民政府扩大内战，强征壮丁，男性青年被逼当兵，或者外逃而数量略有下降外，其他年份的性别结构，一般都是男性明显多于女性。表5-6的数据能够反映当时全国的人口性别结构真实情况。

表5-6　　　　民国分省人口性别百分比（以女性为100计）

	1912年	1928年	1935年	1937年	1941年	1943年	1945年	1946年	1947年	1948年
河北	123.6	123.8	115.8	117.68	117.7	117.7	117.7	116.9	116.8	116.3
山东	117.4	117.3	136.3	115.57	116.2	116.2	116.2	96.7	99.2	99.4
山西	135.5	137.1	133.9	130.01	130.0	130.0	130.1	121.5	120.6	121.0
河南	112.6	112.6	116.4	114.10	114.3	114.3	114.3	105.6	103.8	103.7
江苏	119.1	113.7	116.4	113.96	114.8	114.8	114.8	109.1	109.0	107.1
安徽	123.1	128.5	123.3	121.37	121.4	121.4	117.9	112.8	111.8	112.0
浙江	118.7	128.4	122.5	123.53	119.0	119.0	117.5	114.2	112.7	111.9
福建	122.1	136.5	136.2	135.37	116.5	116.5	109.5	108.1	106.6	107.4
江西	126.5	124.9	—	121.34	106.9	106.9	106.1	109.9	107.7	107.9
湖北	118.3	123.9	118.8	116.53	115.1	115.1	115.1	112.7	109.2	107.6
湖南	127.3	125.8	122.1	112.19	111.0	111.0	108.6	109.2	110.7	111.6
四川	131.2	131.5	130.6	117.51	110.4	109.4	106.9	106.0	105.8	105.2

注：本表格依据杨子慧主编的《中国历代人口统计资料研究》统计。

第五章　民国湖南人口中的流民、娼妓社会问题

由表 5-6 可见，在当时有统计数据的各个省份中，除山西、河北、四川等几个人口大省外，湖南的人口性别比算是处于高位的，基本都在 110∶100 左右。尤其抗日战争爆发前，男女性别比更高达 120∶100，个别年份甚至接近 130∶100。随着抗日战争与解放战争的全面展开，大量男丁应征入伍。他们或死于枪林弹雨，或被迫逃亡，男女之间的不正常比例因之有所降低，但即便是这样，男多女少、比例失调的现象仍未从根本上改变。让我们看看民国部分年份湖南人口性别比情况。

表 5-7　　　　　　民国湖南人口性别结构变迁

时间	人口总数（口）	男（口）	女（口）	男女百分比例
1912	27616708	14744672	12872036	114.55
1922	30817487	16483401	12872036	114.99
1928	31501212	17550062	13951150	125.80
1931	28847267	16017146	12830121	124.84
1932	30457851	16683907	13773944	121.1
1934	28514044	15807564	12706480	124.4
1935	28294735	15560638	12734097	122.1
1936	28293735	1559638	12734097	122.19
1937	28143064	15459248	12683816	121.8
1938	29924728	15313355	12611373	121.4
1940	27186703	14304595	12882135	111.0
1941	28031420	14636653	13394767	109.2
1942	28087467	14633922	13453545	108.7
1943	27132145	14104396	13027749	108.26
1946	26171117	13693880	12477237	109.75
1947	25557926	13476892	12081034	111.5
1949	29866900	15760800	14106100	111.7

注：本表综合刘泱泱《近代湖南社会变迁》、葛剑雄《中国人口史》第 6 卷相关数据整理。

由表 5-7 可见，民国时期湖南人口男女比例大体在 120∶100 上下。1940—1949 年间降至 110 左右，其中最低的 1940 年、1942 年、

1943年、1946年，分别是109.2、108.7、108.26、109.7，这些年份主要反映了抗日战争和解放战争的人口性别结构。

以上数据只是就全省平均情况而言，若再进行局部区域考察，我们会发现，在经济相对发达的城镇地区和经济文化落后的偏远地区，男女比率要远远超出同时期的全省平均值。以省会长沙为例：

表5-8　　　　　　民国时期长沙市部分年份性别比

年份	男（口）	女（口）	性别百分比
1929	180342	124458	153.5
1930	220712	125214	175.47
1932	240840	145731	165.36
1934	241819	148144	163.20
1935	331155	213462	155.14
1947	236869	172850	137.04

注：本表数据见长沙市地方志编纂委员会编《长沙市志》卷1，湖南人民出版社2004年版。

由表可知，长沙的人口性别比要远远超过全省的平均水平。即便是经历了多次战乱，到1947年，长沙的人口性别比仍高达137.04。

而在一些偏远地区，由于受革新的浪潮影响较小，传统观念仍根深蒂固，重男轻女现象十分严重，溺女之风依然盛行，导致性别比例同样偏高。例如湘北的汉寿县，重男轻女，抛弃扼杀女婴，歧视、虐待妇女，女性死亡率高于男性，性别比悬殊。1928年，男性217499人，占总人口的57.5%，女性160748人，占42.5%，性别比（女=100）为135.3。1934年，男性254756人，占总人口的59.85%，女性170907人，占40.15%，性别比高达149.06。[①] 地处偏远的道县，因受男尊女卑、传宗接代封建观念的影响，重男轻女，抛弃、扼杀女婴，歧视、虐待妇女的现象更加普遍，导致女性死亡率高于男性，性别比差大。1929年全县总人口为322993人，其中男性占58.57%，女性占41.43%，性别比高达141.36，出现男女性别比严重失衡的现象。[②]

---

① 汉寿县志编纂委员会编：《汉寿县志》，人民出版社1993年版，第57页。
② 湖南省道县县志编纂委员会编：《道县志》，中国社会出版社1994年版，第112页。

三　民国湖南人口动态考察

一个地区的人口总是随着社会的发展而不断变化的。数量有增减，结构也会有变动。因此，从这一意义上讲，人口本身就是一个动态的过程。这里，笔者主要从人口迁徙的角度对民国时期湖南人口作一次动态梳理。

人口迁徙是一种统称，指的是人口在地区之间的地理流动或者空间流动，它既可以包括长距离的迁徙，也可以包括短距离的移动。在英文中与人口移动、人口流动意思相近。由于我国实行"户籍"管理制度，故将人口迁徙活动中那些"户口"所在地和经常居住地同时发生变化的活动称为"人口迁徙"，而把那些只改变了经常性居住地而未改变"户口"所在地的活动称为"人口流动"。① 导致人口迁徙和流动的原因是多方面的，有自然环境因素如气候、土壤、水矿资源的差异和变迁，有社会因素如战争的破坏、政治的变革、人口迁徙政策的实施，还有经济因素、婚姻家庭的因素等等。其中经济因素是引起人口迁徙的最根本原因。在多数情况下，人口迁徙是为了追求更好的就业机会和更高的经济收入，从而能够享受更高的生活水平。随着经济的发展和社会现代化的推进，人口由农村向城市的转移是社会发展的必然趋势，民国时期的湖南地区亦是如此。这一趋势的直接结果，便是带来城市人口的超负荷增长。在这里，笔者主要从自然灾害和战争两个影响因素来分析梳理民国时期湖南的人口迁徙。

（一）由自然灾害引发的人口迁徙

民国时期，湖南多灾多难。据统计，1912—1949年的38年间，湖南地区共发生水灾37年次，旱灾20年次、虫灾21年次，78个县市中有近70县因各种自然灾害遭受不同程度的损害，可谓无年不灾，无处不灾。

而只要有灾荒发生，便会有灾民流徙逃亡。"因灾荒而引起的大规

---

① 段成荣编著：《人口迁移研究：原理与方法》，重庆出版社1998年版，第6页。

模人口迁移,完全是一种在避难求生的原始欲望驱动下形成的纯粹自发的行为,其结局亦极其悲惨。"① 据国民党中央农业试验所1933年在全国农村作的一个调查显示:湖南全省全家离村逃荒的农家14.7万余户,占农户总数的8%,流民人口中52.7%是由于灾荒而流徙。② 由于这一时期湖南自然灾害在时间空间上的多发性,这种因水灾、旱灾、虫灾等自然灾害引发的人口迁徙往往表现出很大的分散性和零乱性。迁徙无固定的路线,又因城市经济、商贸、交通等的相对发达而主要表现为向城市人口聚集地的流动的趋势。他们中的一小部分会到就近的未受严重自然灾害困扰的农村地区投亲靠友,新辟屋田以续生存,少部分逃到外省另谋出路。大部分灾民则由于城市是社会的政治经济中心,赈源相对比较丰富,而将城市作为避难的首选之处。例如,1918年8月湘中湘西地区大水成灾,灾民无衣无食逃来省城者,每日就有五千人之多。1921年春荒夏旱,全省报灾者多达五十余县,尤以湘西南为最。灾民或在本县流动乞丐,或向外逃。新化、安化、醴陵等地灾民有的流向其他各县乞食,有的逃到省城,也有远逃至湖北、江苏等地者。芷、晃两县有流向邻省贵州四川乞食者。湘东、湘中附近省垣各县饥民纷纷向省城流动,来者日有数百。湘西北大批饥民则聚集常德城和岳阳城,给城市治安带来严重的困扰。1925年下半年旱灾发生后,岳阳、临湘、湘阴等地灾民纷纷流向省会长沙。大量灾民潮水般的涌入,不断挤占城市的有限空间,使城市的正常秩序发生严重混乱,各种社会问题随之激增。

(二) 由战争引发的人口迁徙

遭受战争侵害的多为人口聚集的城市及附近地区,而战争的发生地往往有一定的地域选择,受难的程度和范围随着战争局势的发展而逐渐变化。由战争引发的人口流动较之自然灾害引起的人口流动更具有流动的集中性和指向性。战争引发的人口迁徙的空间范围大,主要表现为从战区向非战区、由城市地区向偏远地区的迁徙。在湖南,这种大规模的人口迁徙主要发生在抗日战争时期。

---

① 刘兵:《"抗日战争与中国人口问题"学术论坛综述》,《抗日战争研究》2000年第2期。
② 宋斐夫:《湖南通史》(现代卷),湖南出版社1994年版,第269页。

第五章 民国湖南人口中的流民、娼妓社会问题

抗战爆发后，随着华北的沦陷，华北地区的难民向南逃徙，一部分进入了湖南。1942年，湖南人口总数达到2808.18万人。在这期间，日军已经开始入侵湖南。在1937年11月国民政府迁都重庆前，湖南人口主要是北方难民的进入。由于湖南是通往西南地区和广西地区的主要通道，因此，国民政府迁都后，大批的国民政府机关单位人员、社会团体、学校、工厂和难民通过湖南迁往重庆、四川、广西、云南和贵州。比如，国立商学院、北京大学、清华大学等高校一度迁入湖南，其后由于日军侵犯湖南，这些学校又再一次迁徙到了大西南。1938—1940年，湖南的工厂中有121个是从上海迁来的。以长沙为例，1937年初，据长沙市警察局统计，长沙市人口数为538015人。同年10月，陆续有淞沪战场上的伤员撤退到湖南，至25日，共计有2万余人。① 抗日战争进入相持阶段后，湖南地处湖北与两广之间的正面战场，战略地位十分重要，而地理位置介于武汉与广州之间的长沙自然成为日军主要侵略的目标。国民政府军队在长沙进行了顽强抵抗，先后组织了四次长沙会战。1939年9月14日，第一次长沙会战开始，国民政府第九战区的官兵经过一个月的浴血奋战最终打退了日军。日军不甘心失败，在积极准备再次进攻长沙的期间，采用空袭的手段，不停地对长沙实施战略打击。为了减少日军空袭的死伤人数，1941年4月19日，长沙市警察局规定各戏院、影院停业，并实行了强制疏散人口的计划。到5月15日，长沙城内人口由22万人减至6.9万人。据1945年12月统计，长沙市8区78保，共计有39494户，240579人。②

长沙沦陷后，湘西、湘南偏安一隅，大量商人和难民拥入该地区，造成该地区人口的激增和商业的畸形繁荣。《津市志》载，抗战时期，鄂、豫、赣一带难民大量涌入，汉口、沙市、宜昌等地商人抵津经商，街巷人满为患。在芷江，抗战时期人口亦剧增。1939年后，因处于抗战后方，郴州商业一度繁荣。

---

① 何多奇、黎程、刘乃秀：《抗战时期湖南人口变迁及其社会影响》，《重庆师范大学学报》2007年第3期。
② 长沙市地方志编纂委员会编：《长沙市志》，湖南人民出版社1996年版，第261页。

第二节　民国湖南人口与社会问题
——以流民、娼妓为例

我们知道，人口的发展状况根本上由当时的社会经济、政治、文化等各个方面条件所决定，同时，人口又对社会经济、政治、文化等产生重要的影响。通过前文对民国时期湖南的人口状况的粗略研究，我们不难发现，民国湖南的人口状况，无论是从数量上讲，还是从结构上看，抑或从人口的迁徙与管理来说，都是存在很大缺陷的。这些缺陷不仅影响着人口本身的健康发展，更为本来就动荡不安的湖南社会埋下了的隐患。民国时期，湖南的社会问题繁多，无不与当时人口的这种不良状况相联系。

民国时期，湖南社会问题成堆，积重难返。从史学的角度看，这些社会问题都是阶级矛盾与阶级压迫、剥削产生的必然结果。从社会学视角上看，这是当时湖南社会结构性紧张与失范的必然反映。这些社会问题反过来又影响着湖南人口的结构与走向。本章以流民、娼妓为例，就是试图对这种关系作一个粗浅的说明。为什么要选取这两个问题为例呢？因为流民反映着人口的数量结构与变迁；娼妓既是一种社会病态，也是人口结构病态化的反映。

一　民国湖南人口与流民问题

凡是研究中国近现代史的学者，对于这一时期严重的流民问题应该都不会感到惊讶。池子华在《中国流民史（近代卷）》中对近代中国流民的来源、分布、生存状况及流向等专门进行过探讨。认为民国社会因其政治的空前腐败和社会的多灾多难，使得流民问题在各种社会问题中显得额外突出，甚至许多其他诸如匪盗、帮会、娼妓等严重影响社会稳定的问题都是由流民问题而引起的。流民问题随流民的产生而产生，流民问题的轻重缓急伴随着流民数量的多少而起伏。而流民本身就属于人口的一部分，因而流民问题从这种意义上可以说也是一个人口本身的问

第五章　民国湖南人口中的流民、娼妓社会问题

题。在这里，笔者主要从人口学角度作一简单探究。

流民是湖南历史上的一种常态现象。农民失去物质生产与生活资料后，就会成为无所依归的流民。流民的成因除了饥荒、战争、自然灾害、土地兼并、高额地租外，人口相对过剩也是其中一个不可忽略的因素。例如，湖南在康、雍两朝进行丁税改革以后，湖南人口就增加迅速。请见表 5-9。

表 5-9　　　　　　　　清代湖南人口简要统计①

年代	人口数（单位：人）	年代	人口数（单位：人）
1786	16068000	1850	20614000
1791	16556000	1851	20684000
1819	18892000	1861	20990000
1820	18929000	1862	21992000
1830	19523000	1874	21000000
1875	21000000	1898	21740000

人口增长意味着人均耕地会随之减少。有学者认为，乾隆年间，全国人均耕地在四亩左右，而湖南只有平均数的一半水平，人多地少。近代以来，湘军又裁汰回籍，土地兼并加剧，人口与生产田亩之比已经远远过了能够承受的临界点。生产者少食之者众，过剩人口与劳动力为谋食而不得不游食四方。

1931 年，大水，"湘、赣、皖、豫、苏及鄂省各县涌入武汉灾民达 10 余万人"②。1926 年，湖南旱灾，"灾民来长沙就食者数万人"③。这是流民由乡而城的流动。流民在衣食无着时流动的空间是不固定的。四处涌动，因而县域小范围流动也是其中的一种常态形式。例如：1926 年"武冈县资东镇饥民，老幼男女二百余人，于日前抵新化县"④。背井离乡之后，由于找不到工作，东乞西讨，胡乱投奔，辗转跋涉，成为

---

① 据严中平编《中国近代经济史统计资料选辑》（中国社会科学出版社 2012 年版）整理。
② 《武陵市志·民政志》，武汉大学出版社 1990 年版，第 165 页。
③ 《湖南省志》，湖南人民出版社 1990 年版，第 294 页。
④ 《大公报》1926 年 3 月 31 日。

一种令人唏嘘的生活方式。地方官常常陷入驱之不忍，赈之无力的两难境地。1915年洞口县大水，"大批灾民外出逃荒，县政府不但不给分文赈灾款，反而将一些灾民视为'扰乱社会分子'抓去坐牢"①。

流民问题又容易转化为社会治安问题，这正是地方官顾虑重重的地方。例如1921年，武冈、新宁、城步、绥宁旱灾，武冈发生饥民暴动，"捣毁城内大土豪数户"②。1941年，"湘潭粮荒，饥民抢米，捣毁碓坊"③。1946年，常德、桃源、临澧一带的流民成群结队冲进地主家"吃大户"。华容流民饥民还成立了"打粮队"强行向地主借粮、分粮。湖南永兴、桂阳、郴县一带的流民甚至掀起了"破仓运动"。④ 有的饥虽流民甚至喊出"宁可坐牢不挨饥，宁可枪毙不饿死"的口号。⑤ 而为了维持社会基本稳定、安辑流民，政府也采取了不少的办法。这些办法大致有：临兵赈灾，以工代赈，发动社会进行救助等等，可以说是费尽心思。但无论怎么努力，都不可能从根本上使流民"断流"。湖南流民问题和全国其他各省情况一样，都是一个严重困扰社会的重大问题。

综上，我们的基本结论是，民国时期，湖南自然灾害频仍，规模和危害性有增无减，给人们生产生活带来巨大灾难，许多人因此流离失所，被迫加入流民队伍。自然灾害的发生，无疑与自然环境本身的恶化有着不可分割的联系，但湖南严重的自然灾害也无不隐含着诸多的人为因素，甚至"许多灾害改变了原来纯自然灾害的性质，而称之为人为自然灾害。以致有'天灾八九是人祸'的说法"⑥。笔者认为，这种"人祸"中就包括人口方面的因素。

民国时期，湖南由于自然灾害连年，战火不断，人口增长相对缓慢。但在落后的生产力和特殊的文化背景下，"多子多孙""养儿防老"的传统生育观念仍然根深蒂固并为广大黎民百姓所笃行。因而人口的出

---

① 《洞口县志》，中国文史出版社1992年版，第515页。
② 《邵阳县志》，社会科学文献出版社1993年版，第42页。
③ 《湘潭省志》，中国文史出版社1997年版，第115页。
④ 《湖南省志》（第一卷），湖南人民出版社1999年版，第507页。
⑤ 《湖南省志》（第一卷），湖南人民出版社1999年版，第507页。
⑥ 张建民、宋俭：《灾害历史学》，湖南人民出版社1998年版，第475页。

第五章　民国湖南人口中的流民、娼妓社会问题

生率始终保持在较高的水平上。1928 年，湖南人口增至 31501212 的历史新高。而与人口增长的情况相反，耕地面积的增长却停滞不前。1913 年全省可耕地面积为 46130 千市亩，而 1914 年倒退为 32447 千市亩。① 耕地面积的增长速度明显低于人口的增长。随着时间的推移，全省人地矛盾日益尖锐，贫困程度日益加深，整个社会的抗灾能力日益弱化。直到抗战前，时人仍认为，"解决全国民食问题之治本方策，在图粮食之充实，粮食之充实，在图耕地面积之扩张"②。

一方面，由巨大的人口压力带来的对土地的盲目开发利用在民国湖南愈演愈烈，加剧生态环境的恶化。生态恶化生存就会发生问题。例如，大量垦殖地占据洲地和围垦湖区，其直接后果是堤防经常漫溃。仅以益阳民主垸为例，1928—1949 年的 22 年内，就有 1929 年、1931 年、1933 年、1937 年、1938 年、1948 年、1949 年发生溃决，出现洪灾达 7 次之多。同时，大量砍伐植被极大削弱了湖南山地的防洪功能。民国以后，湘江流域范围内森林被破坏，水土流失严重，大量泥沙涌入江湖，阻碍了洪水的宣泄，并造成湖泊天然调节洪水的能力急剧减弱乃至消失，水患势不可免。

西方学者马罗利曾把我国过去饥荒发生的原因，概括为经济的、天然的、政治的及社会的等四种，并且认为其中最根本的原因是"人口过剩"这一社会因素。他在《饥荒的中国》一书中指出："致使中国成为饥荒恶神常临之地者，其根本原因，实由于人口之过剩。"③ 笔者认为，这一说法未必尽然，因为"要想寻找历代灾荒积累、发展和不断扩大再演的根本原因，应该主要从人与人的生产关系中去寻找"④。民国自然灾害频仍，与当时社会的动乱、政治的黑暗和经济的衰败是密不可分的。但这一时期湖南人口数量超过土地等自然资源所能承载的能力，从而引起生态恶化进而增加灾害的发生几率却也是不争的事实。

另一方面，从社会发展的角度来看，由民国时期社会生产力停滞不

---

① 许道夫：《中国近代农业生产及贸易统计资料》，上海人民出版社 1983 年版，第 8 页。
② 陆精治：《中国民食论》，启智书局 1931 年版，第 120 页。
③ 邓云特：《中国救荒史》，商务印书馆 1993 年版，第 85 页。
④ 邓拓：《中国救荒史》，北京出版社 1998 年版，第 89 页。

前所衍生而来的技术手段落后、迷信、劳动力素质低下等诸多方面也严重制约着湖南抗灾能力的提高。这种不高也"造就"了大量流民。湖南地处内陆，资本主义发育不充分，传统农业在社会经济中的绝对统治地位非常明显。农业依然因袭历史悠久的古老方法。与这种落后的技术手段相适应的是，民国时期的劳动力素质也是一个大问题，迷信盛行便是其明显地反映。这种迷信状况在灾荒期间会更加突出，"国人对于天灾流行之补救方法，惟知献媚鬼神，欲仪神威以挽浩劫。一旦行之无效，则退而求精神上之安慰，作强自慰藉之解释；于是所谓乐天，安命，知足，安贫，种种谬说，接踵而生，驯至养成国民屈伏于天然势力之劣根性，而致根深蒂固，莫可救药"①。湖南社会更不例外，一旦水旱灾害降临，则上至官府，下至平民，求雨、祭河、打醮、禁屠、拜山、迎神、斋戒、沐浴、祈祷等迷信活动泛滥成灾。进入 20 年代，随着灾荒日重，这种迷信活动的报道更是连篇累牍地充斥于各种报刊，举不胜举。而这种消极的灾害认识观不仅不能躲过灾祸，于事无补，也不能不说还是民国时期灾荒频仍、灾民众多的一个文化因素。

人祸加重天灾，天灾引发人祸。经历了 1931 年和 1935 年的大水灾，1934 年的旱灾后，到 1936 年民政厅统计，全省人口较之 1928 年减少 300 多万人，除死亡外，其余都流离失所。1935 年夏，全省 38 个县市受灾，溃堤 1659 垸，受灾及溃田 555 余万亩，受灾 410 余万人，淹死 3.7 万人，待赈人口达 362 万。1946 年 7 月与 1949 年 6 月两次洪害，灾民达数百万人，足见流民人数不少。

这支庞大的流民队伍的生存问题在产业极端落后、经济结构单一、耕地有限的情况下，显然得不到妥善解决，从而总是使流民与社会各自处于一种相对不安全的状态。湖南地处内陆，不像闽、越等沿海省份，流民可以出洋谋生。也不像新疆、西南及东北诸省，流民可以开辟新垦区。湖南流民的这种特殊处境反过来又增加了社会不稳定性，他们或投入秘密会党，从事社会反政府活动，或上山为匪，兵匪相通，或沦为流氓、娼妓、乞丐、迷信职业家。由此又派生出许多病态社会职业，影响

---

① 曾泽苍：《中国天灾问题》，商务印书馆 1983 年版，第 77 页。

着湖南社会的稳定。从这种意义上可以说，民国时期湖南其他诸如娼妓、匪盗等社会问题都是因流民问题而起的。

二 民国湖南人口与娼妓问题

关于这个问题，先让我们了解一下民国时期的衡阳，并由此展开话题。

作为湖南第二大城市，民国时期衡阳的娼妓业也很繁盛。1946年在衡阳市登记发照的妓院就有40余家，"领取乐女证的乐女在千人以上，没有登记的暗娼无法统计"[①]。在市区江西岸常胜路、后宰门、钱局港、三眼井、陆家苑、清太街、淘沙巷、马趾街一带是妓娼集中的地方，妓院的鸨母籍贯又分"长沙班""下江班"（江苏、浙江人）、"湘汉班"、"衡阳班"，鸨母为招来嫖客，会给妓女取一些好听的名字"花名"，如金蝴蝶、玉蝴蝶、红蝴蝶，金燕、玉燕、白燕、金玉、美玉、月月红、小月红、四季红等。

在沈从文笔下，曾对沅江边城桃源的妓女生活有过很生动的描写。在小说《丈夫》中，沈从文笔下的"妓女"生活在沅江的船上。这些女人刚刚从乡下来，离开了家园，离开了石磨与小牛，也离开了丈夫，来到一条条船上做"生意"，然后随船来到城市。每月把从城里晚上所得的钱，送给那留在乡下诚实耐劳种田为生的丈夫，名分不失，利益存在。丈夫"探亲"上了女人的船，却不能亲近自己的妻子。"如今与妻接近，与家庭却离得很远。"面对妻子油光的发髻，扯得细细的眉毛，白粉的脸，绯红的胭脂，以及城里人的衣着派头，已经有点手足无措。接着又因妻子接客，自己只得怯生生到后舱低低喘气了。

常德市属各县的妓女数都在百人以上。1945年，经常德警察局发照的妓院"约有几十家"。经过登订领取的粉红色"乐女证"的卖淫女在千人之上。妓院大都为扬州人所开，市区蔡家堰、果行泉一带妓院林立，光顾妓院的"有达富贵人，富高巨贾，公子哥儿，军警宪持，赌

---

① 《衡阳娼妓改造概略》，载《衡阳文史》第九辑，1989年版，第216页。

棍无赖,散兵游勇,贩夫走卒,宵小窃贼等"①。

在长沙靖港,有一个保存比较完好的清代妓院"宏泰坊"。它位于沩水河边,有近300年的历史,宏泰坊表明在清代用国家法律严厉禁娼的同时,民间社会仍然是妓风大炽。清末新政后,不少地方明文规定按人头抽妓捐,甚至通过收妓捐补充教育、市政与军费。妓捐成为十分可靠而又正当的财政收入。

明清时,娼妓往往是给男性带来色欲满足而出现的,一些所谓少年善读诗书者,"或典衣沽酒,或剪烛论文,或纵谈聚友,或座挟妓女,皆为才情所寄"②。但到了民国,生活的贫困化使一般人家的妇女也走上了从妓之道,娼妓业亦随之发展。就湖南而言,最大的娼妓汇聚之处是在长沙。清末时长沙妓院已不下200余家。1912年省城注明在册的妓户119家,妓女251名,但暗娼必定是大大超过注册妓女的人数。1911年,省政府颁布《湖南各厅、州、县警务章程》,其中第44条规定"各厅、州、县之税契款项,城厢开练费,以及铺捐、车捐、戏捐、屠捐等应作巡警费用。如各捐款尚未兴办者,地方官应会商绅士妥办兴办"③。这个规定无异于明禁暗驰。《东方杂志》第32卷第17号刊载碧茵的《娼妓问题之检讨》的时评,作者认为,"娼妓之多,冠了全世界"。

民国二年(1913年),湖南省警察厅一次性发给妓户执照263家,871人。④ 娼妓的兴旺与男女人口比例结构的失衡又不无关系,当男女比例失调时,势必会有部分人因缺失合法婚姻而得不到性的释放,这种无婚状态无疑为娼妓繁盛提供了条件。"娼妓制度虽从来不一定被赞扬、肯定的态度,但它作为一种较为方便的方法,已事实上成为人类婚姻制度的辅助。"⑤

民国时长沙的娼妓也分帮派,原则是随鸨母的籍贯而定,鸨母是湖

---

① 《解放前常德的娼妓概况》,载《武陵文史》第五辑,1989年版,第259、263页。
② 陆折:《新妇谱》,《檀几丛书》卷二七,第131页。
③ 《湖南省志·政治志》,湖南出版社1997年版,第274页。
④ 《省城警察厅民国二年统计表》,第102页,湖南省档案馆,档号:9-5-1,未刊稿。
⑤ 单光鼐:《中国娼妓——过去和现在》,法律出版社1995年版,第13—14页。

南的叫本帮,其领下妓女则不限地域,"以长沙、湘潭、宁乡、益阳、平江、浏阳一带的最多"①。鸨母是扬州或苏杭一带的统称扬州班,领下妓女少数为扬州人或江北人,多数为湖南人。鸨母为了生存下去,对长沙的军、警、宪、特及帮会都要有联系,取得他们的认可与保护。在20世纪20—40年代之间,这是长沙娼妓最为市场繁荣的时段,有牌照而照章纳税为"合法"妓女,称之为"公娼",公娼中的上等妓女佩桃花红章,晚上坐包车点燃灯一盏招客。这类妓女大约在旧长沙的小二洲樊西巷、百花村一带挂牌营业。如这一带地区的"九州""福云""六国""东方""东安""天乐居""大吉祥""珍珠""银宝""金枝""玉飞"等妓院在当时都非常有名。妓女接待的都是军官、官吏、海关、银行、邮电、铁路中的中高级职员、纨绔子弟。此类当红妓女中又细分为"清倌人(处女)"和"混倌人"两种,每次按类接客的标准价码也不一样。一般来说,头等公娼因年轻貌美,甜言蜜语而索价高昂,公娼中最悲惨者为四等公娼,其中"十之八九为性病或肺结核等折磨而死"②。

私娼是公娼中未领牌照的,私娼可为鸨母省一笔牌照税,私娼挂靠在鸨母的营业牌照下,能够公开营业。

暗娼是不向警察局领照而操卖妓生涯的。暗娼分布广泛,在民国湖南几乎无城不有,无街不有,无地不有。值得注意的是,从事暗娼的不只是贫苦人家的妇女,"也有极少数富贵家庭的姨太太,因丈夫三妻四妾,寂寞无聊,偶至约合寻求刺激的"③。

最后一类为流娼,主要指在同乡族馆中拉客应客的妇女。道光年以降,男娼在湖南也有一定的市场,男娼俚称"相公","相公之人格,视娼妓尤下"④。

娼妓泛滥,腐蚀社会,其后果之一是造成性病蔓延。其二是与烟赌合流,恶化了其他社会问题。其三是败坏社会风气,使社会道德与秩序

---

① 曾宪枚:《旧长沙的娼妓纪实》,中国文史出版社2004年版,第68页。
② 《旧长沙的娼妓纪实》,中国文史出版社2004年版,第73页。
③ 《旧长沙的娼妓纪实》,中国文史出版社2004年版,第75页。
④ 渠指:《相公之秘密》,长沙《大公报》1917年9月16日。

失范。"民国初年军阀商贾等，狎妓面酗酒，相习成风，甚至政团军旅联系公事，商贾洽谈生意，也要选择在妓院。"①

1928年，南京国民政府实行废娼。1930年，湖南响应，开展废娼运动。衡阳、平江等16县在施政纲要中明确提出废娼。1935年，又出台《取缔妓女寄居旅社办法》，1941年规定送妓女到济良所教养习艺，勒送回籍或限期择偶。但在1943年，薛岳一纸手谕，"应由县政府指定一街为乐户住宅区"②，使之前所有努力化为乌有。娼禁又开。

娼妓制度在我国已延续几千年，到民国时代，全国各省区娼妓之业大兴，卖淫之风日盛。导致这一社会丑态愈演愈烈的，主要原因在于灾害连年，战乱频仍，民不聊生，大批走投无路的妇女被迫卖淫。国民党政府的腐朽统治，党政要员以妓院作为"销金窟""娱乐场"，并把征收"花捐"作为重要财源之一，遂使卖淫公开化、合法化。从东南沿海到边远省份，到处是艳帜高张，妓院林立。北京的"八大胡同"、南京的秦淮妓院、广州的"老举寨"、界首镇的"书寓"等等，都是当时闻名全国的妓女窝。一位国民党大员甚至说"没有娼妓还成什么城市"！真是"无妓不城市"。③湖南虽身处内地，亦未能独善其身。大至人口聚集地长沙、衡阳、常德，小至地处偏陬的辰溪、晃县、安乡等地，都有娼妓活动的场所。据载，民国元年，湖南省城注册妓户119户，妓女251名；省会警察厅于当年十一月许次年省城妓户增至500余家，从业妓女达871人。"民国十九年前，由公安局登记者，计千五百以上。"④抗日战争胜利后，长沙娼妓有增无减，至新中国成立前夕，长沙大小妓院250余家，妓女约800人。晃县龙溪口这个只有七八千人口的地方，妓院就有十来家，妓女50多人。⑤卖淫嫖娼为什么会成为民国时期湖南主要社会问题之一。推其原因：

---

① 《民国二年湖南省城妓寮家数署列表》《省城警察厅民国二年统计表》，第101页，湖南省档案馆，未刊稿。
② 《湖南省志·政治志》，湖南出版社1997年版，第276页。
③ 《近代中国娼妓史料》（上卷），《文史精华》编辑部1997年版，第1页。
④ 《近代中国娼妓史料》（下卷），《文史精华》编辑部1997年版，第341、362页。
⑤ 《近代中国娼妓史料》（上卷），《文史精华》编辑部1997年版，第560页。

第五章　民国湖南人口中的流民、娼妓社会问题

首先，湖南人口性别结构的失调为娼妓的滋生提供了"土壤"。前面我们提到，民国时期，湖南人口性别构成极不合理，性比例严重失调。传统的"男尊女卑""传宗接代"观念的影响下，生男婴成为家庭中期盼的荣耀之事，甚至要人为地达到这一目的。女婴多不被重视，溺女之风甚为流行。

这样，整个社会人口的性别结构在源头上便发生了严重的畸形改变。这种畸形的性别结构是女性受歧视和虐待而产生的恶果，但歧视女性并不意味着社会对女性的需求就会得到控制。男多女少的情况与有钱男性的一夫多妻，导致大量男性无妻可娶，特别是在男女性比例严重失调的人口聚集地区，（如长沙，男女人口比例曾一度高达175.47∶100）女性人口的缺乏使得社会对女性的需求更加紧张。哪里有需要，哪里就有市场。都市中性别比例的不平等，无疑给妓女的滋生提供了"土壤"。

其次，普遍低下的人口素质进一步促进了这一时期湖南娼妓业的兴盛。笔者在前文对民国时期湖南人口素质状况进行了大致介绍，从中可见，湖南人口素质普遍不高。尤其在当时灾害频发、兵荒马乱的社会背景下，许多人置尊严、道德、法律于不顾，安贫乐居的思想发生异变，谨遵社会规范和行为准则的心理认同大大弱化，在这样的社会道德环境下，公娼甚嚣尘上，从政界至黎民百姓，均视以娼为业、嫖娼宿妓为等闲之事。议员、政客、军官，无不以嫖客宿妓而自诩风流，狎妓酗酒，相习成风；政团、军旅联系公事，商贾洽谈生意也以选在妓院为最时髦。长沙的清香堂、爱福堂、清连堂等妓院名重一时，一些富豪在此挥金如土，设宴取乐，不以为耻，反以此来显示自己的阔绰，借以抬高自己在社会上的身价。除公娼以外，各地私娼、暗娼之类几乎无街不有，其数量远在公娼之上。① 针对这样的情况，当局虽也有人在禁娼、废娼上作过一些努力，但根本起不到任何作用。1923 年 4 月，女议员王昌国首先向省议会提出限期废止娼妓案。1925 年 3 月省议会通过废娼案。

---

① 傅冠群：《湖南社会大观》，《中国近现代社会史料丛书》，上海书店出版社 2000 年版，第 220 页。

30 年代初，医药界、教育界、文化界、妇女界强烈要求废娼，报刊上常有此类文章刊出。1930 年长沙公安局首先发布《禁止旅馆寄居娼妓》文告，同年县府正式将禁娼列入施政纲要。1935 年新生活运动促进会通过《取缔妓女寄居旅社办法》。1947 年，长沙市警察局集中 345 名妓女，施以职业训练，作为禁娼的一项必需措施。[①] 然而，政策的落实程度与人的思想道德素质是密切相关的。这一系列的提案、文告、办法在执行中成为一纸空文。

最后，利益驱使推动娼妓业泛滥。当时光洋 2 元就可购稻谷一石，而上等妓女出堂差一次、几分钟或一点钟即可获得收入 2 元（即稻谷一石），遇到阔客则 5 元 10 元，视为平常。[②] 为牟取暴利，妓院鸨母、老板想方设法招纳妓女，于是社会上拐骗、引诱、贩卖女性人口，逼良从娼之事层出不穷，各种报刊有关诱拐、强奸、虐待妇女的报道不胜枚举。

此外，民国时期，湖南人口 80% 为文盲半文盲，这些文盲半文盲人口中又以女性占绝大多数。她们的文化知识极度匮乏，在社会腐败的道德风气影响下，有的妇女好逸恶劳，追求享乐而自甘堕入烟花柳巷，她们的充斥加入，复杂了娼妓业的队伍，极大地败坏了社会风气。如抗战时期，上海、江浙等地相继沦陷后，大量娼妓业人群随战争人口迁移到湖南。无知女性和外来娼妓的加入，更加助长了娼妓风气的蔓延。

---

① 傅冠群：《湖南社会大观》，《中国近现代社会史料丛书》，上海书店出版社 2000 年版，第 222 页。
② 《近代中国娼妓史料》（下卷），《文史精华》编辑部 1997 年版，第 347 页。

第六章 人口与民国湖南土匪问题

第一节 民国湖南土匪的承前与再发育

一 民国湖南土匪的承前

中国虽然从1840年就迈入了近代社会，但就湖南一省而言，近代意义上的嬗变则是从20世纪初开始的。当然，作为一个内陆省份，在这种嬗变之前，湖南社会内部，也有清代前期所未有的新情况，可以视为嬗变前的蠕动，特别是民间秘密结社组织，遍及三湘四水，而且这些组织像滚雪球似的越来越大。到了20世纪，它们就处在保守的变革与分散的革命潮流的漩涡的中心，从无足轻重到举足轻重，从被利用到被抛弃，从清政府的剿抚无术到国民政府的坚决镇压，秘密结社组织不得不走上匪化这条单行道。这就是笔者所说的民国土匪的承前性。让我们对这一段历史做一个简要的回顾。

自清平定"三藩之乱"后，湖南承平日久近200年，在相对安定的政局下，湖南的人口的不断流动与重组，豪族大姓的相继出现，土地的开垦到集中以及由此产生的一系列社会问题，几乎都是在这一大的社会背景下出现的，近代土匪之肇实在于此耳。户口日滋，贫者无度，积忿相仇，烧杀抢夺之事频仍。

清前期湖南人口向外向内流徙现象十分严重。大体上，一是向四川、贵州移民，二是省内的迁徙。康熙四十年（1701），湖广提督俞益谟说："湖南衡、永、定三府百姓，数年来携男挈女，日不下数百名口，纷纷尽赴四川垦荒。"① 五十二年（1713），又有人奏说："南入川百姓，自康熙三十六年以迄今日，即就零陵一县而论，已不下十余万众"②。在省内，人口的流动范围与频率也是很大很快的。关于这个问题，笔者曾专文做了研究。③ 例如在龙山县，"客民多长、衡、常、辰各府及江西、贵州各省者……县属巨族客籍为多，服食言动皆沿华风，至伏腊婚祭一切习尚或各字其祖籍之约，往往大同小异"④。邻靠江西的醴陵、攸县、桂阳等地从清中叶以后，明前土著户籍已日渐稀少，"明季屡遭盗寇，民人杀戮过半"⑤。因而外地流徙之民迁移于此，对当地的人口做了必要的补充，甚至在有的地方出现了"数十里无一土著，其佃户每难驾驭"⑥的情况。

移民带来了人口的增加，据《清代文献通考》统计，乾隆十四年（1749），湖南人口为867.243万人；二十七年（1762年），湖南为8854608万人；三十六年（1771）为908.2046万人；四十五年（1780）为1542.3842万人。又据《湖南通志》记载，嘉庆二十一年（1816），湖南人口达到了1875.459万人。人口的增加为湖南的开发创造了条件，特别是在对洞庭湖及周边地区的开发中，这种作用尤为明显。"大江大湖之滨及数顷数里之湖荡日渐筑垦，尽失旧迹"⑦，澧州甚至出现了"人满于土"⑧的现象。

移民，从它的原籍来源来说是各不相同的，复杂程度超出我们的想像。例如民国《桃源县志·氏族志》"姓氏族况一览表"登录了103姓

---

① 《康熙朝汉文朱批奏折汇编》第1册，档案出版社1984年版，第923页。
② 《康熙朝汉文朱批奏折汇编》第1册，档案出版社1984年版，第336页。
③ 参阅彭先国《清代湖南人口流向研究》，《求索》1999年第3期。
④ 宣统《永绥厅志》卷一五《食货户口》，成文出版社1975年版。
⑤ 乾隆《桂阳县志》卷四《风土志物产》，海南出版社2001年版。
⑥ 光绪《桂阳县乡土志·风俗》，江苏古籍出版社2002年版。
⑦ 杨锡绂《请严池塘改田之禁疏》，《皇朝经世文编》卷三八，世界书局1964年版。
⑧ 乾隆《直隶澧州志》卷七《积贮》，国学文献馆藏本2017年版。湖南人民出版社1995年版。

307 族的氏族来源与迁移时间，他们分别来自江西、江苏、河南、福建等省，光绪《湘阴县志·氏族志》记载了 85 姓 233 族的移徙情况，其中土著氏族只有 1 个，江西有 142 个，湖北 12 个，江苏 12 个，河南 7 个，安徽 3 个，湖南其他县份 12 个等。正是这样的一些人，在不断地流入、流动中构成了当时湖南的移民社会。随着人口的增加，人口与土地的矛盾也日益紧张，随着移民的不断流动，客籍移民与土著之间、移民与移民之间的矛盾也日益尖锐；移民社会正在由移民前的一种平衡状态转化为移民后的另一种平衡状态，正在进行一种自发的社会自我调节与整合，矛盾不断，冲突日炽。

以往的史学家往往以国家赋役对齐民课征的程度来说明社会矛盾的缓急，这虽然能说明一部分问题，但不能说明全部问题。

移民与移民氏族在迁居地进行自我调节与整合，并非全部受制于国家机器。每一个移民与移民氏族根据自身状况与所处社会环境总会有一个确定的社会目标，历史的矛盾就在于各个社会目标之间往往是利益相对、互相冲突的。因此，社会目标实现的过程实质上就是每一个移民氏族在移民社会实行自我拯救、侵犯其他移民氏族利益的过程。显然，要使这样一种冲突在当时的社会体制之下得到一个良好的调配是不可能的。因此，清中叶以后湖南社会的这种氏族调配与整合，实际上充满着混乱与无序。在这样一种残酷竞争中强盛起来的总是极少数，绝大多数只能是失败者，由此而产生的矛盾面与矛盾严重程度也是可想而知的。另一个值得注意的是，移民也对湘境瑶、苗、土家等少数民族的生活方式进行了彻底的搅动。汉苗、汉瑶等矛盾由此而凸显。

明朝对西南地区军事征服成功，建立了土司制度，清代实行改土归流，大量屯军进入少数民族地区。随之，大批汉族移民也在不同时段迁入。"故其人土著者少，寄籍者多，衣冠礼法，语言习尚，大率类建业。二百年来，熏陶渐染，彬彬文献与中州埒矣。"[①] "在永顺县，改土后客民四至，在他省则江西为多，而湖北次之，福建、浙江又次之。在

[①] 《滇略》卷四《俗略》，内蒙古教育出版社 2009 年版。

本省则沅陵为多，而芷江次之常德、宝庆又次之。"① 在永绥厅（今花垣县），移民进入之前，"永绥厅悬苗集中，环城外，寸地皆苗，不数十年，尽占为民地"②。曹树基认为乾隆二十五年（1760）湖南省永顺府属四县分类户口中，客户数已占总户数的35.1%，③ 嘉庆以后，湘西地区客民与新入籍客民数猛增。

移民的不断流徙，一方面是迫于生活的无奈，同时又要在不断地流徙中求得自存、壮大，困难是可想而知的。如前所述，一个氏族要达到自存、壮大，所要付出的代价是非常昂贵的。反复争斗的结果，只能是"缙绅之家，率以田庐仆从相雄长，田之多者千余顷，即少亦不下五、七百顷。"④ 结果是既有"坐致税利，为万金之家"⑤，"乘马百不牧，游食田野，数十里不犯人禾"⑥ 的豪富巨族，更有靠租佃度日，贫困难熬的芸芸众生。

移民社会本来就有众多的不确定矛盾因素，宗族之间发生械斗仇杀，只是把这种不确定导入一种危险的境地。在无序的移民中，任何一个过程与环节都可能产生社会矛盾，都可能使矛盾由小变大，当这种矛盾大到不可调和时，仇杀便是解决社会矛盾的最后方式。"楚之为俗，强凌弱，众欺寡。或因斗殴伤命未经告官，死亲统众先抄凶手之家，或小忿不忍因而溺水，亦率众扛尸抄其与口角之家。……其被抄之惨酷于贼劫，家囊牲畜棺椁房屋扫荡一空。"⑦ 因此，械斗仇杀，不仅仅发生于宗族之间土客之间，汉苗、汉瑶之间，种姓之间也随时有可能因为各种利益的攸关而演变为一场旷日持久的"战争"。"大斗之案，连乡数百村，聚众数万人。"⑧ 例如嘉庆二十四年（1819），江西客商与湘潭土

---

① 民国《永顺县志》卷六《风俗》，方志出版社2017年版。
② 魏源：《圣武记·乾隆湖贵征苗记》，世界书局1936年版。
③ 参阅曹树基《中国移民史》第六卷，福建人民出版社1997年版，第145页。
④ 转引自李洵《明清史》，人民出版社1957年版，第88页。
⑤ 同治《桂阳县志·货殖》，岳麓书社2011年版。
⑥ 同治《桂阳县志·货殖》，岳麓书社2011年版。
⑦ 同治《长沙县志》卷三九《政绩》，岳麓书社2010年版。
⑧ 《皇朝经世文续编》卷二一《吏政六》，国风出版社1963年版。

民发生械斗、仇杀，"滥死者无数，四境汹汹"①，这场仇杀持续了20多年才停止。在苗地，官府对苗民的需索、派累和骚扰也达到了令人吃惊的地步，这也是导致民变、民怨不断的一个重要原因。"设计吞噬，或倾一家，或败一族，恶可胜道哉？"② 有了这样一个"宽松"的背景，汉族移民便乘机向苗地进发，蚕食其地。移民过程，社会矛盾的排解方式往往都是采用这种极端手段，这是多么血腥、残酷。

强势宗族为了保证在这种纷争中立于不败之地，往往还与封建官吏结为联盟。而清中叶后的封建官场则是极其腐败的，官吏很容易被这种利诱所俘虏而成为豪姓巨族的代言人。地方官吏文恬武嬉，问缺分之肥瘠，"营私作伪，徇利旷官，积习相沿，恬不为怪"③。这样一来，就使得那些本处于弱势地位的宗族、移民与其他社团处于更为不利的境地。官绅联盟的结果不仅没有化解社会矛盾，反而制造了更多的更大的社会矛盾，并把自己推到了社会弱势群体的对立面上。例如，在太平军入湘前，湘南就发生了多起这样的案件。"常宁有白沙堡之案，衡山有草市之案，永兴有狮子寨之案，安仁有焚烧衙署之案，桂东有县城失守杀害把总之案，宜章、临武有广东匪徒滋扰之案，永明、江华有广西匪徒窜入杀害千总之案。"④ 官绅联盟带来的是无穷无尽的反抗。

笔者在这里所指的社会弱势群体包括客籍地主、佃农、佣工、衙役、兵丁、游民、中小商贩等。这样一些社会阶层，基本上是在移民中形成的。由于不断争斗，个别的地主、商人也有可能因争斗失败而处于劣势，形成与土著豪族的严重对立。在近代湖南，士绅阶层的这种分化是比较显著的。其中有相当部分流入下层社会，投身于秘密结社，尹尚英、周国愚、晏仲武、陈仲潮、周汉等便是其中的代表人物。

尹尚英的先祖从广东迁移入蓝山，经过几辈人的努力，至尚英时，家臻小康。"是时流丐结会，聚党横索，注其籍者，岁出钱若干保家，尚英名在籍中，要以起事，初不从也。会尹氏与居近郭氏争地，杀郭氏

---

① 光绪《湘潭县志》卷一一《货殖》，岳麓书社2010年版。
② 同治《城步县志》卷九，江苏古籍出版社2002年版。
③ 《大清德宗景皇帝实录》卷四六六，华文书局1964年版，第1038页。
④ 《曾文正公奏议》卷三《移驻衡州折》，朝华出版社2018年版。

七人，官捕急……遂反。"①

陈仲潮，新宁瑶民，其家殷富。道光十五年（1835），会蓝正樽与兰年余不睦，讼于官，不胜，乃与蓝正樽、张永禄等谋叛，为助起义，仲潮"尽卖其产以助之，又令党中之富者皆卖其产"②。

上面所提到的几位都是为清史载明的士绅投身于秘密结社的代表性人物。清中叶以降，湖南士绅跻身于秘密结社的当然不只是这些人。当秘密结社的势力发展到足以与村里的宗族势力相抗衡的时候，很多的士绅往往会选择一条中间道路，容忍结社组织的存在。

在这里，显然无法用过去传统的理论来解释由宗族仇杀所导致的部分士绅向秘密结社方向的流动（周汉反洋教有特定的历史背景，此不讨论），移民社会，矛盾是无处不存，无时不在的。有时候，有钱人之间的矛盾冲突比有钱人与穷人之间的矛盾冲突更大，性质更严重，由此产生的后果更残酷。后者的冲突对有钱人来说涉及的至多是局部的利益，而前者的冲突则往往涉及整体与根本利益，如若不胜，失败者遭受的后果可能就是永不翻身，倾家荡产的灭门之灾，所以失败的士绅求助于秘密结社，是很自然的事情。有时候，他们也会利用结社这种形式来实行联盟进行反抗斗争，例如，道光二十七年（1847），常宁县士绅"李孝经、吴楚良、李孝儒、吴勤光、王晋、易含三、殷磐、杨珙、李德淑、肖日荣、陈大醇、胡振虞、唐同茂……同盟于关庙"③ 谋求自保。

佃农、佣工、游民、中小商人、脚夫船夫、衙役等尽管社会职业有所不同，但他们的社会处境，却都是相似的，都处在一种中下层次的社会地位上。由于在政治、经济等各方面处于弱势地位，因而他们所受到的剥削与压迫是时刻存在的。例如，光绪年间，湖南耒阳多煤，佣工们就受到了非人的折磨。该县产煤处称为煤窿，窿户为了获取最大利益，设计诱骗佣工入局，"设计诱买穷民作工，名曰水蛤蟆，或诱入赌博

---

① 民国《蓝山县志》卷六《事纪》，江苏古籍出版社2001年版。
② 同治《武冈州志》卷一《大政志》，中州古籍出版社1991年版。
③ 同治《常宁县志》卷五《兵防》，右文书局1870年版。

局，博资既尽则促卖入窿，或外来愚民陷于无知，即被诱卖，卖价一二千文至数百文不等，入窿后永无归期，该窿户虐待工人衣不被体，食不果腹，有活阎罗王之称。令工人不分昼夜，两班站水中轮流推车，歇班则裸卧炉旁以就火气，几不复视以人类相待，连年被害而死者不下数千人，虽屡经地方官出示严禁，该窿户仍巧为规避，地方胥役亦视为利薮"①。像这种非人的虐待到处都有，令人无法忍耐，因而早在嘉庆年间，湖南的社会底层民众便秘密结社以求互助自保。嘉庆七年（1802）到道光二十九年（1849），这种结社组织大致有江华添弟会、蓝山三合会、道州天地会、清泉青莲教，武冈、新宁、善化、湘潭、新田、临武青莲教，浏阳征义堂，新宁棒棒会、把子会等，此外，还有担子会、情义会、丫义会、捆柴会、红黑会、串子会、红薄教、黑薄教、斩草教、结草教、红教、黄教等组织分布于全省各地。他们立会的最初目的便是因穷苦难度，希望通过结义兄弟同心仗义，遇事时互相帮助。随着势力的扩大，清当局才发现这些组织"诚恐不止希图抢劫，必有谋为不轨情事"②。而实际上，这样一些组织在民间的号召力是巨大的，"农辍耕，工抛艺，商委廛，破产捐金，携室家往从之"③。

就会党自身的发展特点来说，秘密结社在湖南经历了北方秘密宗教与天地会渗合（渗合形式为斋教）——天地会与哥老会——哥老会蓬勃发展等几个时期，并在太平天国，湘军撤裁，反洋教，资产阶级革命中显示了巨大的历史能量，这是其他各省会党所难以比拟的。

对豪姓宗族来说，为了对付这种山雨欲来风满楼的局面，他们开始编练设团，"四境俱以立团，大姓自为一团，零户数村一团，山民僻远，数十家一团，俱以营伍部署之"④。并规定，"团内如有结盟拜会吃斋演教以及赌博贼窝烟馆招引匪类……随时禀送，以凭分别惩处"⑤，如有"匪徒乘势扬言恐吓或暗地勾引结党坐食聚众抄抢以及逃兵逃勇

---

① 朱寿朋：《东华续录》（24册本），上海古籍出版社2008年版，第769页。
② 《曾文正公全集》卷三，线装书局2014年版，第70页，清刊本。
③ 《醴陵县志》（1948年铅印本）卷一《大事记》，湖南人民出版社2009年版。
④ 《蓝山县志》（1932年修订本）卷六《事纪》上，江苏古籍出版社2003年版。
⑤ 光绪《善化县志》卷三五《兵防》，岳麓书社2011年版。

沿路劫掠滋扰，即传各团立擒捆送"①。在道光年间，还煞费苦心地编写了劝民歌，"劝我民，莫结会，炎炎法律真堪畏，人生驱命重千金，休饮血盘成匪类"②。

地方官府与宗族对会党防范意识与措施的加强，表明了他们对会党发展态势的无可奈何，也说明在移民社会、弱势群体的弱势地位并不是绝对的，一成不变的。在一定条件下，他们也能形成与强势群体相抗衡的能力。关于这一点，秘密结社在湖南的演化便能比较充分地说明。

蓝正樽起事失败不久，便爆发了雷再浩、李源发起义。这两次起义，是比较典型的会党起义，在这一点上，史学界的认识是比较一致的。但也有学者认为是一次天地会起义，理由是起义军入桂后进军的方向正是天地会活动的最大地区，活动没有离开这里。③ 对这点，笔者不能完全苟同。事实上，这两次起义都不可能是纯天地会起义，因为天地会在湖南兴起后，很少呈独立发展态势，而是与北方白莲教（在湘称青莲教）融合，走教与会融合的发展路子，而新宁所在的宝庆府则是青莲教传播的主要基地，"斋匪与会匪合而为一，谓之黄教、红教"④；"以白莲教吃斋教诵经为名，多集党羽，有青家、红家、黑家诸名目（吃斋者曰青家、不吃斋者曰红家，行盗为盗者曰黑家，四出勾引者曰铁板）"⑤，封建士大夫皆目为"斋匪"。因而，把雷、李起义说成是一次纯天地会性质起义，明显缺乏史实依据。

雷、李起义在湘、桂边境地区对封建统治进行了沉重打击，也掀开了秘密结社大规模反抗官府与宗族势力的序幕。从此以后，湖南会党的反清势头便一发不可收拾，直接影响湖南乃至全国政局。太平军起事金田后，湖南"永桂以上，会匪充斥，乘粤贼之变，聚众称兵"⑥。太平军入湘后，"国藩疏言，湖南会匪之多，人所共知……凡人添弟会者，

---

① 光绪《善化县志》卷三五《兵防》，岳麓书社2011年版。
② 同治《芷江县志》卷六三《杂记》，江苏古籍出版社2003年版。
③ 马少侨：《太平天国前夕李源发起义》，《历史教学》1953年第3期。
④ 朱批：湖南巡抚裕泰道光二十七年九月十五日奏。
⑤ 光绪《新宁县志》卷一六《兵事志》，岳麓书社2011年版。
⑥ 王定安：《湘军记》，《粤湘战宋篇》，岳麓书社1983年版。

大半附之去，然尚有余孽未尽，此外又有串子、红黑、半边钱、一股香等会，往往成群结党，啸聚山谷。如东南之衡、永、郴、桂，西南之宝庆、靖州，万山丛薄，尤为匪徒卵育之区"①。在宁远，会党"分两家，红家为兵，听淫掠自恣，佛家为文官，青巾帕头，焚香诵经筹军粮。凡入教敛赀视多少授职，有金花、银花等馆，数日一聚，谓之放台。初入教，出钱二百，鸡血和酒同饮，众生始至公平墟，从者甚众"②。在浏阳，咸丰以后，地方绅士们也饱受"土匪之难"之苦，"土匪之变曰哥老会曰教匪，哥老会不知何始，教有黄、红、白三种，迹俱诡秘，（二种皆不知何自或曰哥匪倡自黔蜀，为天地会余孽，其党率盟约尚勇力，千里邂逅具以意语可默会，浏阳散归之兵多有之。其性淫悍，既不甘食力，又丰盍侈俗，恃党乃得如所欲，莫之抗也"③。同治以后湖南"会匪散勇在在堪虞"，"地方不敢明与构隙"④。同治五年嘉禾李春龙与卢明全等结拜红、黄、白三会，"平日在外扮作乞丐，邀人入会，已至五百余人，由广东星子岭会合，大股起事"⑤。同年，"湘乡、浏阳两县斋会各匪竟敢聚众劫杀，谋逆抗官"⑥。到了十九世纪末，一些著名的哥老会头目开始浮出水面率众叱咤于历史政治舞台。

由于同治以后哥老会在湘境四处蔓布，湘绅对哥老会又采取了一种游离观望的态度，不与清政府合作剿杀，因而湖南便成为全国哥老会活动的最大地区，他们占山据地，向集团化方向发展；他们利用各种形式，采取不同手段反清，清政府陷入一种剿之而不得，抚之而无术的无奈困境；他们使社会各阶级对哥老会刮目相看。所以清政府痛切指出："哥老会匪为害之烈，如枭蝮之忍鸷。"⑦

很显然，清代湖南移民与后裔通过秘密结社在反清、反洋教中表现出来的反叛精神对民国土匪所起的潜移默化的作用是不容置疑的，也是

---

① 王定安：《湘军记》，《湖南防御篇》卷二。
② 同治《桂阳直隶州志》卷四《事纪》，岳麓书社2011年版。
③ 同治《浏阳县志》卷三三《兵防》，岳麓书社2017年版。
④ 光绪《善化县志》卷一五《兵防》，岳麓书社2011年版。
⑤ 王先谦：《东华续录》，上海集成图书公司1909年铅印本。
⑥ 王先谦：《东华续录》，上海集成图书公司1909年铅印本。
⑦ 刘典：《刘果敏公奏稿》卷六，《湘军叛勇业经收复折》，中国文联出版社2015年版。

无法用数字估量的。假定我们把民国土匪看成是个社会运动系统，那么决定这个运动系统的首先应是内部诸要素，是它的政治、经济、历史等诸种社会背景。晚清以降，社会环境恶化了民间弱势群体的生存机会，为了生存，他们不得不通过超越社会常规的手段去达到生存的目的，通过骤然改变原有生存状态，搅乱社会秩序达到生存自救。因而，这既是民国土匪得以长期存在的社会基础，也是民国社会对清朝历史的一种承继，民国土匪对晚清会党的一种承继。

二 民国湖南土匪发生条件的再发育

土匪成因是目前民国土匪史研究中的一大热点。有学者认为：土匪形成的主导因素是"由于保留了封建的土地制度，农村经济落后，加之灾荒频仍，战争接连不断，产生了大量的流民与土匪"①。有的认为是"以往封建社会所固有的，例如严酷的封建剥削、天灾人祸、官绅欺压、宗族仇恨、好逸恶劳等，原因之二是19世纪末20世纪前半期，国际政局动荡、变化对中国的波及和影响"②。还有的学者认为是"清中叶以后，土地兼并十分严重，自然灾害连年不断，人口急剧增加，由此产生了大批流民，社会不安定因素大增"所致。③ 上述观点虽然反映了目前学术界对土匪成因研究的最新成果，无疑这些观点都是正确的。但这些成果基本上处于20世纪90年代初期的认识水平。贝思飞早就认为："土匪活动通常被描绘成人们在幻灭中怨恨社会而做出的绝望而疯狂的反应，而事实则恰恰相反，它们往往是对特殊的自然或社会环境作出的理性行为。"④ 蔡少卿指出："土匪主要来源于农村剩余人口。造成中国农村剩余人口的主要根源有两个：一是人口本身的急剧增长，一是土地兼并严重。"⑤ 因而，上述学术成果似乎是在重复贝、蔡已说过的心得体会，在理性认识的深度上没有任何突破。土匪在民国之所以盛极

---

① 敖文蔚：《民国时期土匪成因与治理》，《武汉大学学报》1997年第6期。
② 马烈：《民国时期匪患探源》，《江海学刊》1995年第4期。
③ 李英铨：《辛亥革命时期土匪活动的反动性》，《中南民族学院学报》1996年第1期。
④ ［英］贝思飞：《民国时期的土匪》，上海人民出版社2010年版，第4页。
⑤ 蔡少卿主编：《民国时期的土匪》，中国人民大学出版社1996年版，第4页。

一时,"许多是贫苦农民反剥削,反暴政的武装团伙,有其正当性"①。对于这一点,相关论点的学者似乎又没有看到。在这些学者眼中,土匪变成了十恶不赦的集团,具有反动性。② 对土匪这一民国社会现象,这些学者更直接涵定为"民国匪患"。对这个"患"字,笔者斗胆去理解,当然不是党派之患,而是社会共有之患。如果笔者的理解不错,那么这种表述当然不科学。因为民国土匪的基本走向是反社会与反政府。由于缺乏理性约束,这种走向富有相当的破坏性,但从反政府来说,它是民众起义,称之为"患"就十分不准确了。

就湖南一省而论,民国土匪之所以形成,既有民前历史的传承作用,也有民国再培育的因素。这种再培育因素大致可从以下三个方面分析:

第一,民国时期,农村移民开始大量向市镇、交通中心等地积聚、集中。农村移民垦殖、开发不但不是一种主流行为,而且在时空上已受到很大限制。这就使得晚清原有的生存方式、区域、空间向病态发展,从而促使社会边缘群体、职业的畸形发展。

研究一下近代湖南历史便会发现,湖南的农业性开发,主要是在清代完成的。从清初到嘉庆,湖南的农田开发与人口有了很大的增长,这种增长为嘉庆以后各时期所不及。

湖南一地的居民结构改变,又是从元末明初开始的。从明起,这种居民结构改变速度加快了。在明代,湖南相当部分县份人口结构的变化与增长都是比较快的。例如,湘阴县至雍正年间,有氏族202,其中土著来自江西142、江苏11、安徽3、河北7、山东2、陕西1、四川1、福建1、湖南其他各地12、湖北12,以前移入65,清代移入12,其余都是在明朝完成的。③ 桃源县有氏族302,其中来自江西249、江苏10、浙江、安徽、河北2、河南2、山西1、山东2、陕西1、重庆2、福建2、云南2、湖北6、湖南其他各地17,元末以前迁入25,清代迁入26,

---

① 王天奖:《也谈本世纪20年代红枪会运动》,《近代史研究》1997年第6期。
② 李英铨:《辛亥革命时期土匪活动的反动性》,《中南民族学院学报》1996年第1期。
③ 参阅梅莉等《两湖平原开发探源》,江西教育出版社1995年版,第256、257页。

其余都是明代迁入。① 总之，明清两代移民大潮入湘与入湘移民后裔人口的再生产，不断改变着以前那种地旷人稀的状况。从乾隆中叶起湖南人口就呈"爆炸"式增长态势。明万历六年（1578）湖南人口史书记载为191万余人，清康熙二十四年（1685），由于战乱与灾荒减少为121万人，但至乾隆十一年（1746），即剧增为1354万人，至道光二十年（1840），增为1989万余人，与明代人口相比，300年间，增至10倍强。② 近代前期，湖南人口虽有缓慢增长，但已不同于清以前的大起大落，也有异于清前期的"爆炸"式激增，而是呈现稳定、缓慢的发展趋势。总计1840—1911年的70年间，人口由19891000人增长至23402992人，共增长3511992人。③ 其中，各类户口的变动也是非常大的，根据曹树基先生的研究成果表明，清代湖南永绥厅各类户口的变化是：雍正十一年（1733），苗民户为5228户，人口为23636人，客民与新入籍客民则无史可考可查。乾隆间，苗民户口呈增长态势，但至乾隆十六年（1751），客民户数已有1914户，人口8721人，至嘉庆二十二年（1817），客民与新入籍客民相当于苗民户数的35%，人口相当于苗民的11%。④ 这种短时期的巨大变化，是相当令人吃惊的。

　　在农耕时代，政府移民与氏族移民的目的就是为了垦殖，进行农业性开发。这种开发，一方面使封建经济得到了发展，同时也满足了移民的基本生活需求。（当然，这种由移民带来的人口增长与农业生产发展，肯定会产生社会问题）受当时生产力发展水平与封建剥削制度的限制，人口过度增长，势必会造成人多地少，共争田亩，其结果是形成封建社会的相对人口"过剩"，从而使这些"过剩"人口无业可就，这种状况在民国时期比较明显。因而民国以后，湖南农村流民便大量涌入市镇等地，市镇由于就业机会有限，又强烈排斥这个群体的滞存，如此反复，从而促使社会边缘群体与边缘职业、边缘生存区域的畸形发展。

　　1936年12月，湖南各县市进行人口普查，查得新化县总人口为

---

① 参阅梅莉等《两湖平原开发探源》，江西教育出版社1995年版，第256、257页。
② 参阅刘泱泱《近代湖南社会变迁》，湖南人民出版社1988年版，第21—22页。
③ 参阅刘泱泱《近代湖南社会变迁》，湖南人民出版社1988年版，第31页。
④ 参阅葛剑雄主编《中国移民史》（第六卷），福建人民出版社1999年版，第145页。

816749 人，有职业的男性公民为 298874 人，女性为 128726 人，合计 42.76 万人，占总人口的 51.7%。无职业的男性为 148409 人，女性为 24.07 万人，合计 389149 人，占总人口的 48.3%。另据民国《湘政五年统计》表明，1941 年新化县总人口为 809490 人，就业年龄人口 564639 人，有职业的 479467 人，占 84.9%。① 如果我们以新化县相关数据为参照数据，则推算出湖南无职业之就业年龄人口比例就可能在 5%—15% 之间，1941 年，湖南人口为 28031420 人，就业年龄人口按 70% 推算为 19621994 人，无职业之就业年龄人口若分别按 5%、10%、15% 推算就约为 100 万、200 万、300 万人。也就是说，民国时期湖南始终有 100 万—300 万人处于无业状态，临近无业状态的群体人数可能更庞大。这两部分人实际构成了一个十分庞大的社会边缘群体，找不到活路又要生活于这个社会，他们的生存出路便是一个社会大问题。在迫不得已的情况下，他们就有可能去从匪，正如《北华捷报》记者所言，土匪和百姓之间"真的没有明确界线"②。

民国时期，由于战争与灾荒，农村人口相对过剩，农村流民不断向城市积聚，而城市虽已迈入近代社会，但湖南城市并没有真正意义上的近代工业与工业体系，因而它的"造血"与"输血"功能都严重不足，要解决流民的就业与吃饭问题，明显是不可能的。湖南"四民失业，财政奇穷"，"四境居民，空空如洗"③。在江华、永明，乞丐觅食，百十成群。1920 年安化出境饥民二十余万，"街巷路途，尽是过路饥民，沿途乞食数日恒不获一饱"④。因而当时就有人认为：为匪者"其中以迫于衣食，铤而走险者，居半数"⑤。"新化为湖南第一灾区，人民之流离死亡，以数十万计，资江流域下至滨湖各县，无处不见有新化饥民踪迹。"⑥ 1939 年的沅陵县城，更是一个满街蓬蒿，家家日落闭户，只有

---

① 参阅《新化县志》，湖南出版社 1996 年版，第 150—151 页。
② 《北华捷报》1927 年 3 月 5 日。
③ 《大公报》1920 年 2 月 28 日、5 月 12 日。
④ 《大公报》1920 年 3 月 21 日、10 月 26 日。
⑤ 《大公报》1920 年 3 月 21 日、10 月 26 日。
⑥ 《大公报》1922 年 1 月 25 日。

盗匪才出没其间的中古之城。① 长沙一城，疲于应付各地蜂至的饥民，粥厂、棚厂林立，大街小巷游民、饥民如织。常德为湖南一大商埠，交通便利，但民国时期已呈"百孔千疮状况，每见大好建筑，颓废不堪，繁华市面，诸多倒闭"②。农村无法生存，城市找不着生路，"过剩"人口到哪里寻觅生存之地呢？上山为匪便是其中的一个出路。

第二，社会转型失败综合症。

自1840年以来，中国在政治、经济、文化等诸方面都在经历着前所未有的深刻变化，进行着社会转型。旧的社会政治秩序、经济秩序、文化秩序等在欧风美雨的吹打下被破坏，但新的社会秩序并没有因为旧的社会秩序的破坏而新生，湖南更是如此。

湖南自19世纪末开埠通商。约在19世纪七八十年代，湖南的商品经济在谷、米、盐、茶贸易领域曾有过较大的发展，有过一些具相当影响的资本家，如朱昌琳、黄冕、黄瑛、魏鹤林等。1895—1911年间，湖南陆续创办了183家近代企业，总投资额约1982.3万元③。产生了一些具有较大社会影响的资本家集团，如梁焕奎兄弟、龙璋、蒋德钧、廖树衡父子、熊希龄、王先谦、黄忠浩等。湖南的产业工人产生较迟，数量较少，至辛亥革命时期，估计不到1万人，主要分布在工矿、交通部门；至五四时期，湖南约有近代产业工人4.2万人，其中工厂工人1.5万余人，矿山工人2.3万余人，铁路、邮电工人0.4万余人。④

戊戌维新时期，谭嗣同等湖南维新人士曾以西学、西制呼唤进行变法革新，批判封建专制主义，主张君末民本，但这股政治清风并不能洗涤封建专制的千年陈垢，虽然它也会产生一些积极的社会影响，但在守旧派的"正心术""尊圣教""辟异端"的叫喊声中，维新派被扣上了"背叛圣教、败灭伦常、惑世诬民"的罪名。例如皮锡瑞被诬称品行卑污，学术乖谬，"前主讲江西经训书院，自号经师，倡为邪说。去年该举人回湖南主张南学会。与梁启超、熊希龄等宣演平权民主之说，明目

---

① 参阅沅陵《中报》1939年12月28日。
② 《湖南民报》1926年11月4日。
③ 参阅傅志明《清末湖南资本主义的发展与辛亥革命》，《求索》1983年第3期。
④ 参阅刘泱泱《近代湖南社会变迁》，湖南人民出版社2008年版，第258、259、289页。

张胆,侮乱经常"①。政治改革新思维便随着维新派的政治短命而仙逝。

因此,湖南自1840年以来,能经得起封建主义风吹雨打的资本主义的政治、经济、文化亮点并不多、并不大、并不强,与随着湘军而勃起的军功官僚集团相比较,两者之间所具有的政治能量、社会能量远不能同日而语。

湘军在短短十数年间,招募数十万之众。大批湘军将领由此而跻身吏行。太平天国失败后,大量的军营显贵,源源不断还至故里。刘泱泱先生统计,终晚清时期,湖南人先后担任督抚者增至37人,历任大学士、军机大臣、部院大臣、内阁学士等重要职官共52人,约占当时汉族高官大吏总数的1/10。②据光绪十年(1884)刊《湖南通志》所列名单统计,全省因军功保举武职游击以上人员,即达6319人,其中提督478人,总兵1077人,副将1534人,参将1464人,游击1766人。这样一个军功官僚集团,已经成为湖南官场上的一个庞然大物,他们由军功自立、至显,由至显而涉政、干政、揽政。晚清湖南地方政局,基本上由这些人控制、把持。政滥、政酷达到了极点,"近来官场积习,以官为谋利之阶,剥削脂膏,取民肥己,迨经发觉参革,无不满载而归"③。社会转型,既是一个社会运动过程,也是一个社会变迁过程。社会变迁的涵义是十分广泛的、纵向的和持久的。社会转型应当是社会变迁的最后与最高阶段,是无数量变以后的质变。

如前所述,湖南自1840年进入近代社会,至辛亥革命时期,虽然在各个方面都在发生变化,旧的社会秩序正被破坏,但最为明显的嬗变仍是上述几点。近代社会转型,从本质上讲,是从封建经济迈向资本主义经济,从封建制度迈向资本主义制度。社会的政治、经济、阶级等结构应当向资本主义制度嬗变与靠拢。这种嬗变与靠拢不应停留在社会表层,应有一定数量社会量变作为基础。从理论上讲,伴随着清王朝倒台

---

① 张之洞:《遵旨裁撤湖南南学会、销毁会中各书》,《张之洞奏折》,大象出版社2009年版。
② 参阅刘泱泱《近代湖南社会变迁》,湖南人民出版社2008年版,第258—259、289页。
③ 《十朝圣训》光绪二十五年五月,卷四四六,北京燕山出版社1999年版。

的不仅仅是它的政权、国家机器，还应该是它的制度、体系与思维、文化观念。这样的一种社会转型应该是无道理可讲的，是历史发展所规定了的。如果我们以此来衡量湖南的近代社会转型，就会发现，无论从何种方面来看，湖南的近代社会转型都没有达到这种转型所要求的高度、宽度与深度，是一种完完全全失败了的近代社会转型。为什么这样说呢？因为，从人口的绝对数量与相对数量看，湖南的近代产业工人与资本家在湖南人口中所占比例何其少，少到几乎可以忽略不计（一定时期），当时，工人所占人口数量比是2300：4，占湖南总人数的0.2%，资本家人数所占人口比重则更小。因而，从实际能量看，它们在近代前期所起的政治社会作用几乎可以忽略不计。更耐人寻味的是，近代湖南资本家与地主等的代表人物的政治思想似乎有些历史错位。例如王先谦一般视为政治上保守的人物，反对戊戌维新变法与辛亥革命，但在经济活动中却比较开明，在政治上，他进士出身，累迁翰林院侍讲，国子监祭酒、江苏学政。1889年回长沙定居后任城南、岳麓书院山长。维新运动初期，与人创办宝善成机器制造公司，曾参与发起创办时务学堂。戊戌政变后，与人创办湖南炼矿总公司，任湖南粤汉铁路总公司名誉经理，对湖南近代实业的发展确实产生了一定的影响。黄忠浩在湖南长沙光复时被起义新军所杀，政治上一般视为比王先谦还要反动、保守，而在经济上，他对西学、西技、西器是持欢迎态度的。黄忠浩早年潜心研究农、工、商、兵诸学，曾集资开办金行，与熊希龄、唐才常等交厚，主张兴办矿务，1902年曾赴日本考察矿政。

近代历史人物在政治、经济思维观念上的历史错位虽然由很多因素决定，但我们很容易把之看成是转型时期社会转型发育不全的必然结果。近代以来，资本主义制度只是通过战争、不平等条约等有限层面来展示了其优越性，所有这些冲突与隐喻在冲突之中的"展示"，充其量只是两种制度在表层上的一种冲突，非常有限，非常不够。虽然像魏源、曾国藩等已认识到西技、西学之长，但这种认识又总是在中国固有的夜郎心态下去认识的。他们的原始出发点本来就比较阴暗（而且这种阴暗心理也一直是清代官场的主流文化），"中体西用"正是这种主流文化与阴暗心理的完整表述。所以，在近代，要在政治上完成社会转型，是不可能的，因为完成这种社会转型的主客观条件完全不具备，所以像王先谦、黄忠浩这样的人在政治上保守、反动就不足为怪。

近代历史的矛盾在于，不具备社会转型的条件而强行实行了社会转型与社会革命，这样的社会转型当然只能是失败，就像毛泽东所说，仅仅是赶跑了一个皇帝，其他什么也没有达到。由此而产生的社会问题必定是多如牛毛，积重难返。这样，土匪在民国以后的社会化与民众化状况便不难理解了。

第三，军阀政治的必然产物。

就社会秩序来说，近代以来，湖南的总特点是"乱"。民国以后，这种乱象有增无减，《民国日报》1926年5月6日时评指出："军队土匪化，已成为今日中国普通的现象。那么，招土匪为军队，不也是一件普通的事么？"同年3月26日，该报发表《兵匪合一》的时评，感叹："盗匪是凶恶的，丘八是凶恶的；合盗匪与丘八而为一，真是凶恶中之尤凶恶的事。"湖南真是到了兵匪不分，民匪难辨的地步。匪窝、匪巢遍地，设卡设局频频，人们谈匪色变，三湘居民，夜不安枕，土匪则乘间窃发，明火执仗，啸聚山谷，城市乡镇村落，无日不有遭扰之虞。

为什么会出现这种局面呢？在笔者看来，其中一个非常重要的因素，便是军阀政治所带来的必然结果。辛亥革命后至新中国成立前夕，湖南的政局一直不稳，政潮不断混战不已，军阀政客互相倾轧，排斥异己，招兵买马，打击对方。政局在军阀们的明争暗斗下动荡起伏。例如，1923年7月，谭延闿在广东以三民主义相号召反对赵恒惕，讨贼军司令赵恒惕则以维护联省自治的省宪为名，组成"护宪军"对抗谭延闿，两军对峙。赵恒惕出走后，湖南内部就分裂为唐生智、叶开鑫、贺耀祖三派，三人地位宗旨各不相同，为谋权勾心斗角。唐服从国民党反吴佩孚，叶拥赵亲吴，而贺则自称中立。唐在战胜叶开鑫后挤压贺耀祖，贺军孤处常德，素为唐、叶所疑，处境孤立，所以在唐的挤压下，他打起了降鄂自全的主意。何键为了争权，扛起孙中山的三民主义做大旗，要做救人救世的湖南"救世主"，要湖南的老百姓跟着他走。[①] 而

---

① 参阅《湖南民报》1926年9月2日。

后来的事实证明，他是湖南政坛上为数不多的"活阎王"。

中国自辛亥以后就进入了军阀分治时期，这颇有点像唐中后期的藩镇割据，湖南就是这种割据藩镇中的一个大藩镇。按理，历史发展的方向应该是朝文治、法治时代迈进，在历史的变革当中，如果老是上演军阀你上我下，轮番登台表演的历史丑剧，那么我们就会怀疑历史到底是否有发展，在政治历史舞台上展尽其才其能的如果老是这样一些军阀，那么我们就会怀疑中国的政治文化品位。设想一下，一个老是由军阀控制的国家与政权将会是一个什么样的国家，什么样的政权？就人类本性来讲，军阀所展示的无非是人性残暴、阴暗的一面，如果在几千年以前，在人类刚刚跨入文明社会，军阀当政还情有可原、可讲之处的话，那么在几千年后，军阀执政就应当视为"文化返祖"的一种落后历史现象，它与近现代文明所需要的文明法制格格不入，因而在近代历史的大潮中，军阀们不应视为历史的英雄，而应看作秦始皇幽灵在后世的再现。

在湖南，像赵恒惕、唐生智、叶开鑫、贺耀祖、何键、薛岳等地方军阀一直把持地方军政大权，他们为排斥异己，拼命扩军，硬是把民国时期的湖南，变成了一个军阀世界，硬是要把所有的男人都变成他们的走卒，硬是要把百姓的生活，打上一种军阀政治的烙印，硬是要把军阀的文化观念强加于整个社会。故武人政治的直接结果便是民以兵为生，久之便以兵为业。而土匪大半是由溃散之兵与游民组成，所以百姓为兵为匪实际是军阀使然也。"照得天祸中国，乱贼集于吾湘。连年战争不已，万般扰害农商。其中罪魁祸首，曰谭曰赵曰张。谭张两贼已去，赵妖犹揽政纲。今年与鄂开战，失去数千杆枪。均皆落于匪手，抢劫散布各乡。赵妖此次罪过，久已达于上苍。"[①] 这一段话，是民变为兵，兵变为匪最好不过的注解。"湖南素称多匪之区。自北伐之声浪高唱，而一般边匪乘机四起，结股杀掠，肆无忌惮。曰某梯团，曰某混成旅，曰某北伐军，曰某司令部，名称不一，无非施其杀掠伎俩。"[②]

---

① 《大公报》1922 年 1 月 7 日。
② 《大公报》1922 年 3 月 8 日。

第二节　湖南土匪内部系统

一　土匪的分布

社会上有一种错误认识，以为民国时期的湖南，只有湘西才有土匪，这是不对的。土匪其实遍布于湖南城乡的每一个角落，而不是仅仅限于湘西一隅。湘北、湘东、湘南等地，土匪的活动也是很猖獗的。以下仅举几个例子略作说明。

在零陵，"距东安县六十里许之石矶栈地方木乡村，一大市场地接粤西，山深树密，盗贼易于潜伏，居民常遭蹂躏，阴历正月二十四日夜竟来大股会匪蜂拥此间，炮声隆隆，火光闪闪，大号一鸣，四处火起，男女大小纷纷逃难，无人扑火，以至房屋被匪焚烧计达一万零二栋，银钱服物不可胜计"①。

武冈小东乡之金坪市在1917年商贸比较发达，交通便利，农历五月二十日遭匪抢劫，繁盛不再。土匪"携洋枪，步枪，马刀等具，鸣枪破门，抄劫怡美堂、宝生隆兼贞吉乾兴四家，所失约六七千元，……在龙匪身上搜出部据名片多张，上印杨吉卿、号青元、湖南祁阳等字样"②。

在湘北，平江县西南北三乡，"时有自称护国军啸聚，然究其实，不过洪灯会中之打家劫舍"。在湘南，"衡山发现一股土匪出没于该县凤凰山、小华山一带，号称梭标队，间有快枪，专以勒索劫掠为事，行旅视为畏途"③。

土匪在三湘四水中抢劫客轮、行船，也是胆大心细，轻车熟路。1919年10月27日，一艘名叫恒安轮的客船由株洲开往湘潭，该船驶至湘潭下湾地方时，"忽来灰衣客七人。荷枪立河畔，高声呼停轮，该船

---

① 《大公报》1917年3月5日。
② 《大公报》1917年7月19日。
③ 《大公报》1917年7月12日。

答以此处向不停轮。七人说，若不必停，将开枪轰击。该轮惧，遂停。七人登轮，恣意搜括。搭客有携洋圆铜圆数千数百者，女客有携首饰多件者，都被夺去……适来一舟七人即携所劫登舟，忽哨一声，扬帆驶去"①。船号恒安，其实不安。另外，湘潭与湘乡之间的龙山与乌石寨，向被国民党政府目为湖南的"梁山"。龙山确是一个富有历史性的绿林好汉之家，打从这里经过的客商，无不有提心吊胆地脑子里呈现着"留下买路钱"的心理。②

就湘西而言，民国时期的湘西概念与现在的湘西是大不一样的。当时的湘西还包括现在的怀化市所属各县，以及常德、邵阳、益阳三市所属部分县市，约有30个县属地区，面积约相当于湖南的1/3。因为这里的土匪活动在临近解放时最为猖獗，所以给人的印象就是湘西土匪等同于湖南土匪了。

湘西自民国以来，社会更是处于动荡之中，由于地处南北军阀争夺的焦点地区，战乱从未停止过。护国、护法运动，南军与北军对垒，这里都是主要战场。自此以后，湘西就成为南北军阀、邻省军阀、省内大小军阀残杀的演练场。③ "吾湘频年战乱，始于南北之争，继以同室之斗，生命财产之损失，教育实业之摧残，惨目伤心，不堪细数。"洪江市从1912年到1948年就有各派系24支军队进驻④，晃县从1916年到1933年就有各派系9支军队进驻。⑤ 这些军队每到一处，即"广招军队，民间房屋占住殆遍，凡其所居，搬毁一空，开拔之处，往往夷为平地"⑥。湘西所有州县"大兵云集，无论城乡，触目皆兵，城乡人民咸相离家以避其锋"⑦。

蔡少卿先生阐述湘西土匪形成原因时，认为存在于苗族、土家族各村寨、各家族之间的武装械斗、血亲复仇也是其中重要的原因，"不少

---

① 《大公报》1919年10月27日。
② 长沙《力报》1948年4月2日。
③ 《大公报》1924年1月25日。
④ 参阅《洪江市志》，生活·读书·新知三联书店1994年版，第498、500页。
⑤ 参阅《新晃县志》，生活·读书·新知三联书店1993年版，第三章《驻军》。
⑥ 《大公报》1925年5月17日。
⑦ 《民国日报》1916年6月25日。

斗败的家族成员流为匪帮……血亲复仇常常是延续数代人，涉及几个家族"①。笔者认为，蔡先生所论及的实质上是一个民风问题。世居湘西的各少数民族，的确留有古代南蛮、九黎、三苗尚武好斗习性，张治中在任湖南省主席期间曾对湘西做过实地调查，也确认湘西人民风强悍，尚武好斗。沈从文在他的散文长卷《湘西》中写道："男子好杀人"，"湘西人充过兵役的，被贪官污吏坏保甲逼到无可奈何时，容易入山做匪"②。在谈到湘西民风民情时，我觉得从文先生对湘西男性的特点有一个很好的注解。从文先生描述湘西的男子重在为友报仇，扶弱锄强，挥金如土，有诺必践。尊重读书人，敬事同乡长老。换言之，就是还保存一点古风。有些人虽能在川黔湘鄂边数省号召数千人集会，在本乡却谦虚纯良，犹如一乡巴佬。湘西男子决斗时两人用分量相等武器，一人对付一人，虽亲兄弟只能袖手旁观不许帮忙。仇敌受伤倒下后，即不继续填刀，否则被人笑话，失去英雄本色，虽胜不武，犯条款时自己处罚自己，割手截脚，脸不变色，口不出声。"总之，游侠观念是古典的，行为是与太史公所述相去不远。"③

从本质上讲，民风、民情与生活方式、生产方式及环境有极大的关系。例如：我国古代的游牧民族如突厥、吐蕃、党项、吐谷浑等都有"尚战死、恶病终"的习俗，这种习俗实际上与他们迁徙无常的生活方式，在大漠与草原必须时时与恶劣的自然环境及敌对部落进行争斗有极大的关系。湘西也是一样。湘西的地势由北向东南倾斜，雪峰、武陵两大山脉纵贯其间，其中包括雷公山、越岭山、十万大山、八面山、斗篷山、八大公山、白云山、太浮山等土匪巢穴之地。境内大小溪河200多条，主要有沅水、澧水、酉水、武水、舞水、资江等。复杂的地理环境成为土匪活动的理想之地。湘西又有10多个县与鄂、川、黔、桂、渝五省市交界。民国官府对边界的统治极不重视，地方官府为图清静，不想染指边界纷争，更不想与本地土匪交恶，所以，土匪一旦被官兵征

---

① 蔡少卿：《民国时期的土匪》，中国人民大学出版社1996年版，第191页。
② 沈从文：《苗民问题》，《沈从文作品精选》，广西师范大学出版社2000年版，第303—304页。
③ 沈从文：《凤凰》，《沈从文作品精选》，广西师范大学出版社2000年版，第41—42页。

剿，可以穿梭流窜，长期野外生存。

湘西各少数民族历来受统治阶级的压迫与剥削。长期以来，多次进行反抗，前仆后继，养成了不屈不挠的果敢斗争精神。这样一些起义，在统治者看来当然是"社会越轨"，是犯罪行为，这些起义的人是"土匪"。在史家看来，这种土匪活动则是民众反压迫，进行自我拯救情况下的"社会越轨"。他们以抢劫为业，危害社会为主，被当地百姓称为"强盗"与"抢犯"。他们桀骜不驯，逞能好强，拖枪聚众，杀人越货，落草为匪。这种土匪，大约有农民土匪、政治土匪、侠盗型土匪、明盗暗匪等几种类型。[①] 这些土匪活动由于由来已久，因而具有历史传统。在明朝末年，沅水和澧水之间，就有人脸上涂着锅灰，或蒙着面纱进行抢劫。到了近代，这种活动明显增多，除了农民土匪之外，新加入土匪行列的还有退伍的官兵和散兵游勇，如此前已论及的"湘军撤、哥老会兴"，大批的被裁兵勇啸聚山谷，打劫为生等等。1916年"湘西之役"，袁军大败，熊克武假道湘西北伐，湘西陈渠珍拒敌，惨败。两次战役中又不少人为土匪所获，继而为匪，土匪的产生就这般多了一个又一个途径。总之，由于众多因素的促成，湘西的土匪就显得比湖南其他各地的土匪人数多、规模大、能量足、为匪时间长，因而对社会的影响也大、留给后人的记忆也最深。湘西土匪几乎变成了湖南土匪的代名词。

二 民国湖南土匪的成分

什么人当土匪？在不同时段、不同地域，当土匪的人的成分有何相同或不同？匪首与匪众成分有何差别等等问题，都是土匪史研究中不能回避的问题。因为"过这种日子没有人是为了好玩"[②]。

当我们界定土匪时，总要对零星土匪、团伙土匪（股匪）、土匪集团等有所区别，虽然土匪（不论人数多少，规模大小等等）在性质上是一样的，都是民国时期在社会转型失败情况下社会弱势群体进行自我

---

① 参阅蔡少卿《民国时期的土匪》，中国人民大学出版社1996年版，第192—193页。
② [英] 贝思飞：《民国时期的土匪》，上海人民出版社2010年版，第89页。

第六章 人口与民国湖南土匪问题

拯救的一种非法性武装组织团伙,但由于数量上、规模上的不同,因而在许多重要场合,不同层面下的土匪所从事的土匪行为有着重要区别。而且,在这些重要区别的背后,往往隐含着许多深刻的社会因素。

什么人在什么状况下当土匪?什么样的社会环境容易使什么社会层面的人当土匪?土匪又会在什么样的社会环境之下容易生存与发展?如此等等,都是土匪史研究中亟待研究的问题。贝思飞在《民国时期的土匪》一书中对上述问题进行了系统的探讨。这是目前国内外对民国土匪最为系统、完整的研究,笔者在展开讨论之前,认为有必要把贝思飞的成果简介于兹。

贝思飞认为土匪基本源于农村,它首先发生在地少人多、物产不足的地方,在农村生活最不稳定的群体中产生;其次,农村帮派、种族因素对土匪的产生也有微妙的作用,在帮派、种族斗杀中失败的人除了参加土匪外很少有其他选择;第三,从年龄段来看,十几岁、二十岁左右的年轻人是多数匪帮的来源,30岁是从事土匪活动的关键年龄。他们没有家庭的负赘,可以在不堪忍受亲属关系压力的情况下离开村子进入匪帮——一个他们想像中的新体系;对已婚男人来说,非法的匪徒生活对他们仍有吸引力,特别是贫困家庭的丈夫出外当土匪,妻子操家务,这在中国的农村很是常见;最后,军队也是土匪活动的来源。

贝思飞所论述的,按照笔者的理解,就是农村弱势群体中的相当部分人去从匪。这种弱势群体,从贝思飞的分析中可以看出,主要是指他们在经济状况、氏族斗争等诸方面的弱势,在通过自身努力改变不了或改善不了弱势境地的情况下,许多人便去从匪,进入他们想像中的新体系。

贝思飞的这种分析当然是有道理的,他几乎对农村各个社会层面的人都进行了分析,堪称系统与完整。但他的分析似乎有两个不足:一是局限于河南,二是仅把眼光放在农村(农村的农民当然是土匪的主要来源,但不是全部来源)。道理很简单,近代社会一直处于社会转型之中,到民国时期,经过了几十年的转型阵痛之后,社会转型并没有成功,随着社会转型的失败,社会的政治、经济、军事秩序及其运行几乎处于一种失控状态。社会问题、社会矛盾日渐突出、激烈,社会各阶级集团在这种失控状态中为着各自的政治、经济等利益而进行着殊死的搏斗。在这种较量中，农村中农民的社会处境当然最为不利、悲惨，所以成为土匪的主要来源便不足为怪。所以，什么人当土匪中的"什么人"主要应指农民。但是土匪中的人，又不仅仅是职业农民，为什么呢？道理也很简单，因为他们不是唯一和全部社会弱势群体的代表。

社会弱势群体并不是一个固定不变的东西，一般来说，它是指处于某一社会层面的人群在政治、经济上处于相对弱势状况，这种弱势有时是与整个社会相比较，有时则是与同一社会层次的敌对人群相比较。在这两种弱势状况下，他们由于在生活待遇、劳动生产、知识教育、社会资产及地域差别与竞争等方面均处于不利地位，所以，他们成为社会结构中的薄弱带，处于这种薄弱带的人就有可能去从匪。

因此，从理论上讲，只要是处于不利社会地位，社会环境的压力逼迫他没有其他选择时，什么样的人都有可能当土匪。但反过来讲，也并不是处于不利社会处境的人都会去做土匪，为什么呢？因为社会的弱势地位，只是从匪的一个必要条件，一个必须前提。对于很多社会群体来说，弱势只是相对的东西，暂时的东西，在一定的条件下，这种弱势可以发生变化，而不像农村职业农民一样，处于一种绝对、固定不变的弱势地位。因为，除了从匪，他们还有其他种种社会选择，只有当其他社会选择行不通的时候才会从匪，才会"逼上梁山"。

曹保明在他所著的《土匪》一书中，曾对东北土匪做了四种划分："纯土匪""杀富济贫""救国救民""旧军人"，土匪的起因有"逼上梁山""图官""图财"三种。[①] 虽然曹保明为此没有做过多的理论阐述，但在总体思路上与贝思飞是一致的。在客观上，他们的研究成果也反映了当时中国历史的实际：农村的不断贫困化是土匪形成的基本原因。因为如此，所以民国时期土匪在招募新的成员时，呼喊出了这样的口号："你多么贫穷！如果你跟我来，你会得益匪浅，如果你想喝，就有大碗酒，如果你想吃，就有大块肉，如果你想玩，有的是姑娘。"[②]

---

① 参阅曹保明《土匪》，春风文艺出版社1988年版，第1—5、21—27页。
② 《北华捷报》1934年8月11日。

虽然土匪生活并非像这段话那样随心所欲和充满诱惑,但从这个口号可以看出,如果农民去做土匪,实际上就可能进行一种社会角色的转换,进行一种社会自救。当身处绝境时,如果贫困的农民不进行这种社会角色的调整,他就会在贫困的道路上越走越远,最后,连最为基础的生活都保障不了,更无从奢谈享受一个正常男人应当享受的生活。因此,只有从匪才可改变原先那种境遇,才可能从原先的一无所有者变成某种程度上的随心所欲者,从而满足其基本的生活、生理要求。在湖南,正如笔者在前阐述的那样,这种想从匪与被迫要从匪的人真是太多了。"吾湘年来,政潮屡起,战争不息,兼之水旱迭乘,饿馑荐至,人民不罹兵祸之灾,即遭天灾之祸,转徙流离,死亡载道,凄惨万状莫可名言。"① "生活不易,良民多冒死走险。而解散之匪军又复过多,因之四乡匪风大炽。"②

在湖南,对于有的人群来讲,他们从匪进行自我拯救的原因并非像职业农民那样明了、简单,是为了社会生存的这一社会需要。他们怀抱的希望与贫苦的职业农民有很大的不同,因为他们的职业背景不仅仅是务农。例如:辰溪的土匪中惯匪很多,终身为匪或世代为匪者不乏其人、其族。原温和乡(今大水田乡)菜田垅之张贤乐、张嘉乐兄弟,清末民初即为匪首,到子辈张玉琳、张玉玖、张玉琨、张玉琢、张玉德、张玉和等,再及下一辈张文龙、张文祥等,从匪前后相继达40余年。显然,这是生活在农村中的职业土匪。湘东茶陵也是土匪卵育区。据相关资料统计,茶陵1990年人口55万多人,其中谭、陈、刘三姓就占去总人口的一半,民国以来,该县境内"宗族观念较浓,茶乡(今火田、八田、高陇、湘东、秩堂、小田等乡镇)一带尤甚"③。该县的土匪兴盛,与这种氏族歧视、压迫密切相关。当局调军队防堵镇压土匪,但依然收获不大。富户大姓被指者"不敢直言"。④ 与茶陵相邻的炎陵县,"以弹丸小邑,僻处偏陲,毗连赣边,峦重嶂叠,地瘠民贫,

---

① 《民国日报》(上海版)1926年5月20日。
② 《大公报》1926年3月5日。
③ 《茶陵县志》,中国文史出版社1993年版,第671页。
④ 《大公报》1925年5月19日。

数年来兵灾匪祸，迭相频仍，溯自民七南军北进，师旅云集，数达十万，所有公私财物搜括殆尽，元气断丧，已达极点，前年九一政变，防军撤退，股匪藉言受招，各率各所数万人占据城市四月有奇。淫掳烧杀，无恶不作。此属县第一次所受招抚之害也。去岁春间，有唐桂生者，假名招抚，勾诱唐、杨各匪，设立检查，蹂躏城乡"①。炎陵的当地生活元气断丧。显然，这是军队变为土匪，土匪变为军队的典型，是湖南土匪产生的一个重要途径。这种军队的土匪化，正像当时的人所说，已成为"今日中国普遍的现象"②。"有枪、有械、制服整齐，这都是流落了的散兵，为兵不如为匪，我想这些盗匪一定是这样想的。"③

从匪，意味着放弃原有的一切（在湘西地区，这种放弃并不意味着同原有社会关系的割裂），破坏原有社会的秩序（社会越轨），力图在一个与主流社会基本背道而驰的社会中，重新找回"自我"，找回自尊与自信。由于这种寻找自尊与自信的方式通常是暴力的，是一种与主流社会全方位的暴力对抗，因而这就决定了土匪及其行为总是为主流社会所憎恶、痛恨，但历史学家是不能被上述现象所困惑的。历史学家总是要寻找现象背后的真相，总是要寻找原因中的原因。良民为什么要当土匪？军队为什么要在土匪中吸收成员？兵匪为什么能够合而为一？氏族矛盾为什么也会产生出无尽的土匪？一言以蔽之，这些总是与民国社会秩序、法律等的失范与失控有极大的关系，与民国社会价值观念被军阀政治严重扭曲有极大关系。混乱无序的社会总是充满着血腥，因此耀武才能扬威，才能出人头地，也才能生存自保，人类所仅存的一点斯文便被扫地出门了。在辰州就有这样一位和尚，他的从匪逻辑是买枪，然后自任为营长，拖拉几十人上山为匪，在狮子岭一带昼伏夜出。慢慢地，他掳有妻妾六房，日子过得自在逍遥。④ 在澧县，"时常发现散兵与匪结合，到处抢劫"⑤。蓝田县"自辛亥革命以来，每次政变，无不

---

① 《大公报》1925年5月29日。
② 《民国日报》（上海版）1926年5月26日。
③ 《民国日报》（上海版）1926年3月26日。
④ 《辰州之恶和尚》，《大公报》1925年1月20日。
⑤ 《大公报》1925年6月4日、6月21日。

感受土匪蹂躏之痛苦"①。

由于社会充满血腥与失范，才使得社会上的每一个人都有当土匪的可能，甚至当土匪的欲望，反过来，在任何一处、任何时段都有遭遇土匪的可能性，防不胜防。人的生命与财产安全变得极为不确定。这就是当时的社会，当时的生活。生活在这种环境中，人们总得要努力去适应这样一种社会环境。所以我们在讨论土匪的社会成分时，结论也应是谁都可能成为土匪，只要他在原有社会中失去了位置，失去了平衡，这种失去使他不能按原有的生活方式生活下去的话。那么，无论农民、矿工、手工业工人、士兵、军官、士绅、中小地主、商人、官吏等等都有从匪的种种条件与种种理由。所以，民国湖南的景象是：土匪遍地，逐鹿三湘，各地匪警、匪报不断，以致四民失业，坐贾闭户，行商裹足，道途梗阻，三湘居民，空空如洗。

三 土匪内部组织系统

2001年5月，笔者与一位泸溪籍的青年教师到永州支教，在相处的日子里，我们几乎无话不聊。他告诉我，他的父亲新中国成立前就是当地的一个比较著名的土匪小头目。66岁生下他，84岁时过世。他还告诉我，他父亲在很年轻的时候就当了土匪。那并不是因为穷，而是为了保境安民，为乡里、村里的乡亲保平安，是时势所需。因为那时境外的土匪、军队时时入境抢劫，百姓生活不得安宁，所以那时年轻一点的男性都自动拉起了队伍，开始与外乡、外县来的人干起仗来，日子一久，队伍人数一多，就跑到外乡、外县找别人的麻烦，抢别人的地盘，夺别人的东西。但要本乡、本县有警，总是要过来帮忙救助。所以队伍拉起来到外面活动，一般不会离县境很远。至于土匪平时的生活，那也是半农半匪，有一定的季节性，一般来讲秋收与入冬前一段时间活动的要多一点，春耕、春播则鲜到外面活动。加入土匪的同时也要"入圈"，入圈就是参加帮会组织，成为帮会的人，以便在土匪内部建立起

---

① 《大公报》1925年6月4日、6月21日。

密切的兄弟关系。同时也是为了土匪散伙后零星到外面活动时提供方便与帮助，所以入圈是件非常庄严的事情。入匪就要入帮，帮规就是匪道。

这位泸溪籍青年教师的口述是可信的。在民国，对湘西的人来说，"匪村""匪乡"司空见惯，从匪并不是一件不光彩的事情。凤凰县"成年男子约有70%曾不同程度地当过土匪"①，一位龙山籍的学生就曾对我讲过，她的奶奶曾在很长一段时间跟随瞿伯阶的队伍，给队伍烧饭烧水。而瞿伯阶在龙山对百姓一般情况下是不予侵扰的。他的队伍成员一般都是来自本乡本村，有亲戚、朋友、熟人在此。同时也是自己家庭生活地方，因而抢劫骚扰之事在通常情况下是不会发生的，这就是所谓"兔子不吃窝边草"。但是我们说，湖南就是一个土匪世界，"国家不像国家，简直成了土匪世界"②。湘境土匪都以抢劫他县、他乡为目标，最终导致的必定是竞相互抢，因此土匪的这种"保境安民"职能实际上是无法存在的，作用也非常有限，最终的趋势便是你中有我，我中有你，混沌杂乱，不分畛域。

土匪是一个躁动于正常社会结构之中的异类社会群体，有其特定的思维方式、价值观念与社会组织体系。"这个群体是一个实体组织，他有自己的官员，银行帐号和自己的档案帐簿系统。"③ 与其他省份略有不同的是，湖南土匪表现出了很浓厚的帮会特色。湖南"盗多，各乡村团为尤盛，小则强劫为生，大则结会滋事，所难办者，闻谣则啸聚成匪，勇到则散处为民，措置稍有未当，必至玉石俱焚，若优容延缓，每每小事酿成巨祸"④。民国湖南帮会有"汉流""玩游""圈""袍哥""江湖""梁山兄弟""金兰兄弟""青红帮"等诸种称谓。⑤ 与晚清不同的是，民国时期湖南帮会已不局限在散勇、游民间游动，而是向社会各阶层渗透。出现了像水上帮会、矿山帮会乃至乞丐帮会这样一些行业

---

① 《湖南省志》（第一卷），湖南人民出版社1979年版，第192页。
② ［英］贝思飞：《民国时期的土匪》，上海人民出版社2010年版，第78页。
③ ［英］霍华德：《与土匪相处的十周》，转引自贝思飞《民国时期的土匪》。
④ 黄仁济：《湖南善化黄民历事记》，光绪二十三年刻本，民间藏本。
⑤ 参阅《溆浦文史》第3辑，1989年，第224—225页。

帮会性组织。① 各市、各县的帮会势力很大，渗透面很深，往往能左右当地的局势。例如洪江市在新中国成立前有万寿社、楚汉宫、青帮三大派系。万寿社是30年代后期传入晃县，楚汉宫从芷江传入晃县，寨主是芷江警备司杨水清，晃县的土头目姚大榜为出山主。溆浦的水上运输基本上由帮会控制，有运输船帮、江口船帮。运输船帮在沅陵设有通河桥码头，安排本帮船只的调度，入帮船户，要缴纳帮费，每年清明节开一次商务会。江口船帮在江口地区活动，分上下船帮，每年8月15日召开一次会议，解决有关问题和缴纳帮费。临湘的帮会组织是在抗日战争后期成立的，县境内头子沈万造是蒲圻"龙头大哥"陈成章的传人，凭借枪杆子势力，到处开山立堂，使洪帮势力迅速散布各县，有帮众1300多人。② 据不完全统计，从清末到民国初的40年中，洪帮在桑植有龙大爷35名，一字大爷20名，圣贤老二哥3名，桓老三哥9名，红旗大五哥29名，蓝旗大六哥1名，老幺24名，其他职级不明者51名。

帮会在湘西漫布，是有历史原因的。光绪末年，川东、鄂西一带红帮盛行。往来于云、贵、川、鄂之间，贩运盐巴的桑植骡马商贩（俗称骡子客）为了通关过卡，不受阻拦，相率加入，其中古采芹、古吉庭等人分别做到"龙头大爷""仁义二爷"。护国讨袁时期，永顺洪帮率众万余攻占桑植县城，撵走县知事，洪帮乘机扩大，大开山堂。护国战争后，湘西陷入军阀混战，人人欲求自保，参加者更加踊跃。③

由于帮会的社会能量很大，所以凡是加入土匪队伍的也要入帮入圈，例如麻阳县"楚汉宫帮会"出山寨主龙头大哥龙飞天（又名龙翥云，大桥江豪侠坪人），他拉人入匪首先就是要他们入帮，行结义拜盟仪式，杀鸡砍香，表示"待今晚同众家结拜兄弟，以后如有三心二意，照香而断，照鸡而亡"。随后由会内大哥及五哥商量，对新入山堂的分派任职，发誓"结仁结义要长久，要学桃园张关刘，有福同享祸同受，

---

① 参阅彭先国《湖南近代秘密社会研究》，岳麓书社2001年版，第六章《民国时期的湖南秘密社会》。
② 参阅《临湘市志》，湖南出版社1996年版，第612页。
③ 参阅《桑植县志》，海天出版社2000年版，第564页。

不可半途把身抽"①。在麻阳，龙飞天的队伍每到一地，总会受到帮会中人的欢迎。在进入麻阳高村时，该村帮会中的头面人物腾久遵、腾嗣昂、腾先友、腾建再与工商界的人便带着鞭炮列队迎接龙飞天，场面十分的威风。龙山瞿伯阶，祖父曾在前清中过举人，薄有田产，父亲游手好闲，到瞿伯阶时，只剩光棍一条。1926年开始为匪时，即是利用洪帮大哥瞿列成的保护发展自己，他在湘西洪帮与土匪中，左投右降，为了对付师兴周，他与明溪乡的王继安砍香拜把，关系十分密切，后来瞿伯阶的队伍因此越拉越大。

可以认为，帮会在湖南是普遍存在的，土匪在湖南也是普遍存在的，而"帮会化的土匪"更是普遍中的普遍现象。两者之间似乎有一种天然的密不可分的联系。请看一下活动于南县、宁乡、益阳一带一股土匪的花名册，便会对此明明白白："司令，高兴仁，土匪财正李石钧，司爷高湘仁，司务长高勋台，参谋高协和，书记高锦臣，右司令高文典，左司令高少连，当家胡毓，村上四班演堂张鉴林，圣贤二哥胡晋臣，当家三爷胡子瑜，红旗胡子章，蓝旗胡子玕，十年提升。圣贤文书高自成，新付大哥邓沛生，红旗五哥肖昌云。坐堂李盛林，坐堂李佐廷。匪局长罗世颐。"② 据笔者掌握的史料看，在湖南，没有帮会的土匪队伍几乎不存在。即使是民国初年的匪化军队中，无帮的土匪军队也十分的少见，道理很简单，湖南的秘密结社经过了100多年的发育，到民国初年已是遍布民间，向社会各阶级、阶层广泛分流渗透。清末以降，帮会在军队中的发展特别迅速。因此任何一种部队在它匪化以后，帮会对它的支撑作用就显而易见了。湖南的近代军阀中，几乎找不到一个与帮会脱离干系的人物，其中的玄机也就在这里。

土匪在社会上"吊羊"，抢劫，杀人，无恶不作。从整体的社会行为来看，它从反叛社会开始，从个体行为看，它从心态失衡、自我迷惘开始。在土匪实施反社会行为时，土匪的生活特征是杀人放火之生活也；奸淫掳掠之生活也；吃惊受吓之生活也；饿死、饱死，勿苦勿乐之

---

① 张明高：《种祸于民，恶果自食》，《麻阳文史资料》1989年1月。
② 《大公报》1922年2月9日。

生活也；东奔西窜，飘忽靡常之生活也；见弃社会，不齿人类之生活也；只图利己，不顾他人之生活也；虽生存于现社会，而不与社会合作之生活也。

但在土匪独自的生活区域，土匪显然用不着再那样东奔西窜，提心吊胆。事实上，从我的调查采访了解到，土匪在不进行吊羊等社会破坏活动时，他们的生活还是比较安稳的，对一些非职业或半职业土匪而言，他们通常是以两种面孔生活于这个世界的，白天是人，晚上是鬼。抑或白天是"鬼"，晚上是人。在个相对固定、狭小的社会关系网中，土匪也讲亲情，也需要在情感生活上不断得到满足。在这样一个固定的社会关系网中，他需要把自己的真面目展示给他的兄弟、妻子、父母、朋友、儿女等等。在这样一个社会关系网中，他总是需要得到另一种心灵的慰藉，获取最为基本的精神愉悦。对土匪头目来讲，精心呵护这样一种社会关系，就不仅仅是为了满足一种精神的需要，而是为了从中获取更大的利益，谋求团伙的久安长存。例如，根据瞿波平的回忆，瞿伯阶对人处事气量大，能容人，杀父之仇可以不报，暗杀他的人可以留用，犯了事只要来见他，什么事都没得，他懂得要和老百姓搞好关系，才能生存，他对部属讲，龙山没钱的人总比有钱的人多，他们都是瞿某的穷朋友，不要得罪他们，他需要这样的人作朋友。为此他给下属约法三章：不要得罪没钱的人；不能强奸妇女，不要牵别人的耕牛。由于他这样做，"下属都成了他的死党，乐于卖命"①。同样的道理，永顺彭春荣也给下属约法三章："不准强奸妇女，不准强取鸡鸭，不准乱抓民夫。"② 也颇得当地百姓的好感等等。

只要我们稍稍注意一下，帮会在土匪中所起的这种滋润作用与上述之事其实是一脉相通的。入帮，一方面是要加入土匪队伍来的人遵守帮规，不要在土匪队伍中乱来，同时也是为了在土匪内部搞"五湖四海"，在异姓之间培植起兄弟亲情关系。通过这种近似家庭血缘关系的模拟与仿真，在土匪内部形成一种比较融洽的气氛，建立适合土匪行动

---

① 参阅蔡少卿《民国时期的土匪》，中国人民大学出版社1996年版，第64页。
② 《近代中国土匪实录》（下卷），群众出版社1992年版，第319页。

规律，协调解决内部矛盾的机制。在历经担惊受怕、东奔西窜的心灵恐慌之后，"享受"一下平静的生活。

土匪行为实际上是参加土匪队伍的人进行的一种社会自救行为。这种自救显然是一种非法的、破坏社会秩序的自救。是非法的，常常又是残暴的。这种自救可从社会地位、经济地位、政治地位三个层面理解。洋票们（外国人质）惊异地发现，"绑架他们的土匪并非是毫无知识的恶棍。恰恰相反，在从事这一勾当前，他们中的人接受过相当良好的教育，有过颇为辉煌的过去"。为什么从匪呢？显然是他们在主流社会中的政治、经济、社会地位出了问题，发生了根本性的利益冲突。虽然他们对社会怀着刻骨铭心的仇恨，但在营造自己管辖的土匪世界时，总是要使土匪内各种关系能顺利地、正常地运转。只有内部的和谐才能有对外的一致与长久。因此，除了帮会，土匪内部的其他组织结构与职责也是颇为分明的。匪首有财产的切割权、分配权，军事行为的指挥权乃至生命存留的处置权，但在一般情况下，匪首从不滥用这种权力，更愿以歃血为誓的方式去约束部下。为了便于指挥，匪首对其队伍通常都会进行军事化管理。例如瞿伯阶统辖的队伍，势力最盛时期共辖有15个支队，4个独立大队，5个特务大队。支队最小的300多人，最多的千人左右，总数有19000多人，队伍由三大股组成。其人员组成情况如表6-1：①

表6-1　　　　　　　　　湘西土匪人员构成

司令：瞿伯阶 副司令：杨树成 总指挥：彭春荣 参谋长：侯振汉	瞿伯阶股 （湖南龙山）	一支队瞿波平 二支队贾松春 三支队向敬海 四支队彭雨清 独立大队4个 特务大队3个
	杨树成股 （四川西阳）	支队5个 特务大队1个
	彭春荣股 （湖南永顺）	支队6个 特务大队1个

---

① 参阅瞿波平《湘西土匪瞿伯阶内幕纪实》，《近代中国土匪实录》（下卷），群众出版社1992年版。

土匪要进行反抗官府与社会的活动，建立一套体制健全的军事组织，是非常必要的。但土匪的军事组织是非法的，要维持正常运转只有不断地进行抢夺、劫杀。这样做，客观效果是土匪对社会的抢劫面非常的广。因为即使再富的商人、资本家与地主要养活一支土匪军队或匪化军队都是无法承受的。所以，土匪必须对所有有钱人、有产者（不论也无法辨认其富有的程度）进行抢劫。这种玩命活动常常带有相当的冒险性，不能保证每次抢劫都会有所斩获，也可能随时随地遭到政府军队与绅缙民团的围剿，一命呜呼。所以，土匪的这种抢劫活动数不胜数，以保证其抢劫行为有所斩获。我们知道，有产者、有钱人是统治阶级的社会统治基础，不论何种考虑，政府都必须保护他们的利益，所以土匪抢劫发展到一定规模与程度时，必定会与政府军队因为这种利益关系而发生武装对抗。从土匪的角度看，这种对抗是必需的，是关系土匪团伙生死存亡的大问题。因此，土匪建立起军事组织就显得非常必要。

通过建帮与军事组织，土匪获得了一个相对稳固的运行体系，这种体系实际上是与主流社会相对抗的。那些首先被主流社会抛弃，进而对社会充满仇恨的人就可以利用、操纵这个体系，去从事破坏社会、骚扰政府的工作。

第三节 土匪反社会行为分析

一 土匪的劫财行为

作为一个躁动于主流社会之中的反社会群体，土匪与主流社会的矛盾是不可调和的。这种不可调和性表现在三方面：首先这个群体中的每个人都有一种强烈的反社会情绪，挥之不去；其次，这样一个反社会群体既然寄生于这个社会，就必然要千方百计进行自我拯救，从主流社会中找到一种生存机会与基础，而这种寻找往往是非法的和暴力性的，是对主流社会的一种破坏；最后，主流社会的人们对这一群体存有一种恐惧感，特别是统治者与有产者，对之是恨之切切，力主镇压、消灭，双方的矛盾与生俱来，你死我活。

与主流社会相比，土匪不论人数多少，始终处在一种少数与弱势地位。由于这个群体是被社会排挤后形成的一种反社会群体，这就决定了当土匪与主流社会发生矛盾关系，是无法遵循正统社会公认的合法的游戏准则，土匪必定会运用自己的行为准则。这种准则完全悖于主流社会。而土匪寄生于这个社会、游戏于社会，两种性质完全不同的行为准则，就会时时发生冲突。于是，土匪对整个社会的惊扰便不可避免地产生了，抢劫便是其中最为司空见惯的事情。让我们以实例进行分析。例如在湘潭，"该邑十都山岭错杂，遂为土匪所盘踞。其据山北者约五六百人，自称护国军，专以敛取官绅银钱为事，美其名曰饷捐"①。新化"自帝制取消以来忽有囚首丧面者流聚不逞之人，横行于县北各镇乡，蔓延于安化、溆浦各邑，有龚德誉者，率其党羽，号称金兰兄弟……致数千人，假演戏为名，朋集各村，白昼行劫，夜暮叩门，掳掠奸淫，无所不至，势将演成八卦教、白莲教之祸"②。武冈"桃花坪以上匪势仍炽，在桃市商民因前此被吊妇女多未放回，其匪勒索高价，时有卷土重来之谣，市面商贾一夕数惊，学校教育恐连学生被吊，常率至白竹桥伙店过夜，情形狼狈，实在可怜。……邮差时被捆劫，即武冈县长欧阳钧赴任省视学时须咨请团枪节节护道，尚虞不安"③。耒阳"南乡公平墟一带山丛岭峻，歧道四杂，兼之该山产煤丰富，贫民营煤业生活者又多系三山五岳之人，以致该处横亘十余里，匪类时常暗聚"④。

　　土匪需要财物，因为它是满足土匪生存生活需要的基本东西。土匪自身没有这种生产生活资料的造血功能，因此，只能向社会索取。由于财物对土匪来说是一种长年需要，所以又必须长年向社会索取，这样就形成了土匪对整个社会长期的惊扰与破坏。发展到极致时是不分白天黑夜疯抢疯劫。显然，这是一种失去理性的野蛮行为，它使整个社会生活在极度的不安与恐慌之中，许多遭劫遭难的贫苦百姓的生活更加苦难，如临深渊水火。故为这种土匪行为所逼，继而走险者益多，土匪益多，

---

① 《大公报》1918年6月29日。
② 《大公报》1917年1月12日。
③ 《湖南省清乡公报》，中华民国十八年五月三十日，第三期命令。
④ 《湖南省清乡公报》，中华民国十八年五月三十日，第六期命令。

湘中之地，劫案更加频频。例如，零陵匪氛恐怖，西南诸乡"其纵横二三十里夜间无敢家居者"①。零陵纯孝乡蒋福昌布店，1940年12月31日突然遭劫，"共计损失约在六七千元左右"②。衡山"发现一种土匪出没于凤凰山、小华山之间，号称梭标队，间有快枪，专以勒索劫掠为事，行旅视为畏途，富室则多徙居城中"③。新化县"全县皆匪"，劫案遍地④。

当然，把劫案增多、土匪增多的原因简单归结为土匪的抢劫是没有道理的，土匪这种滥抢滥劫，除了造成社会的恐怖之外其所收到的其他效果往往有限（一定时间与一定程度），因为一则是富室早有防备；二则贫民家中本身空空如洗，抢劫不到什么东西。所以，在更多的时候，土匪抢劫便瞄准到了富商大贾、富室大户身上，进行普遍撒网中的重点钓鱼。例如，在新化，永固镇袁土钟为福建浦城知事，任内请假回籍省亲，"带皮箱四口于路被匪劫去，宦囊一空，又复向其家勒捐洋一万元，限期送缴。李会庭家也被勒捐洋一万元，现在四处典卖田产，凑数如期送缴，以保生命屋宇"⑤。"商民辛荣成率子赴常德德山采买木材，携银二千两，装扎木牌，定名义顺和，准备同理出售。阴历正月十三日，将由德山开驶，突有不认识之旅客五人强迫搭牌，拒谢不应，逮牌放水中，复向商民筹借以资，商民预放匪患，概赠光洋二十元。至二月初六日，到岳停泊吕仙亭。初八日，该搭客五人结伴而去，同日又有不认识之旅客二人上牌，各持七寸利刀向商民索洋五百元，否则致命"⑥。1920年5月，"宝庆商民刘玉青船户与伴船六只由益装运杂货及洋油（系二堡正太煤油公司所装）等件归家，行至距益百二十之大地港停驶。夜深，忽有土匪四十余人持械汹涌上船。伴船皆被波及，共计抢去洋油四担，铜元钱百四十余千文，被单衣服杂货多件。并用刀伤船上一

---

① 《大公报》1917年5月16日。
② 《零陵民报》1940年12月16日。
③ 《大公报》1918年7月12日。
④ 《大公报》1924年1月8日。
⑤ 《大公报》1924年1月25日。
⑥ 《大公报》1919年3月20日。

人，杀了九刀，腹部受伤甚重，肠出寸许。其余受伤者尚有多人"①。大庸（今张家界市）富商张大顺，江西人，与慈利县裴松泰有至戚关系。1918年腊月十八日，松泰为次子完婚，遣人送帖请大顺夫妇吃喜酒，不意这一去，便成了大顺夫妇的大难日。"大顺使其妻同五女二媳买舟车下。下午二时宿潭头。至二更尽，岸上忽来土匪三十余人，有执枪者，有执灯笼者，有呼速将船靠拢，待我等上来好查土者。大顺之次子及侄儿，闻系查土，即呼水手起，将船刚靠着岸，而土匪即蜂拥上船，一面指着在船之男子不许走动，并不许作声，一面将妇女行李一一掳去。约半里许，而大顺之次子与侄儿始敢呼救。讵知土匪闻之，即向船上放排枪，将大顺之次子击毙，且击毙水手三人，伤二人。当时潭头居民闻得枪声，即鸣锣齐团，共得三百人，去路急追，土匪知势不好，乃将大顺之妻与大媳妇及长女、次女四人次第遣于路旁而逸去矣。团兵亦派人次第将该妇女送回潭头，竟追至次日始归。众议水手死者，由本地方助钱安葬，伤者由船老板调养。大顺之妻同二女一媳一侄十四日早船泊大庸，是晚至家，一见大顺，则齐声痛哭，羞愧已极。是夜二女自尽，媳妇投井，次日大顺哀请县长会同防军严行缉捕。"②

土匪以不停地扰民来维系、满足生活生存的需要，抢物民间物质财富，从其所产生的效果来看，它破坏了百姓安宁的生活，加剧了社会秩序的混乱和社会心理的恐慌。例如，在湘中的"梁山"龙山与乌石寨，"因为这两地方确有土匪出没，加以谣言的鼓吹，几乎以讹传讹，酿成一种严重的恐怖心理"③。在锡矿山，土匪抢劫之风已不可遏止，常向各矿主商家强索财物，"抢砂反口，宰牛开山（土匪开会叫开山），声势汹汹，明目张胆，全山惶恐异常，住店主尽行逃避，工人失业日益增多"④。靖县"全城震恐，男女老幼逃避不及"⑤。总之，"湘省自军兴

---

① 《大公报》1900年5月9日。
② 《大公报》1920年2月28日。
③ 长沙《力报》1948年4月2日。
④ 《湖南民报》1926年3月11日。
⑤ 《湖南民报》1926年3月11日。

以来各县土匪，乘机骚扰，人民创巨痛深，疮痍满目"①。

土匪抢劫不分平民百姓与富商巨贾，给整个社会造成了严重的伤害，这是应该遭到谴责的。它是土匪反社会病态心理的一种反映。对普通百姓来讲，他们本来就生活在社会底层，穷困潦倒，已是极度的困难，再经土匪骚抢，更是一夕数惊，寝不安枕，难上加难。妇女往往被土匪吓得"索索摸摸，东也撮一下，西也抓一把"②。为逃避匪难，有的更是四处溃亡，难以自保自存。土匪对这部分人进行骚抢，焉能不遭到谴责？但是，任何事物都是一分为二的。由于土匪的主体是与受害者百姓并无二致的破产农民等人，"其中迫于衣食，继而走险者，居半数"③。因此，土匪的抢劫活动，实可看成是土匪通过暴力的手段对社会财富实行的再分配，抢劫百姓可以视为这种暴力分配方式带来的负面影响，是土匪由于自身条件的局限，把与社会对立的矛盾无限扩大化的一种体现。正是由于长期受抢匪的影响，不少的穷苦百姓也开始愿意做这样的人，甚至在潜意识中接受了这种方式。例如，嘉禾、蓝山、临武一带的民风，随着匪风日炽跟着也发生了变异，"多愿作匪之轿夫"，"乡间妇女多有欲作匪妻"者，"在南岭山麓居住者，虽六七岁小儿，亦知唱绿林之歌"，"该地人民，虽不与匪实行劫掠，亦莫非系匪之腹心"④。

二 吊羊绑票：捉人勒赎

在土匪看来，吊羊、绑票是获取财物最快、最有效的途径，因此，土匪常常干捉人勒赎、换取财物的勾当。票者，人质也。本票，中国人质也，洋票，外国、西方人质也。羊，亦人质也。羊分几种，有所谓"骚羊"者，即在外仕宦稍有声势之人，假使一为猎获，即行勒索重价，期限也甚促，至多不出三日，何故也？因恐军队与之为难也。又有

---

① 《大公报》1920年11月11日。
② 《大公报》1904年1月6日。
③ 《大公报》1922年10月26日。
④ 《大公报》1922年10月13日。

所谓"肥羊者",即本地财主,如被吊去,取赎期可以展缓,但亦视此"肥羊"声势如何,如声势大,相待也于"骚羊"。此外又有一种"乾羊"者,即行旅之人,无论财物多少,均被刮去,但对于此种颇善视,如不反抗,不另加以痛苦。

"票""羊",在土匪眼中,就是钱、财,因此,一有绑票"、抓"羊"这样的机会,土匪是不会轻易放过的。例如,1925 年 2 月,沅陵有"由省归辰之学生三人,因河道梗塞,由桃起旱,沿途甚好,不意于新田驿突遇土匪多人,手持枪矛拦路抢劫,见伊等皆系学生,陡起不良之心,尽数捉去,施以夏楚大吊半边猪,苦况实不堪言,……闻该匪首为著匪张敬伍,统率部众约数百人,闻张匪向吴生索洋万元,李生七千元,张生五佰元"[①]。在宜章,王铁古及其队伍在 1941 年农历十一月下旬的某个夜晚,冒着凛冽的北风,去范体仁家吊羊。"下半夜,队伍摸进峙冲,早已等在村上的内线范达古、范宝林带着队伍分头包围了范体仁和范宝生等家。敲开大门,王铁古挤身进去,逼着范体仁的夫人邝氏(人称白菜芯)交钱 40 万元。邝氏乃是大家闺秀,又怕又冷,浑身发抖,哪里答得出话。王铁古料到一时难达目的,担心时间一长,发生变故,遂同几个兄弟推拉着邝氏就出了村庄。不多久,陈紫云等人也将范宝生、范根强等 4 人拥了出来。"[②] 1924 年 1 月,宝庆商人姚昆仑、石严台等结伴由益阳回里,假道横铺市,本无怀璧之嫌,"无如石商带有主板桩灯笼一具,惹动匪党劫念,即命吊起,姚、石无法,只得听其所为,铜经道人来益,筹洋二百元,始于日昨赎身归去"[③]。在湘潭裖田,"有富翁易某去腊在街,值县署指名捐发生,欲伊捐洋五百元,易某躲往乡间,被匪捉去,勒赎一万二千二百五十元放去。当遭易某回家时,匪徒为伊置皮帽一顶,衣服数件,谓此帽服,尔在家不肯出钱置办,殊太刻苦,我等为尔置就,藉作纪念,今宜对于钱财,看淡薄些云云,并将二百五十元之尾数让伊持回,人谓易某去了许多买命钱,且受

---

① 《大公报》1925 年 2 月 24 日。
② 《宜章文史资料》第 3 辑,1994 年,第 45 页。
③ 《大公报》1925 年 1 月 27 日。

了一顿教训，亦属趣闻"①。对姚昆仑、石严台来讲，遭遇匪劫确有点不幸，多人结伴而行、身上并无钱物，但土匪凭石严台手中的一具主板桩灯笼便动了劫念，说明土匪在判断行人是否富有上有一套江湖经验，行人只要露出些许破绽，便会被土匪抓住不放。而对于裣田的易某，则颇有点自投罗网之嫌。因小失大，还遭到土匪的奚落、嘲讽与教训，这是他当初躲捐跑到乡下时没有想到的结果，早知如此，他是不会冒失跑到乡下的，免得成为人们笑谈的话柄。

当然，土匪勒赎也并不是次次都能成功，不是每个人都甘愿被勒赎，例如"永顺县上廊堡胡际唐兄弟，因近来被匪徒勒索，不得安居，乃集股购买枪枝，成立一团练队，尽心教练，自备军需，愿任剿匪之责"②。可是，举目望去，在整个湖南，像胡际唐这样的人毕竟太少，集股成练、自备军需也不是件容易的事情。而且，胡际唐之类，属于"肥羊"本地的财主，他们有集股置枪、潜心防御的条件。对于"骚羊"与"乾羊"，事情的发展就由不得他们了，即使是带"长"的军官，亦不能幸免。例如1925年4月，"刘绍轩营长于前数日，由新宁乘舆来宝，携带从兵一名，至南乡九公桥离舆步行。出街里许，见某亭内坐有着长衣者数人，刘营长问距离宝城尚有路多少，一人答三十里。语未终，忽闻枪声，刘不知声从何来，奔至田埂下躲避，连放二十余响，仅中刘帽及手指。从兵后至，遂被枪毙，驳壳枪亦为劫去，刘见势不佳，向山中逃逸，幸有挂清者十余人从旁呵呼。匪遂劫取刘之银钱行李，各鸟兽散"③。在湘潭"四乡匪徒捉人勒赎之风，尚难消弭，十七都、十五都近又捉去谭姓、王姓财神，要巨金取赎，方能完璧归赵"④。在长沙，方贵堂颇有家财。1917年10月13日，土匪数十人，突然拥至，将方用扁担横缚两手，捆至屋柱上，然后用伞衣燃烧遍身烙烤，"呼口号之声惨不忍闻"⑤。益阳，当曾被提的学生，被人问及入险脱险

---

① 《大公报》1925年3月5日。
② 《大公报》1925年4月5日。
③ 《大公报》1925年4月16日。
④ 《大公报》1925年5月1日。
⑤ 《大公报》1917年10月14日。

情形时，生称匪踞益阳麻圆坳，因羊处所则在相距五里许之大冲，前面匪探密布，万难直捣匪穴，而土匪仅有 50 余名，枪支不多，匪首十分强恶，"恐吓威迫之语不绝于口"①。为什么会放回呢？其一是由于军队的追剿；其二是有的人被捉后，土匪审讯得知并非富户人家，榨不出油水，或许一念之下动了恻隐之心，放回去算了。如在茶陵，土匪捉住一人，要他引赴指认各富户，被捉者以同处此间，不敢直言，"即将绑回者捆至树上，毒打一顿"了事。②

在湖南，吊羊、绑票是有历史传统的，晚清的天地会、哥老会就擅长于此道。到了民国，自山东发生临城劫车案后，此风在湖南更加疯长，"自从孙美瑶崛起齐鲁，老洋人纵横河洛，动辄以洋人为买卖，'外票'二字遂成为一个名词，而洋人亦遂有怕土匪之名，风声传入湖南，桃花岭与湖滨亦时于森严静穆中觉有篝火狐鸣之迹"③。在这里，我们先不要讨论"外票"在湖南的际遇，因为对"内票""中国票"的讨论还没有结束，外国势力在湖南登陆时间迟，对"内票"的勒赎，一直是湖南土匪的主要目标，"外票"只是附带产品。

晚清，传教士进入湖南腹地。由于众所周知的原因，近代史上，湖南发生了多起打教、闹教事件，哥老会等帮会组织在其中起了重要作用。但敢于劫持外国人，却不见先例，直到民国，外国人才列入湖南土匪的打劫、绑吊黑名单之中。

绑吊洋人，显然已不能单纯看成是一种经济行为。在很大程度上，各路土匪往往是为了显示土匪的能量向政府施压，这是第一位的因素，其次的目的便是为了钱。让我们举两个事例略加说明，1926 年 4—5 月间，有位荷兰籍牧师由黔阳前往洪江就医。疾愈回黔，一路上有 20 多名士兵护送，行至洪江三十里外新店地方遭遇土匪，土匪先设计将军队诱开，然后将该牧师吊去。黔阳福音堂将此事电报省城外国领事，不久，在军队的干涉、压迫之下，土匪将该牧师释放。1923 年 10 月—12

---

① 《大公报》1925 年 5 月 3 日。
② 《大公报》1925 年 5 月 19 日。
③ 《大公报》1924 年 1 月 31 日。

月间，德国来华的立本能传道会助理教士 F. Strauss 被土匪绑架了八十余天，他事后回忆道，他是在从武冈到洪江的一段路上被土匪绑架的。被绑后，他看到土匪"不断地带来新的被绑架者"①，然后就是不停地转移，随时受到死亡的威胁，个别的土匪甚至想刺死他，但没有成功，土匪头子希望通过 F. Strauss 能富起来——在土匪看来，这是一只"具有珍贵羊毛的肥羊"②。所以"当土匪把他们打劫中偷来的鸡带回来时"，洋票往往也能得以分享，③ 洋票们在生活上总是与土匪同甘共苦，最后在另一支匪军的干预并答应给予一定的赎金之后，F. Strauss 得以获释。④

　　武冈到洪江之间，崇山峻岭，道路崎岖，野兽出没无常，长途跋涉的危险是可想而知的。加上又是被绑者，心中总是多了几分恐惧，吉凶难测。但通过 F. Strauss 先生的并不完全真实的记叙，可知外国传教士在被绑期间的待遇要比中国"内票"好得多，至少没有受到皮肉之苦。据美国人 Aleko E. lilius 回忆，他在被绑与中国海匪同航期间，"这些卫兵并不抢夺我的随身物品也不向我要钱或值钱的东西"⑤。美国人 J. B. Powell 甚至用"中国土匪的'贵客'"来形容他们。

　　为什么被绑洋票会是这般样子呢？"首先，洋票能成为和政府就收编进行的谈判时极有分量的砝码；其次，当官兵向土匪进攻时，洋票便可作为'高级'挡箭牌；第三，作为重要的人质洋票可用以保证被逮捕的土匪家属的安全；第四，在某种情况下洋票还能充当土匪与政府进行交涉时的'媒介'；第五，勒索洋票经济上得益的可能性远高于本票。"⑥ 既然有这么多的用处土匪们当然不会轻易在洋票身上动粗撒野，更不会撕票，为的就是获取更大的利益。而事实上，土匪通过劫绑洋票，确实获得了更多的利益，这种利益当然不仅仅是经济上的。因而，

---

　　① 参阅徐有威、[英]贝思飞主编《洋票与绑匪》，上海古籍出版社1998年版，第402—417页。
　　② 参阅徐有威、[英]贝思飞主编《洋票与绑匪》，上海古籍出版社1998年版，第416页。
　　③ 参阅徐有威、[英]贝思飞主编《洋票与绑匪》，上海古籍出版社1998年版，第415页。
　　④ 参阅徐有威、[英]贝思飞主编《洋票与绑匪》，上海古籍出版社1998年版，第406页。
　　⑤ 参阅徐有威、[英]贝思飞主编《洋票与绑匪》，上海古籍出版社1998年版，第315页。
　　⑥ 参见徐有威、[英]贝思飞主编《洋票与绑匪》，上海古籍出版社1998年版，第315页。

当土匪通过多种反社会行为获取了一定的经济保障后,他们的目标便不会仅仅锁定在经济的层面,便会谋求社会职能的转换。当他们的反叛力量积蓄到一定程度时,土匪与政府的对抗便不可避免。

三 与政府对抗

土匪继承了前清会党放荡不羁、肆行无忌的特点,往往会把各种反社会行为发展为反政府行为。而与政府对抗,在笔者看来,土匪有太多太多的历史正当理由。首先,民国湖南地方政府历来为军阀把持,为了夺取地方最高统治权,相互之间尔虞我诈,勾心斗角。胜者王,败者寇,其上台下台、在朝在野全凭枪杆子说话,因而充满着暴力与血腥,波及危害社会,与这样的政府对抗虽属非法但却合理。从民初到全国解放前夕,湖南省主席职多被行伍出身的军阀所把持,如汤芗铭、张敬尧、何键、鲁涤平、薛岳、唐生智等。他们为了排斥异己,无不在政治上实行暴虐专制,把湖南政局搞得乌烟瘴气,人民生活受到极大的伤害,社会生活的无序与无度,实质上与这些人的勾心斗角、暴虐专制有极大的关系,因此与这样的政府相对抗,无论从何种角度看都是无可厚非的。其次,湖南军阀派系林立,为了争山头扩势力,他们对土匪帮会往往采取拉一派,压一派的政策。土匪既是各派军阀的兵源基地,又是军阀打击、镇压的对象,剿抚无常朝令夕改。剿或抚完全视他们政治斗争的需要,既可以放虎归山,养虎为患,也可以借故大砍大杀,可信、可靠程度极低。因此,土匪反抗这样的军阀及其控制的政府,既是为了保全土匪自身,也是对其滥政行为的合理反抗。第三,土匪的基本成分是破产的农民,农民之所以破产,破产的农民之所以从匪,从匪后匪众之所以肆行无忌,绝不是农民愿意破产与从匪,也绝不是土匪天生就是暴戾、泯灭人性的坏种,而是由于统治阶级剥削、压迫的结果。因此,破产的农民利用土匪这一组织反抗剥削、压迫他们的统治阶级与政府,从政府的立场看是非法的,但从社会、历史的角度看是正当的。

湖南土匪反抗官府的行为是复杂的、多层面的。从目标看基本锁定在县、乡两级而以乡村为主;从目的看,是为捣毁县、乡两级职能机关并获取武器;从手段看,往往出其不意,突然袭击,短时期解决问题;从结果看,由于不停地实施打击,实际使地方政府处于瘫痪状态。在湘西,土匪更是另组政府,取而代之。为了比较清楚地说明这点,笔者兹以《桂阳县志·大事记》(试写稿)提供的相关事实为线索加以论证:1914年6月,匪首雷澂带人据城挟官,汤芗铭派员安抚逾旬。1923年,该县巨匪刘政纠合匪徒数百,抢据县城,杀死办团练的李宋中,抢去团防枪支600余。1926年,国民党在该县召开第一次代表会议,成立县党部,旋因雷澂、雷洪等捣乱,党务停顿。11月,雷徵指使团兵捣毁国民党县党部,县长逃往省城。① 1948年古历八月初十日,临武县鳌塘村,土匪乘该地秋收农忙,旧新县长交接之时,卷土重来,袭击该村,"抢杀保公所自卫步枪三枝……雄赳赳,气昂昂,以为有恃无恐,目无政府"②。同年9月,在零陵,土匪抢劫楚江乡所,"乡警寡不敌众且出其不意,传被劫去枪二枝,手枪一枝,乡警三名死命"③。在凤凰县,土匪与保安团展开游战,击毙团兵两人,伤七名。④ 从笔者搜集的有关土匪与官府对抗的各种资料看,土匪由于自身力量所限,一般都把目标锁定在边陲之县城及各县乡公所上,由于出其不意,效果往往不错。例如,桂阳县的县长就跑到了省城求援,国民党党务工作不得不停办。乡一级警所更是土匪的俎肉,警员团兵随时有性命之忧。令湖南官府坐卧不安的是土匪的这种行为在全省范围内往往此起彼伏,接连不断。所以通过土匪的不断打击,政府管理社会的能力实际被严重削弱,使整个社会的管理体制体系名存实亡。

在土匪看来,他们的这种攻城掠所行为并不是不合情理的,请看一个土匪头目写的一张布告表白:"照得天祸中国,乱贼集于吾湘。连年战争不已,百般扰害农商。其中罪魁祸首,曰谭曰赵曰张。谭、张两贼已去,赵妖犹揽政纲……讵有张贼承启,公然敢办团防。遇事任情阻

---

① 参阅《桂阳县志》(试写稿),1990年3月,桂阳县志办编,未刊稿。
② 衡阳《力报》1948年12月8日。
③ 衡阳《力报》1948年9月3日。
④ 参阅《邵阳日报》1937年10月10日。

碍，使我不能发扬。各镇不肖团董，助桀为虐于旁。"① 该文中的谭、张、赵当是指谭延闿、张敬尧与赵恒惕。由于他们相互混战，确实把湖南的政局搅得乌烟瘴气，农商受害良多，而不肖团董又助桀为虐，不许百姓呻吟反抗，任情阻碍，所以土匪对抗官府显得十分理直气壮。有谁敢说土匪讲得没有道理呢？恐怕没有。有谁敢说这样的政府不该反呢？恐怕也没有。那么，这样的土匪行为难道是"患"吗？不是，当然不是。

在这里，土匪把攻城掠所的道理讲的已是十分明了。所以他们与官府对抗，没有什么不对的地方。在永兴，土匪肖某率众与国民党地方军展开了拉锯战，"时而充国军，欺骗民众，时而声东击西，行踪飘忽"②。新化平市，1925 年 6 月，"突来股匪八十余人，无枪者不过数人，初至，秩序井然，声称假道开赴前防，并无何种恶态，所有午餐伙食费用，均经按数开销。俄而号声大发，口哨重呼，街头巷口，满布抢徒。男往女来概行阻断。即向该处一二三区所设之联合挨户团轰击一阵，该挨护团兵，为数甚少，不敢当锋"③。1924 年 2 月 8 日，宝庆发生劫夺团局枪支大案，"夺去快枪三十九核，子弹二千余发，并捉走团兵黄定升、刘庆生、周玉卿、蒋传习四名"④。同年 11 月 3 日，在益阳，土匪"将十一里挨户团督办刘云树枪毙，夺去枪枝十二杆。该匪等胆敢于昨晚七点钟后，党徒二百余名来镇，攻击防军"⑤。

土匪长时期与官府周旋对抗，要有比较稳定的后勤保障，特别是军火保障。如何解决这个问题？土匪的第一个办法就是如上文所讲的从地方团局、军队士兵中去抢、去夺。第二个办法就是从老百姓手中买，因为由于当时时势的造就，私造枪支已成为湖南一个获利颇丰的新行业。1925 年 7 月，叶开鑫电呈湘西各县及宝庆、武冈、新宁、城步、湘乡各县县长，告诉他们，"各县土匪势益玻猖，查其武器由来，多系本地

---

① 《大公报》1922 年 1 月 7 日。
② 《永兴周报》1934 年 8 月 2 日。
③ 《大公报》1925 年 6 月 24 日。
④ 《大公报》1924 年 2 月 28 日。
⑤ 《大公报》1925 年 1 月 3 日。

土人私造枪支（俗名畏子枪）暗助土匪，于中取利"，要求地方严加查戒。这是土匪武装自己最好的佐证。① 第三个办法就是于城中购买，里应外合，偷运出城。例如辰州粟溪口匪首腾阴皆就因"匿居城中，意欲运送枪枝"，② 而被剿匪司令部发现处斩。第四个办法就是派人到汉口去购买，因为"汉口营此项勾当者不在少数，近则徐州郑州亦有此项窟穴，且多假冒外人名义，甚且真有外人为之作护符"③。有了这么多的枪支弹药来源获取武器，土匪与官府、官军对抗就有了物质保障。

当然，笔者在这里讨论的是小股土匪对地方官府的干扰与打击。势力大的土匪或已集股成军，情况就会发生变化。因为这些土匪或为官府收编；或已经由匪变官。如人所共知的陈渠珍、杨永清、姚大榜、贺耀祖、叶开鑫、陈光中、陈汉章、徐汉章等，他们都是当时湖南控霸一方的大土匪，已经官匪勾结成为一家，因此，他们不存在反对官府的问题。他们之间存在的只是强凌弱、大吞小的军阀间的矛盾冲突。这种矛盾冲突的性质与前述史实已是完全的不同。因此，在讨论、研究土匪反抗官府问题时，只有讨论小股土匪的反抗才有意义。因为这些反抗，从本质上讲，是有历史合理性的，是人民起事，只是因为他们没有先进的理论指导，所以，他们的行为才显得像只无头苍蝇，没有头绪，在一个低水平层面上徘徊，抗官扰民结合着进行，让时人又恐又恨，也让史家难辨曲直。例如在新化、溆浦一带的土匪活动就有这种性质，土匪舒跃楚曾在陈光中师充当连长，后来拉队伍上山为匪，有步枪三支，连枪十人，匿据沅、溆、安三县交界之处，并与匪据溆、新（化）、安（化）三县边境的土匪李部相互联络，十分的威风，对地方官府威胁极大。省府电令新（化）、溆（浦）、沅（陵）、桃（源）四县联手清乡，订期会剿，但由于各县各自为政，互不协调。致使这一带地区"不时发现盗匪杀人越货及劫吊居民勒赎情事"④。保安团预调驻防部队无济于事，

---

① 《大公报》1925年7月21日。
② 《大公报》1925年7月22日。
③ 《大公报》1904年1月15日。
④ 《新化民报》1932年8月11日。

反而"匪案日见增多"①。防不胜防，剿不胜剿。

总之，抢劫财物，捉人勒赎，反抗官府，可以看成是民国时期湖南土匪反社会行为的基本内容。三者有时往往混合在一起，同时进行。"杀官杀民，攻城夺邑"②。从理论上分析，直接抢财物，它的目标是全社会，在土匪这种层面的活动中，为了抢劫到财物，土匪往往不择手段，杀人放火。故它对百姓的危害程度较大，"挨户派捐，弗如意，辄劫杀之，居民流离转徙，惨苦不堪言状"③。"奸淫携掠，无所不为。"④ 在中小县城，往往"满街蓬蒿，家家日落即行闭户，只有盗匪才出没其间"⑤。仿佛个个都像中古城市，暮气沉沉，毫无生机。对那些不得不去农村的人，有人乃至发生"乡下土匪多得很呀！你们也敢去？"的疑问与惊叹。⑥ 所有这些集中体现了土匪的非理性与残暴性。因此土匪的这种行为理应受到谴责。

四 民国湖南土匪的分化

土匪是社会转型失败条件下社会弱势群体为实现自我拯救而组织的一个非理性的暴力团体组织。在湖南，土匪继承了晚清哥老会、斋教、天地会、白莲教等民间秘密结社的组织体系与反抗传统。同时，民初以降，连年的军阀混战又使土匪的活动加剧加大与加深，"湖南素称多匪之区。自北伐之声浪高唱，而一般边匪乘机四起，结股杀掠，肆无忌惮。曰某梯团、曰某混旅、曰某北伐军、曰某司令部，名称不一，无非施其杀掠伎俩"⑦。我们在分析、研究土匪活动时，必须对此认真研究，仔细分别，绝对不可以简单地称之为民国之"患"，否则，我们便会对很多历史问题难以解释，或者说，歪曲解释很多历史问题。或许可以

---

① 《新化民报》1932年8月11日。
② 《大公报》1918年9月26日。
③ 《大公报》1918年11月4日。
④ 衡阳《力报》1948年12月8日。
⑤ 沅陵《中报》1939年12月28日。
⑥ 沅陵《中报》1939年3月9日。
⑦ 《大公报》1922年3月8日。

说，正是由于不断的土匪活动才凸显了官府的腐败与残暴；正是由于不断的土匪活动才造成了地方官府之间的各自为政，互相攻讦；正是由于土匪的不断活动才造成了官、绅之间连盟的失效与无用；正是土匪多层面活动才引起了共产党的高度重视；在湖南，也正是在官府看来的"土匪"重灾区才建立起了红色根据地。因此，土匪在进行反社会活动时，实际上扮演的不只是一种单纯的社会角色。在不同的时间、地点，它的社会角色实际经常进行着交叉换位或角色转换。这种角色转换（即分化）从土匪角度看是下意识进行的，杂乱无章的，但如果我们把之放在当时的社会大环境下考察，便会发现，土匪的这种分化，实际被打上了深深的时代烙印，有它自身的特点与运行规律。

民国湖南土匪的活动大致是从辛亥革命开始至新中国成立前后，前后约四十年时间。

辛亥革命时期，是湖南土匪初步形成，社会角色初定时期。由于在民初，土匪产生的历史、政治、经济、社会前提全面成熟，所以在湖南，秘密结社也很快完成了由帮到匪、由兵到匪的角色转换与定位。"探溯匪源，由于开堂放飘之老冒散布党羽，窝藏分肥而遍地开花，无联络者难自保，于是善良之族亦生盗踪，恣意凶残，愚懦之夫始被胁从，继成习惯。出秒则指挥路径，破案则传递消息，实为大小股匪之制造厂也。"[①] 张治中在他的回忆录中谈到，"湖南有一个特殊现象，当时在湘西、湘南领导土匪的人物，都是所谓在乡军人，是许多退伍的军人。时局每一次的变化，军队每一次的编遣，总有一些军官被编余了。有队伍的就拖着几杆枪上山去；没有队伍的或者没有路可走的，也可以去找绿林豪杰。野心小一点的相信时势可以造英雄，野心大一点的就相信英雄造时势；所以作匪不但成了一条退路，而且还成为一条出路"[②]。

我们知道，湖南自平定"三藩之乱"后一度政局稳定。但自太平军起湘军兴后，湖南成为用兵募兵的重要地区，曾国藩撤裁湘军时，被裁人数达十几万人之多。以后，中法战争、甲午战争，满清官吏都在湖

---

① 《大公报》1917年1月8日。
② 《张治中回忆录》，中国文史出版社1993年版，第152页。

南招募军队，湖南已是一个实实在在的大兵库。1902年，湖南裁减绿营，陈宝箴推行"新政"，锐意革新地方军。1902年，湖南兵力大约为12000人。① 1904年湖南开始编练新军，几乎在同一时期，设立武备学堂、陆军小学堂等，许多军事强人锋芒渐露。如唐生智、贺耀祖、刘兴、陶峙岳、毛炳文等。由于征兵不断，军制繁更。可以说，从19世纪中叶起，兵丁、游民、会党弟兄一直在湖南的社会变迁中扮演着重要的角色。进入民国后，由于社会转型的失败，资产阶级对会党的抛弃，在帮、在营的会党分子与游勇兵丁开始了大规模的社会自我拯救行动，被统治者咒骂为"匪"。

大致来说，从辛亥到中国共产党成立前，土匪的反社会行为主要处在经济的层面，打家劫舍，杀人越货，捉人勒赎，惊扰社会，产生了非常大的社会负面影响。"惨淡景象不堪言状……大有狂风扫之感"②。从地区看，土匪则相对在湘北与湘西活动频繁。湘北的临湘、岳阳、平江、湘阴、华容、浏阳与湘西的石门、桑植、桃源、沅陵、永顺、龙山、乾城、麻阳、澧县、安乡及湘中地区的新化、安化、湘潭等都是土匪频繁出没地区。

从中国共产党成立到抗战结束，这是湖南土匪产生大分野、大分化时期。土匪的社会角色发生了很多的变化。有的集股成军，成为官军官匪，成为国民党进攻中共苏区的先锋；有的在中国共产党的教育改造下走上了革命道路；抗战时期，相当部分土匪又表现出了一定的爱国主义热情，走上抗日前线，奋勇杀敌；抗战期间，部分帮匪人物则被汪伪政权拉拢、收买，成为他们的走卒。

秘密结社组织在政治上是摇摆的，可以被不同政治势力分化利用。这在湖南也是有历史传统的。但在新民主主义革命时期，土匪政治上所以分化，主要是时势影响、造就的。

辛亥以后，旧民主主义革命开始走向终结，资产阶级逐渐丧失对近代民主革命的领导能力。军阀混战，民不聊生，百业凋敝，政局不稳，

---

① 《湖南全省财政说明书岁支军政》，第76页（民国刊本），未刊稿。湖南省图书馆馆藏。
② 《大公报》1918年5月22日。

"人民逃亡已过半数"①，"湘中受北军蹂躏，无智无愚莫不切齿，尤愿毁家集款以助义军"②。湘境"无岁不干戈无兵不掳掠，天灾人祸相逼而来，民不聊生，哀鸿遍野"③。湖南的土匪不仅没有减少，反而益多，几与豫鲁相伯仲。军阀、官僚、地主等都想利用土匪达到其不可告人之目的。中国共产党为了顺利领导工农革命，防止和克服土匪对革命的危害，也把争取与利用土匪当成新民主主义革命的重大策略问题考虑。20世纪20年代，中共湘区委员会就密切注视着贺龙、袁祖铭等的政治动向，认为中国共产党不能消极对待他们，必须拉一个有力者，"袁在历史上绝无希望……贺比较与我们有关系，且对民众亦较好"④。由于贺龙开始转向革命，湖南的军阀便开始对他展开了"围剿"。

贺龙及其所统领的队伍绝不是如叶、刘、贺、陈所诬蔑的横敛民财、淫掠男女。因为贺龙及其所统领的队伍正在由旧帮会、旧军队向中国共产党靠拢，追求光明，实现自身社会角色的本质转换。所以湖南的军阀便要对之诛杀、围剿。1926年，共产党人周逸群率北伐军总政治部的一个左翼宣传队来到贺部，帮助贺龙改造他的队伍，从此，这支队伍走上了革命道路。

贺龙的转变，是湖南委身绿林之人在中国共产党帮助下走上光明之路的最好例证。当然，受当时军阀混战政局的影响，土匪主要还是为各军阀收编利用。

这种军阀混战加剧了民众的痛苦，地方劣绅则无不在这种混战中加紧剥削，网罗匪徒，扩张势力，拥兵自重。据保靖县统计，民国时期，各种税捐竟达二百四十九种之多，将近三分之二的土地和山林为只占全部人口不到十分之一的地主富农所有。桑植的"八大诸侯"，"大庸的'八大家'，永顺的'六大家'都是当地拥有大量土地的土豪劣绅"⑤。

---

① 《民国日报》（上海版）1916年5月7日，5月22日。
② 《民国日报》（上海版）1916年5月7日，5月22日。
③ 《民国日报》（上海版）1926年3月12日。
④ 《湘区政治报告》1926年9月7日，《中共中央文件选集》，第2册。中共中央党校出版社1990年版。
⑤ 参阅《湘鄂川黔革命根据地史稿》，湖南人民出版社1985年版，第51页。

这些土豪劣绅控制着人数不等的民团与土匪队伍。土豪劣绅为了保护他们的利益，还成立了各种名目的反动组织。当时湘乡有镇乡维持会、衡阳有白化党，醴陵、浏阳有三爱党，醴陵更有打狗会，所谓狗者即指农民。保产党更是湘中普遍的组织，① 正是利用这些队伍与组织，土豪劣绅公开与农协为敌。"差不多在省农协的卷宗，十件有九件报告着土豪劣绅聚合匪类，饮雄鸡血酒，指天发誓，打倒农协，杀尽特派员。"②

大致来说，第一次国内革命战争与土地革命时期，土匪分化产生了上述几个基本趋势。从分化趋势看，明显已不再局限于经济范畴，而出现政治上的多极分化。其主体部分，开始走向反动。

土匪社会行为表现的主要形式是打家劫舍、惊扰社会。劫人劫财是土匪得以自存的经济来源。一旦土匪为官收编，为绅收养，土匪的这种纯经济行为就会大为减少，即便再去从事类似活动，其性质也会起变化，因为其社会角色发生了转换。为军阀豪绅控制的土匪实际已成为军阀士绅的附庸、帮凶。例如，1935 年春天，永顺、大庸、桑植、慈利等县城被敌占据后，一批一批土匪武装纷纷钻出山洞，扯起"铲共义勇队"、还乡团、保安队一类旗幡，投政府反共之所好，表白自己的政治立场。在永顺、保靖县伙砂、东坪交界处，有一条小溪流，名叫趴水河。这里两山对峙，悬崖绝壁，林木茂密，云雾蔽日。河的一岸悬崖上，有两个上下相通的岩洞，人们叫它趴水洞，新寨坪弄塔有个大地主叫王金礼，慑于土地革命，逃躲在趴水洞上洞里，塔卧区的区长张奎全则躲在下洞里。他们"收藏可供一百多人吃一个多月的食物，还有四挺机枪，十支连枪和五十三支步枪"③，躲避红军的打击，伺机卷土重来。这类土匪的具体做法是，"结集一月或数月的粮食，隐藏在深山老林或岩洞之中，昼伏夜出，或突袭，或暗杀；二，派出零星武装力量，突然闯入农民家里，用威胁、欺骗办法，造谣惑众，瓦解群众斗志。三，乔装打扮，混进我游击队和地方政权中，刺探军情，里应外合；

---

① 参阅《第一次国内革命战争时期的农民运动资料》，人民出版社 1983 年版，第 390 页。
② 《向导周报》"湖南政变特号"第 199 期。
③ 参阅《湘鄂川黔革命根据地史稿》，湖南人民出版社 1985 年版，第 92、93 页。

四,当国民党正规部向根据地'围剿'时,他们则大打出手,摇旗呐喊、出谋划策、带路报信"①。

土匪(主体部分)产生这样的政治分化毫不奇怪。在民国各部队在湖南的招募机关竟有八九十个单位之多"②,他们不问青红皂白,强行拉丁入伍,形成普遍的社会恐慌,壮丁大量逃走,不愿被捉当兵,而宁愿流为土匪。草泽山林,成了遁逃的渊薮。招兵的弊害不可胜言。军阀们许诺,只要能招到新兵,就可以当官,于是一般在野的军人和土豪劣绅,便勾结区乡镇长各处搜捕,猛烈抽丁,以便填满人数,升官发财。据张治中回忆,某师一个团长,竟然命令一个县长说:"如果不能在一定限期内,解缴多少兵额,就要把你捆到团部处办。"③ 除此之外,贪黩、营私、萎靡、偷懒、缓滞、腐败、不负责任、嫉视革新成为军阀与官僚共同的政治本色。正因为如此,所以他们对倾向革命的绿林好汉与共产党领导下的农民运动与民主革命只会恨之入骨,疯狂反对。手中控制、利用的土匪队伍便成了实现这种目的的工具。

九一八事变后,日本加快了侵华步伐,民族危机加重。七七事变后中国进入全面抗战时期。湖南的部分土匪也表现了相当的爱国热情。1939年,帮会头目、土匪司令彭春荣在我党影响下率部起义,成立"湘鄂川边区抗日指挥部"。1942年正式成立"湘鄂川边区民众抗日指挥部"。提出"抗日、抗丁、抗粮"的口号。湘西王陈渠珍也在政治上表现出与湖南地方官府不合拍的态度,在《国民日报》上发表《湘西在抗日战争中的重要性》一文,兼任抗日宣传团团长,宣传抗日。大批曾涉足帮会的湘西子弟在抗日宣传教育下奔赴抗日前线。国民党新编第34师,即由湘西巡防军改编而成,后改为陆军第128师。这支部队主要由湘西凤凰、乾城、永绥、古丈、保靖、泸溪、麻阳、永顺、龙山、桑植、大庸等地人组成,在浙江嘉善保卫战中与日军殊死搏斗七昼夜,为抗日立下汗马功劳。龙山兵营共计620余名湘西子弟,他们先后

---

① 参阅《湘鄂川黔革命根据地史稿》,湖南人民出版社1985年版,第92、93页。
② 《张治中回忆录》,中国文史出版社1993年版,第147、148页。
③ 《张治中回忆录》,中国文史出版社1993年版,第147、148页。

转战上海、浙江、皖南、苏南、粤北、广西、湖北、湖南及云南、缅甸等地，参加了淞沪抗战、粤北大捷、昆仑关之战、宜昌保卫战等。① 土匪在前线抗日，国民党却抓住机会消灭异类。抗日战争期间，国民党中央政府曾派大军如第 103 师、第 9 师、第 7 师、第 10 军、福山部队等将近 20 万兵力，还有宪兵及税警一共七团，交通警备队及别动队进驻湘西剿匪，逼迫陈渠珍以新六军名义，收编土匪开赴前线，借日本军之手杀掉土匪。汤恩伯则命令刘寿奇在辰溪、黔阳等地编成四个土匪团，送上前线。"杂牌部队原在湖南者，大都调赴东南战场。"②

抗战结束后特别是全国解放前夕，土匪逐渐被国民党利用成为国民党反共反人民的工具，大致来说，有如下三个特点：首先，国民党全面控制、掌握土匪。自第二次国内革命战争以来，凡是反共有功的土匪头目都可以得到国民党的青睐，当了官的土匪又可以凭借其合法地位，继续发展匪势，以图重操旧业。1949 年 5 月，国民党湘鄂川黔边区军政长官宋希濂出头处理湘西变乱，将湘西匪首田载龙、陈子贤、周燮卿、罗文杰、汪授华等五部土匪分别编成国民党 1—5 个暂编师。7 月，宋在常德又召开"绥靖"会议，阻挠湘西解放，各路土匪头目俱应与会。比如陈光中，20 年代初还是个只有一支驳壳枪的"踩湾"浪子，后混迹于唐希林部，受委为上尉额外参谋，不到两个月溜回邵阳，啸聚旧部，拖枪为匪，扩充势力，"马日"事变后陈自称"反共先遣司令"，在沅江、益阳、安化、新化、邵阳对共产党员大开杀戒，1928 年被何键看中，委为独立第七旅旅长，不久又为国民党第 63 师师长，反共信念更加坚定。1928 年陈把手伸进了湖北，曾特意制了一面"反共救党"的旗帜。1930 年在血洗平江、浏阳、莲花时，陈发令"凭耳朵记功"。③反共气焰十分嚣张。正是有像陈光中这样一批为国民党效忠的土匪头目，掌握土匪队伍，所以，全国解放前夕，湖南土匪几乎全部具有反共反人民性质。

---

① 参阅彭清洲、沈桂萍《湘西各族人民抗日救亡斗争》，《中南民族学院学报》1993 年第 3 期。
② 《抗日战争时期湖南地下党历史文献选编》，湖南人民出版社 1985 年版，第 203 页。
③ 《新湖南报》1949 年 12 月 28 日。

为了更好地利用土匪反共，国民党还派遣了大批特务，协同土匪与中共为敌，"据当时有关部门统计，湖南的国民党和三青团骨干分子和'军统'、'中统'系统的特务分子有数万人"①，通过各种途径渗透到土匪内部，或与土匪保持联系，共同反共。请看部分特务名单：

表 6-2　　　　　　　　　　　部分特务名单

序号	姓名	化名	其他名	代号	职务	籍贯	结果
1	陈祥	邓国川		Y-51	湘西反共副司令	桃源	击毙
2	段文周			Y-49	湘西反共司令部参谋长	江西省	自毙
3	李修	唐祖德	常杰	A-344	湘西反共第一区司令	桃源县	击毙
4	刘海清	刘云才		K-145	湘西反共司令部行动队长	桃源	生俘
5	赵辉中	林德培		S-44	湘西反共司令部情报处长	常德县	生俘
6	陈自祥	陈正达	陈甲淑	S-317	湘西反共司令部电台长	永兴县	生俘
7	刘玉林	叶仁	叶显仁	K-149	龙山组组长	龙山县	击毙
8	钟培常	金辉	向礼本	C-135	龙山组成员	四川省	生俘
9	赵乃盛	高嵩	李大平	A-152	龙山组成员	永顺	生俘
10	黄孝笃	郭世杰		K-42	龙山组报务员	衡阳县	生俘
11	黄旭华	黄强麟	黄祥竹	A-250	永顺组长	龙山县	生俘
12	周启勋	周纪锡	周纪康	A-264	永顺组成员	大庸县	击毙
13	潘元英	王忠明	潘光乐	C-128	永顺组成员	贵州省	击毙
14	麻广庆	麻长厂	麻顺怀	R-34	永顺组报务员	永绥	生俘
15	王超富				补给组组长		自毙

其次，成立各种名目的反共土匪组织。

在常德，土匪反共队伍名目繁多，如有所谓"中华民族建国复兴委员会""反共救国军""新民剿共团""湖南九澧青年反共救国军""中国反共救国军游击第二纵队""湘西民众游击队"等。据不完全统计，土匪成立的反共组织数目有60—70种之多。② 在邵阳，解放前夕，土匪武装在国民党支持下得到了恶性发展。国民党新八军军长尹立言在

---

① 《湖南接管建政资料选编》，中共湖南省委党史委、湖南省档案馆合编，1989年12月，第14页。
② 参阅《常德地区志·公安志》(5)，内部印刷，1991年，第67—68页。

衡宝战役被击溃后逃入邵阳县龙山，组织"忠国社"。国民党国防部次长黄杰从广州飞抵邵阳，将隆回、邵阳、新化、武冈等6县自卫队改编为"湖南反共救国军"。武冈张云卿、谢光明等分别组织了"武冈反共游击总队""西南反共游击大队""国民党反共游击队"等组织，1950年6月，又与国民党国防部参议、中将师长蒋燮琴组织了"反共救国军华南总部"，该部辖12个纵队、人数达600多人。此所还有"复兴队"、"华中区反共救国军第三联队"等大小不等的反共组织，数目亦不少。在湘西，不论土匪队伍的股数还是人数都远远超过其他地区。1949年8月，为了进一步收买湘西各路土匪武装，完成所谓"千里人防长城"，白崇禧从衡阳飞抵芷江主持召开"军政联席会议"（芷江会议）。会后，在杨永清为他举行的家宴上，白与到会的主要匪首砍香拜把，歃血结盟，招抚收编各类土匪，给他们封官晋级，在反共的旗帜下统一起来，与人民解放军对抗。当时，湘西共有土匪武装和其他反动武装200余股，人数逾10万。其中较大的股匪：永顺地区23股，4.6万多人；沅陵地区35股，3.6万余人；会同地区35股，2万余人；慈利、石门、桃源32股，1.69万人；武冈、洞口、隆回49股，9480人。主要股匪及其建制、装备及活动地域是：

暂编第一师，师长田载龙，副师长朱际凯，下属3个旅。第一旅旅长朱际凯（兼），有枪3500余，活动在慈利县北部；第三旅旅长张绍武，有人枪1600余，活动在慈利县三家店附近；独立旅旅长陈策勋，有人枪6600余，主要活动在桑植、慈利等县。

暂编第二师，师长周燮卿，副师长陈布龙，参谋长杨希烈，有人枪2000余，主要活动有乾城、永绥一带。

暂编第三师，师长陈子贤，副师长何沛霖，参谋长邓德识，下辖3个旅6个团，共有人枪6000余，活动在桃源、沅陵两县。

暂编第四师，师长罗文杰，副师长向明歧、梁仰光，参谋长方天印，下辖3个旅6个团，第一旅旅长李兰初，第二旅旅长向宗模，第三旅旅长冯松，共有8000余人，步马枪2400多支，盘踞在桃源县。

暂编第五师，师长汪授华，副师长曹振亚，参谋长冯泉，下辖3个旅9个团，第一旅旅长曹培斌，第二旅旅长向克武，第三旅旅长曹子西，共有 900 余人，枪 2500 余支，盘踞在常德。

暂编第六师，师长米家，副师长刘华峰，参谋长刘自芬，下辖三个团。共有人枪 300 余，活动于怀化、辰溪、麻阳等地。

暂编第七师，师长石玉湘，副师长雷震远，参谋长傅菊生。辖 3 个团和 4 个直属连，共有人 2000 余，枪 1000 余，活动在溆浦县大小江口及辰溪火麻冲、长母湾、锄头岩一带。

暂编第八师，师长胡震，副师长胡振华，辖 3 个团，共有人枪 2000 余，活动在麻阳、辰溪一带。

暂编第九师，师长张剑初，副师长徐汉章，参谋长陈靖雄，辖 3 个团和 1 个补充团，1 个独立团，共有人枪 2000 余，主要活动在泸溪县境内。

暂编第十师，师长瞿波平，副师长杨树臣，参谋长吴振汉，下辖 3 个团和 4 个补充团。一团团长贾松清，二团团长彭雨清，三团团长孙香斋，补充一团团长向静海，补充二团团长肖高格，补充三团团长邓伯林，补充四团团长向东阳。共有人枪 6000 余，活动于龙山明溪乡、二桥乡、他矿乡、猛西乡、洗车镇、董补乡以北的龙山大部分地区及湘川鄂交界处。

暂编第十一师，师长张平，该师辖手枪队、特务队、直辖大队、游击队、6 个常备队和 8 个后备队，共有 2800 多人，各种枪支 1900 余件。主要活动在古丈、沅陵、泸溪 3 县。

暂编第十二师，师长师兴周，辖 4 个团，共有人枪 9000 余，主要活动在龙山县四区和五区境内。

"湘鄂川黔反共救国军第六纵队"，司令徐雅南，共有人枪 1300 余，主要活动于保靖、泸溪两县。

"长沙绥靖公署直属第三清剿纵队"，司令杨永清，共有人枪 3000，活动于芷江、怀化、黔阳等县。

"中国国民党反共游击总指挥部第三纵队"，司令张嗣基，人枪 2600 余，活动于芷江北部及西北部。

"湘黔边区剿共游击指挥部"（后改为"中国国民党湘鄂川黔边区剿共游击指挥部"），原总指挥杨佐治，继任总指挥杨佐臣，司令杨永中等，共有 1394 人，各种枪支 918 件，活动于芷江西南部及晃县、天柱一带。

"湘桂黔边区反共游击队"，司令杨永清，副司令姚大榜，下辖 7 个支队，一个独立支队，活动在晃县、天柱交界地区。

"反共救国军华南总部"，司令蒋伏生（在越南），副司令蒋燮琴，下辖 11 个纵队，主要在武冈、绥宁、怀化、黔阳、会同、靖县活动。

"华南民众自卫军湘黔桂边区游击总指挥部"，总指挥杨标，辖 13 个纵队，活动于湘黔桂边界。

"中华民族自救军第三方面军第五纵队"，司令龙怀麟，辖 5 个纵队，共有 1600 余人，1300 余支枪，活动在靖县、会同、通道、绥宁、黔阳等县。

"湘桂边区游击司令部"，司令石世佑，共 800 余人，主要活动在寨方、江东一带。

"中国人民反共救国军"，司令陈光中，共 2000 余人，活动于隆回、武冈、新化等县。

"湘鄂边区人民反共救国自卫军司令部"，总司令龙膏如，人枪 3000 流窜于凤凰县总兵营一带。

"会同反共自卫救国军司令部"，司令张伦麒，人枪 800 余，活动于会同县西南部。

"麻阳人民义壮军第三团"，团长聂焕章，人枪 80 余，活动在上麻阳、芷江、贵州边界。[①]

可以肯定地认为，民国湖南土匪的角色转换是存在的，分化也是存在的。这种角色转换既呈现比较明显的阶段性特点，又有一定的规律可循，错综复杂。在这里，所谓的特点与规律又只是相对而言。也就是说，在无序混乱的土匪活动中，历史学家们可以明显抓到这种纷乱骚动中的土匪活动与变化的线索。通过这种线索的把握，可以弄清土匪为什么会与怎样实现角色转换与社会流向的真实情况。

从社会分化看湖南土匪，可以明显感到近代的游民、游勇与破产的

[①] 以上参阅王中杰主编《湘西剿匪》，湖南人民出版社 1989 年版，第 23—26 页。

农民、手工业者在社会转型失败后如何组织起来进行自我拯救。由于社会转型失败，因而这种组织无处不在，数量很多。在辛亥革命后，资产阶级与北洋军阀对这种扰乱社会的组织恨之入骨，又打又杀。但在社会根本问题没有得到解决之前，这种简单的打杀政策是不管用的，它只能促使民众普遍的敌视政府，反抗情绪加深。

但是，当这种组织发展到一定程度，一定水平，具备了与政府持续对抗的能力时，它就会产生更大的社会作用，备受社会的关注。这样，它在政治上便有一个选择。何去何从？向左还是向右？土匪的分化便产生了。而当政府已无力将这种非法组织消灭掉时，那么，这种"非法"组织无非面临两种选择：与政府合流，或继续与政府对抗。

我们看到，湖南解放前夕，土匪主要是选择了与政府合流，方式多种多样。在经过了官府的收编、招抚与委官以后，湖南的土匪绝大部分与腐败无能的官府站在了一起，充当了反动政府的工具，到全国解放前夕，这种现象特别显著，湘西尤为突出，兹不赘述。

在官、匪合流中，起核心作用的往往是土匪头目。湖南土匪头目一般是帮主与军人双面人物。所以，他在控制其队伍时，可以通过这两个系统轻而易举达到目的，官府收编土匪，也只要搞定他们的头目就可达到目的，得一人而获其众，这与前清革命党活动会党有极大的相似之处。

需要注意的是，土匪成为"合法"组织，为官府收编，并不能表明这种队伍就马上与官府站在了一起，特别是辛亥—抗战前，土匪队伍在"合法"与"非法"之间的摇摆是常见的。很多土匪队伍并不是真心接受改编，今天接受收编，明天就可以反叛。为什么会出现这种情况呢？这是因为，军阀的生命在于夺兵争权，排斥异己，军阀本身的地位并不牢固，湖南虽没有大到影响全国政局的军阀，但一省之内，军阀林立，派系斗争相当激烈。此强彼弱的现象是常见的。对土匪的"拉"或"打"，完全凭军阀当时的地位所决定。很多军阀都是靠拉土匪、帮会起家的。例如，刘峙岳在衡山办团练时，就曾将会党500余人召集其中，后来又出尔反尔，设计杀其首领，遣散其众，将其组织全部瓦解。①

---

① 蔡少卿主编：《民国时期的土匪》，第180页。

周朝武的军队都是匪军，陈子贤的军队是由原来的土匪队伍改编而来的。军阀们各自收编土匪队伍，但对于不受编不听调或出尔反尔的则时刻提防镇杀。早在民国初年，军阀们就总结了一条经验："零星土匪可抚，大宗之匪不可抚；匪势将败时可抚，匪势方张者不可抚。"① 所以，土匪对这样的军阀也须时时提防，在"合法"与"非法"间摇摆，也就不足为怪。过惯了土匪生活的姚大榜就公开扬言，"老子是江湖上的狼，绿林里的虎，逍遥法外，自由自在，快活的很。榜老爷放个屁，你县官州官，谁敢说一声是臭的"②。公开表明他与官府不合作的立场。

但是，像姚大榜这种惯匪恶霸型土匪头目，其所追求的虽不定是升官发财，但改变不了其恶霸、惯匪特性，对这样的土匪，官府宁愿放任，因为到了一定时候，这种土匪还是会同官府站在反共反人民的同一战壕中的。

需要特别指出，在不断与官府对抗的土匪之中，有一种怀抱除暴安良、劫富济贫、匡扶正义的队伍，他们混迹于绿林队伍之中，以致时人良莠不辨，冠以"匪"名，像袁文才、王佐等领导的队伍即是如此。这种类型的"土匪"实质上是农民起义队伍，所以他们能在中国共产党的引导下比较容易走上了光明之路。

此外，还有一种土匪，也好打抱不平，与官府保持着相当的距离，由于自身队伍不够壮大，始终处在军阀与大土匪的压迫包围之中。他们不像贺龙、袁文才那样不断追求光明，而是政治目光短浅，冲不出藩篱，最后为军阀与土匪吞噬。

综上所述，民国时期，湖南土匪在当时社会大环境的影响之下，不断地产生着分化。其中，除了少部分为中国共产党改造，走上光明之路外，其余大部分则不断地被国民党军阀分化、瓦解、收编、利用，临至全国解放前夕，土匪成了国民党反共反人民的工具，这也把土匪自身送上了不归之途。

---

① 《时报》1917年10月7日。
② 《新湖南日报》1962年10月6日。

第四节　民国政府对土匪的"围剿"

一　官绅对土匪的基本态度

土匪是作为反政府、反社会的对抗性组织而出现的。在以后的演化过程中，其中一部分走了亦官亦军亦匪之路，但大部分土匪的性质和所发挥的社会作用并没有改变，仍然是农村破产农民、城市手工业者、兵丁、游勇等组合起来的非法性自我拯救组织。这种组织分散，数量众多，遍地开花，具有极强的破坏性作用。特别是它把主要矛头对准那些有钱的财主、商人与地方政府、民团组织等，号召贫民跟它去过一种无拘无束的自在生活。所以乡绅对土匪自然是十分的害怕，请看零陵一乡绅写给他儿子的家书：

> 勋儿入目，第上号家信，想已收到。
> 我境谷价，近大跌落，禾苗亦好，惟大马自劫高溪团防局后更形猖獗。各姓昼夜防守，寝食不安，不徒我族为然，保元先生家，已搬往永州居住。阐转皆勿念。昨我天子岭谭家接之姑娘，即陈佐卿之妻，归宁途中被大马吊去，幸防营打开，得以安全返家，耗费虽近百串，闻身入虎穴，未受其害，亦不幸中之大幸也。鑫芹在黔阳交卸清楚，闻已抵省，如偕尔大哥买舟回里，当嘱且到祁阳起早，从北大路到家，以免意外。现闻宝庆、东安祁阳、零陵有进兵会剿之说，恐难全数殄灭。将来如何情形，再行示知。
> 　　　　　　　　　　　　　　　　阳历六月初三日
> 　　　　　　　　　　　　　　　　老父子谕[①]

从这封家书可以看出，土匪对乡村士绅的威胁是很大的。缙绅家眷

[①] 《大公报》1922年8月6日。

返乡归里，要有军队的护卫，然亦不能保证其百分之百的安全，所以在乡村，乡绅们对土匪尽量规避、远离。而土匪则主动出击。"昼则持枪入人家勒迫善良入会，夜则抢劫，用非刑拷打，人钱财。"①"各富室无不被其搜括。"② 土匪"杀官杀民，攻城夺邑，肆无忌惮，官军力难剿灭，其魔力不可谓不大矣"③。显然，土匪的这些行为对社会生活、统治秩序均造成了深度的破坏，所以一般情况下，官绅对土匪是恨之入骨，力主围剿的。

早在1912年，谭延闿为了维护新政权的统治，就发布文告命令"所有洪江会，哥弟会以及三把香所发生之富有会，大摆队，铁摆队，十字会兼未及指名之各种名目马元帅，大元帅，坐堂、陪堂等项名称，无论发生于何时，布教于何地，均应自行取消，以符恢汉之本意"，否则"惟有立即严拿，尽法惩处"④。8月，洪江会在长沙宣称进行第三次革命，遭到谭延闿的严厉搜捕。8月下旬，谭发表措词更加严厉的示谕，宣称"严诛首要，曷足以维持风化而儆凶顽"⑤。1913年10月袁世凯发布《严禁解散湖南会党令》。称："湘中会匪素多，自叛党谭人凤设立社团改进会，召集无赖，分布党羽，潜为谋乱机关。于是聚集如鳞，巨匪皆各明目张胆，借集会自由之名，行开堂放票之实，以至劫案迭出，民不聊生，贻害地方，不堪设想。……着湖南都督一律查明分剿，严禁解散，以保公安。"⑥ 1918年，湖南省清乡司令部发布文告要求"一勿与匪伍，二勿听窝藏，三勿为匪作谍，四勿代匪军装"⑦。同年，长沙县制定出了9条对付土匪的办法：

一、不准民间隐藏土匪，违者与匪同罪；
二、勒令团族交匪，违者与匪同罪；

---

① 《大公报》1918年8月17日。
② 《大公报》1918年9月5日。
③ 《大公报》1918年9月26日。
④ 《申报》1912年7月23日。
⑤ 《民立报》1913年3月26日。
⑥ 《民立报》1913年3月25日。
⑦ 《大公报》1918年7月18日。

三、查封土匪田产屋宇充地方公益经费；

四、团族通匪与匪同罪，交匪免究；

五、各姓祠堂，不准容本族匪首驻扎，如违反惟该姓户族是问；

六、该匪天晴露宿山间，有雨则分驻民房，责成团族督促团练梭巡，如敢拒捕，格杀勿论；

七、该匪自愿投诚，由团族加具保结报县许其自新，再犯惟保人是问；

八、该匪有能効著名匪首率队投诚者，本知事定行呈请督军奖励，或即编入军队充营长、连长、排长等职，不究既往；

九、愿缴枪枝者分别优劣给价，私藏不缴者查出与匪同罪。①

1924年1月，驻扎在湘南地区的唐生智以湖南善后督办名义电令各县机关，要求从整顿团规入手，以防止内外之匪，相互勾引，窥伺地方。祁阳周崇川等10多名乡绅撰写《办匪理由书》，具控县知事兼检察尹集馨办匪不力。"匪等得志又复聚。"② 为了防匪，湘西绥署电令各县，厉行联保连坐法，"结内各户，互相勤勉监督，并无为匪、通匪、窝匪及作汉奸间谍或扰乱地方等情事，如有违反，他户应即密报，倘有胆徇隐匿，联保各户应受连坐之处分"③。薛岳担任湖南保安司令后，要求各警备司令，各区保安司令，各行政督察委员公署严查匪类，限期肃清。④ 1939年在薛岳的主持下，湖南省政府主持43次常会，通过成立湘西剿匪宣导委员会，各县成立分会并成立乡镇分队，推举朱经龙、陈渠珍、李毓尧、潘公展等22人为湘西剿匪宣导委员会委员。

有产阶级对土匪的鄙视、仇恨到举刀相向本不值得大惊小怪，因为这是他们的游戏规则，只许官家放火，不许百姓点灯。须不知，从历史发展逻辑上讲，是先有乱世，才有乱民，先有滥政，才有刁民、暴民。

---

① 参阅《大公报》1918年10月20日。
② 周崇川等：《办匪理由书》，民国二年刊本，湖南省图书馆藏。
③ 沅陵《中报》1939年2月1日。
④ 沅陵《中报》1939年3月22日。

如果进行本末倒置的处理，不仅无助于问题的解决，反而只会使问题更加复杂、尖锐。在民国时期，统治者虽然认识到这一点，但由于问题已堆积如山，积重难返，因此也就只能进行本末倒置的处理。"吾湘频年多故，军事迭兴，赋役日增，民生益蹙，正宜革去烦苛，务从宽大，庶资苏息，用示附循。近闻各处驻防军官，随意设立检查所名目，委任员司办理，揣其用意，不过为防违禁物之输送，并行惩罚，乃负役既蒙驱策，如蒙虎皮，巧设网罗，肆行妄征，不论有无挟带，靡不恣意留难，凡属经过其间，即入陷阱之内，商旅减途，怨声载道，为害之烈，不可胜言。"① 巧设网罗，肆行妄征，这就是滥政、暴政，是祸政，是殃民的大问题。作为政府理应革其弊端，正本清源，政清才能民顺。但从什么地方入手呢？湖南各地都处在军队的分割之中，互不统属，一旦政府下令，也不过是一纸空文，况且就政府而言，本身也已腐烂透顶，已是一部吸血的机器。因此，既然政已腐浊，那么就再无法奢谈善政了。例如1925年，土匪致信益阳县署，指控该县大桥镇团防局会办刘春生假公报私，惨杀无辜，"如果马上革除他职，我等不仅不控，并且将同类带逃他处"②。土匪为什么会造反，益阳土匪的这封函信已说得相当明白，但在政府里面，尽是刘春生之流的人物，整个政府机器就是这样运转的，因此，要尽扫莠苻，奠安桑梓，是根本做不到的。

二 民国政府对土匪的围剿

进入民国以后，中国的社会秩序更加紊乱了，"各县光复以来，各地方行政长官及带兵将领，良莠不齐，每每凭藉权势凌乡里。有非依法律辄入人民家宅，搜索银钱、衣物、书籍据为有者；有托名筹饷强迫捐输，甚且掳人勒索者；有因小忿微擅行逮捕人民，甚或枪毙籍没，以快己意者。排挤倾陷，私欲溢，官吏放手，民人无依"③。湖南地处南北军阀争夺的要冲，民不聊生民无所依之状更甚于他省，"富人咀上流

---

① 《大公报》1925年6月4日。
② 《大公报》1925年6月3日。
③ 《孙中山全集》（第一卷），中华书局1981年版，第21页。

油，穷人肚里空荡"①。人民荡析离居，卖妻鬻子。在桃源，妇女为了保命竟然"定价发卖"，有钱人则"持钱赴贫民工艺厂购买妇女作婢妾"②，所以当时就有人指出"匪患滋多，其为饥寒所迫，铤而走险者实为多数"③。于是在湖南城乡，出现了统治阶级所害怕的"盗贼充斥，屑小横行"的局面，行者为之戒途，居者不得安地。土匪目无法纪，与官绅为敌，蓄意作乱。例如在隆回，稍有家财者，即被匪首彭锡山投片勒款，片上印有"湖南自治军第警营长彭锡山，参谋长肖任匕"等字，并写一函，函道："信启者，窃维自治军成立需款甚急，特向先生筹备×千×百元×以为军需之用。信到赶快送来，毋容抵抗。此致，先生大鉴。"土匪上午投片与信到某家，下午某家就要备钱讲情，才得无事，不然人要被捉，屋要被焚。隆回三区肖香如，就因为不从，被裂为四块，四区王禄林被割去舌头，挖去了眼珠。

民国政府是军阀、官僚、地主及资产阶级的政府，从人道主义看，在被遭劫的有产者中可能也不乏勤俭起家劳动致富之辈，他们不幸成为土匪"吊羊"绑票的牺牲品，值得同情。但同时我们可以想见，惨死、饿死在统治阶级、地主阶级手下的劳动人民更是不计其数，他们的遭遇更值得我们同情悲怜，其中只有部分人铤而走险走上为匪之路，"吊羊"绑票只是这部分人对这种剥削压迫制度的有限反抗。因此要清除土匪产生之源，铲除土匪生存之壤，防止上述悲剧的上演，根本的是要改变那种极不合理的剥削制度。

但是，要剥削阶级推翻赖以寄生的剥削制度是不可能的，这无异于与虎谋皮，痴人说梦。正因为不可能，民国历届政府在防治围剿土匪问题上，大都采用了本末倒置、黑白颠倒的处置办法。他们懂得官逼民反的道理，但都视这种状况为十分合理的存在，他们也知道军阀混战为万乱之源，但为了相互争斗，扩充势力，都得撕下伪装，时时处处酿造着这种混战，因而他们个个都是万乱之源的罪魁祸首；他们知道为官不

---

① 《钟期光回忆录》，解放军出版社1995年版，第1页。
② 《大公报》1918年5月12日。
③ 《大公报》1917年1月2日。

正，必定是政治浑浊暗无天日，但他们个个都结党营私，朋党为奸，却指责对方为官不仁，罪恶滔天，罄竹难书；实际个个都是典型的军阀与政治流氓；他们目民间造反者、从匪者为刁民、暴民，却不知自己个个都是窃国大盗，害民匪首。

然而，他们却欺世盗名，诡称清乡剿匪是"实现三民主义的第一步"，"是解除民众痛苦的办法"，要求"农工商学兵联合起来，努力清乡"，"铲除劫财害命的土匪"，"化除境界实行各县联防"①。强盗逻辑，蛮不讲理到了极致。

军阀们的剿匪当然不能与在中国实现孙中山先生的三民主义相联系，也不是为了解除民众的痛苦，他们的这些说法都站不住脚。稍稍分析一下，便可知他们的目的有二，铲除异己，扩充自己的实力；借机反共，消弭后患。因而在清乡剿匪过程中他们"往往诬良为匪，肆行敲诈，民冤莫伸，盗焰益炽，乡井无一片净土"②。现在我们看看他们是怎样"剿匪"的。

1914年，郴州突发兵变。驻郴守备队官长曾纪光与张子兰约集三千余人首先发起变乱，永兴、耒阳失陷，衡阳危急，汤芗铭奉令进剿，俘获三点会头目李普成、蒋金标等。郴州兵变后数县响应，西南两路会党土匪异常活跃。因此，汤芗铭对镇压格外卖力，"擒斩匪党约计千……一日之内，悉就敉平"③。汤萝铭利用平乱之机扩充实力，规定湖南省境内不经汤的允许、命令，"不准招兵领饷"，各道、府、州县都必须服从汤都督的命令，"听候检查处分，不准自由行动，违者按军法治罪"④。日后的事实证明：汤芗铭是不折不扣的刽子手，时人历数汤在湘时的罪恶：秽乱吏治、酷用毒刑、盗卖矿产、援结败类、败坏风俗，是比所有土匪更加凶残的人类公敌。

1912—1920年间，湘西曾先后兴起过张学济、田应诏、肖汝霖、林德轩、谢重光、周则范等风云一时的帮会头面人物。田应诏为湘西靖

---

① 《湖南省清乡公报》（第一期）《杂录》，1920年7月31日。
② 《大公报》1919年9月2日。
③ 《北洋军阀统治时期的兵变》，江苏人民出版社1982年版，第10页。
④ 《民国日报》1916年6月5日。

国军第一军军长，张学济为第二军军长，谢重光为第四军军长，林德轩为第五军军长，是当时不折不扣的地方土匪，1920年被谭延闿各个击破。但谭不是圈内人物，虽然打败了他们，如何处置却没有多少办法，只得委陈渠珍为湘西巡防军统领兼辰沅剿匪总指挥变通处置。

20年代中期，湖南农民运动蓬勃发展，在中国共产党的影响下，部分绿林好汉也投身农民运动，转向革命，"湖南农民在张敬尧、傅良佐、赵恒惕、叶开鑫等军阀统治下惨受提征田赋，加设厘金，增加杂税等一切层出不穷的剥削，差不多十有九家弄到家空业尽"①。农民运动兴起后，土豪劣绅所把持的乡村政权大半倾覆，许多团防局自行解散，团防失去它的统治效力，农民打土豪、分田地，翻身当家，扬眉吐气。湖南的缙绅疯狂反扑，他们成立保产党、维持会、白化党、三爱党等各种反农民组织，并且利用土匪向农协进攻。农民运动受到了严重的威胁，鉴于土匪派系多，情况复杂，为了争取土匪不反对农民运动，或至少保持中立，中国共产党对土匪进行了一分为二的分析，决定"（1）对受生活压迫而表同情于农会的土匪取合作的态度；（2）有些土匪对农会两不相关的，设法和他联络，要他不受地主的利用；（3）对于帝国主义和一切反革命派有关系的土匪，或积匪取攻击的态度"②。由于中国共产党的正确引导，争取了部分绿林投身或至少不攻击农民运动，减少了农民运动的阻力，湖南农民运动从秘密走向公开。1926年7月至9月，全省农会会员增加到40万人，直接领导的群众达100万。1927年6月，湖南农会会员达到600万。面对工农运动的发展，许克祥十分恼恨，1927年5月21日，在长沙指挥叛军突然袭击各革命机关，散发反共传单，疯狂屠杀干部、工人与革命群众。23日，通电反共。事发多年后，许克祥吐露当时他的心境："对付共匪，只有硬拼，因为他们怕的是力量，马日事变这幕历史剧就是凭着一股冲劲，打得它落花流水。"③ 与许克祥反共的同时，湘潭、湘乡、常德、浏阳、邵阳、衡阳、

---

① 《第一次国内革命战争时期的农民运动资料》，人民出版社1983年版，第381页。
② 《第一次国内革命战争时期的农民运动资料》，人民出版社1983年版，第356页。
③ 刘绍唐主编：《民国人物小传》，传纪文学出版社1981年版，第190页。

永州、桃源、益阳、辰州、华容、溆浦等20余县也先后发生反革命屠杀事件。

秋收起义后，中国共产党在湘赣罗霄山脉中段之井冈山开辟了红色革命根据地，领导工农大众武装反抗国民党的反动统治。为着反共与安定省境内社会秩序的需要，国民党也加大了反共与剿匪的力度。1928年至1929年，国民党湖南当局修改湖南省挨户团督练章程，并把全省分为十七个"剿匪区"，分别派官派军进驻督剿，这十七区的划分为：

一区：长沙、平江、浏阳、湘阴。

二区：湘潭、醴陵、衡山、攸县。

三区：岳阳、临湘、南县、安乡、华容。

四区：常德、桃源、汉寿。

五区：沅江、益阳、安化、宁乡。

六区：澧县、临澧、石门、慈利。

七区：大庸、桑植、永顺、龙山、永绥。

八区：乾城、凤凰、麻阳、晃县、芷江。

九区：沅陵、溆浦、辰溪、泸溪、古丈。

十区：靖县、黔阳、会同、通道。

十一区：武冈、城步、新宁、绥宁、东安。

十二区：宝庆、新化、湘乡。

十三区：衡阳、耒阳、安仁、茶陵、酃县。

十四区：郴县、宜章、汝城、桂东、资兴、永兴。

十五区：零陵、祁阳、常宁、阳明。

十六区：临武、嘉禾、新田、桂阳。

十七区：道县、宁远、蓝山、江华、永明。①

政府之所以把"反共"与剿匪同时并举，是因为他们发现湖南土匪"自共匪发生后往往受共匪勾结，甘作共匪工具"②。土匪在政治上弃暗投明，这是他们万万不能允许的。为了封锁井冈山，反动当局绞尽

---

① 参阅《湖南清乡公报》（第二期）《法规》。
② 《湖南清乡公报》（第一期）《杂录》。

脑汁，划湖南鄜、桂、汝等二十三县为湘南特别警戒区，统归湖南保安司令部管理。胡凤璋以湘东南军团名义布置于桂东、鄜县、汝城等湘境一带，妄图阻止红军活动。在湘鄂剿匪司令部的命令下，浏阳组织了784人的义勇队，醴陵的义勇队人数为51410人，保安团人数为607人；茶陵的义勇队人数为3372人，保安团人数为324人；汝城的义勇队人数为2184人，保安团人数为523人。为了加强反共，反动当局又在湘东各县实施碉堡政策。平江的碉堡至1934年已经完成；浏阳已设碉堡委员会，并在平坪、小河一线新修堡群；茶陵的堡修建费由县财政局发津贴；鄜县已修建浆村、石洲里等多处，拟建者有九峰坳、垅泥湖、爪寮塘等处。① 为着反共的需要，何键手下的师长陈光中、李觉、陶广支、王东原等都曾被派往反共第一线，与红军为敌。正是利用反共，何键一步步扩充了自己的实力。

1933年，湖南的新第三十四师龚仁杰旅、周燮卿旅以及石门、澧县、慈利等县的团防队共14个团以上的兵力，对红三军和湘鄂边苏区进行新的围攻。1934年1月，陈诚组织湘鄂川黔四省边区"剿匪"，成立总司令部，在武汉行营指挥下，对湘、鄂、川、黔边境红二方面军进行围攻。湖南第四路军所属各部及地方团队的任务是从南正面沿澧水流域对以桑植为中心的红二方面军进行围攻。防线从东南的澧县起，经石门、大庸、永顺、保靖至龙山一线。李觉的主力集结于大庸附近，构筑自百福寺、龚家山、新桥、三叉坪、茅土关、黑松关至李家台线之碉堡工事。② 陈光中与红二方面军在溆浦屡次发生接触、战斗，章亮荃在芷江上坪与红二方面军时有接触，王东原则在龙溪口抵御红二方面军。为了反共，国民党在湘西实行宪兵统治。他们经常以整团、整营的宪兵为单位去每一县、区、乡进行"剿匪"，到处都是整批的人被枪杀，引起了人民特别是农民的不安与恐慌。"在溆浦县曾发生过这样的事情，宪兵将全村的壮男召集在一起排成队，机关枪向排着队的人架起，逼迫这

---

① 参阅《湘赣革命根据地》（上），中共党史出版社1990年版，第1325、1353、1369页。
② 参阅《中华民国档案资料汇编》（第五辑第一编）《军事》，江苏古籍出版社1994年版，第201页。

些农民要指出谁是土匪……这种事情在湘西各县是相当普遍的现象。"①1935年春天，永顺、大庸、慈利等县城被敌占据后，一批地方土匪见风使舵纷纷钻出山洞土堡，扯起了"铲共义勇队"、还乡团、保安队一类旗幡。由于官军的暴行，红军作战的机动灵活，人民的支持，再加上何键与红军作战的目的是迫使红军远离湘境，保住自己的地盘，因而剿匪与反共都没有达到预期的目的。"蒋介石的意图是要何键指挥几十万兵力，消灭红军于湖南境内，但何键因吃过红军的大亏，心存畏惧，以保存实力为原则，暗示各师既要摆出打的架式，但也不要紧追硬打，只要送出湖南就算了事。"②

抗日战争爆发后，国民政府西迁，湖南特别是湘西在重庆国民政府中的政治、军事地位顿显重要。活跃于湘西的土匪成为国民党政府的喉中刺。张治中接任湖南省主席以后，曾把之喻为治安之癌，是个慢性的沉疴。"这个慢性的沉疴，那时正以急性的发作的姿态表现在湘西，甚至是湘中各县。"③张治中认为土匪众多是一个政治问题，是腐败政治导致的结果，好人不敢露脸，坏人拿枪出头。"行险侥幸之徒，或者意想升官发财之辈便乘虚而入，利用强悍的民风，地瘠民贫的环境和落后的交通的掩护，肆行裹胁，于是大股的土匪形成了。"④根治的办法就是要讲求清明政治，改造社会，提拔正人君子，打倒土豪劣绅，改善人民生活，转移社会风气，逐步解决土匪问题。

只可惜1939年，张治中因"长沙大火"事件被革职，薛岳主湘。薛岳不满于张治中主湘时采取的一些开明措施，制定了所谓的"安""便""足"治湘三大方案。具体解释为："除匪肃奸以求安，发展交通以求便，生产屯储以求衣食足。"⑤薛主湘后发布文告，宣布自1939年4月21日起至5月30日止，奖匪携枪投诚自新。新式武器完好者长枪每杆十元，短枪每杆二十元，机枪每杆五十元，子弹每百颗五元，"给

---

① 《抗日战争时期湖南地下党历史文献选编》，湖南人民出版社1985年版，第92页。
② 《益阳文史资料》第10辑，1988年，第15页。
③ 《张治中回忆录》，中国文史出版社1999年版，第151、152页。
④ 《抗日战争时期湖南地下党历史文献选编》，湖南人民出版社1985年版，第176页。
⑤ 《抗日战争时期湖南地下党历史文献选编》，湖南人民出版社1985年版，第92页。

价收缴以加强地方自卫力量，其机件不全不能用者，亦须酌量给价收废，再令其本人当凭保甲，出具手模切结，悔过自新，然后准予归农，各安生业，其有自愿入伍充当兵役者，可向当地驻军，或团管区、师管区随时投效，当予收容，但不准投入地方自卫团队"①。但薛岳剿匪是假反共是真。主湘期间，薛查封进步报刊《观察日报》《真理》《抗日战报》等，参与制定了震惊全国的"平江惨案"，全省笼罩在白色恐怖之中，"土匪"活动益炽。1940年代初，彭春荣、瞿伯阶聚众万余，时分时合，在湘鄂川黔边境活动，国民党军队多次派重兵征剿。湖南省第八行政督察署负责协助国民党军队进剿，国民党陆军十三师三十八团负主要清剿责任。三十八团团长刘硕明会同永顺县长召开各乡保长会议，调将调兵，并寨筑碉，设法清剿。国民党正规军撤离后，双方的力量发生极大变化，第八行政督察署承认，"除予匪以零星打击外，未达成歼灭任务"②。1946年3月，国民党政府在黔江成立川黔湘鄂边区绥靖公署，辖29县，划辖区为5个绥靖分区。湖南龙山、桑植、大庸、永顺属第一分区，以163师师长陈兰亭为指挥，再次对彭春荣、瞿伯阶进行征剿。他们总结以往失利的教训，有针对性地实行三大政策：族清其族，保清其保；拿获匪徒呈准枪决，自新者予以保障；拘办通匪、济匪豪劣，断绝土匪活动。③ 实施正规军、地方军与乡、保之间的多重清剿，取得了一定的效果。彭春荣在多重打击之下，不得不分散队伍，穴地趴壕。1946年，当局又把全省划分为四个清区，分重点进期。但针对土匪进城，影响城市治安、社会生活状况，地方当局除了感到束手无策，别无良策，只是泛泛要求各银行、钱庄、公司、银楼及较大商店、富户须与左右邻居或隔邻互相装电铃，以为报警之用。不能装置电铃之商店住户，须与左右邻互装铜铃，以铁丝联系，以便遇警互相通报，并要求电铃铜铃专作报告盗警之用，装置地点应绝对秘密，左右邻舍听警后，"应就近报告近岗巡军警，或用电话报告该管警局所"④。1947年

---

① 沅陵《中报》1939年4月21日。
② 《湘西文史资料》第7辑，1986年，第124页。
③ 《湘西文史资料》第7辑，1986年，第128页。
④ 《衡山民报》1946年7月3日。

10月，邵阳、衡阳、祁阳、衡山、湘乡五县联席召开治安联防会议，决定在五县范围内联手清剿土匪，徐君虎在会后转往廉桥坐镇指挥清剿土匪。① 1949年2月，湘乡县召开治安会议，决定改防堵为进剿。在会上做出三项决定："一要加紧招募自卫队兵；二，继续成立警察中队；三，各乡加紧办理警卫班，并各设建碉堡。"② 湘西"三·二"事变发生后，湘西政局动荡，省府信誓旦旦地表示要剿灭汪援华、曹振亚，安抚收编随从者，但结果是汪援华收编为暂五师师长，曹振亚为副师长。对湘西土匪，国民党地方当局连一个人、一支队伍都没有征剿。省府为什么这样做呢？时人王劲修一语道破了其中的天机：倘若清剿，土匪被打散，把匪由点扩到面线，"为害地方更深，剿灭更难"，这是其一；第二，由于曹等事先组织，一动百动，在"血酒"歃盟的协议下，问题只会扩大；第三，政府的军事力量是否可以应付由点扩到面的叛乱，还成问题，万一剿灭不了又如何解决？"所以，戴委员沉痛地表示：抚重于剿。"③

时人王劲修的分析无疑是入木三分的，当局恨匪又怕匪，投鼠忌器。笔者以为，时至1949年，国民党政权大厦将覆，为了垂死挣扎，收编土匪以为反共之用，才是其真正的对土匪变剿为抚的原因。

综上所述，民国湖南历任主席、历届政府在土匪问题上态度是比较明确的，这就是剿重于抚，剿多于抚。这种剿匪工作持续了30多年。为了围剿土匪，当局也花费了大量的人力、物力财力，想尽了一切办法。但土匪为什么会越剿越多呢？土匪为什么会剿而不灭呢？其中的根本原因，笔者在第一章里已做了交代。这就是土匪的产生滋长是民国社会转型失败、社会问题综合症的产物，是半殖民地半封建状况下统治阶级压迫劳动人民的直接反映。因而，民国政府想要一厢情愿地消灭土匪是不可能的。"哀此平民，以历享清福之人，始则变为烧杀余生，继又成为无靠流氓。故自回籍后，因拖累而死者有之，因病痛而死者有之，

---

① 事见邵阳《小阳春晚报》1947年10月22日。
② 湘乡《民风日报》1949年2月14日。
③ 《湘乡民报》1934年4月24日。

因冻馁而死者亦有之。稍有资本者，匪至，犹得同官军随往。资本薄弱之家，无匪时间，每夜每家必派一丁，放哨通夜，谓之农民哨。不幸匪至，逃则无饭可吃，不逃不为匪杀，即当加入匪党。乃至官军清剿，不随匪去，固在正法之列，一同匪往，又永远不能回籍。"① 所以民众被迫为匪者不少，杀掉一个土匪，又逼出一群土匪，剿匪如同割韭菜，怎么能够剿灭呢？如果我们在这个大的社会背景下再细分土匪为什么会剿而不灭的直接原因、条件、环境等，就可发现，民国湖南土匪为什么不怕官府的征剿，大致有以下两个条件：

第一，土匪劫财、"吊羊"、反抗官府等行动突然，机动灵活，不恋战、久战，来去无踪，行动飘忽，官军、官府难以准确掌握其行踪。

虽然湖南土匪人数有10万、18万、20万等多种说法，但湖南土匪有多少股则是谁也弄不清楚。湖南的土匪很少有集中一起大规模行动的时候。他们往是三五成群，百十成群的活动。而且时分时合，分合无常。"匪党或百十人一群，或七八十人一群，或二三十人一群，各以类聚，各有首领，四出剽劫各县，乡民之遭匪蹂躏破产流离者无县无之。各县向虽驻有防军，然或鞭长莫及，或与匪通气，或漠视不理，是以匪患迄难肃清。"②

总之，土匪在没有行动之前，与常人无异，就是走到了面前，只要不实施抢劫、"吊羊"等行为，人们总是分辨不出这个人是匪是民。又因为土匪挨户派捐的地区，政府的统治力往往非常薄弱，官军往往视民为匪，所以一般百姓在官匪之间无法选择，只好听凭他们任意胡为。官府要征剿这种土匪，防范土匪的这种活动几乎是不可能的。

第二，土匪根据地一般在数县之间的县境交界处，这里山高林密，人口稀少，交通不便。野兽出没无常，土匪以此为据，往往进可攻、退可守，回旋的余地很大。官军征剿，行动迟缓，劳师耗费。其作用只是把土匪从甲地赶到乙地，如此循环往复，收获甚微。

---

① 《湘乡民报》1934年4月24日。
② 《大公报》1919年10月11日。

从官府、官军的角度看,土匪为什么会剿而不灭,大致有这样几个原因:

第一,是腐败政治的必然产物。

把民国政府目为腐败政府之类大概一点也不过分。谭延闿、傅良佐、张敬尧、汤芗铭、赵恒惕、鲁涤平、何键、薛岳等,他们从上台伊始,无不你争我夺,尔虞我诈。汤芗铭是有名的"汤屠户",张敬尧滥政祸湘。你起我伏,在湘混战,政局四分五裂,派系纷争十分的激烈。"最初是党政之争。在当时被称为甲派与派之争。……等到民三十四、五年间,随着胜利复员以俱来的是同在三民主义旗号之下的'党团之争'。这种斗争初尚形同文字言语,终至诉之于武器刀枪,进而演成明火开仗,流血厮杀给湖南政党史上,写成卑劣而可耻的一页。"① 在地方上,恶劣士绅,"长为民害",左右"全县一切事宜"②。在靖县,士绅甚至勾结股匪,祸乱地方,"将已闭之各商店沿街唤开,除开道居民外,令街保鸣锣,谓此队业已受编,勿得自起惊惶。……殊不知该匪野性难驯,欲壑难填,由县署返窝,即密令各匪大施淫掳。全城震恐,男女老幼逃避不及"③。

正因为如此,张治中在主湘时就已深切感到腐败政治是土匪兴盛之根源。乱源不除,单纯压匪镇匪,是治标不治本,永远解决不了问题。

第二,防治土匪的体系及其运作系统有问题。

民国湖南的剿匪体系是省、县两级结构,将全省几十个县划区分片进行征剿。每区派一个督察员,具体事宜则由当地驻军与县长协商办理。军队的费用由当地财政解决,军队的指挥与调动权则不归属地方。这样一来,问题就产生了。省府把驻军的经费包袱甩给了县府,驻军的给养依靠地方,但对剿匪并不负直接的责任,有钱就剿,无粮就驻,时剿时驻,驻军与当地土匪实际就玩起了懒猫捉老鼠的游戏,而不论剿匪效果如何,驻在某县某地的这支军队,地方是要供养的。于是,土匪没

---

① 长沙《力报》1948年3月31日。
② 《湖南民报》1926年11月4日。
③ 《湖南民报》1927年3月11日。

有减少，又多了这群要吃要喝的人，县长们的日子也真是难熬。县长们既指挥不了军队，甚至连地方民团也指挥不了，因为各种名目的地方团局是由当地士绅出资筹建的。县长们的权力就是能调动那些待遇低生活质量差的警察。县府既调动不了军队，因此在剿匪中只能是聋子的耳朵，纯是一个摆设，两级剿匪，实际变成驻军长官一人说了算。

军队长驻一地，对该地财政压力是可想而知的，县长只是个筹粮官。请看湘军月支饷一览，[①] 详见表6-3。

表6-3　　　　　　　　　湘军月支饷一览

军队名称	月支费用	军队名称	月支费用
第一师	105892.7元	第六混成旅	32017.6元
第二师	89984.5元	第七混成旅	29683.7元
第一混成旅	49795元	步兵第十旅	27870.9元
第三混成旅	34413.8元	第十三区	22635.3元
第五混成旅	29580.09元	宪兵部队	4133.7元
		总共月支	426007.29元

县府为了转嫁危机，只有嫁祸百姓。因而，湖南的百姓都希望有一个真命天子出现，来拯救他们，"此语极突兀而且神秘，然乡农野叟则恒津乐道之，以为父老相传，历验不爽"[②]。

军队寄生某地，不仅不剿土匪，反而却展开军阀混战，土匪怎么会被剿灭呢？

湖南的军阀先后与湖北、四川、贵州、广西、广东的军阀发生过混战，爆发过湘鄂战争、湘川战争、湘滇战争、湘粤战争、湘桂战争等。此外，省境内，军阀们也是混战不已。为了防止在这种殊死的较量中处于劣势，军阀们所考虑的首先是如何壮大自己，所以，很多军队往往借征剿土匪之机，把土匪招抚、收编过去，如宋旅长把谢重光赶走后，在永绥（今花垣县）招募匪徒不下千余人，加上原有旧部六七百人，部队人数已近两千。军饷无出，怎么办呢？宋旅长的办法就是派人分向各

---

① 资料来源《大公报》1921年12月10日。
② 《大公报》1924年2月14日。

村居民按照家资勒出捐款，名为挨户捐、救国捐，"违抗者，则目为逆党，威以枪毙，因此，人民莫不倾家破产"①。县府处于军队的压迫之中，仰人鼻息，虽为分区防剿负责人、责任人，但毫无事权可言。例如，在桃源，县长由于筹措不齐军队规定的款目，竟然悄悄逃走。张治中主湘时，有一个县的县长也因为类似的原因请求辞职不干。在祁阳，县知事罗肇融为了保命，将地方清乡局、联合团抓来的土匪头目刘璋甫、邱广春、张显田、周连永、龙怀义、吕万章、蒋培太、谢金田、蒋光洪等一概开释。②在永顺，县署形同虚设。"县署的科长跑逃殆尽，只剩王知事和太太坐守衙门。四门都有兵监守，他是跑不了的。"③

至于各县的警察更是老百姓怒目的对象。警察纵赌参赌、嫖娟、贩烟吸毒，无所不为，素质极差，纪律败坏。例如，1941年11月24日—12月1日，不到几天时间，沅陵县就逃跑警察十余人。④他们为什么要跑呢？简言之，生活太苦。"外勤既无岗位，内勤亦事敷衍，经费太少，办理实难，……稍有能力者，皆不愿充当。元素不良，无可讳饰。故凡任新邑警察所长者咸存五日京兆之心。"⑤在1940年湖南省政府通缉的30名案犯中，其中公务人员占绝大多数。职务犯罪已成为民国政府的一大顽症。以下是笔者从省府公报中摘录的犯案人员简表，通过此表，读者可管中窥豹，略见一斑。见表6-4。

表6-4 湖南省政府通缉案件表（1940年12月—1941年1月）（编摘）⑥

姓名	籍贯	案由	姓名	籍贯	案由
资安廷	耒阳	舞弊兵役	夏寿柏	恩施	吸烟
沈鹤群	广东	营私舞弊（土膏税）	夏兴源	恩施	吸烟
秦理福	恩施	贩运烟土	王汉良	徐州	放人犯

① 《大公报》1920年2月17日。
② 事见《大公报》1919年4月1日。
③ 《大公报》1919年12月9日。
④ 参阅《湖南省政府公报》1941年1—7月，第1016—1017号《公牍》。
⑤ 《湖南各县调查笔记》（政治类），民国二十年铅印本。
⑥ 资料来源《湖南省政府公报》第1030—1031号（公牍）。

续表

姓名	籍贯	案由	姓名	籍贯	案由
刘绍海	大足	索卖放	刘季温	合肥	领旅费潜逃
吴石民		拐卖枪款	王达林	陕西	领旅费潜逃
王文俊	贵州平越	违法	郑载光	新宁	贪污
金惠安	江苏	侵蚀税款	张大林	仁怀	因案停职畏罪潜逃
万王可	贵州镇远	窃物	聂仲芳	贵州	渎职贪污
蔡景云	辽宁	亏欠公款	程时进	上饶	违法舞弊
李泳齐	河南	贪污不法	孙南	江都	废弛职守，酿成火灾
余中楫	河南	亏欠公款	朱绍培	安顺	饷项潜逃
吴显祖	河南	亏欠公款	莫炳荣	吴江	私藏枪械
蔡再田	吉林	亏欠公款	许寿桢	阜江	缉毒受贿
石文瀚	芜湖	领旅费潜逃			

上述这些案犯大都是公务人员，由于政治浑浊，这些人也乘势大显身手、贪污、私放人犯、携款潜逃、私藏枪械、缉毒受贿等，他们的腐烂与张敬尧、汤芗铭、何键之辈滥政祸湘"交相辉映"，把好端端的一个湖南，折腾的不成样子。"作威作福、鱼肉百姓，甚至包揽鸦片，操纵选举，不一而足，讲起话来三句话不对头便叫开枪，杀人报复的事更是他们的家常便饭。"① 因此，让这些人，这样的官，这样的政府去防匪、剿匪简直就是开历史的玩笑。他们竟然要去征剿那些为生存、生命的残喘而铤而走险的人，这就是历届政府清乡剿匪的真实写照。

民团是地方士绅筹资组建的防匪武装力量。但是这种民团的实力不足以与土匪抗衡。加上"各自为政，士绅者流，拥枪自卫，声气不通，殊失守望相助之义"②。于是乎，民团更加不是土匪的对手。土匪首先打击的就是这类民团组织，民团往往无还手之力。例如，1924年2月，在宝庆就发生团局枪支被抢案，土匪乘夜围攻团局，阵毙团兵多名。

---

① 长沙《力报》1948年4月8日。
② 《湖南各县调查笔记》（政治类），民国铅印本。

"夺去快枪三十九枝，子弹二千余发，并捉去团兵黄定升、刘庆生、周玉卿、蒋传习四名。"① 同年11月，土匪在益阳将十一里挨户督办刘云树打死，夺去团局枪支十二杆。在临湘，团防局长李星灿的儿子、侄子被土匪用匕首穿喉而亡。1917年，祁阳富户刚刚办起防匪团局，团总就被土匪干掉。同年7月，在浏阳，土匪纠集四五百人，攻打民团，击毙团兵数十名，"将团总鲁学成拿获，先断其手，次断其足，然后系在树上作为枪靶，连放数十枪，洞穿数十眼，并放火将该团总居室付之一炬"②。1921年5月，土匪攻打津市团防第九分所，将所长"凌迟处死，枭首剖心，惨莫名状。警士带伤者数人，余悉逃走，任其劫掠而去"③。

民团属于地方自治性质，事权特殊，团局的枪弹服装粮食等都由士绅自筹自购，在得不到军队有力保护的情况下，团局的枪械，就是士绅的生命。但是这种团局一旦形成气候，对土匪也是致命的威胁，所以，土匪为了保全自己，对民团及其首领的打击也十分的心狠手辣，毫不留情。土匪的用意十分明显：杀一儆百，以儆效尤。

综上所述，民国的官府、士绅虽然筑起了一条看似完整的剿匪防御体系，但在剿匪过程中，地方军队一般不是真心实意去剿、去围、去追、去杀，而是去抚、去纵、去放、去收，而且军队的"剿匪"费用完全摊在地方政府身上，地方政府对这种军队一般敬而远之，躲之不及，只有耐心忍受。胆大的，躲不了的就从州县府衙门逃跑、辞职，所以这种军队征剿很难起到实效。而地方民团由于在人员、经费等方面受到限制，战斗力有限，根本不是土匪的对手，不仅起不到安民卫境的作用，反而频遭土匪的致命打击。所以乡下地主、绅士，人人自危。而县府的警察、卫队早就纪律败坏，成为怒目所指之对象。而且，这种警察卫队本身随时有可能拖枪为匪，因而其在岗在位一日，无异于就是多了一群穿了一身官衣军服的明目"土匪"，要其防剿乡间土匪，无异于纵虎害民。因而民国政府的这一防匪系统实际起不到多少防治的目的，加

---

① 《大公报》1924年2月26日。
② 《大公报》1917年7月7日。
③ 《大公报》1921年5月11日。

上军队之间，地方政府之间、地方缙绅之间，以及军政之间、官绅之间、军绅之间等各自互不通气，甚至相互诋毁、拆台，因而，民国历届政府剿匪的动机与目的何在，便要大打一个问号？是真剿还是真抚？从它所达到的效果看，便一目了然。

主要征引文献

一 古今地方志

同治《湘乡县志》

光绪《湘阴县图志》

民国《醴陵县志》

民国《溆浦县志》

隆庆《岳州职方志》

乾隆《湘乡县志》

乾隆《嘉禾县志》

乾隆《武冈州志》

同治《长沙县志》

光绪《永州志》

光绪《衡阳县志》

道光《宝庆府志》

光绪《湖南通志》

湖南民委：《湖南民族志·回族篇》，湖南人民出版社1998年版。

湖南民委：《湖南民族志·维吾尔族篇》，湖南人民出版社1998年版。

湖南省志编纂委员会：《湖南省志·地理志》，湖南人民出版社1961年版。

醴陵市志编撰委员会编：《醴陵市志》，湖南出版社1995年版。

常宁县志编纂委员会编：《常宁县志》，社会科学文献出版社1993年版。

陈鲲修、刘谦纂：民国《醴陵县志》《政治志·户籍》，湖南人民出版社2009年版。

邵东县志编纂委员会：《邵东县志》，中国城市出版社1993年版。

湖南省茶陵县地方志编纂委员会编：《茶陵县志》，中国文史出版社1994年版。

湖南省志编纂委员会编：《湖南省志·地理志》（上册），湖南人民出版社1982年版。

二 古籍及资料汇编

《新唐书》。

曾国藩：《曾国藩全集》，岳麓书社1986年版。

郭嵩焘：《郭嵩焘日记》第4卷，岳麓书社1983年版。

河北文史资料编辑部编.《中国近代土匪实录》下，群众出版社1992年版。

湖南《高桥周氏族谱》，乾隆四十三年刻本。

湖南《华林胡氏十二修宗谱》，明正统元年《重修老谱华林毗陵二族合谱引》，1995年铅印本。

湖南《沩宁刘氏族谱》，光绪十三年序伦堂刻本。

湖南邵阳《海氏族谱》卷首，乾隆六十年《旧序》，民国元年续修复刻本。

湖南桃江《萧氏四修族谱》，民国三十年（左右）兰陵堂木活字本。

湖南长沙《黄氏洲子房支谱》，道光十年刻本年版。

李子峰编著：《海底》，上海文艺出版社1990年版。

罗尔纲、王庆成：《中国近代史资料丛刊续编·太平天国（全10册）》，广西师范大学出版社2004年版。

罗尔纲：《天地会文献录》，正中书局1943年版。

南京太平天国历史博物馆主编：《太平天国史料丛编简辑（全6册）》，中华书局1961—1963年版。

南京太平天国历史博物馆主编：《太平天国文书汇编》，中华书局1979年版。

台湾大学：《皇朝经世文编》，台湾大学出版社1989年版。

王闿运：《湘军志》，岳麓书社1983年版。

杨奕青、唐增烈等编：《湖南地方志中的太平天国史料》，岳麓书社1983年版。

中国第一历史档案馆、北京师范大学历史系：《辛亥革命前十年间民变档案史料》，中华书局1985年版。

中国第一历史档案馆编：《清政府镇压太平天国档案史料（全26册）》，社会科学文献出版社1992—1995年版。

中国人民大学清史研究所、中国第一历史档案馆：《天地会》，中国人民大学出版社1988年版。

中国人民政治协商会议湖南省委员会文史资料研究委员会编：《湖南文史资料选辑》，湖南人民出版社1982年版。

中国史学会：《辛亥革命》六，上海人民出版社1957年版。

中国史学会主编：《中国近代史资料丛刊·太平天国（全8册）》，上海人民出版社2000年版。

中央研究院历史语言研究所明清史料编刊会：《明清史料》丙编（第七本），商务印书馆1936年版。

左宗棠：《左宗棠全集》，岳麓书社1987年版。

三　报纸

《大公报》（长沙版）

《民国时报》（上海版）

《新化民报》

衡阳《力报》

沅陵《中报》

《零陵民报》

四 期刊论文

曹树基：《清代中期的湖南人口》，《南开学报》2001 年第 3 期。

昌庆钟、刘义程：《明代江西人口外移原因探析》，《江西社会科学》1998 年第 1 期。

潮龙起：《从清代宗族的社会控制看会党的发展动因》，《江苏社会科学》2006 年第 3 期。

潮龙起：《晚清湘赣边界基层社会结构的演变》，《江西社会科学》1997 年第 3 期。

陈柏峰：《从乡村社会变迁反观熟人社会的性质》，《江海学刊》2014 年第 4 期。

程为坤：《试析民初湖南会党问题》，《近代史研究》1990 年第 1 期。

丁芮：《宗族在近代社会中的控制作用——以晚清湖南地区为中心的考察》，《云南社会科学》2012 年第 2 期。

葛庆华：《太平天国战后皖南地区的移民活动》，《中国历史地理论丛》2002 年第 2 辑。

龚胜生：《论"湖广熟，天下足"》，《农业考古》1995 年第 1 版。

顾鉴塘：《民国时期人口研究探微》，《北京大学学报》2000 年第 6 期。

何多奇、黎程、刘乃秀：《抗战时期湖南人口变迁及其社会影响》，《重庆师范大学学报》2007 年第 3 期。

何业恒、张锡田：《二千年间的湖南人口》，《湘潭大学社会科学学报》1984 年第 1 期。

贺雪峰：《论熟人社会的人情》，《南京师大学报（社会科学版）》2011 年第 7 期。

侯杨方：《民国时期全国人口统计数字的来源》，《历史研究》2000 年第 4 期。

华强：《太平天国研究 90 年述评》，《广西师范大学学报（哲学社会科学版）》2001 年第 12 期。

黄民文：《地缘、趣缘、学缘、血缘：湘军要员之间的人际关系》，《江西社会科学》2018 年第 7 期。

黄锐：《乡土社会是"熟悉社会"》，《人民日报》2015 年 4 月 27 日第 4 版。

贾熟村：《太平天国时期的湖南地区》，《临沂师范学院学报》2005 年第 10 期。

简姿亚、邵华：《湘军与湖南人口过剩问题》，《湖南科技学院学报》2013 年第 10 期。

蒋桎英：《从长沙〈大公报〉（1924）看湖南匪患》，《船山学刊》2002 年第 1 期。

兰美琴：《二十世纪九十年代以来太平天国宗教研究综述》，《船山学刊》2005 年第 3 期。

李婷：《"熟人社会"中的农村阶层关系》，《华南农业大学学报（社会科学期）》2016 年第 2 期。

李映辉：《明朝江西湖广的人口变动与经济发展》，《益阳师专学报》1991 年第 1 期。

李镇：《社会经济史与湖南的区域研究——以明清时期洞庭湖区的宗族与垸田为中心》，《湖南大学学报（社会科学版）》2012 年第 7 期。

栗晓文：《等级制度下的明清衙署建筑》，《安徽建筑》2012 年第 4 期。

梁海琼、高钟：《湘军兴起与湖南近代经济之蜕变》，《求索》1989 年第 4 期。

林增平：《近代湖湘文化试探》，《历史研究》1988 年第 4 期。

刘兵：《"抗日战争与中国人口问题"学术论坛综述》，《抗日战争研究》2000 年第 2 期。

刘晨：《关于深化太平天国史研究的思考——兼对 2005—2004 年研究成果的总结》，《历史教学》2014 年第 8 期。

刘国良、刘美志：《湘军兴起与近代早期湖南的物质生活演变的特点》，《湛江师范学院学报》2007年第2期。

刘荣军：《湘军对近代湖南人精神生活的作用与影响》，《湖南社会科学院学报》2009年第2期。

刘铁铭：《湘勇团练和湘军的崛起》，《湖南人文科技学院学报》2007年第10期。

刘泱泱：《关于湖南哥老会起源问题的探讨》，《湖南师范大学社会科学学报》1992年第2期。

刘泱泱：《湘军与近代湖南绅权势力的发展》，《益阳师专学报》1995年第1期。

毛继华：《人口与近代湖南崛起》，《湖南工业职业技术学院学报》2007年第3期。

毛况生：《湖南人口素质分析》，《湖湘论坛》1991年第4期。

莫志斌：《民国时期湖南私立教育的特点与兴盛原因探析》，《湖南师范大学教育科学学报》2005年第2期。

南方文物编辑部：《历史上孔庙的称谓和类型》，《南方文物》2002年第4期。

欧阳铁光：《民国时期湖南灾民的生存状况及其心理倾向》，《邵阳学院学报》2007年第1期。

彭先国、舒叶和：《从流民的社会处境看湖南天地会起源》，《湘潭大学社会科学学报》2003年第2期。

彭先国：《清代湖南人口流向研究》，《求索》1999年第3期。

彭先国：《湖南近代水灾研究》，《求索》2000年第4期。

彭先国：《试论湘西土匪的帮会特点》，《湘潭大学社会科学学报》2002年第3期。

彭先国：《移民与近代湖南士风》，《湖南科技大学学报（社科版）》2004年第2期。

任放：《明清时期湖南商品经济的发展状况》，《求索》2002年第5期。

宋丽娜：《熟人社会的性质》《中国农业大学学报（社会科学版）》

2009 年第 2 期。

谭其骧:《中国内地移民史——湖南篇》,《史学年报》1932 年第 4 期。

谭天星:《清前期两湖地区农业经济发展的原因及影响》,《中国农史》1990 年第 1 期。

谭天星:《清前期两湖粮食产量问题探讨》,《中国农史》1987 年第 3 期。

谭天星:《清前期两湖地区农业生产技术水平试探》,《农业研究》1990 年第 9 期。

谭天星:《清前期两湖农村的租佃关系与民风》,《中国农史》1992 年第 3 期。

唐森树:《一八五二年太平军永州进军略述》,《零陵师专学报》1992 年第 2 期。

唐增烈、杨奕青:《太平军进军湖南时的两则史实考释》,《湘潭大学学报》1980 年第 1 期。

陶海洋:《湖湘文化对湘军集团影响刍议》,《湖南文理学院学报》2007 年第 4 期。

陶用舒:《湘军人才群和经世致用之学》,《益阳师专学报》2000 年第 4 期。

王继平:《太平天国时期的湖南乡村社会》,《求索》2016 年第 3 期。

王继平:《太平天国时期湖南各地的起义与湖南乡村社会》,《湘潭大学学报(哲学社会科学版)》2017 年第 7 期。

王继平:《晚清湖南乡村社会分层及其流动》,《求索》2017 年第 5 期。

王士达:《最近十年来的中国人口估计》,《社会科学杂志》1931 年第 2 期。

王宣楷:《民国时期社会病态问题之我见社研究》,《市场周刊》2004 年第 9 期。

夏春涛:《二十世纪的太平天国史研究》,《历史研究》2000 年第 2 期。

夏春涛：《太平天国毁灭偶像政策的由来及其影响》，《广西师范大学学报（哲学社会科学版）》2002年第4期。

熊英：《浅析湘军兴起于湖南的经济原因》，《军事历史研究》1999年第3期。

徐泓：《明代的婚姻制度（下）》，《大陆杂志》1989年第2期。

许顺富：《论湘军与湖南绅权势力的膨胀》，《云梦学刊》2006年第5期。

许顺富、刘伟：《湖南绅士与近代书院文化》，《湖湘论坛》2008年第1期。

杨国安：《"从贼"与"反贼"：变乱格局下地方绅民的反应及其关系网络——以咸丰年间太平军挺进两湖之际为中心的考察》，《江汉论坛》2012年第9期。

杨国安：《晚清两湖地方秩序的解体、重建与基层行政制度演变初探——从团练到保甲局》，《人文论丛》2009年第4期。

杨鹏程：《清季湖南灾荒与民变》，《株洲工学院学报》2004年第4期。

杨奕青：《一八六一年冬太平军石达开部进军湘西述略》，《吉首大学学报（社会科学版）》1986年第3期。

杨载田、钟顺清：《论历史时期的湘南农业开发与生态环境变迁》，《衡阳师范学院学报（自然科学版）》2001年第6期。

易兰：《论湖南古代居民的变迁》，《重庆交通学院学报（社科版）》2002年第2期。

于祥成：《论清代湖南乡村书院的社会教化》，《湖南大学学报（社会科学版）》2018年第7期。

张步天：《洞庭湖区历史人口状况分析》，《益阳师专学报》1990年第3期。

张国雄、梅莉：《明清时期两湖移民的地理特征》，《中国历史地理论丛》1991年第4期。

张国雄：《"湖广熟，天下足"的经济地理特征》，《湖北大学学报（哲社版）》1993年第4期。

张国雄：《"湖广熟，天下足"的内外条件分析》，《中国农史》1994年第3期。

张国雄：《明清时期两湖开发与环境变迁初议》，《中国历史地理论丛》1994年第2期。

张国雄：《"湖广熟，天下足"补证》，《中国历史地理论丛》1996年第1期。

张家炎：《明清长江三角洲地区与两湖平原农村经济结构演变探异——从"苏湖熟，天下足"到"湖广熟，天下足"》，《中国农史》1996年第3期。

张建民：《"湖广熟，天下足"论述》，《中国农史》1987年第4期。

张建民：《明代湖广人口变迁论》，《经济评论》1994年第2期。

张庆军：《民国时期人口思想初探》，《中国人口科学》1993年第1期。

张庆军、刘冰：《略论民国时期的人口素质》，《学海》1996年第2期。

赵英霞：《1995年以来中国人口是研究综述》，《中国史研究动态》1999年第9期。

郑大华：《试论湘军兴起于湖南的社会原因》，《学术论坛》1988年第4期。

郑利民：《民国后期湖南自然灾害频仍原因初探》，《船山学刊》2002年第3期。

郑炎：《湖湘传统学风与湘军》，《湖南师范大学学报》1990年第4期。

郑自军：《民国前期湖南灾荒社会原因研究》，《船山学刊》2002年第2期。

钟启顺：《民国时期湖南自然灾害原因探析》，《湖南省社会主义学院学报》2006年第5期。

周建民：《古代湘桂走廊的人口迁移与社会发展》，《广西师范大学学报（哲学社会科学版）》2003年第2期。

周秋光、陈叙良：《湘军时代湖南社会流动的模式与特点》，《南开大学学报》2009年第3期。

朱汉民：《书院、学祠与湘学学统》，《湖南社会科学》2017年第2期。

朱坚贤、熊成文：《近代湖南流民形成的原因及流向分析》，《湖南社会科学》1989年第4期。

朱坚真、陈道远：《湖南近代相对过剩人口对太平天国革命的影响》，《社会科学探索》1991年第1期。

朱耀斌：《湘军的宗法性与晚清政治生态变化的主要特点》，《湖南人文科技学院学报》2018年第6期。

朱永国：《中国农村传统"熟人社会"的治安作用探析》，《山西警官高等专科学校学报》2014年第2期。

五 著作

蔡少卿：《中国会党史》，中华书局1987年版。

蔡少卿：《中国近代会党史研究》，中华书局1987年版。

蔡少卿：《民国时期的土匪》，中国人民大学出版社1993年版。

曹树基：《中国移民史第六卷》，福建人民出版社1997年版。

曹树基：《中国人口史（第五卷·清时期）》，复旦大学出版社2005年版。

曾国藩：《曾国藩全集、奏稿》，岳麓书社1986年版。

陈顾远：《中国婚姻史》，上海书店1992年版。

陈桦：《清代区域社会经济研究》，中国人民大学出版社1996年版。

陈旭麓：《近代中国社会的新陈代谢》，上海人民出版社1992年版。

陈学文：《中国封建晚期的商品经济》，湖南人民出版社1989年版。

陈宗瑜：《婚姻家庭制度论》，湖南出版社1993年版。

程歗：《晚清乡土意识》，中国人民大学出版社1990年版。

池子华：《中国近代流民》，浙江人民出版社2004年版。

崔之清：《太平天国战争全史（全4卷）》，南京大学出版社2002年版。

邓洪波：《湖南书院史稿》，湖南教育出版社2013年版。

邓伟志、张岱玉：《中国家庭的演变》，上海人民出版社1987年版。

丁平一：《湖湘文化传统与湖南维新运动》，湖南人民出版社1998年版。

董家遵：《中国古代婚姻史研究》，广东人民出版社1995年版。

段成荣：《人口迁移研究：原理与方法》，重庆出版社1998年版。

樊克政：《中国书院史》，文津出版社1995年版。

范玉春：《移民与中国文化》，广西师范大学出版社2005年版。

方行：《中国封建经济论稿》，商务印书馆2004年版。

方志远：《明清湘鄂赣地区的人口流动与城乡商品经济》，人民出版社2001年版。

费孝通：《乡土中国·生育制度·乡土重建》，商务印书馆2015年版。

冯尔康：《中国宗族社会》，浙江人民出版社1994年版。

冯尔康：《中国宗族制度与谱牒编纂》，天津古籍出版社2001年版。

冯尔康：《中国宗族史》，上海人民出版社2009年版。

冯象钦、刘欣森：《湖南教育史》，岳麓书社2008年版。

傅冠群：《湖南社会大观》，上海书店出版社2000年版。

傅角今：《湖南地理志》，亚新地学社1933年版。

高王凌：《活着的传统》，北京人民出版社2005年版。

高翔：《康雍乾三帝统治思想研究》，中国人民大学出版社1995年版。

葛剑雄：《中国人口史》第五卷《明清时期》，复旦大学出版社2005年版。

郭松义：《伦理与生活——清代的婚姻关系》，商务印书馆2000年版。

郭毅生：《太平天国历史地图集》，中国地图出版社1989年版。

何炳棣：《明初以降人口及相关问题（1368—1953）》，生活·读书·新知三联书店2000年版。

胡焕庸：《中国人口地理》，华东师范大学出版社1984年版。

湖南省地方志编纂委员会编：《湖南通鉴》，湖南人民出版社 2008 年版。

贾熟村：《太平天国时期的地主阶级》，广西人民出版社 1991 年版。

江汉忠：《灾害、社会与现代化》，社会科学文献出版社 2005 年版。

蓝勇：《中国历史地理学》，高等教育出版社 2002 年版。

黎庶昌：《曾国藩年谱》，岳麓书社 1986 年版。

李侃：《中国近代史》，中华书局 1994 年版。

李青：《洋务派法律思想与实践研究》，中国政法大学出版社 2005 年版。

李时岳：《辛亥革命时期两湖地区的革命运动》，生活·读书·新知三联书店 1957 年版。

李世平：《四川人口史》，四川人民出版社 1987 年版。

李玉：《长沙近代化启动》，湖南教育出版社 2000 年版。

李治亭：《清康乾盛世》，河南人民出版社 1998 年版。

梁方仲：《中国历代户口、田地、田赋统计》，上海人民出版社 1980 年版。

林增平、范忠程：《湖南近现代史》，湖南师范大学出版社 1991 年版。

刘洪康：《人口手册》，西南财经大学出版社 1988 年版。

刘石吉：《明清时代江南市镇研究》，中国社会出版社 1987 年版。

刘伟：《晚清督抚政治》：湖北教育出版社 2003 年版。

刘旭主编：《湖湘文化概论》，湖南人民出版社 2000 年版。

刘泱泱：《湖南通史（近代卷）》，湖南人民出版社 1994 年版。

刘泱泱：《近代湖南社会变迁》，湖南人民出版社 1998 年版。

刘泱泱：《湖南通史·近代卷》，湖南人民出版社 2008 年版。

刘云波、李斌：《湖南经济通史·近代卷》，湖南人民出版社 2013 年版。

刘铮：《人口理论教程》，中国人民大学出版社 1985 年版。

刘子扬：《清代地方官制考》，紫禁城出版社 1988 年版。

路遇、滕泽之：《中国人口通史》，山东人民出版社 2000 年版。

罗尔纲：《太平天国史纲》，商务印书馆 1947 年版。

罗尔纲：《湘军兵志》，中华书局 1984 年版。

罗尔纲：《太平天国史（全 4 册）》，中华书局 1991 年版。

马亮生：《湖南回族》，湖南人民出版社 1988 年版。

马西沙、韩秉方：《中国民间宗教史》，上海人民出版社 1992 年版。

毛况生：《中国人口·湖南分册》，中国财政经济出版社 1987 年版。

茅家琦：《太平天国通史（全 3 册）》，南京大学出版社 1991 年版。

梅毅：《太平天国：理想的幻梦》，天地出版社 2018 年版。

欧阳琛、方志远：《明清中央集权与地域经济》，中国社会科学出版社 2002 年版。

欧阳恩良、潮龙起：《中国秘密社会》，福建人民出版社 2002 年版。

庞毅：《中国清代经济史》，人民出版社 1992 年版。

彭先国：《湖南近代秘密社会研究》，岳麓书社 2001 年版。

彭先国：《民国湖南土匪史探》，岳麓书社 2002 年版。

彭先国：《社会史视角下的近代湖南》，岳麓书社 2006 年版。

钱杭：《十七世纪江南社会生活》，浙江人民出版社 1996 年版。

秦宝琦：《中国地下社会·清前期秘密社会卷》，学苑出版社 1993 年版。

瞿同祖：《清代地方政府》，法律出版社 2003 年版。

全汉升、王业键：《清代的人口变动》，载《"中研院"历史语言研究所集刊》第 32 本，1961 年。

任新福、刘泱泱：《湖南通史（古、近代卷）》，湖南出版社 1994 年版。

施由明：《明清江西社会经济》，江西人民出版社 2005 年版。

石方：《中国人口迁移史稿》，黑龙江人民出版社 1990 年版。

石启贵：《湘西苗族实地调查报告》，湖南人民出版社 1986 年版。

宋斐夫：《湖南通史》现代卷，湖南人民出版社 1994 年版。

宋丽娜：《熟人社会是如何可能的：乡土社会的人情与人情秩序》，社会科学文献出版社 2014 年版。

苏全有、陈建国：《中国社会史专题研究》，内蒙古人民出版社2006年版。

台湾三军大学编：《中国历代战争史太平天国（第十八册）》，军事译文出版社1983年版。

谭其骧：《湖南人由来考》，湖南人民出版社1987年版。

谭其骧：《长水集》，人民出版社1987年版。

谭仲池：《长沙通史·近代卷》，湖南教育出版社2013年版。

陶短房：《说天国：洪秀全真相》，中华书局2016年版。

陶毅、明欣：《中国婚姻家庭制度史》，东方出版社1994年版。

陶用舒：《近代湖南人才群体研究》，岳麓书社2000年版。

田方、陈一筠：《中国移民史略》，知识出版社1986年版。

田伏隆：《湖南近150年史事日志》，中国文史出版社1993年版。

王尔敏：《明清时代庶民文化生活》，岳麓书社2002年版。

王继平：《湘军集团与晚清社会》，中国社会科学出版社2002年版。

王继平：《近代中国与近代文化》，中国社会科学出版社2003年版。

王继平：《晚清湖南史》，湖南人民出版社2004年版。

王进：《中国社会》，中央编译出版社2006年版。

王明前：《太平天国的权利结构和农村政治》，中国社会科学出版社2012年版。

王文光：《中国南方民族史》，民族出版社1999年版。

王先明：《中国近代社会文化史论》，人民出版社2000年版。

王兴国：《湖湘文化纵横谈》，湖南大学出版社1996年版。

王勇：《湖南人口变迁史》，湖南人民出版社2009年版。

王跃生：《中国人口的盛衰与对策》，社会科学文献出版社1995年版。

王跃生：《十八世纪中国婚姻家庭研究》，法律出版社2000年版。

魏丕信：《18世界中国的官僚制度与荒政》，江苏人民出版社2003年版。

吴伯娅：《康雍乾三帝与西学东渐》，宗教文化出版社 2002 年版。

吴仁安：《明清江南望族与社会经济文化》，上海人民出版社 2001 年版。

伍新福：《湖南通史》古代卷，湖南人民出版 1994 年版。

伍新福：《中国苗族通史》，贵州民族出版社 1999 年版。

伍新福：《湖南民族关系史》，民族出版社 2006 年版。

夏春涛：《天国的陨落：太平天国宗教再研究》，中国人民大学出版社 2005 年版。

萧公权：《中国乡村：19 世纪的帝国控制》，张皓、张升译，九州出版社 2017 年版。

谢华：《湘西土司辑略》，湖南人民出版社 1958 年版。

忻平、胡正豪、李学昌：《中华民国纪事》，福建人民出版社 2001 年版。

邢铁：《宋代家庭研究》，上海人民出版社 2005 年版。

行龙：《人口问题与近代社会》，人民出版社 1992 年版。

熊得山：《中国社会史研究》，昆仑书店 1929 年版。

徐杰舜：《中国民族史新编》，广西教育山版社 1989 年版。

徐珂：《清稗类钞·婚姻类》，中华书局 1984 年版。

徐茂明：《江南士绅与江南社会（1368—1911）》，商务印书馆 2004 年版。

徐扬杰：《中国家族制度史》，人民教育出版社 1972 年版。

徐扬杰：《中国家庭制度》，人民出版社 1992 年版。

徐杨杰：《中国家族制度》，武汉大学出版社 2012 年版。

阳信生：《湖南近代绅士阶层研究》，岳麓书社 2010 年版。

杨国安：《明清两湖地区基层组织与乡村社会研究》，武汉大学出版社 2004 年版。

杨国安：《明清两湖地区乡村社会史论》，商务印书馆 2016 年版。

杨慎初：《湖南传统建筑》，湖南教育出版社 1993 年版。

俞荣根：《道统与法统》，法律出版社 1999 年版。

张纯元：《人口经济学》，北京大学出版社 1983 年版。

张国雄:《明清时期的两湖移民》,陕西人民教育出版社 1995 年版。

张朋园:《湖南现代化的早期进展(1860—1916)》,岳麓书社 2002 年版。

张善余:《中国人口地理》,科学出版社 2003 年版。

张树栋、李秀领:《中国婚姻家庭的嬗变》,浙江人民出版社 1990 年版。

张雄中:《中南民族史》,广西人民出版社 1989 年版。

张研:《清代族田与基层社会结构》,中国人民大学出版社 1991 年版。

张研、毛立平:《19 世纪中期中国家庭的社会经济透视》,中国人民大学出版社 2003 年版。

张仲礼:《中国绅士——关于其在 19 世纪中国社会中作用的研究》,李荣昌译,上海社会科学院出版社 1991 年版。

赵文林、谢淑君:《中国人口史》,人民出版社 1988 年版。

赵园:《明清之际士大夫研究》,北京大学出版社 1999 年版。

中华书局编辑部编:《魏源集》,中华书局 1976 年版。

中华文化复兴与运动推行委员会主编:《中国近代现代史论集第三编·太平天国》,台湾商务印书馆 1985 年版。

周谷城:《中国社会史论》,齐鲁书社 1988 年版。

周建超:《秘密社会与中国民主革命》,福建人民出版社 2002 年版。

周秋光等编:《湖南社会史(全 2 册)》,湖南人民出版社 2013 年版。

周荣:《明清社会保障制度与两湖基层社会》,武汉大学出版社 2006 年版。

周伟驰:《太平天国与启示录》,中国社会科学出版社 2013 年版。

周育民、邵雍:《中国帮会史》,上海人民出版社 1993 年版。

朱国宏:《人地关系论》,复旦大学出版社 1996 年版。

祝卓:《人口地理学》,中国人民大学出版社 1991 年版。

［美］杜赞奇：《文化、权力与国家》，江苏人民出版社2003年版。

［美］孔飞力：《中华帝国晚期的叛乱及其敌人：1796—1864年的军事化与社会结构》，中国社会科学出版社1990年版。

［美］赖利：《上帝与皇帝之争——太平天国的宗教与政治》，李勇、肖军霞、田芳译，上海人民出版社2011年版。

［美］裴士锋：《天国之秋》，黄中宪译，社会科学文献出版社2014年版。

［日］小岛晋治：《太平天国运动与现代中国》，徐曼译，社会科学文献出版社2017年版。

［英］贝思飞：《民国时期的土匪》，徐有威等译，上海人民出版社1992年版。

［英］贝思飞：《洋票与绑匪——外国人眼中的民国社会》，徐有威等译，上海古籍出版社1998年版。

［英］莫里斯·弗里德曼：《中国东南的宗族组织》，刘晓春译，上海人民出版社2000年版。

六　学位论文

丁芮：《近代湖南的社会控制研究（1840—1949）》，硕士学位论文，湖南师范大学，2006年。

黄晓丹：《失衡与重建——太平军入闽和闽西基层社会秩序的动荡》，硕士学位论文，福建师范大学，2007年。

靳环宇：《传统背离与现实互动：基督教在近代湖南的处境化研究》，硕士学位论文，湖南师范大学，2001年。

刘荣军：《近代湖南的精神生活》，硕士学位论文，湖南师范大学，2007年。

罗明：《湖南清代文教建筑研究》，博士学位论文，湖南大学，2014年。

邵华：《湘军与晚清湖南社会变迁》，博士学位论文，湖南师范大学，2010年。

王蒙：《多元的上帝观：太平天国宗教文化研究》，硕士学位论文，华中师范大学，2014年。

张馥荔：《湘军与晚清湖南经济变迁》，硕士学位论文，湖南师范大学，2011年。

张河清：《湘江沿岸城市发展与社会变迁研究（17世纪中期—20世纪初期）》，博士学位论文，四川大学，2007年。